W0365559

Werner Radigk †

Kognitive Entwicklung und zerebrale Dysfunktion

Werner Radigk †

Kognitive Entwicklung und zerebrale Dysfunktion

bearbeitet von Norbert Barth,
unter Mitarbeit von
Gottfried Diller, Hanno Henkel,
Peter Laufer und Thomas Seeger

verlag modernes lernen - Dortmund

1. Auflage 1986
2. verbesserte Auflage 1990
3. durchgesehene Auflage 1991

Herstellung: Löer Druck GmbH, 4600 Dortmund 1

Bestell-Nr. 3850 ISBN 3-8080-0275-1

Inhalt

Vorwort

Der Mensch wird zum Menschen durch den Menschen — nicht durch Begabung, und auch nicht durch Reifung. Zwar bildet das genetische Potential eine unabdingbare Voraussetzung für die Entwicklung, die kognitiven Fortschritte werden jedoch erst durch das Zusammenwirken mit der Umwelt möglich. Sie werden maßgeblich durch diese bestimmt. Wo könnte man dieses Verhältnis besser erkennen, als in der Arbeit mit behinderten Menschen, werden doch hier die Zusammenhänge zwischen Umweltbedingungen und Organismus besonders deutlich.

Im Lichte der neueren Forschungsergebnisse erscheinen dann sowohl die Begabungstheorie als auch die Reifungstheorie als revisionsbedürftig. Begabung und Reifung stellen zwar Voraussetzungen bereit, die Entwicklung selbst aber vollzieht sich unter dem maßgeblichen Einfluß und der Steuerung durch die Anregungen und Anforderungen der Umwelt. Je höher die kognitiven Leistungen organisiert sind, um so höher ist auch der Anteil der bestimmenden und koordinierenden Umweltfaktoren. Es handelt sich also nicht um ein lineares Fortschreiten von Stufe zu Stufe, sondern um das Erreichen neuer qualitativ höherer geistiger Operationen.

Diese geistigen Operationen werden mit fortschreitendem Alter nicht von selbst erreicht. Sie bedürfen der aktiven Heranbildung und Aneignung. Der Weg zu ihnen führt über die mitmenschliche Verständigung, über die Kommunikation. Unsere Kommunikationssysteme werden interiorisiert und zu Werkzeugen des Denkens, die uns die Verarbeitung von komplizierten Informationseinheiten ermöglichen. Das Denken ist an die zur Verfügung stehenden Kommunikationsmittel gebunden.

In den vorliegenden Ausführungen wird versucht, die Abhängigkeit der geistigen Tätigkeit von der Kommunikation mit der Umwelt in systematischer Form darzustellen und auf die sich im Zusammenhang damit ergebenden Dysfunktionen einzugehen. Ob dies gelungen ist, mag der Leser selbst entscheiden. Dies sollte ihm um so leichter fallen, als versucht wurde, unter der Vielzahl von Forschungsergebnissen diejenigen auszuwählen, die ohne ein zusätzliches Studium verstehbar sind. Trotz der Bemühungen um eine geschlossene Darstellung konnte eine Reihe von Forschungsergebnissen nicht berücksichtigt werden. Es ist mir bewußt, daß es Ergebnisse gibt, die hier nicht erwähnt wurden, und die doch zur weiteren Abstützung und Erklärung des dargestellten Entwicklungszusammenhanges beitragen könnten. Die unerwähnt gebliebenen Kollegen mögen mir verzeihen. Eine Theorie der kognitiven Entwicklung und der damit verbundenen Dysfunktionen muß lesbar sein und darf nicht zu einer Zitatensammlung oder zu einem Forschungsreport geraten. Wenn dennoch Ergebnisse vorliegen, die den hier aufgezeigten Weg kognitiver Entwicklung entscheidend ergänzen oder tangieren, bitte ich um eine Nachricht. Wissenschaft und Information sind aufeinander angewiesen, und vielleicht wird eine neue Auflage dann auch diese Erkenntnisse enthalten.

Die hier vorgelegte Theorie kognitiver Entwicklung ist realitätsnah und umsetzungsfähig. Sie zeigt, wie kognitive Leistungen gewissermaßen „geschaffen“ werden, wie sie aus der Interiorisation unserer Kommunikationssysteme entstehen. Sie ist deshalb geeignet, unser entwicklungsförderndes Handeln überprüfbar und planbar zu machen.

Frankfurt / Main, Sommer 1986 *Werner Radigk*

Vorwort zur zweiten verbesserten Auflage

Der tragische Absturz des Motorseglers im Sommer 1988 beendete jäh das überaus vielseitige und anregende Wirken von Werner Radigk. Er hat mit seinem hier vorgelegten Werk erfolgversprechende Konsequenzen aus seinem interdisziplinären wissenschaftlichen Leben gezogen und zugleich einen Aufbruch zu neuen Ufern, vor allem in der Sonder- und Heilpädagogik, gewiesen. Das weiterführende Konzept von Werner Radigk und seine Informationsstufentheorie werden Wissenschaft und Praxis verändern (vgl. Barth, 1989).

Die rasch vergriffene erste Auflage dieses Lehrbuches und die zahlreichen Verbesserungsvorschläge, die z.T. noch auf Werner Radigk selbst zurückgehen, machten eine neue Bearbeitung erforderlich. Außerdem steht dem Leser jetzt ein umfassendes Sachregister zur Verfügung.

Frankfurt / Main, Februar 1990 *Norbert Barth*

1. Grundlagen kognitiver Entwicklung

Die Wissenschaften haben in den letzten zwanzig Jahren auf einigen Gebieten so viel an neuen Erkenntnissen zusammengetragen, wie vielleicht in den letzten zweitausend Jahren zuvor. Dies betrifft vor allem die Evolutionstheorie, die Neurophysiologie und die Sonderpädagogik. Bei letzterer sind es allerdings nicht die letzten zwanzig Jahre der Forschung, sondern eher schon die Jahre der gesamten Existenz, wurden doch die Ergebnisse des Lernens unter abweichenden Bedingungen bisher kaum in die Theorie des Lernens einbezogen. An den Ergebnissen dieser drei Wissenschaftsbereiche kann eine Theorie der kognitiven Entwicklung nicht mehr vorübergehen.

Die Evolutionstheorie ermöglicht uns heute Einblicke in die phylogenetische Entwicklung des Menschen. Die Mittel der Forschung reichen von der Untersuchung der Kern-Desoxyribonukleinsäure bis zur computerunterstützten Berechnung des Sprachvermögens eines Neandertalers. Von diesen Einblicken in die Entstehung des menschlichen Denkens läßt sich auf den Aufbau des menschlichen Denkens schließen.

Die Neurophysiologie hat insbesondere durch die Erforschung der Biochemie des Gehirns, durch die Emissions-Tomographien und durch das Aufdecken von Gesetzmäßigkeiten der Hirnentwicklung Erkenntnisse geliefert, die es ebenfalls als notwendig erscheinen lassen, den gegenwärtigen Stand unserer Theorie von kognitiver Entwicklung zu überprüfen.

Die Sonderpädagogik hat im Laufe der letzten einhundert Jahre ein so umfangreiches Wissen über die Bedingungen und Auswirkungen abweichender Entwicklung zusammengetragen — von den Auswirkungen früher Deprivation, bis hin zum Zusammenhang von Denken und Sprechen bei Gehörlosen oder Taubblinden, oder der Wirkungsweise kompensatorischer Signalsysteme – daß die Zeit für eine Auswertung eigentlich überfällig ist.

Versuchen wir nun, den gegenwärtigen Stand unserer Lerntheorie mit den Ergebnissen aus diesen drei für kognitive Entwicklung und zerebrale Dysfunktion besonders wichtigen Forschungsbereichen zu konfrontieren, und ergänzen wir sie durch weitere Ergebnisse aus anderen Bereichen, dann ergibt sich zumindest eine andere Sichtweise für den Aufbau der kognitiven Strukturen. Dies kann für eine gezielte Entwicklungsförderung nicht ohne Bedeutung sein.

Kognitive Entwicklung meint die Entwicklung unserer Erkenntnis, des Verstehens dieser Welt. Dazu ist es notwendig, daß der Mensch auf der Basis der genetischen Disposition geistige Strukturen entwickelt, mit denen er Informationen speichern, ordnen und verarbeiten kann. Dies geschieht durch Lernen. Lernen ist eine Voraussetzung menschlicher Existenz. So, wie der Mensch in die Welt hineingeboren wird, wäre er ohne Lernen nur kurze Zeit überlebensfähig. Ohne Lernen würde sich keine Reifung der geistigen Funktionen, keine Heranbildung funktioneller Systeme und damit auch keine kognitive Entwicklung vollziehen. Wir sind von Anfang an darauf angelegt, uns zur Bewältigung der Umweltaufgaben beständig zu verändern, die Reize der uns umgebenden Welt aufzunehmen, sie in uns zu verarbeiten und nach unseren Voraussetzungen und Möglichkeiten darauf zu reagieren. Die fundamentalen Voraussetzungen der zur Bewältigung der Lebensaufgaben notwendigen Fähigkeiten und Fertigkeiten sind zwar bei der Geburt bereits vorhanden, doch es handelt sich um potentielle Voraussetzungen. Entwickeln können sich die Funktionen erst in einer aktiven Auseinandersetzung mit der Umwelt. In diesem Prozeß sind die Umweltbedingungen von entscheidender Bedeutung. Von ihrem Vorhandensein, ihrer Qualität, Intensität, Konstanz oder Dynamik hängt es ab, wie die genetischen Potentiale sich entfalten. Dabei ist ein Fortschreiten von einfachen primären Funktionen zu immer komplizierteren funktionellen Systemen zu beobachten.

Zerebrale Dysfunktion meint die Tatsache, daß bei vielen Schülern in der Entwicklung und Anwendung von Funktionen und funktionellen Systemen erhebliche Schwierigkeiten auftreten. Sie reichen von der geistigen Behinderung über die Lernbehinderung bis hin zu Lernschwierigkeiten und Teilleistungsstörungen wie isolierter Lese-Rechtschreibschwäche. Sie sind sowohl im Grad als auch in der Komplexität außerordentlich unterschiedlich. Alle diese Dysfunktionen sind zerebraler Natur. Wir würden uns einem Selbstbetrug hingeben, würden wir annehmen, daß Funktionsschwierigkeiten ohne Mitwirkung unseres Zentralnervensystems existieren könnten. Es gibt keinen psychischen Prozeß, der unabhängig von den materiellen Prozessen verläuft.

Die zerebrale Dysfunktion hat in jedem Fall einen erworbenen Anteil. Selbst wenn der Mensch mit einer abweichenden Disposition geboren wird, wie etwa das Kind mit Morbus Langdon-Down, entwickelt sich doch seine geistige Tätigkeit durch die Auseinandersetzung mit der Umwelt. Daß diese unter anderen genetischen Bedingungen stattfindet, ändert nichts an der Tatsache, daß die kognitive Entwicklung vom Zusammenspiel Organismus - Umwelt abhängig ist. Es wird deshalb im folgenden auch immer wieder statt zerebrale Dysfunktion der Ausdruck kognitive Dysfunktion benutzt. Beide Bezeichnungen beziehen sich auf den gleichen Sachverhalt — einmal stärker medizinisch, einmal stärker psychologisch intendiert. Die kognitive Funktionsschwierigkeit ist eine zerebrale und umgekehrt.

Ausgangspunkt aller geistigen Entwicklung ist die materielle Basis. Sie ist in Form eines Nervensystems bei der Geburt bereits vorhanden. Funktionsfähig ist sie hingegen nur in beschränktem Maße. Es währt Monate, bis die Grundleistungen aufgebaut sind, und Jahre, bis die darauf fußenden komplizierten Handlungs- und Kommunikationstechniken erworben sind. Deshalb ist es notwendig, ehe über kognitive Entwicklung und zerebrale Dysfunktion etwas ausgesagt wird, die Grundlagen zu erkunden und Prinzipien oder Grundgesetze der höheren Nerventätigkeit zu ermitteln, um sie auf ihre Bedeutung für das Lernen zu untersuchen und auf Entwicklungsbedingungen und Entwicklungsgesetze zu schließen.

1.1 Erbe und Umwelt

So lange es eine Diskussion über Eigenschaften des Menschen, über Charakter, Verhaltensweisen und Lernen gibt, so lange währt der Streit um den Einfluß von Vererbung und Umwelt. Dabei war man sich in der Vergangenheit weitgehend darüber einig, daß die wesentlichen Charaktereigenschaften vererbt werden, ja daß auch Begabungen weitgehend durch Vererbung festgelegt sind. Unser gesamtes dreigliedriges Schulsystem basiert auf dieser Auffassung, ging man doch bei seiner Gründung davon aus, daß für die verschiedenen Veranlagungen auch verschiedene begabungsgemäße Möglichkeiten der Beschulung geschaffen werden müssen. Bis zur Mitte der sechziger Jahre basierten deshalb die Lehrpläne der einzelnen Bundesländer auf der Begabungstheorie. Dem Volksschüler, der vorwiegend praktisch begabt sein sollte, wurde eine volkstümliche Bildung zugebilligt (Hillebrand 1955, S. 77—80), dem Realschüler, der vorwiegend technisch oder kaufmännisch begabt sein sollte, wurde durch die Betonung des praxisnahen mittleren Wissensangebotes entsprochen. Lediglich dem Gymnasialschüler wurde eine höhere wissenschaftliche Bildung zugestanden (Busemann 1955). Eine Änderung dieser Situation trat erst durch die Erkenntnisse soziologischer Forschung ein, als die Bedeutung der Umwelteinwirkung erkannt wurde. Allerdings schlug das Pendel nun nach der anderen Seite aus. Eine Reihe von Soziologen und Pädagogen vertrat die Auffassung, daß der Mensch völlig das Produkt seiner Umwelt sei, daß man gewissermaßen jeden Menschen zu jeder Fähigkeit und jeder Leistung entwickeln könne.

Sowohl die Auffassungen der Vererbungstheoretiker als auch die der Umwelttheoretiker zeigen ein fundamentales Mißverständnis des Verhältnisses von Vererbung und Umwelt. Sie basieren auf der Vorstellung, daß ein Teil von Wissen und Können durch die Vererbung weitergegeben, ein anderer Teil dagegen durch Aneignung erworben würde, daß es sich also gewissermaßen um Teile eines Puzzles handele, aus denen kognitive Entwicklung sich zusammensetzt.

Die neueren Forschungen der Neurophysiologie, der Genetik, der Soziologie und der Sonderpädagogik weisen indessen einen ganz anderen Weg und führen zu einer anderen Auffassung. Man könnte formulieren: Die körperliche und geistige Entwicklung des Menschen resultiert vollkommen aus der Vererbung und ebenso vollkommen aus der Umwelt. Dies mag zunächst wie ein Widerspruch klingen, ein solcher liegt jedoch nicht vor; denn geistige Tätigkeit resultiert aus einem komplexen Bedingungsgefüge. Der Widerspruch entsteht lediglich durch unsere falsche Vorstellung von den Entwicklungszusammenhängen. Es spiegelt sich darin die eindimensionale Auffassung längst überholter Theorien. Vererbung und Umwelt lassen sich nicht additiv miteinander verrechnen, wie vielfach versucht, sie bilden vielmehr ein kompliziertes Bedingungsgefüge, das eine Voraussetzung für die Entwicklung des Lebens darstellt. Der Mensch ist körperlich (Atmung, Ernährung) und seelisch (Umweltreize, Sozialkontakt, Information) auf Umwelt angewiesen. Umgekehrt nützt auch die beste Umwelt nichts, wenn die ererbten Entwicklungsdispositionen nicht vorhanden sind, d.h., wenn die materiellen Grundlagen nicht ausreichend sind, die durch Umwelt entwickelt werden könnten.

Wird ein Mensch ohne die genetische Basis geboren, ohne die materiellen Voraussetzungen der Großhirnrinde, wird auch die beste Umwelt keine geistige Entwicklung bewirken. Wird dagegen ein Mensch mit den besten genetischen Voraussetzungen geboren, besitzt er alle materiellen Voraussetzungen, wächst jedoch in völliger Deprivation auf, entwickelt sich weder die Fähigkeit zur sinnlichen Auseinandersetzung mit der Umwelt, noch Lautsprache, noch ein anderes Kommunikationssystem (vgl. Spitz 1972, Davis 1947, Curtiss 1977). Bei völliger Deprivation ist für den Säugling der Tod die Folge.

Es handelt sich also bei Vererbung und Umwelt nicht um Anteile menschlicher Entwicklung, sondern um Voraussetzungen derselben. Ohne materielles Substrat hätte eine Entwicklung keine Funktionsgrundlage. Ohne Umwelt würde das materielle Substrat nicht funktionsfähig. Beide, Vererbung und Umwelt, sind untrennbare Bedingungen menschlicher Entwicklung.

Eindrucksvolle Beispiele für dieses Zusammenwirken von Vererbung und Umwelt finden sich bei Behinderten. Ein mit erblicher Gehörlosigkeit geborenes Kind erlernt die Lautsprache nicht, weil die materiellen Voraussetzungen zur Sprachaufnahme nicht gegeben sind. Daran vermögen auch die besten Umweltbedingungen nichts zu ändern. Gleichwohl lassen sich durch Frühförderung und entsprechende Beschulung Ersatzsysteme anbilden, die jedoch nie das Niveau normaler Sprachentwicklung erreichen. Umgekehrt zeigen Kinder, die ohne Sinnesminderungen mit normal entwickeltem Zentralnervensystem geboren wurden, bei frühkindlicher Deprivation mit Ausschluß von sprachlicher Kommunikation ähnliche Symptome der Sprachlosigkeit wie das gehörlose Kind (Davis, K., Mason, M. K.). Obwohl die für die Sprachentwicklung sensiblen Phasen bereits durchschritten waren, ließ sich jedoch später in allen bekannten Fällen durch entsprechende Förderung Sprache heranbilden. Daraus folgt, daß die zentralen Regionen der Sprachproduktion von außerordentlicher Plastizität sein müssen, d.h., daß unter dem Einfluß der Umweltbedingungen sich etwas entwickelt haben muß, was Sprache ermöglichte.

1.1.1. Die Entwicklung des Zentralnervensystems

Obwohl die Hirnforschung von der Annahme ausgeht, daß der Mensch mit einem funktionsfähigen Zentralnervensystem (ZNS) geboren wird, daß sich also die Zahl der Pyramidenzellen nach der Geburt nicht mehr verändert, vervierfacht sich bis zum zwanzigsten Lebensjahr das Gehirngewicht des Menschen. Beträgt es bei der Geburt etwa 335 Gramm, so hat es sich nach neun Monaten bereits auf etwa 750 Gramm gesteigert. Die Wachstumskurve flacht dann allerdings beständig ab, bis bei Erreichen des Erwachsenenalters die merkliche Zunahme an Gehirnsubstanz beendet ist. In diesem Zusammenhang stellt sich die Frage, welche Entwicklungen sich in der Zeit des Gehirnwachstums vollziehen, und welche Faktoren Wachstum und kognitive Entwicklung bewirken. Was ist es, was diese Gewichtszunahme bewirkt, wenn der Mensch doch mit einem voll entwickelten Zentralnervensystem geboren wird ?

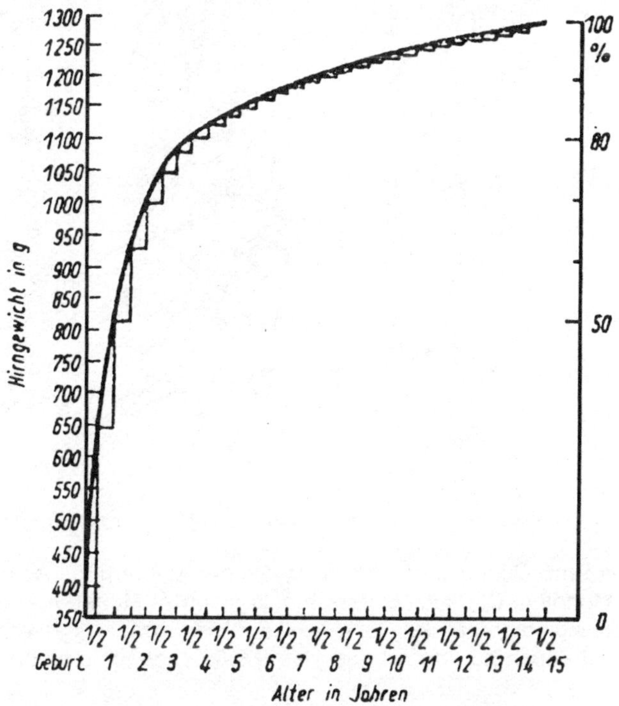

Abb. 1: *Absolute Gewichtszunahme des Gehirns im Laufe der Kindheit. Die 50-Prozent-Marke der postnatalen Substanzzunahme ist etwa am Ende des ersten Lebensjahres erreicht. Am Ende des 3. Lebensjahres sind 80 Prozent der Entwicklung abgeschlossen (nach Pechstein 1974).*

Eine Antwort auf diese Frage geben die Forschungsergebnisse der letzten Jahrzehnte. Die Neurobiologen unterscheiden in der Hirnentwicklung die Phasen der Proliferation, der Migration, der Differenzierung, der Synaptogenese und der Myelinbildung. Während der Proliferationsphase werden durch Teilungsvorgänge Matrixzellen gebildet, die sich entlang der Anlage des Zentralnervensystems ablagern. Diese Phase findet etwa in der Mitte der Schwangerschaft ihren Abschluß und die Nervenzellen verlieren ihre Teilungsfähigkeit. Von diesem Zeitpunkt an sind die Neuronen jedoch befähigt, Axone und Dendriten zu bilden und in Form von Synapsen Schaltstellen anzulegen. Diese Vorgänge beginnen zwar schon während der Entwicklung im Mutterleib, setzen sich jedoch in verstärktem Maße nach der Geburt unter dem Einfluß der Umwelt fort. ,,Das postnatale Wachstum des Gehirns beruht vor allem auf der Entwicklung der Fortsätze, d.h. funktionell gesprochen auf der Differenzierung des Kommunikationssystems'' (Akert 1979, S. 17). Wie stark diese Vernetzung der Nervenzellen ist, wurde durch die Forschungen von CONEL deutlich, der umfangreiche Untersuchungsergebnisse zur menschlichen Hirnentwicklung vorlegte.

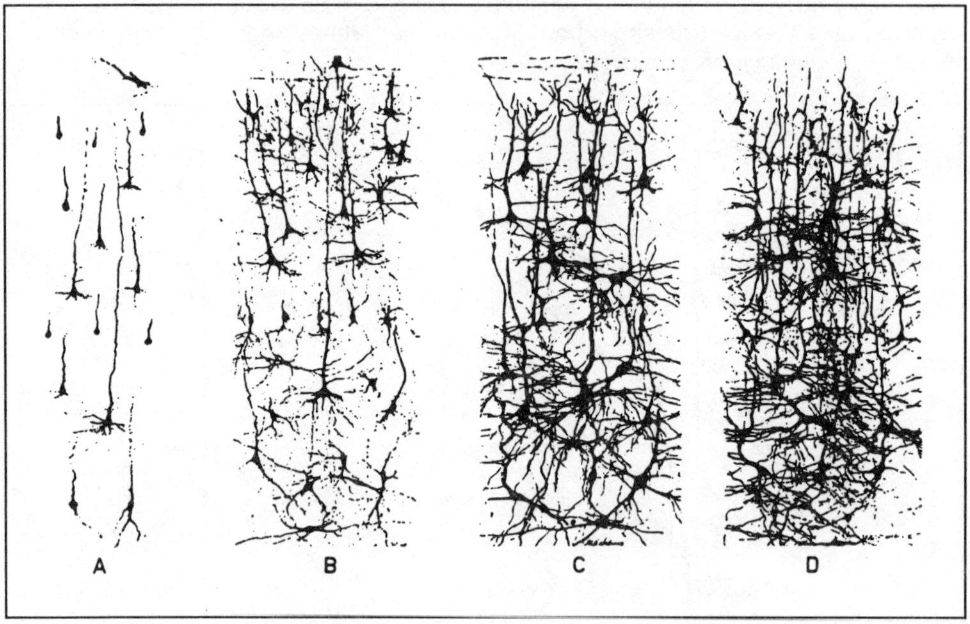

Abb.2: *Stadien der postnatalen menschlichen Hirnreifung (Conel 1939—1959)*

Abb. 2 zeigt den Entwicklungsstand eines Areals des Vorderhirns A: kurz nach der Geburt, B: nach 3 Monaten, C: nach 15 Monaten, D: nach 24 Monaten. Die Aufnahmen zeigen deutlich, daß sich die Zahl der Nervenzellen nicht vermehrt hat, daß jedoch die Verbindungen in kaum noch zu überschauendem Maße zugenommen haben.

1.1.2. Der Nervenwachstumsfaktor bahnt den Verbindungsweg

So bedeutsam diese Erkenntnisse zur Vernetzung der Nervenzellen auch sind, was lange Zeit unbeantwortet blieb, war die Frage, wie sich diese Vernetzungen entwickeln, welchen Bildungsmechanismen sie gehorchen und von welchen Einflüssen sie abhängen. Erst die Forschungen von LEVI-MONTALCINI und anderen führten einen Schritt weiter. Sie stellten fest, daß sich unter dem Einfluß der Beanspruchung von Nervenzellen ein Stoff bildet, der als Nervenwachstumsfaktor (NWF) bezeichnet werden kann. Dieser Stoff ermöglicht es, das Heranwachsen neuraler Verbindungen zwischen zwei oder mehreren Nervenzellen zielgerichtet zu stimulieren. Der Nervenwachstumsfaktor bildet von Ganglion zu Ganglion eine Spur, in der ein Konzentrationsgefälle enthalten ist, das die Richtung der neu zu schaffenden Verbindung steuert. Wie eine Pflanze dem Licht zuwächst, so entwickelt sich die heranwachsende Nervenfaser auf der Leitspur des Nervenwachstumsfaktors in Richtung der höheren Konzentration, bis sie auf Mikrometer genau diejenige Stelle erreicht hat, an der sie eine Synapse bildet und damit eine stehende Verbindung, eine Schaltstelle des Netzwerkes herstellt.

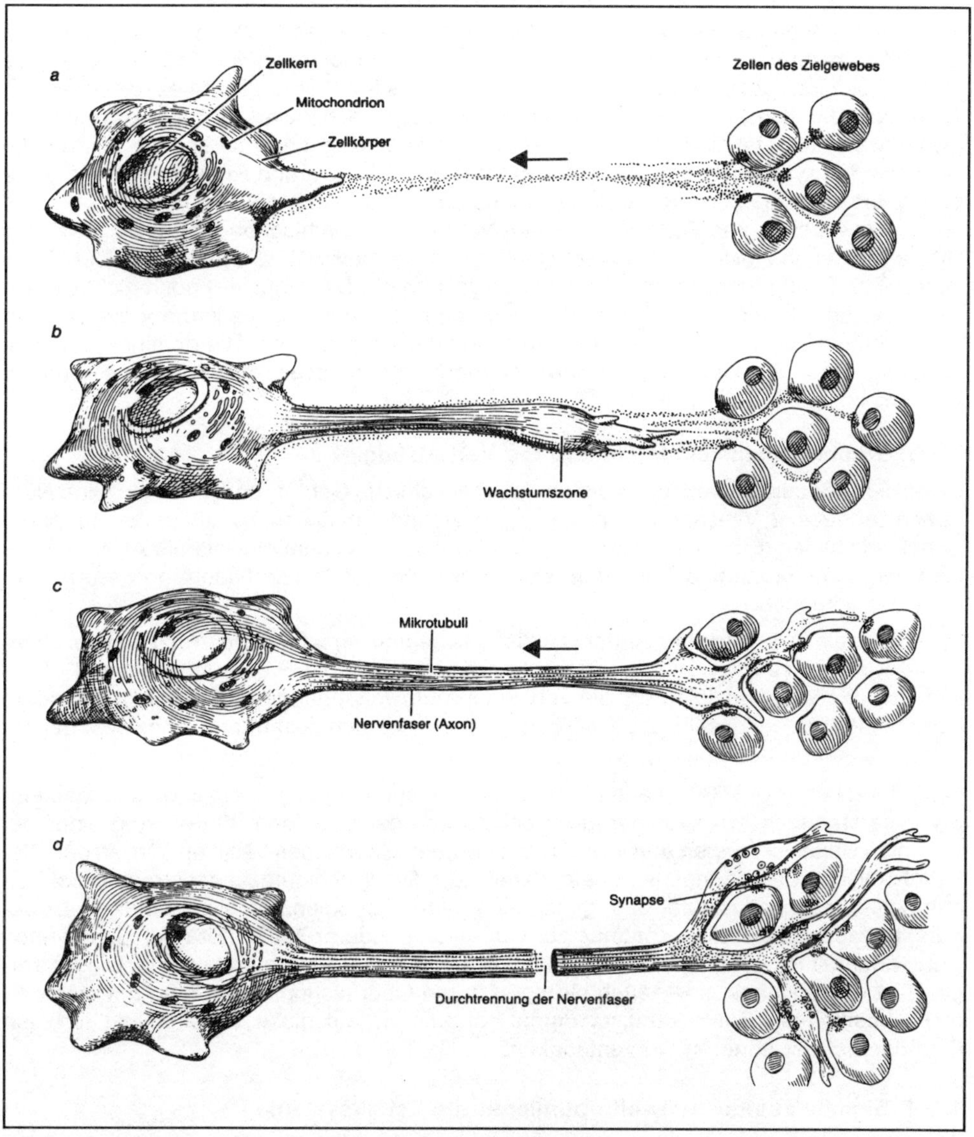

Abb.3: *Bildung eines Axons (nach Levi-Montalcini und Calissano 1980, S. 61)*

Abb. 3 zeigt in zeichnerischer Darstellung, wie sich ein Axon auf der Spur des Nervenwachstumsfaktors bildet. Das Wachstum der Nervenfaser eines unreifen sympathischen Neurons wird vom Nervenwachstumsfaktor ausgelöst und geführt. Die Zellen des innervierten Zielgewebes scheiden kleine Mengen des NWF aus (Punkte), die sich auf der

Zelloberfläche des Moleküls mit Rezeptormolekülen verbinden (a). Diese Wechselwirkung löst im Neuron den Zusammenschluß faseriger Proteine aus, die wichtige Bestandteile der Wachstumszone des Axons sind (b). Wenn das Axon sein Zielgewebe erreicht hat, bilden sich Synapsen, in denen das Nervensignal durch Moleküle (Neurotransmitter) vom Ende der Nervenfaser auf die Zellen des Zielgewebes übertragen wird.

Im Jahre 1969 gelang es, die Reihenfolge der Bausteine des NWF zu entschlüsseln.Es handelt sich um ein kompliziertes Molekül mit einer Kombination von 118 Proteinen, die als Aminosäuren bezeichnet werden. Die Formel des NWF ermöglichte es, diese Aminosäurenkombination herzustellen und im Tierversuch nachzuweisen. ,,Injiziert man den Nervenwachstumsfaktor in das Gehirn neugeborener Nagetiere, so sprießen Nervenfasern aus den sympathischen Ganglien und besiedeln Gehirn und Rückenmark. Offenbar diffundiert der in das Gehirn injizierte Wachstumsfaktor durch die motorischen und sensorischen Wurzeln des Rückenmarks, erreicht die sympathischen Ganglien längs des Rückenmarks und löst dort das Wachstum der Nervenfasern aus'' (Levi-Montalcini/Calissano 1980, S. 60). Indessen trägt die Aussprossung der Nervenfasern noch nicht viel zur Verbesserung der neuralen Funktionen bei; denn es kommt nicht allein auf die Zahl der Verbindungen an, sondern viel stärker noch auf die Art derselben. Die richtigen, zur Vollbringung einer Funktion notwendigen Nervenzellen müssen miteinander verbunden werden.

1.1.3. Erkennungsmoleküle steuern die Vernetzung

Etwa 15 Milliarden Nervenzellen bilden das menschliche Gehirn, und jedes einzelne Neuron entsendet eine Vielzahl von Verbindungen zu anderen Zellen, die ein unübersehbares Schaltnetz bilden. Eine der entscheidenden Fragen ist deshalb die, wie die Ausläufer der Neuronen, die Axone und Dendriten, sich in der richtigen Weise finden, gewissermaßen einander erkennen.

In den einzelnen Stadien der Hirnentwicklung scheinen verschiedene Prinzipien der Steuerung wirksam zu sein. Die vorwiegend genetisch bedingte Steuerung gehorcht offensichtlich anderen Prinzipien als die vorwiegend umweltabhängige Steuerung. Trotzdem kann nicht ganz ausgeschlossen werden, daß letztere sich bestimmter Prinzipien genetischer Steuerung bedient.

GOODMAN und BASTIANI kamen bei ihren Untersuchungen zu dem Ergebnis, daß embryonale Nervenfasern keulenartige Wachstumskegel ausbilden, die entlang einer bestimmten Bahn vordringen und eine Art chemischen Spürsinnes besitzen, der an den Zielen chemische Erkennungsmerkmale identifiziert. Die Wachstumskegel strecken zahlreiche haar-ähnliche Ausläufer aus, die sogenannten Filopodien, die sich ständig in Bewegung befinden. Sie stellen Kontakte zur Oberfläche anderer Zellen her und suchen nach ,,Erkennungsmolekülen'', mit denen die Ziele unverwechselbar markiert sind. Dieser Vorgang ist entwicklungs- und zeitabhängig, d.h. die Oberflächenmarker sind nur während eines bestimmten Entwicklungsstadiums vorhanden. Auf diese Weise bildet sich ein Grundgerüst der höheren Nerventätigkeit.

1.1.4. Signale aus der Umwelt optimieren die Schaltsysteme

Die auf genetischer Basis entstandene Vernetzung der Neuronen würde nicht ausreichen, um das ZNS zur erfolgreichen Kommunikation mit der Umwelt zu befähigen. Immer wieder begegnen uns Fälle psychophysischer Deprivation, wo die Hirnfunktionen irreversible Schäden erlitten, weil während der frühkindlichen Entwicklung Erfahrungen mit der Umwelt vorenthalten wurden. Beispielhaft für diesen Zusammenhang ist die Entwicklung der Sinne. Der Mensch wird zwar mit allen Sinnen geboren, und diese besitzen bei der

Geburt auch eine gewisse Reaktionsfähigkeit, die Funktionsfähigkeit hingegen muß erworben werden, und zwar in Wechselwirkung mit der Umwelt. SINGER hat diesen Zusammenhang von Entwicklung und Umwelt am Sehanalysator untersucht. Er konnte ihn anhand kontrollierter Tierversuche sowie klinischer Beobachtungen am Menschen überzeugend belegen.

,,Höhere Säugetiere wie auch Menschen werden schwerwiegend beeinträchtigt, wenn sie während einer kritischen Phase der frühen kindlichen Entwicklung ihren Gesichtssinn nicht ungestört gebrauchen können" (Singer 1985, S. 48). So geht aus klinischen Beobachtungen hervor, daß Säuglinge bei Verletzung des Auges eine Trübung der Hornhaut erleiden, die zum Ausfall der Sehfähigkeit führt. Werden diese Kinder nach Jahren mittels mikrochirurgischer Techniken operiert und die optische Leistungsfähigkeit des Auges wird wieder hergestellt, ist damit noch keine Sehfähigkeit verbunden. Bei Patienten, die zum Zeitpunkt der Operation schon das Schulalter erreicht haben, gelingt es in der Regel auch nicht die volle Sehfähigkeit zu entwickeln. Diese Erfahrung weist auf zwei Entwicklungsprinzipien höherer Nerventätigkeit hin:

1. Der Mensch wird zwar mit einem genetisch bestimmten Hirnpotential geboren, der Erwerb der Funktionsfähigkeit dieses Potentials ist jedoch umweltabhängig. Ohne das Zusammenwirken von Organismus und Umwelt vermögen sich unsere Sinne nicht zu entwickeln.

2. Der Erwerb der Funktionsfähigkeit des ZNS ist phasenabhängig. Nicht in jedem Lebensalter läßt sich jede Funktion ausbilden. So geht zum Beispiel aus dem Vergleich von Krankengeschichten hervor, daß die kritische Phase für die Entwicklung von Sehleistungen nicht weiter als bis zum Schulalter reicht. Sehleistungen, die sich bis dahin nicht entwickelt haben, lassen sich kaum noch nachholen.

SINGER stellte bei seinen Untersuchungen fest, daß die Verschaltung zwischen den verschiedenen Neuronengruppen in ihren Grundzügen genetisch festgelegt ist. Dieser Verschaltungsplan ist jedoch verhältnismäßig ungenau. Die genetische Information kann niemals exakt festlegen, welche Bereiche später einander entsprechen. Die Festlegung, die genaue Verschaltung, ist erst durch die Wechselwirkung mit der Umwelt möglich. Erst die Aufnahme externer Informationen führt zur Aktivierung und Präzisierung der Verbindungen.

Um die erfahrungsabhängigen Selektions- und Optimierungsprozesse in Gang zu setzen, müssen die visuellen Signale nicht nur vorhanden sein, sondern sie müssen den ,,Antworteigenschaften der zu optimierenden Nervennetze auch hinreichend entsprechen". Daneben spielen Entwicklungsbedingungen wie Aufmerksamkeit und Motivation eine bedeutsame Rolle.

SINGER unterscheidet drei Faktorengruppen für die erfahrungsabhängige Assoziation von Neuronengruppen:

1. Die genetisch festgelegten Grundverschaltungen mit ihren Antworteigenschaften.

2. Die Struktur der Umwelt, die dem Organismus die Erfahrungsmöglichkeiten bietet, mit der das Gehirn über seine sensorischen und motorischen Organe in Wechselwirkung tritt.

3. Den jeweiligen Zustand, in dem ein ZNS sich befindet. Es kommt bei der erfahrungsabhängigen Modifikation neuronaler Verschaltung nicht nur auf die Aktivität sensorischer Neuronen an, sondern auch auf zusätzliche vom Gehirn selbst erzeugte Signale (Aktivierungszustand, zentrale Kontrollsysteme, Wachheits- und Aufmerksamkeitszustand).

Im Zeitraum der Entwicklung von Grundverschaltungen sollten die relevanten Umweltbedingungen möglichst konstant bleiben, damit eindeutige Zuordnungen möglich werden. Unablässig wechselnde Umweltreize bieten keine optimalen Entwicklungsbedingungen. Übermäßige Vielfalt kann den genetischen Entwicklungsvorgaben ebensowenig entsprechen, wie eine zu wenig differenzierte Umwelt.

1.2. Die Organisation des ZNS

Das Zentralnervensystem besteht aus Hirnteilen, die ganz bestimmte Aufgaben übernehmen. Die Aufgabenteilung ist wahrscheinlich das Produkt der Evolution, kann man doch annehmen, daß die einzelnen Hirnteile entwicklungsgeschichtlich nacheinander mit den Anforderungen und Leistungen entstanden sind. So gibt es ein typisch menschliches Gehirn, was sich schon von der Größe her durch die Schläfenlappen und das große Stammhirn vom Zentralnervensystem aller anderen Lebewesen abhebt. Die Regionen des Gehirns werden aus speziellen Verbänden von Nervenzellen gebildet. Es gibt Bereiche, die das Erkennen der Gesichter, das Erkennen von Melodien, von Sprache oder Tastempfindungen ermöglichen. Es gibt auch Bereiche, die uns das Konzipieren von Sprache, das Produzieren von Sätzen oder das Bewegen der Hand ermöglichen. Fast für jede beobachtbare Tätigkeit findet sich ein Areal. Das heißt jedoch nicht, daß diese Fähigkeiten dort gespeichert sind. Es handelt sich vielmehr um Zentren, in denen wesentliche Steuerungs- oder Schaltvorgänge zur Durchführung der betreffenden Leistung ablaufen.

Da sich die funktionellen Areale bei allen Menschen weitgehend in ihrer Lage gleichen, können wir annehmen, daß sie genetisch festgelegt sind. Aktionsfähig werden sie jedoch erst durch die Wechselbeziehung mit der Umwelt. Wie diese Funktion ,,Sprache'' etwa aussieht, ob Deutsch, Englisch oder Japanisch, ob gerade ausreichend für Verständigung oder hoch entwickelt, das wird weitestgehend durch die Kommunikation entschieden.

1.2.1. Die beiden Hälften des Gehirns und ihre Funktionen

Betrachten wir das ZNS eines höheren Lebewesens, dann stellen wir fest, daß es in der Mitte durch eine tiefe Furche geteilt ist. Diese Teilung ist jedoch nur scheinbar; denn es besteht zwischen beiden eine Leitungsbahn mit millionenfachen Verbindungen: der Balken. Er vermittelt Nachrichten zwischen der linken und rechten Hirnhälfte und umgekehrt, ermöglicht also das Zusammenspiel der beiden Hirnhälften. Lange Zeit nahm man an, daß die neuralen Funktionen durch die Hirnhälften doppelt angelegt seien. Erst spät kam man zu der Erkenntnis, daß jede Hirnhälfte eine spezifische Funktion erfüllt. Danach haben wir es bei der rechten Hirnhälfte mit sinnesverbundenen integrativen und emotionalen Funktionen zu tun, während die linke Hirnhälfte mehr differenzierende, analytische, sprachliche Funktionen wahrnimmt. Genauere Kenntnisse über die Funktionen wurden durch die Untersuchungen mit Split-brain-Patienten erworben (Sperry 1968). Dabei handelt es sich um Personen, bei denen eine unheilbare und progressive Erkrankung des ZNS vorlag, die nur durch eine Durchtrennung des Balkens gestoppt werden kann. Solche Patienten können zwar interagieren wie alle anderen Menschen, das Zusammenspiel zwischen der linken und rechten Hirnhälfte ist jedoch nicht mehr vorhanden. Da nun unser neurales Steuerungssystem so angelegt ist, daß sich die Bahnen kreuzen, ist es möglich, z.B. über das linke Auge die rechte Hirnhälfte, über das rechte Auge die linke Hirnhälfte, mit Informationen zu versorgen und die Reaktionen des Organismus zu analysieren. Einen Überblick über die Funktionen gibt nachfolgende Darstellung:

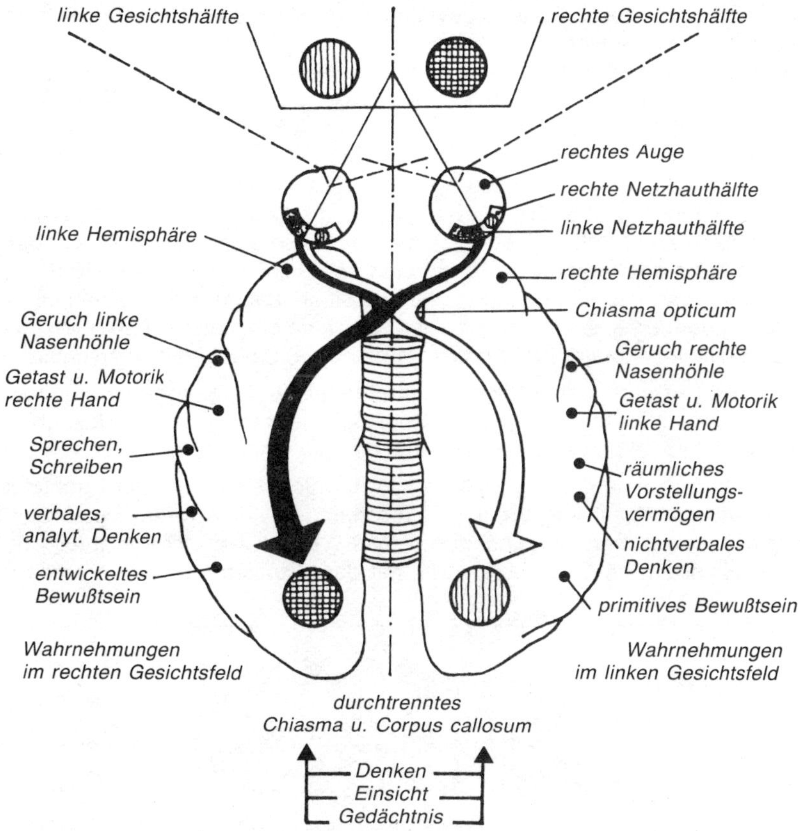

Abb. 4: *Schema des Spalthirns und der Lateralisation der Hemisphärenfunktion (nach Sperry 1974)*

Obwohl die linke Hirnhälfte sich unseren kulturspezifischen weitgehend sprachlich bestimmten Anforderungen gegenüber als besser angepaßt erweist, zeigt sich die rechte Hirnhälfte doch bei vielen Aufgaben als überlegen. Dies zeigt sich besonders bei nonverbalen Problemen, Aufgaben und Lösungen, wie etwa beim Finden figuraler Ergänzungen, Herstellen räumlicher Konstruktionen, Herausfinden des Sinnes aus einer Handlungsfolge usw.

Wer aufgrund dieser Forschungen annimmt, das Sprachliche habe mit der rechten Hirnhälfte nichts zu tun, der irrt. Auch Lautsprache hat in der rechten Hirnhälfte ihre Entsprechung. Dies betrifft vor allem die motorischen Reaktionen, wie die Steuerung von Mund, Zunge und Kehlkopf (Lassen/Ingvar/Skinhoj 1980, S. 141). Wir müssen außerdem davon ausgehen, daß alle höheren Tätigkeiten des ZNS außerordentlich kompliziert sind und das Zusammenwirken der verschiedensten Funktionen voraussetzen. Das betrifft auch das Zusammenwirken von linker und rechter Hirnhälfte.

1.2.2. Die Funktionen organisieren sich in Zentren

Die Einteilung in zwei Hirnhälften ist offensichtlich nicht ausreichend, um die Spezialisierung einzelner Funktionsbereiche zu gewährleisten. Bereits vor Jahrhunderten beobachteten Mediziner, daß bei Hirnverletzungen an der gleichen Stelle auch gleichartige oder ähnliche Ausfälle als Folgeerscheinung auftraten. In den sechziger Jahren des vergangenen Jahrhunderts fand der französische Arzt BROCA, daß eine Verletzung des linken Schläfenlappens stets eine Sprachstörung nach sich zog. Es handelte sich um ein Areal, das wir heute als motorisches Sprachzentrum bezeichnen. Störungen dieses Zentrums äußern sich in langsamem mühevollen Sprechen. Die Aussprache ist schwerfällig und undeutlich. Die Sätze sind grammatikalisch falsch, unvollständig und doch sinnvoll. Die Konjugation von Verben fällt diesen Personen besonders schwer. Da meist bei solchen Verletzungen auch das motorische Rindenfeld der Gesichts-, Zungen-, Kiefer- oder Rachenmuskulatur betroffen ist, nahm man lange Zeit an, daß es sich um eine Lähmung der Muskulatur handelt. Dies ist jedoch nicht der Fall; denn die meisten Patienten können singen und dabei die Muskulatur einwandfrei gebrauchen. Was führt also zu dieser Störung?

Die genaue Analyse zeigt, daß es sich um den Ausfall der Zeichengeneration handelt, um das Heranbilden von Konstruktionen der Sprache, die dann in die Produktion derselben eingehen bzw. Voraussetzungen für diese Produktion sind.

Dies ist nur ein Beispiel dafür, wie sich das ZNS in Schaltzentren oder Funktionszentren (Programmzentren) organisiert. Weitere Zentren finden sich etwa im linken Schläfenlappen mit dem sensorischen Sprachzentrum, das WERNICKE 1874 erstmalig beschrieb, mit dem Lesezentrum im Gyrus angularis, mit dem Sehzentrum am Hinterhauptlappen usw.

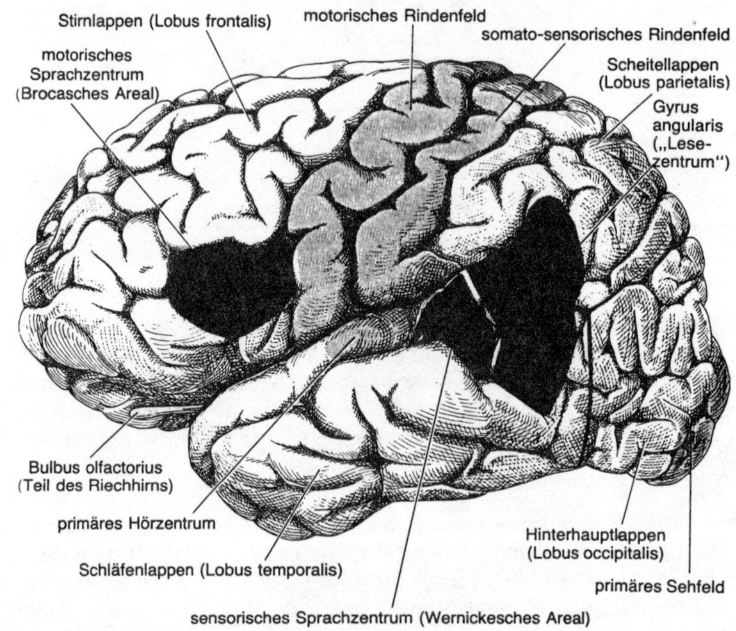

Abb. 5: *Zentren der linken Hirnhälfte (nach Gschwind 1980, S. 115)*

Jede der beiden Hirnhälften besteht aus vier Lappen, dem Stirnlappen, dem Scheitellappen, dem Schläfenlappen und dem Hinterhauptlappen. Die motorischen und somatosensorischen Rindenfelder sowie die primären Seh-, Hör- und Riechzentren finden sich bei allen Tierarten, die über eine gut organisierte Großhirnrinde verfügen. Die etwas dunkler abgesetzten Regionen dienen besonderen menschlichen Fähigkeiten, der Organisation seines Werkzeugverhaltens im gegenständlichen, lautsprachlichen und schriftsprachlichen Bereich.

1.2.3. Die Muttersprache beeinflußt die Gehirntätigkeiten

Seit der Entdeckung des motorischen und des sensorischen Sprachzentrums wurde eine Vielzahl von Untersuchungen zur Wirkungsweise dieser Zentren durchgeführt. Einige befaßten sich auch damit, wie Gehörreize auf den Organismus wirken, und in welcher Hemisphäre sie verarbeitet werden. Mit solchen Lateralitätsuntersuchungen zur Verarbeitung akustischer Informationen befaßte sich auch der japanische Audiologe TSUNODA. Mit einer speziellen Versuchseinrichtung, die mit verzögerter Rückkopplung arbeitete (Lee-Effekt), versuchte er die Dominanz der Hirnhälften bei der Verarbeitung auditiver Informationen (Hörreize) zu ermitteln. Er stellte fest, daß seine Versuchspersonen sowohl Silben als auch konstante gleichklingende Vokale der japanischen Sprache in der linken Hirnhälfte verarbeiteten. Um die Ergebnisse zu präzisieren, ersetzte er menschliche Vokallaute durch künstliche Geräusche, die in der Struktur Vokallauten glichen. Im Ergebnis zeigte sich, daß ein synthetischer Klang nur dann in der linken Hirnhälfte verarbeitet wird, wenn zwei Bedingungen erfüllt sind: unharmonische Formantenfrequenzen und ein Minimum an Frequenzmodulation (Brabyn 1982, S. 10). Das ZNS ist also in der Lage, die Struktureigenheiten der Laute festzustellen und entsprechende Verarbeitungsweisen bereitzustellen. Menschliche Vokallaute, Schluchzen, Lachen, Zirpen von Insekten und andere natürliche Laute mit Frequenzmodulation und unharmonischen Verbindungen wurden bei japanischen Versuchspersonen mit einer Dominanz der linken Hirnhälfte verarbeitet.

Diese Ergebnisse wären an sich noch nicht aufsehenerregend, wenn TSUNODA nicht eines Tages eine französische Versuchsperson mit einbezogen hätte. Diese Untersuchung brachte ganz andere Resultate als erwartet. Konstante Vokallaute, wie auch gleichklingende Töne, verursachten bei der französisch sprechenden Versuchsperson eine Dominanz der rechten Hirnhälfte, Silben hingegen eine Dominanz der linken Hirnhälfte.

Um diesen Widerspruch zu klären, dehnte er die Untersuchungen auf Personen anderer Muttersprache aus. Insgesamt testete er 57 Versuchsteilnehmer mit westeuropäischen Sprachen, 15 chinesisch sprechende, 17 koreanisch sprechende und eine Reihe weiterer Personen aus Vietnam, Kambodscha, Thailand, Israel und Afrika. Das Ergebnis war überraschend. Nur Polynesier und Japaner hatten das gleiche Dominanzmuster.

Um zu klären, ob diese Differenzen genetisch oder sozial bedingt sind, wurden die Untersuchungen auf japanische Einwanderer ausgedehnt. Von den zwanzig getesteten Personen wiesen achtzehn, die bis zu ihrem achten Lebensjahr eine europäische Sprache gesprochen hatten, ein europäisches Dominanzmuster auf. Die anderen zwei Versuchspersonen, die bis zu ihrem neunten Lebensjahr in Japan erzogen wurden, wiesen ein japanisches Dominanzmuster auf. Die unterschiedliche Verarbeitung der Informationen im ZNS wurde somit nicht durch genetische Faktoren, sondern durch Umweltfaktoren verursacht. Die Erklärung ergibt sich aus der Konstruktion der japanischen und der polynesischen Sprache. Beide besitzen einen hohen Anteil von reinen Vokalwörtern und Wörtern mit zwei oder mehr Vokalen. Bei diesen vokalbetonten Sprachen ist allein der Vokal schon

Träger des Sinngehaltes. Die Verarbeitung erfolgt also im Rahmen sprachlicher Funktionen. In westlichen Sprachen hingegen hat der einzelne Vokal noch keinen Sinngehalt. Er ist noch nicht oder nur im Zusammenhang mit anderen Konstruktionen sprachlicher Natur und wird deshalb in der rechten Hirnhälfte verarbeitet. Die Ergebnisse dieser Untersuchung zeigen, daß das materielle Substrat des ZNS zwar bestimmte potentielle Möglichkeiten enthält, die Entfaltung dieser Möglichkeiten jedoch weitgehend von sozialen und kulturellen Bedingungen abhängt.

1.2.4. Die Funktionen werden erlernt

Könnte man die Forschungsergebnisse TSUNODAS noch so interpretieren, daß zwar die Inhalte erlernt oder gespeichert werden, die Funktionen hingegen vorgegeben sind, so ist eine solche Interpretation nicht mehr möglich, wenn plötzlich funktionelle Zentren Aufgaben übernehmen, die sie im Normalfall niemals wahrnehmen. Solche Sonderfälle treten immer dann auf, wenn bestimmte Möglichkeiten des Aufbaus von Kommunikationssystemen ausfallen und Ersatzsysteme entwickelt werden müssen.

Ein Beispiel für den Gebrauch von Ersatzsystemen bieten Gehörlose mit der Gebärdensprache. Dabei handelt es sich nicht um phonologische oder phonographische Zeichen, sondern um „Bedeutungsgebärden" (z.B.: zeigt auf die eigene Brust = Ich, zieht die ausgestreckte Hand zurück = hole, macht auf der linken Querhand einige Sägebewegungen mit der rechten Schneidehand = Holz). Solche Bedeutungsgesten werden zwar gelegentlich auch von Vollsinnigen gebraucht, man kann allerdings nicht sagen, daß sie nach vereinbarten Regeln ablaufen und den Rang eines eigenen Signalsystems einnehmen.

Da Gebärdensprache aus Manualzeichen besteht und nur durch umfangreiche Deutungsprozesse zu entschlüsseln ist (der Zusammenhang muß erkannt sein), nahm man lange Zeit an, daß die Verarbeitung dieser Zeichen in der rechten Hirnhälfte erfolgt. Erst eine Untersuchung von POIZNER, KAPLAN, BELLUGI und PADDEN (1984) eröffnete eine andere Sichtweise. Sie untersuchten vier Gehörlose, die seit früher Kindheit taub waren und ASL (American Sign Language, Gebärdensprache) als bevorzugtes Verständigungsmittel benutzten. Drei dieser Gehörlosen erlitten eine linkshemisphärische Läsion, die in jedem Falle auch das Brocasche Zentrum erfaßte.

Nun hätte man annehmen können, daß diese Verletzungen für die Gehörlosen von untergeordneter Bedeutung seien; denn sie benutzten ohnehin zur Verständigung hauptsächlich ASL. Um so erstaunter waren die Wissenschaftler, als nach der Operation bei allen drei Patienten Symptome auftraten, die der motorischen Aphasie ähnelten. Die Generation von Zeichen der Gebärdensprache gelang den Gehörlosen ebensowenig, wie es dem Patienten mit einer Broca-Aphasie gelingt, Lautsprache zu generieren. Das Zentrum der Zeichengeneration mußte also in jenem Areal liegen, von dem man bisher angenommen hatte, daß es ausschließlich die Zeichen der Lautsprache hervorbringt (Radigk 1985, 281—284).

Nun können wir wohl kaum davon ausgehen, daß es sich bei der Zeichengeneration von ASL um eine genetisch bedingte vorprogrammierte Funktion handelt. Die geistigen Operationen, die der Zeichenkonstruktion zugrunde liegen, können nicht durch Vererbung entstanden sein, sie müssen erlernt sein. Also müssen auch die Funktionen, die jene geistigen Operationen ermöglichen, erlernt sein. Demzufolge hängen kommunikative Prozesse überhaupt in hohem Maße von Lernvorgängen ab. Inwieweit jedoch die Evolution uns im Prinzip diese Möglichkeiten bereitgestellt hat, wird an anderer Stelle noch zu diskutieren sein.

1.2.5. Sind die Zentren austauschbar?

Die Ergebnisse der Forschungen TSUNODAS, KAPLANS und Mitarbeiter zeigen, daß die Leistungen höherer Nerventätigkeit zwar auf genetisch vorgegebenen Bedingungen aufbauen, daß die Operationen der Zeichengeneration jedoch erlernt sind. Dabei sind die Ergebnisse zur Generation von Gebärdensprache schon fast sensationell, beweisen sie doch, daß Funktionen systemabhängig sind und daß sich in normalerweise anders bestimmten Zentren Funktionen aufbauen lassen, die den gegenwärtigen oder unter bestimmten Einschränkungen möglichen Bedingungen eines Organismus entsprechen.

Die in diesem Zusammenhang auftretende Kernfrage ist allerdings die, wie weit denn wohl die Lernfähigkeit des ZNS geht, ob etwa nur Lernfähigkeit im Austausch des Signalträgers und der Codierungsstufe gegeben ist, wie bei der Zeichengeneration der Vollsinnigen (Lautsprache) und der Gehörlosen (ASL) , oder ob auch beim Fehlen entsprechender Zentren Hirnfunktionen aufgebaut werden könnten, die dann von ,,funktionsfremden Arealen'' wahrgenommen werden?

Eine Antwort darauf geben die zahlreichen Untersuchungen an Hirnverletzten, die in Rehabilitationseinrichtungen durchgeführt wurden. Grundsätzlich ist festzustellen, daß jeder Verlust von Nervensubstanz an irgend einer Stelle eine Grenze hat. Das materielle Substrat läßt sich nicht beliebig abbauen und die Funktionen lassen sich nicht beliebig über die Hirnregionen verteilen. Dennoch ist die Plastizität unseres Zentralnervensystems erstaunlich. ,,Zahlreiche groß angelegte Untersuchungen über Kriegsverletzungen haben die Fähigkeit des ZNS zur (totalen oder wenigstens partiellen) Wiederherstellung vieler gestörter Funktionen belegt. Sogar bei hemisphärektomierten Patienten läßt sich eine funktionelle Erholung nachweisen, ein besonders eindrucksvolles Beispiel für das Ausmaß der Erholungsfähigkeit zentralnervöser Funktionen. Wenn die Erholungsfähigkeit hier auch vor allem bei jungen Patienten besteht, ließ sich doch auch bei einigen erwachsenen Patienten, die hemisphärektomiert waren, eine beträchtliche funktionelle Erholung beobachten'' (Bach-y-Rita 1977, S. 100).

GUTTMANN berichtet, daß Paraplegiker (doppelseitige vollständige Lähmung, insbesondere der Beine) bei einem intensiven, möglichst früh beginnenden Training zu mehr als 70 Prozent zu selbständiger Bewegungsfähigkeit gebracht werden können. Aber nicht nur junge Patienten vermögen kompensatorische Funktionen zu entwickeln. Nach BACH-Y-RITA spielt nach einer Läsion auch der möglichst frühe Trainingsbeginn eine Rolle. Nach einem Schlaganfall blieb bei einem 65-jährigen Patienten eine schwere rechtsseitige Hemiplegie (Halbseitenlähmung) mit Aphasie (Sprechunfähigkeit) zurück. Da der Patient überdurchschnittlich stark motiviert war und sofort mit den Übungen begann, konnte er nach einigen Monaten mit einem Finger, später mit zwei und drei Fingern und zuletzt mit allen Fingern wieder Schreibmaschine schreiben. Drei Jahre nach dem Schlaganfall waren schließlich Sprache und motorische Koordination fast voll wiederhergestellt, und der Patient nahm seine frühere Tätigkeit wieder auf. Als er sieben Jahre später aus anderer Ursache starb, ergab die neuropathologische Untersuchung des Gehirns deutliche linkshemisphärische Atrophie und Demyelinisation der distalen corticospinalen Bahnen (vgl. Bach-y-Rita 1977, S. 101-103). Die motorischen und die sprachlichen Funktionen mußten also nach dem Schlaganfall von anderen Zentren übernommen worden sein.

Die Beispiele ließen sich fortsetzen. In dem hier gegebenen Zusammenhang sollten jedoch die gegebenen Informationen genügen. Zusammenfassend läßt sich feststellen:

1. Je jünger der Patient, um so besser die Aussichten der Förderung. Frühförderung bietet die besten Chancen zum Aufbau kompensatorischer Leistungen des ZNS.

2. Auch im Erwachsenenalter bestehen Aussichten kompensatorische Funktionen höherer Nerventätigkeit aufzubauen. Wahrscheinlich handelt es sich hier jedoch zunächst weitgehend um die Optimierung und Anpassung von vorhandenem materiellen Substrat.

3. Motivation, Intensität und Beharrlichkeit sind nicht zu unterschätzende Bestandteile eines Rehabilitationsprogramms. Von ihnen hängt der Erfolg kompensatorischer Maßnahmen in einem sehr hohen Maße ab.

1.3. Der Blick ins lebende Gehirn - wie die Zentren zusammenwirken

Durch Fortschritte in der Nuklearmedizin, der Neurophysiologie, der Informatik und der elektronischen Datenverarbeitung wurden in den letzten Jahren diagnostische Instrumentarien entwickelt, die es erlauben, den zerebralen Blutfluß und die damit verbundenen Stoffwechselvorgänge des Gehirns zu beobachten, sowie die gemessenen Werte elektronisch zu speichern, zu ordnen und zu verarbeiten. Die neuen Untersuchungsverfahren und Techniken ermöglichen die Darstellung von Stoffwechselvorgängen in Form von auf Schablonen aufgetragenen Hirnaktivitätsmustern. Es handelt sich dabei um zwei Verfahren, um die etwas einfachere Emissions-Computer-Tomographie (ECT) und die aufwendigere Positron-Emissions-Tomographie (PET).

Diese Verfahren arbeiten mit Isotopen, die sich den Stoffwechselprodukten des Körpers anlagern und Positronen freigeben, die auf negativ geladene Teilchen des Gewebes treffen und eine Strahlung abgeben, die von Detektoren aufgenommen und an einen Computer weitergegeben wird. Die dabei anfallenden Daten werden elektronisch gespeichert und in Aktivitätsmuster umgesetzt, die einen sehr genauen Einblick in die graduelle Abstufung des Stoffwechsels der verschiedenen Hirnzentren und der an den Aktivitäten beteiligten Funktionen ermöglichen.

Durch entsprechende Programme lassen sich die Daten einer größeren Zahl von Versuchspersonen zusammenfassen, so daß die Tomographien ein Bild allgemein menschlicher Hirnfunktionen ergeben. Gleichzeitig besteht die Möglichkeit, die bei verschiedenen geistigen Tätigkeiten gewonnenen Daten nach bestimmten Kriterien miteinander zu vergleichen, und dadurch die Hirnaktivitäten für einzelne Leistungen einzugrenzen. Die gespeicherten Ergebnisse können statistisch verarbeitet werden, so daß z.B. diejenigen Areale ausgewiesen und in Tomographien eingezeichnet werden, die um ein oder zwei Standardabweichungen von der Vergleichsuntersuchung abweichen.

Es bedarf keiner Diskussion, um die Bedeutung dieser diagnostischen Verfahren für die genaue Untersuchung von Aphasien, Agnosien und Apraxien zu erkennen. Auch für die Behandlung derselben dürfte sich das Vorliegen differentialdiagnostischer Befunde positiv auswirken. Diese Bedeutung der Emissions-Tomographie wird als selbstverständlich unterstellt. Bei der hier gegebenen Fragestellung handelt es sich jedoch nicht um die Anwendung oder Auswertung von Tomographien für den medizinischen oder logopädisch-therapeutischen Bereich, sondern um die Aufklärung geistiger Operationen, um die Überprüfung unseres Wissens zur Funktionsweise und zum Zusammenwirken der verschiedenen Hirnzentren.

Alle Tätigkeiten vollziehen sich auf der Basis geistiger Operationen, die auf der Grundlage funktioneller Systeme ablaufen (Anochin 1967, Radigk 1970, 1978). Obwohl die Theorie der funktionellen Systeme aus grundlegenden Erkenntnissen der höheren Nerventätigkeit entwickelt worden ist, stellen die auf dieser Basis entstandenen Modelle mehr oder weniger hypothetische Konstruktionen dar, die den Prozeß der geistigen Operationen nur idealtypisch wiedergeben. Sie sind keinesfalls ein Abbild oder Schaltschema neuraler Vorgänge. Sie sind zwar weitgehend erfahrungswissenschaftlich abgesichert, ob aber in den Funktionsbeschreibungen alle Wirkungen und Zusammenhänge erfaßt sind, ob nicht doch andere Funktionen oder Zentren an der Analyse und Synthese der Prozesse beteiligt sind, ist nicht mit letzter Sicherheit zu sagen. Die Modelle funktioneller Systeme repräsentieren stets nur den Stand gegenwärtiger Erkenntnis. Insofern sind sie, wie jede Theorie, laufend zu überprüfen, und wenn notwendig zu verändern. Die Emissions-Tomographien müssen also für die Neuropsychologie von hervorragender Bedeutung sein. Sie ermöglichen es, die eigene Position kritisch zu überprüfen.

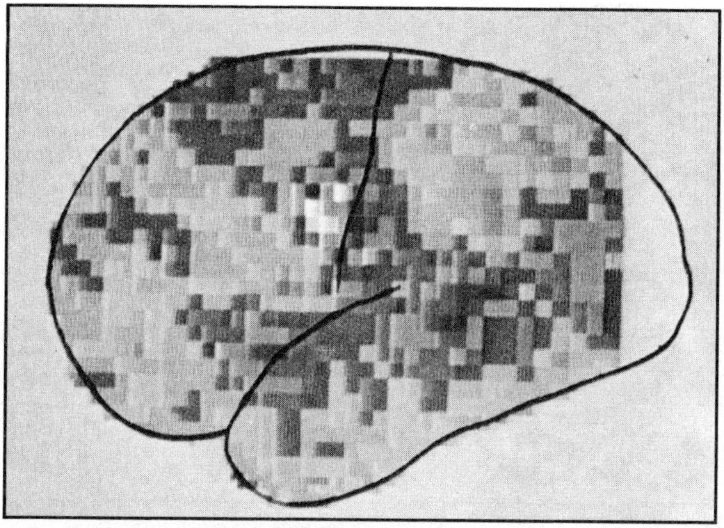

Abb. 6: *Hirnaktivitätsmuster der linken Hemisphäre beim lauten Lesen (Lassen/Ingvar/Skinhoj 1980, S.141) → s. farbige Abb. auf der Tafel zwischen den Seiten 80 und 81.*

Im Rahmen dieser Tätigkeit werden das frontale Augenfeld, die Sehassoziationen, das zusätzliche motorische Feld, das Brocasche Sprachzentrum , das Wernickesche Hörzentrum und das Zentrum der Mundbewegungen aktiviert.

Das Prinzip der funktionellen Systeme besteht darin, daß höhere Leistungen wie Lesen, Schreiben oder Sprechen nicht von einem Zentrum bewältigt werden, sondern daß eine Reihe von Zentren in bestimmter Weise zusammenarbeiten, daß durch die äußere Handlung ein inneres Programm für den Ablauf der geistigen Operationen geschaffen wird. Die aufgenommenen Informationen werden mit gespeicherten Informationen verglichen, identifiziert, eingeordnet, mit vorhandenen Programmen verknüpft, kontrolliert und verarbeitet. Je höher ein System ist, um so mehr Zentren sind offensichtlich an der geforderten Leistung beteiligt, um so größer sind die Störungsmöglichkeiten, um so größer ist jedoch auch die Redundanz (Informationsüberschuß), die durch die Beteiligung der verschiedenen Zentren erzeugt wird.

1.3.1. Bewußtsein und geistige Operationen

Ein anderes Verfahren zur Untersuchung der Hirntätigkeit wandten WALLESCH sowie WALLESCH, HENRIKSEN, KORNHUBER und PAULSON an. Sie untersuchten die Hirndurchblutung mit einem Emissions-Tomographen. Damit ist es möglich, den regionalen zerebralen Blutfluß in Hirnquerschnitten zu messen. Wallesch und Mitarbeiter wählten für ihre Messungen eine schräg zur Schläfenebene liegende etwa 2 cm starke Schicht, die neben den entsprechenden Großhirnarealen wie bestimmten Anteilen des BROCA-SCHEN oder des WERNICKESCHEN Zentrums auch jenen Bereich erfaßte, der als Teil des Zwischenhirnes bekannt ist (Caudatumkopf, Linsenkopf, Thalamus). Sie untersuchten den zerebralen Blutfluß bei Sprachbedingungen und Nichtsprachbedingungen. Besonders interessant ist an ihren Ergebnissen, daß keine sprachliche Aktivität erfolgte, ohne daß auch der Bereich des Zwischenhirns mit den Basalganglien beteiligt war. Ebenso zeigte sich in allen Untersuchungen eine starke Beteiligung des Frontalhirnes.

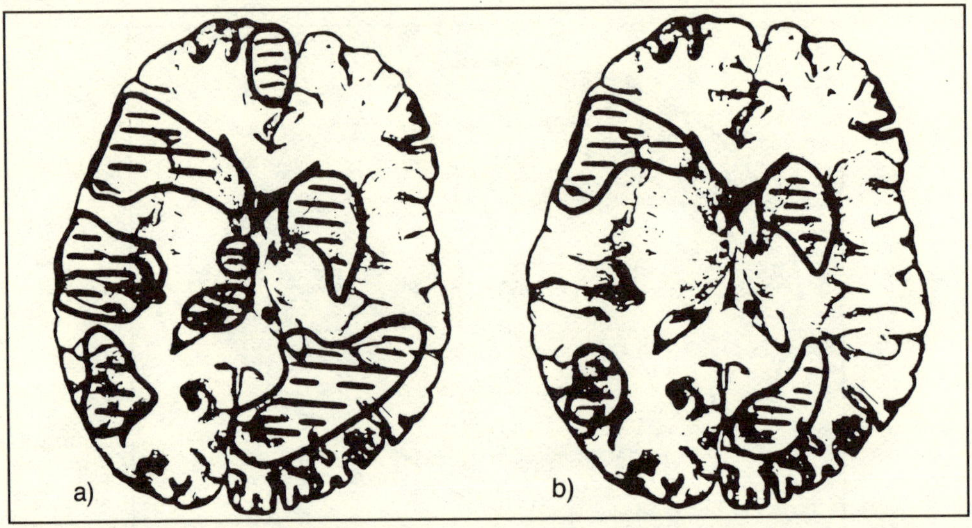

Abb. 7: *Messungen des regionalen zerebralen Blutflusses mit einem Emissions-Tomographen und entsprechender statistischer und graphischer Verarbeitung (Wallesch 1984, S. 92).*

Die Zeichnungen beziehen sich auf einen Vergleich zwischen propositionaler Sprache (Nacherzählung) und Ruhebedingungen. Zeichnung a) weist auf, welche Hirnareale in der Durchblutung beim Sprechen um mehr als eine Standardabweichung mit dem Ruhezustand differieren, Zeichnung b) zeigt Verteilungsänderungen mit doppelter Standardabweichung(!) Auffällig dabei ist besonders die Aktivität im Zwischenhirn, die auch bei allen anderen Untersuchungen von sprachlichen Leistungen auftritt.

Das Zwischenhirn (Diencephalon, Talamencephalon) besteht aus mehreren Strängen. Bei sprachlichen Leistungen sind es vor allem die afferenten Leitungen zur Großhirnrinde, die aktiviert werden und die efferenten Bahnen, über die alle motorischen Impulse der Großhirnrinde weitergeleitet werden. Man hat diesen Bereich des Zwischenhirns auch als das ,,Tor zum Bewußtsein'' bezeichnet.

Für alle Aktivitäten des Bewußtseins hat dieser Bereich eine entscheidende Bedeutung, wirkt er doch wie ein Informationsfilter, der es uns ermöglicht, nur jene Nachrichten aus der Umwelt aufzunehmen, die zur Vollbringung einer bestimmten Leistung notwendig sind. Gleichzeitig aktiviert er jene Bereiche des ZNS, die für die Verarbeitung der Informationen benötigt werden, oder die Speicherungen enthalten, die zu diesen Nachrichten eine Beziehung haben.

Mit Hilfe dieser Schaltvorgänge ist es möglich, die Aktivität so einzugrenzen, daß alle Energie auf die Vollbringung einer Leistung gelenkt wird. Die weniger bedeutsamen Informationen der Umwelt werden zurückgehalten. Wir konzentrieren uns auf jene zur Vollbringung einer Leistung angezielten geistigen Operationen und ermöglichen damit einen Prozeß von höchster Intensität (vgl. 5.1.2.).

Der Bereich des Zwischenhirns ist jedoch mehr als nur eine Umschaltstation oder ein Informationsfilter. In den kognitiven Vorgängen sind gleichzeitig emotionale Bewertungen enthalten, Lust- oder Unlustgefühle, erregende oder beruhigende Impulse, Euphorie oder Depression. Es gibt keinen Vorgang des Bewußtseins ohne emotionale Qualitäten. Auch wenn wir meinen, völlig emotionslos zu sein, ist dies eine emotionale Qualität. Gerade hier wird der Zusammenhang zwischen kognitiven und emotionalen Qualitäten besonders deutlich. Kognitive Leistungen sind stets an emotionale Faktoren gebunden (vgl. 5.3.).

1.3.2. Hängt Lernen vom Bewußtseinszustand ab?

Wenn der Bewußtseinszustand tatsächlich entscheidend die geistigen Operationen beeinflußt, dann müßte sich mit Hilfe der diagnostischen Instrumentarien (PET, rCBF) der Zusammenhang untersuchen lassen. Tatsächlich gehören ,,Konzentrationsschwäche, Aufmerksamkeitsstörung, geringes Durchhaltevermögen'' zu den am häufigsten genannten Merkmalen bei Schülern mit zerebraler Dysfunktion (Betz/Herrmann/Pawel 1979). Eine Untersuchung zu diesem Problem wurde 1984 von LOU, HENRIKSEN und BRUHN vorgelegt. Sie untersuchten am Ringhospitalet Copenhagen 13 Schüler einer Schule für Kinder mit besonderen Lernstörungen. Es handelte sich um Schüler, wie sie auch in der Bundesrepublik Deutschland die Schule für Lernbehinderte besuchen. Einige davon müßten allerdings dem unteren Bereich der Leistungsfähigkeit zugeordnet werden. Keines dieser Kinder hatte einen postnatalen Hirnschaden oder eine Erkrankung des ZNS erlitten. Das Alter der Kinder lag zwischen 6,6 und 15 Jahren, unter ihnen war nur ein Mädchen.

Da Lernschwierigkeiten durch ihre Komplexität schlecht zu erfassen sind, benutzten die Verfasser der Studie die sprachlichen Fähigkeiten der Schüler und die Aufmerksamkeit oder Zuwendungsfähigkeit als Merkmal der Unterscheidung. Sie gruppierten die Kinder nach solchen mit einer Dysphasie und solchen mit einer Aufmerksamkeitsstörung (Attention Deficit Disorder). Um die klinische Diagnose abzusichern und die dysphasischen Symptome zu beschreiben und klassifizieren, wurden verschiedene Tests durchgeführt. Die sprachliche Leistungsfähigkeit wurde in folgender Weise ermittelt: (1) verbales auditives Verstehen mit dem Peabody Picture Vocabulary Test und Token Test, (2) Wortwiederholung mit dem Satzwiederholungstest nach Spreen und Benton, (3) Gemeinsamkeitenfinden, (4) Artikulation und (5) spontane Sprachproduktion, besonders die Flüssigkeit, Grammatik, Satzbildung, Wortfindeschwierigkeit, Wortverstümmlung, -auslassung, -wiederholung, -umwechslung oder -verwechslung (Paraphasien). In Anlehnung an RAPIN und ALLEN wurden die Probanden der Gruppe verbal Dyspraxia (motorische Sprachschwäche bei normalem Verstehen), phonologic-syntactic Dysphasia (moderate globale Dysphasie) oder verbal auditory Agnosya (Wortverständnisschwäche) zugeordnet. Die Aufmerksamkeitsleistung (Vigilanz) wurde nach BRUHN und PARSON mit dem Reaktionszeittest gemessen. Die Aufmerksamkeitsspanne und das Kurzzeitgedächtnis wurden durch Wiederholungsaufgaben mit Zahlen und Sätzen ermittelt. Impulsivität, Hyperaktivität und Temperament wurden nach Beobachtung eingeschätzt.

Das Ergebnis der Untersuchung sah wie folgt aus:

Schülerzahl	Sprachuntersuchung	Aufmerksamkeitsuntersuchung
5	ohne Dysphasie	erhebliche Störungen
3	phon.-synt.Dysph.	erhebliche Störungen
1	phon.-synt.Dysph.	keine Störungen
2	verbale Dyspraxie	erhebliche Störungen
1	verbale Dyspraxie	keine Störungen
1	verb.-audit.Agnosie	erhebliche Störungen

Die Untersuchungen des regionalen Blutflusses im ZNS (rCBF) erfolgte mit dem im vorangegangenen Kapitel erwähnten Instrumentarium, das auch WALLESCH benutzte.

Um Vergleichsmöglichkeiten zu erhalten, wurden 30 Versuchspersonen (VP) ohne Lernschwierigkeiten untersucht. Dadurch war es möglich, die ausgedruckten farbigen Emissions-Tomographien individuell (VP-VP) oder allgemein (mehrere VP-mehrere VP) zu vergleichen, bzw. für einzelne oder mehrere VP die Werte mit statistischen Programmen zu berechnen und in Kartenform auszudrucken (vgl. Abb. 7).

Der Untersuchung mit dem Emissions-Tomographen ging eine neurologische Untersuchung und eine Computertomographie voraus. Dabei wurde festgestellt, daß ein Schüler (verbale Dyspraxie und Aufmerksamkeitsstörung) eine Atrophie im Vorderhirn aufwies. Bei allen anderen Versuchspersonen fanden sich keine strukturellen Abweichungen. Die Untersuchung des rCBF ergab nun insofern interessante Einblicke in die Hirnfunktionen, als eine hohe Parallelität zwischen Messungsergebnissen und sprachlichen Fähigkeiten bzw. der Aufmerksamkeitsleistung festgestellt werden konnte.

1. In allen Fällen fanden sich bei den Schülern mit Dysphasie oder Aufmerksamkeitsstörungen Regionen mit einer unterdurchschnittlichen Durchblutung (hypoperfusion). Die Hypoperfusion verteilte sich nahezu gleichartig symmetrisch über beide Hemisphären, wobei die Werte um mehr als ein oder zwei Standardabweichungen gegenüber einem normalen rCBF abwichen.

2. Bei den drei VP mit verbaler Dyspraxie zeigte sich eine negative Durchblutungsabweichung im Vorderlappen des ZNS. Unter diesen drei VP war auch der Schüler ohne Aufmerksamkeitsstörungen. Im Gegensatz zu den anderen beiden Versuchspersonen zeigte sich bei ihm während verbaler Aktivierung keine Erhöhung des rCBF im Brocaschen Zentrum.

3. Bei den vier Versuchspersonen mit phonologisch-syntaktischer Dysphasie konzentrierte sich die Hypoperfusion im zentralen Bereich (perisylvian region) wobei sie sowohl vor als auch hinter dem Zentrum auftrat. Unter diesen VP befand sich jener Schüler ohne Aufmerksamkeitsstörungen. Ähnlich wie im vorgenannten Fall zeigte sich bei ihm während verbaler Aktivierung keine Erhöhung des rCBF im Brocaschen Zentrum.

4. Der Schüler mit verbaler auditiver Agnosie zeigte Hypoperfusion im zentralen Bereich sowie im Bereiche des sensorischen Sprachzentrums und dem entsprechenden Areal der rechten Hirnhälfte.

5. Alle 11 Schüler mit Aufmerksamkeitsstörung zeigten Hypoperfusion im mittleren Frontalhirn, wohingegen die beiden Schüler ohne Aufmerksamkeitsstörung diese Abweichungen des rCBF nicht aufwiesen.

Die Tomographien mit den abgegrenzten Arealen negativer Abweichungen des rCBF zeigen insgesamt eine gewisse Parallelität zu den Hauptarterien und ihren Verzweigungen, die das ZNS durchziehen. Es gelang den Autoren durch medikamentöse Therapie (methylphenidate) eine Verbesserung der Durchblutung zu erreichen. Erklärt wird diese Wirkung damit, daß die Axone der dopaminempfindlichen Neurone durch das Mittelhirn zum zentralen Teil des Vorderlappens ziehen und diese wahrscheinlich durch Methylphenidate aktiviert werden, so daß die Blockierung der Synapsen aufgehoben wird. Angaben über die Auswirkung dieser Therapie auf das Lernen machen die Verfasser nicht.

Diese Forschungsergebnisse erscheinen nicht nur diagnostisch von Bedeutung, sie tragen auch zum Verstehen der Rolle des Bewußtseins im Lernprozeß bei. Sie zeigen, daß kognitive Leistungen vom Bewußtseinszustand abhängen. Es gibt keine geistigen Operationen, keine Lernvorgänge oder irgendwie geartete Tätigkeiten unseres ZNS, die nicht an die Aktivität des ZNS gebunden wären. Alle Schwierigkeiten des Lernens werden sich dort nachweisen lassen. Deshalb ist die Einteilung von Behinderungen nach organischer oder sozialer Behinderung geradezu anachronistisch. Es ist nur eine Frage der Zeit und eine Frage der Entwicklung entsprechender Untersuchungsinstrumentarien, bis alle Hirntätigkeiten beobachtet, dokumentiert und beschrieben werden können. So wird auch zerebrale Dysfunktion, die einer Lernbehinderung entspricht, sich durch Untersuchungsverfahren dokumentieren lassen.

1.4. Psychische Einflüsse und Bewußtseinszustand

Eine völlig andere Frage ist die, ob Lernbehinderungen auch ihre Ursache in den Abweichungen der Hirntätigkeit haben. Die vorgelegten Untersuchungen könnten zu einer gefährlichen Auslegung führen, nämlich zu dem Schluß, daß nun endlich doch erwiesen sei, daß organische Prozesse die Ursache solcher Schwierigkeiten sind, und eben das ist keineswegs sicher. Es könnte auch umgekehrt sein, daß nämlich die organischen Prozesse die Auswirkung psychischer Konstellationen sind. Die Untersuchungen zeigen zwar einen Zusammenhang zwischen höherer Nerventätigkeit und kognitiven Leistungen, die Ursache indessen ist damit nicht ermittelt. Um dies verständlich zu machen, soll auf ein allgemein bekanntes Beispiel zurückgegriffen werden.

Es gibt eine Reihe von Menschen, die unter Zwölffingerdarmgeschwüren (Ulkus ventriculi) leiden. Oft muß im akuten Stadium durch Operation das erkrankte Gewebe entfernt werden, und der Patient ist zunächst gesund. Einige Zeit später stellen sich jedoch die Beschwerden erneut ein und der Patient steuert auf eine weitere Operation zu. Wie ist das zu erklären?

In vielen Fällen ist die Erkrankung des Magen-Darm-Bereiches psychisch verursacht. Die Durchblutung des Körpers hängt von Steuerungsmechanismen des ZNS ab, und diese wiederum werden von äußeren Bedingungen beeinflußt. Jeder Mensch kennt die Wirkung starker psychischer Belastungen auf die Verdauungsorgane. Die Redewendung: „Da ist mir der Appetit vergangen", ist nur ein Ausdruck dieses Zusammenhanges.

Die psychische Überlastung löst im Verdauungsbereich eine Verkrampfung der Muskulatur aus, die eine geregelte Blutversorgung verhindert. Das führt zunächst zu einer Schleimhautentzündung, die später in eine Art Bildung von Inseln undurchbluteten Gewebes übergeht, wodurch eine Selbstverdauung dieser Teile ausgelöst wird. Es kommt zum Durchbruch, zur Perforation. Ursache der Erkrankung ist also nicht der entzündliche Herd im Verdauungsbereich, sondern die psychische Situation des Patienten.

Auch die Durchblutung des Gehirns ist von psychischen Komponenten abhängig, und sie wiederum stehen in Zusammenhang mit chemischen Botschaften und mit Rückmeldesystemen unseres ZNS, die ein kompliziertes Bedingungsgefüge bilden. Es wäre deshalb ebenso verfehlt, die Ursache für beeinträchtigte Funktionen allein im psychischen Bereich zu suchen, wie es verfehlt wäre, allein den physiologischen Bereich dafür verantwortlich zu machen. Jede Funktion des ZNS kann von jedem beteiligten Bereich aus gestört werden. Jede Funktion kann aber auch durch mehrere Bereiche gestört werden, d.h. das Zusammenwirken von Struktur, chemischen Prozessen, physiologischen Mechanismen und psychischen Faktoren ist auf Abstimmung angewiesen. Wird diese in hohem Maße gestört, müssen auch die Funktionen beeinträchtigt werden. Zwar ist das System dynamisch, es kann körperliche oder psychische Abweichungen bis zu einem gewissen Grade ausgleichen, an einem bestimmten Punkt ist jedoch die Ausgleichsfähigkeit erschöpft. Die Reaktionsweise des Organismus ändert sich. Abwehrfunktionen setzen ein. Dabei spielen phylogenetisch erworbene Reaktionsweisen eine ebenso große Rolle wie die individuell erlernten.

1.4.1. Signalübertragung durch chemische Boten

Nervensignale sind elektrischer Natur. Im Prinzip können sie sich ungehindert längs einer Nervenfaser fortpflanzen und ihren Impuls übertragen. Doch nicht jede Nervenzelle ist bereit, die Botschaft anzunehmen. Um Zugang zu einem Neuron zu erhalten, bedarf es eines Codes. Wie wir etwa eine elektronisch programmierte Karte benutzen, um die Tiefgarage zu öffnen, muß auch der Nervenimpuls über eine Kennung verfügen, die ihm Zugang zum Neuron oder zu einer ganzen Leitungsbahn verschafft.

Der Code für den Zugang ist chemischer Natur. Wir bezeichnen die Träger dieses Codes als Neurotransmitter. Sie bestehen aus kleinen Molekülen, die mindestens ein Stickstoffatom enthalten, das mit Kohlenstoff-, Sauerstoff-, Schwefel- oder Wasserstoffatomen kombiniert ist. Je nach ihrer Zusammensetzung können diese Neurotransmitter den Zugang zu einem Neuron öffnen oder verschließen. Wir sprechen dann von erregenden oder hemmenden Transmittern. Einige können allerdings an bestimmten Stellen des Gehirns auch eine umgekehrte Wirkung entfalten.

Die Transmitter könnten ihre Aufgabe nicht erfüllen, wenn die vielfachen Verzweigungen des ZNS wie elektrische Leitungen nahtlos ineinander übergingen. Der Aufbau des Nervennetzes spielt also eine erhebliche Rolle bei der Übertragung. Bei den Verzweigungen unterscheidet man die Dendriten, mit denen eine Nervenzelle Signale von anderen Nervenzellen empfängt und das Axon, mit dem die Zelle selbst Signale aussendet (Iversen 1980, S. 20). Die zuleitenden Dendriten bilden fast kugelförmige Endigungen, die sich den Fortsätzen (Dornen) oder dem Zellkörper selbst anlagern. Sie sind durch den synaptischen Spalt oder eine Membran vom Zellkörper getrennt. Der synaptische Spalt kann nur überwunden werden, wenn der richtige Transmitter vorhanden ist, wenn die chemische Botschaft den Durchgang für das elektrische Signal öffnet (Schlote 1969, S.38—54).

Die Erforschung der Neurotransmitter und ihrer Rolle bei der Signalübertragung im Gehirn steht noch am Anfang. Am besten bekannt sind die Wirkungsweisen von Noradrenalin, Dopamin und Serotonin. Das Noradrenalin wirkt auf Wachzustand, Belohnungssystem und Stimmungslage. Dopamin ist an der Steuerung emotionaler Reaktionen und an der Regulierung komplexer Bewegungen beteiligt. Serotonin wirkt auf die Wahrnehmung von Empfindungen, auf die Körpertemperatur und auf den Schlaf ein. Die Reihe der Neurotransmitter und ihrer Rolle im Hirnstoffwechsel ließe sich fortsetzen. In diesem Zusammenhang erscheint jedoch nur das Prinzip interessant, um daraus Folgerungen für Denken und Lernen abzuleiten.

LOU, HENRIKSEN und BRUHN gelang es in der oben erwähnten Untersuchung die Aufmerksamkeitsstörung der Schüler durch Methylphenidate positiv zu beeinflussen. Sie erreichten eine Zunahme des rCBF in den zentralen Regionen der Großhirnrinde einschließlich der Basalganglien und des Mittelhirns. Eine Zunahme des rCBF in den corticalen sensorischen und motorischen Zentren war damit jedoch nicht zu erreichen. Die Tomographien zeigten eher ein relatives Absinken der Aktivitäten. Wie ist das zu erklären?

Methylphenidat gehört zu einer Reihe von Medikamenten, die als Psychopharmaka bezeichnet werden. Sie wirken auf den Hirnstoffwechsel ein, indem sie die Ausschüttung

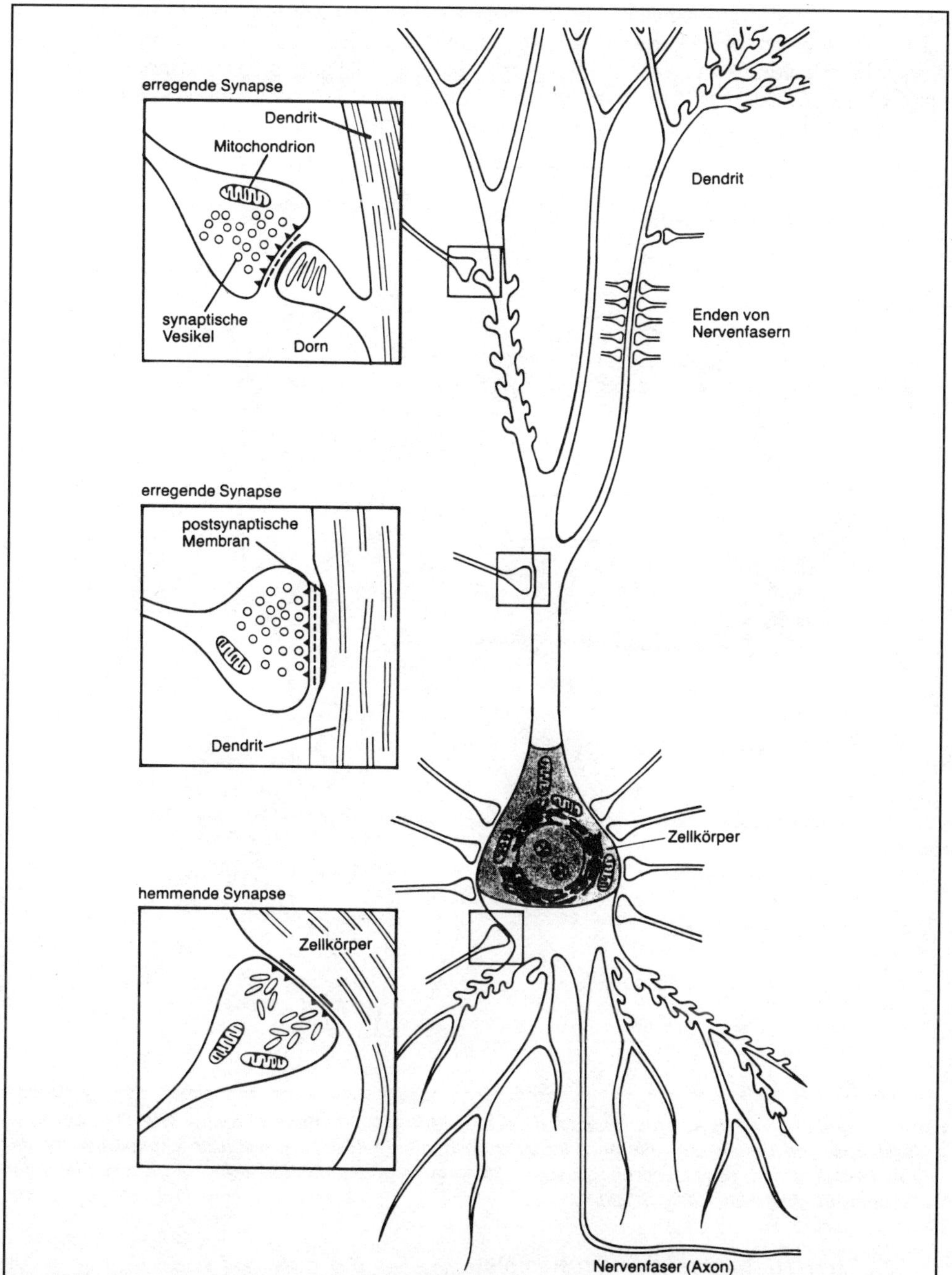

Abb. 8: *Schema einer neuralen Verbindung. Einer Nervenzelle lagern sich eine Reihe von Dendriten an, die mit kolbenförmigen Verdickungen am Zellkörper enden. a) Nervenzelle mit Axon und Dendriten, b) erregende Synapse, c) hemmende Synapse. Der synaptische Spalt muß durch Neurotransmitter überbrückt werden (Iversen 1980, S. 22).*

von Neurotransmittern aktivieren oder hemmen. Dadurch werden die Rezeptoren stimuliert oder blockiert. In vorliegendem Falle wirkte das Methylphenidat offensichtlich auf die dopaminreaktiven Synapsen des Mittelhirns, aktivierte die sensorischen Bahnen des zentralen Vorderhirns und löste damit eine Erhöhung der Aufmerksamkeit oder Wachheit aus, was gleichzeitig zu einer Erhöhung des rCBF führte.

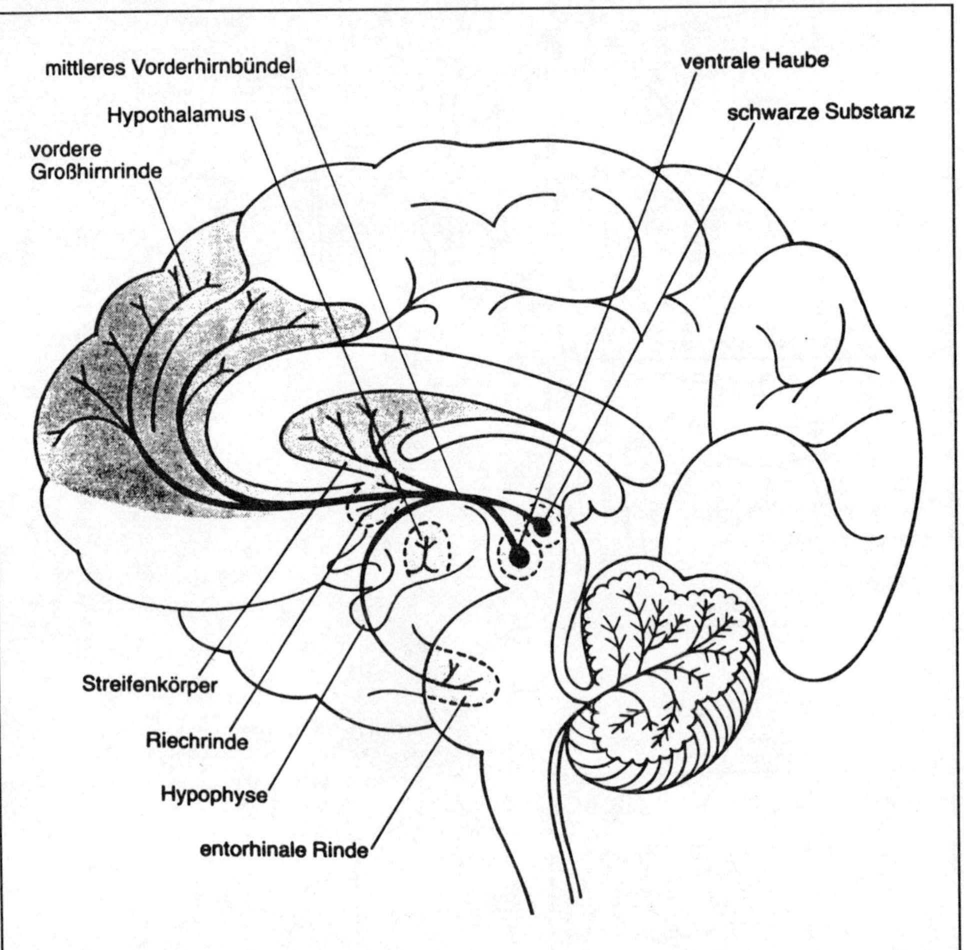

Abb. 9: *Wirkung von Psychopharmaka auf die Aktivierung des mittleren Frontalhirns. Die Kerne des Mittelhirns, von denen die Leitungsbahnen zum mittleren Frontalhirn führen (Aufmerksamkeits-, Wachheitszentrum), werden durch Dopamin aktiviert und geben die Synapsen für die neuralen Informationen frei (Iversen 1980, S. 24).*

1.4.2. Transmitter erregen oder hemmen

Die chemischen Boten des Gehirns führen zu unterschiedlichen Reaktionen. Nicht nur, daß die einzelnen Transmitter sich in ihrer Wirkungsweise voneinander unterscheiden, selbst ein einzelner Transmitter kann je nach den Antworteigenschaften des Neurons und der damit verbundenen Synapsen unterschiedliche Wirkungen auslösen. Ein Beispiel dafür bilden Adrenalin und Noradrenalin. In Gefahrensituationen oder im Angstzustand werden durch das Nebennierenmark Adrenalin und Noradrenalin ausgeschüttet. Sie befähigen den Körper zu Höchstleistungen, indem das Adrenalin den Glykogenabbau und die Mobilisierung von Fettreserven anregt, während das Noradrenalin eine Blutdrucksteigerung und verstärkte Herztätigkeit bewirkt. Gleichzeitig jedoch tritt in anderen Bereichen, vor allem in denen geistiger Operationen, eine Hemmung ein. Adrenalin und Noradrenalin bewirken, daß die Synapsen dieser funktionellen Zentren gehemmt werden. Die „Synapsen feuern nicht", die Informationsleitung ist unterbrochen. Im Sprachgebrauch wird dieser Zustand als „black out", als Gedächtnisverlust bezeichnet. Dies ist ein Zustand, der besonders Prüflingen mit hohen Angstpotentialen erhebliche Schwierigkeiten bereiten kann.

Die Angstreaktion des Organismus ist phylogenetisch betrachtet sehr sinnvoll, galt es doch unter den Lebensbedingungen der Menschwerdung vor allem Kräfte zu entwickeln und ohne viel Nachdenken der Gefahr zu entfliehen. Unter diesen Umständen war schnelle körperliche Höchstleistung gefragt, geistige Operation hingegen eher ablenkend oder leistungsreduzierend. So war das durch Adrenalin und Noradrenalin ausgelöste Zusammenspiel von Erregung und Hemmung unter den seinerzeit gegebenen Lebensbedingungen eine Reaktion der Lebenserhaltung. Im Zeitalter der geistig bestimmten Überlebenstechniken hingegen kann der gleiche Mechanismus zu unsinnigen Reaktionen führen, kommt es doch hier darauf an, Informationen zu mobilisieren und in geistigen Operationen zu verarbeiten, während die Aktivierung körperlicher Kräfte von untergeordneter Bedeutung ist.

Das Beispiel der Transmitterfunktionen erklärt bis zu einem gewissen Grade auch die Entstehung von Lernstörungen und Lernbehinderungen im „Teufelskreis des Versagens". Die Mißerfolgserlebnisse in der Schule produzieren Schulangst. Sie wiederum löst Schutzreaktionen aus und diese führen zur Hemmung der Synapsen. Die Folge ist ein „black out", das wiederum zu Mißerfolgserleben, Angst, Schutzreaktion und Hemmung führt. Ein Teufelskreis des Versagens entsteht, der für den Lernenden zu einer Absturzspirale wird, die in einer manifesten Lernbehinderung endet.

Das Beispiel zeigt aber auch, daß die Transmitterfunktionen nicht unabhängig von der sozialen und psychischen Situation zu sehen sind, so daß durch pädagogische Maßnahmen eine Veränderung herbeigeführt werden kann. Auslösend für die Reaktionen des Organismus ist die psychische Situation. Ihre Veränderung führt auch zu einer Veränderung der Arbeitsweise des ZNS. Die Kenntnis dieser gesetzmäßigen Reaktionen sollte dazu führen, Schulangst und Schulstreß abzubauen und sinnvolle, motivierende, anregende Lernprozesse zu entwickeln.

1.5. Das Gedächtnis als Speicher der Informationen

Um geistige Tätigkeit zu entfalten, bedarf es nicht nur funktioneller Zentren, Verbindungen und Vernetzungen, sondern auch inhaltlicher Speicherungen, die mit diesen Systemen verarbeitet werden sollen. Beide Programme, sowohl die Verarbeitungsprogramme als auch die Speicherprogramme, können sich nur gemeinsam entwickeln. Speicherung ohne Verarbeitungsmöglichkeit wäre sinnlos. Arbeitssysteme ohne Speicherungen wären funktionslos. Funktionelle Systeme und Speicherungen können sich nur in ständiger Wechselwirkung entfalten. Eine genauere Kenntnis der Speicherung von Informationen könnte dazu beitragen, Lernen so zu gestalten, daß die Inhalte leichter aufgenommen und besser verarbeitet, oder die Störungen der Informationsspeicherung gezielt beeinflußt werden können.

Um das System der Speicherungen zu erklären, wird das menschliche Gehirn sehr oft mit einem Computer verglichen. Dieses elektronisch arbeitende Gerät kommt zweifellos menschlicher kognitiver Tätigkeit nahe, und es lassen sich aus den Erfahrungen elektronischer Programmierung Modellvorstellungen ableiten. Identisch mit den Arbeitsweisen des ZNS sind indessen weder die Arbeitsweisen, noch die Speicherverfahren. Im Computer erfolgt die Speicherung elektrisch. Im ZNS kann dies, wie später noch auszuführen ist, aus bestimmten Gründen nicht der Fall sein. Ein Vergleich von EDV und ZNS ist deshalb zwar recht interessant, insgesamt jedoch wäre er völlig unzureichend. Das wurde bereits in der Beschreibung der verschiedenen Hirnfunktionen in ihrem komplizierten Zusammenwirken von psychischen Konstellationen mit physikalischen und biochemischen Prozessen deutlich.

Einen zentralen Speicher wie ein Computer besitzt das ZNS nicht. Offensichtlich sind die Speicherungen an die Verarbeitungsbereiche gebunden. Die bei Hirnverletzungen mit Verlust materiellen Substrates auftretenden Folgeerscheinungen zeigen, daß zwar Teile des Gedächtnisses gestört oder gelöscht werden können, wie etwa das Sprachgedächtnis bei sensorischer Aphasie oder das Sehgedächtnis bei optischer Agnosie, niemals jedoch die Gesamtheit der Speicherungen. Es ist auch unwahrscheinlich, daß die endgültige Speicherung auf elektrische Weise, wie im Computer erfolgt. Ein Stromstoß, wie etwa ein Elektroschock, müßte dann den ganzen Speicher löschen. Dies aber ist, wie die Erfahrung zeigt, nicht der Fall. Patienten, die einer vor Jahren üblichen Elektroschockbehandlung unterzogen wurden, erlitten zwar einen Verlust an Informationen, die unmittelbar vor der Schockbehandlung lagen, nicht jedoch für früher gelernte oder gespeicherte Inhalte.

Diese Tatsache weist darauf hin, daß zwar die elektrophysiologische Speicherung beteiligt ist, daß die endgültige Codierung jedoch auf andere Art erfolgen muß.

1.5.1. Das Ultrakurzzeitgedächtnis als Informationsfilter

Etwa eine Milliarde Informationen werden aus der Außenwelt in jeder Sekunde an den Menschen herangetragen. Mit seinen Sinnen kann er allerdings nur einen kleinen Teil davon aufnehmen. Noch weniger erreichen den Bereich der Wahrnehmung im Ultrakurzzeitgedächtnis (UKZ), und noch viel weniger das Langzeitgedächtnis. Während der Kurzzeitspeicher noch etwa 160 Informationen pro Sekunde verarbeitet, erreichen nur 16 Informationen pro Sekunde den Langzeitspeicher (Rexrodt 1981, S. 138).

Die Organisation des Gedächtnisses in verschiedenen Speichersystemen ist kein Produkt des Zufalls, sondern eine biologische Notwendigkeit, gewissermaßen eine Überlebensfrage. Die Aufnahme sämtlicher Informationen der Umwelt mit anschließender Speicherung würde sehr bald die gesamte Hirnkapazität erschöpfen und die Ordnung der Inhalte nach Systemen erschweren. Die Folge wäre ein unentwirrbares Bündel sinnloser Informationen, die ein gezieltes Reagieren des Organismus auf Umwelteinflüsse unmöglich machten. Die Entwicklung von Auswahlverfahren ist deshalb eine Voraussetzung der Funktionsfähigkeit.

Eine erste Filterung der Informationen findet bereits durch die Rezeptoren statt. Wir trennen die Signale, den Rezeptionsmöglichkeiten des Analysators entsprechend, nach Sinneskanälen. Im Ultrakurzzeitgedächtnis wird dann nochmals differenziert und ausgewählt. Nur diejenigen Informationen werden übernommen, die für den Organismus von Bedeutung sind. Dazu ein Beispiel:

Nach einer Fahrt von etwa einer Stunde, auf einer verkehrsreichen, doppelspurig ausgebauten Landstraße, erreicht ein Fahrer mit seinem PKW eine Raststätte. Auf dem Park-

platz fragt ihn eine Person, ob er wohl einen blauen PKW mit Hamburger Kennzeichen gesehen habe. Der Fahrer ist ratlos. Er hat ganz sicher alle Fahrzeuge auf dieser Straße gesehen und gehört. Von den hunderten von PKW waren auch einige von blauer Farbe, aber er kann sich an ein einzelnes Fahrzeug nicht mehr erinnern. Eine andere Person fragt ihn, ob er wohl einen gelben Golf mit einer Reifenpanne habe stehen sehen. Der Fahrer erinnert sich, daß etwa 3 km vor der Raststätte ein Fahrer mit einem solchen Fahrzeug am Straßenrand stand und einen Reifen wechselte.

Das Beispiel zeigt, daß unser Ultrakurzzeitgedächtnis bestimmten Prinzipien folgt. Danach werden die Informationen aufgenommen, geprüft und mit dem inneren Situationsmodell verglichen. Wird keine Besonderheit festgestellt, so erfolgt die Verarbeitung der Informationen im Rahmen einer Psychoautomatik, d.h. die Wahrnehmungen verbleiben nur für etwa 10 bis 20 Sek. im Ultrakurzzeitgedächtnis und sind dann, werden sie nicht erneut aktiviert, unwiederbringlich verloren. Nur diejenigen Informationen, die eine Bedeutung für uns haben, die besondere Beachtung erfordern, wie der am Straßenrand stehende PKW, werden über längere Zeit gespeichert.

Das Ultrakurzzeitgedächtnis übernimmt damit entscheidende Funktionen. Es ist Selektionsinstrument und Steuerungsinstrument zugleich. Das, was schlechthin in der pädagogischen Psychologie mit Wahrnehmung bezeichnet wird, hängt weitgehend von der Funktion des Ultrakurzzeitgedächtnisses ab. Andererseits wäre das Ultrakurzzeitgedächtnis nicht arbeitsfähig, wenn es nicht Auswahlkriterien zur Verfügung hätte, die durch andere Speicherungen und durch funktionelle Systeme bestimmt werden. Es arbeitet zwar mit einer „Psychoautomatik", diese ist jedoch beschränkt oder determiniert durch vorgegebene Dispositionen. Wäre etwa in dem genannten Beispiel der Autofahrer zuvor durch den Verkehrsfunk über die Suche nach einem blauen PKW mit Hamburger Kennzeichen informiert worden, wäre die Weiche des Bewußtseins im Ultrakurzzeitgedächtnis wahrscheinlich zum Zeitpunkt der sinnlichen Rezeption anders gestellt worden. Das UKZ ist also nicht autonom, es ist nicht unabhängig, sondern fest in den Konstruktionsplan geistiger Tätigkeit eingebunden. Das Beispiel zeigt, von welch erheblicher Bedeutung das UKZ für das Lernen ist. *Die Sinnesaufnahme ist die Basis des Lernprozesses. Unklare, unausgelesene, diffuse oder planlose Aufnahme von Informationen muß die geistigen Operationen erschweren.*

1.5.2. Das Kurzzeitgedächtnis als Operationsspeicher

Während es sich beim Ultrakurzzeitgedächtnis um ein Sinnesgedächtnis oder Widerspiegelungsgedächtnis handelt und dort vor allem eine erste Filterung der Informationen erfolgt, ähnelt das Kurzzeitgedächtnis eher einem Speicher, der Informationen für die geistigen Operationen bereitstellt. Es ist auch nicht, wie das UKZ, elektrophysiologischer, sondern strukturell-biochemischer Natur. Wäre es elektrophysiologischer Natur, müßten die Inhalte nach Elektroschock oder Unterkühlung verlöschen (Glees 1971). Das ist jedoch nicht der Fall.

Die Speicherungen des Kurzzeitgedächtnisses bleiben länger erhalten als die des Ultrakurzzeitgedächtnisses. Sie sind für einen Zeitraum von mehreren Minuten, meist bis zu 20 Minuten, abrufbar. Dann allerdings gehen sie wieder verloren, wenn sie nicht durch geistige Operationen aufgearbeitet und in das Langzeitgedächtnis überführt werden. Obwohl für die Speicherung im Kurz- und Langzeitgedächtnis eine Reihe von unterschiedlichen, ja oft gegensätzlichen Theorien erarbeitet wurden, neigen die meisten Gedächtnisforscher dazu, eine stoffliche Speicherung von Informationen anzunehmen. Unsere gesamte Erbmasse ist ja stofflich gespeichert. Die Gen-Bibliothek des Zellkernes enthält in ihrer Desoxyribonukleinsäure jene Unzahl von Informationen bereit, die zur Entwicklung eines Menschen notwendig sind. Von daher ist anzunehmen, daß die Phylogenese dem Menschen für die längerfristige Speicherung von Gedächtnisinhalten ein ähnliches Verfahren einprogrammierte, wie bei der Speicherung der Entwicklungsprogramme der Arten. Allerdings bedient sich dabei das ZNS nicht der Desoxyribonukleinsäure (DNS), wie bei der Speicherung der Erbinformation, sondern des Abdruckes verschiedener ausgewählter Abschnitte derselben, so daß ein neuer Stoff entsteht, der die Aufgabe von „Botschafter-Molekülen" hat. Dieser Stoff wird als Ribonukleinsäure (RNS) bezeichnet.

Durch eine Reihe von Forschungsergebnissen wurde die speichernde Fähigkeit von Boten-RNS nachgewiesen. So konditionierte HYDEN Ratten darauf, über ein Seil zu laufen. Nach jeder gelungenen Übung wurden sie belohnt. Am Ende des Trainings ergaben sich zwei Gruppen: solche die ihre Lektion gelernt hatten, und solche, die ohne Lernerfolg blieben. Die Untersuchung der Hirne auf den Gehalt an RNS ergab, daß die Gruppe der Ratten mit gelernter Lektion etwa 12 Prozent mehr RNS enthielten als die Gehirne der Ratten ohne gelernte Lektion. Außerdem war die Basensequenz, die Aufeinanderfolge der Bausteine, verändert. AGRANOFF konditionierte Goldfische darauf, einen Lichtblitz als Signal zu erkennen und daraufhin von einem Becken in das andere zu schwimmen. Folgten die Fische dem Signal nicht, wurden sie einem unangenehmen elektrischen Schlag ausgesetzt. Nach einiger Zeit hatten alle Goldfische den Beckenwechsel auf Signal erlernt.

Wenn nun AGRANOFF den Goldfischen nach erfolgreichem Training Puromyzin spritzte — eine Substanz, welche die Eiweißsynthese im Gehirn verhindert — vergaßen die Fische wieder ihre Lektion und es war nach kurzer Zeit so, als hätten sie überhaupt nichts gelernt. Wurde Puromyzin jedoch erst nach etwa zwei Stunden verabreicht, blieb der Lernerfolg erhalten. Daraus ist zu schließen, daß während dieser Zeit etwas stattgefunden haben muß, das eine Codierung des funktionellen Vorganges „Erkennen des Signalgehaltes Lichtblitz" bewirkte. Da aber Puromyzin auf die Eiweißsynthese einwirkt, muß die Bildung von solchen Molekülen bei der Überführung einer Nachricht vom Kurzzeitgedächtnis in das Langzeitgedächtnis eine erhebliche Rolle spielen.

Die Tierversuche zeigen, daß es einer längeren Aktivität bedarf, einer sich wiederholenden, einordnenden und verbindenden Operation, um jene Prozesse anzuregen, die eine Umwandlung der Informationen bewirken, so daß sie in den Langzeitspeicher übergehen. Beim Menschen dürfte diese Umwandlung allerdings noch von ganz anderen Faktoren beeinflußt sein, als dies durch den Tierversuch deutlich wird, verfügt er doch über Kommunikationssysteme, die über den Sinnesbereich hinausgehen, über Lautsprache und Schriftsprache, und ist so in der Lage, die gleichen Verarbeitungen auch in anderen Systemen und Codierungen zu speichern. So konnten REBENTISCH und SINZ durch Messung von Hirnpotentialen nachweisen, daß neben der visuell-anschaulichen Repräsentation auch eine verbal-begriffliche vorhanden ist.

Um eine Übertragung vom Kurzzeitspeicher in den Langzeitspeicher zu bewirken, bedarf es des operativen Umganges mit der Information. Sie muß zu den bereits vorhandenen Informationen in Beziehung gesetzt werden, eine Einordnung erfahren, durch ein funktionelles System verarbeitet werden und so Bedeutung gewinnen. Nur so wird sie die Zeit im Kurzzeitspeicher überleben und in den Langzeitspeicher übergehen.

1.5.3. Das Langzeitgedächtnis als semantischer Speicher

Die Semantik untersucht die Beziehungen zwischen den Zeichen und ihren Bedeutungen. Sie wird vorwiegend bei der Untersuchung der Sprache in der Linguistik angewandt. Streng genommen ist jedoch jede Erfahrung, auch die sinnliche, eine Information oder ein Zeichen. Ohne sinnliche Erfahrung ließe sich Bedeutung nicht gewinnen. So ist Gedächtnis keine ungeordnete Codierung, sondern ein systematisches Gefüge. Dazu Sinz (1979, S. 149): „Die Ereignisse werden nicht unorganisiert oder als Reihen gespeichert, sondern generalisiert, abstrahiert, begrifflich verarbeitet. Ein zufallsverteiltes optisches Muster wird durch einen internen ‚Gestaltungsdruck' in Regulatorien gegliedert. Beim Lesen dieses Textes werden nicht Buchstaben oder Worte, sondern Begriffe erfaßt und gespeichert." Wahrscheinlich ist die assoziative Speicherung in verschiedenen Neuronennetzen weitgehend der Organisation von Wissen in semantischen Netzen adäquat. Dabei ist es möglich, semantische Netze verschiedenen Abstraktionsgrades und verschiedener Komplexität zu bilden, je nach der erreichten Entwicklungsstufe und je nach der Qualität der zur Verfügung stehenden Kommunikationsmittel.

Die Wirkungsweise des Langzeitgedächtnisses hängt also nicht allein von der Speicherfähigkeit ab, sondern auch von seiner Organisation. Zur Beschreibung wird oft das Modell der Holographie gebraucht. Bei der holographischen Speicherung ist in jedem Bruchstück eines Ganzen die gesamte Information enthalten. Je kleiner jedoch das Bruchstück wird, um so undeutlicher, um so schwächer konturiert, um so unklarer wird die abgerufene Information. Ähnliches gilt für das Langzeitgedächtnis. Wahrscheinlich erfolgt die Speicherung der Informationen in stofflicher Form. Sie ist jedoch über eine Vielzahl von Zellen verteilt, d.h., daß in den seltensten Fällen durch eine Verletzung oder geringfügige Verluste von Nervengewebe entscheidende Gedächtnisverluste zu bemerken wären. Die Präzision der Erinnerung läßt zwar nach, die Erinnerung selbst jedoch bleibt im Kern erhalten.

Die besonderen Merkmale und Eigenschaften des Langzeitspeichers bestätigen die Ergebnisse der Lernforschung. Sie weisen darauf hin, daß Bedeutungserfassung, sinnvolles Lernen, Erarbeitung von Zusammenhängen, Erfassen von Relationen, Beziehungen, Wertigkeiten und Normen wesentliche Voraussetzungen der Langzeitspeicherung sind.

2. Neuropsychologie und Lernen

Bei der Darstellung der neurophysiologischen und neuropsychologischen Ergebnisse wurden lerntheoretische und didaktische Konsequenzen bereits angedeutet. Sie aus den Grundgesetzen höherer Nerventätigkeit zu einer Systematik zu entwickeln, erscheint denn auch als Aufgabe einer kognitiven Entwicklungstheorie, die von der psychophysischen Einheit des Menschen ausgeht. Dazu ist es jedoch notwendig, die Prozesse des Lernens selbst zu erforschen und auf ihre Übereinstimmung mit den neurophysiologischen Grundlagen zu überprüfen bzw. die den Lernprozessen zugrunde liegenden geistigen Operationen aus den Grundlagen abzuleiten oder die Ergebnisse der Lernforschung auf dieser Basis zu interpretieren.

Der Vergleich evolutionstheoretischer, neurophysiologischer und sonderpädagogischer Erkenntnisse mit den Ergebnissen der kognitiven Lern- und Entwicklungsforschung führt zu einer Reihe von Übereinstimmungen und Erklärungen, die für eine Theorie der kognitiven Entwicklung als bedeutsam erscheinen. Insbesondere handelt es sich um Hinweise auf die Wege und Formen des Lernens, die einer zielgerichteten Heranbildung geistiger Operationen dienlich sein können. Ein pädagogisches und didaktisches Handeln gegen die Gesetzmäßigkeiten und Prinzipien höherer Nerventätigkeit wird Lernen stets erschweren oder gar verhindern und im Extremfall Lern- und Entwicklungshemmungen hervorrufen. Die Berücksichtigung der Gesetze und Prinzipien hingegen kann die natürliche Entwicklung zielgerichtet unterstützen und im Falle von Lern- oder Entwicklungsschwierigkeiten dazu beitragen, den Prozeß der Lernentwicklung überhaupt wieder in Gang zu setzen oder entscheidend zu fördern. Demgemäß sind die Folgerungen zwar für jede Form des Lernens bedeutsam, für die Arbeit mit Schülern mit zerebraler Dysfunktion stellen sie jedoch eine Voraussetzung für die bestmögliche Förderung dar.

2.1. Die Basis geistiger Tätigkeit

Alle geistigen Tätigkeiten sind abhängig von einem materiellen Substrat, in dem physikalische, physiologische und biochemische Prozesse ablaufen, die im Ergebnis jene Erscheinungen hervorbringen, die wir als das Psychische bezeichnen. Es gibt keine psychischen Prozesse, die sich ohne materielle Aktivitäten produzieren ließen. Damit ist keine Erklärung dessen verbunden, was das Psychische ist. Wir können nur feststellen, daß geistige Tätigkeit vom materiellen Substrat und den genannten Prozessen abhängig ist.

Der Fortschritt in den Untersuchungstechniken hat es ermöglicht, einen immer genaueren Einblick in die Prozesse höherer Nerventätigkeit zu gewinnen. Der Zeitpunkt ist nicht mehr fern, wo die einzelnen geistigen Aktivitäten und die Unterschiede der Qualität der Prozesse für jede Tätigkeit nachgewiesen werden können. Bis zu einer differenzierten Aufklärung der Vorgänge dürfte es jedoch noch ein sehr weiter Weg sein, ganz abgesehen von der Frage, ob dies überhaupt wünschenswert ist und ob damit nicht Wege der Manipulierbarkeit erschlossen würden, die der Menschheit mehr Schaden als Nutzen bringen. Aufbauend auf den gegenwärtigen Erkenntnissen lassen sich jedoch Einsichten entwickeln, die Lernen in unserer Gesellschaft erleichtern oder naturgemäßer gestalten helfen, oder die in der Lage sind, die durch das Anwachsen des Komplexitätsgrades der Umwelt auftretenden neuen Bedingungen und Erschwerungen besser zu bewältigen.

Von maßgeblicher Bedeutung ist die Tatsache, daß zwar ein materielles Substrat vorgegeben ist, daß dieses jedoch in bestimmten Grenzen veränderbar ist, weil die Umweltbeziehung in die Entwicklung eingreift. Deshalb muß die über lange Jahre in der Sonderpädagogik geltende Einteilung in organische und soziale Behinderungen radikal infrage gestellt werden. Folgen wir den Einsichten in die Gesetze der Entwicklung des ZNS (Levi-Montalcini / Calissano 1980, Singer 1983 u. 1984, Lassen, Ingvar Skinhoj 1980, Lou/Henriksen/Bruhn 1983), dann entwickelt jeder Mensch seine Leistungen in Abhängigkeit von der Umwelt. Diese aber repräsentiert sich im materiellen Substrat. Danach kann es eine isolierte soziale Behinderung nicht geben. Sie ist immer gleichzeitig auch eine organische, wie eben auch jede organische Behinderung sich im sozialen Bereich auswirkt. Die Aufteilung von Behinderungen in „organische" und „soziale" ist wissenschaftlich nicht haltbar. Sie repräsentiert lediglich unser Unverständnis für die psychophysischen Zusammenhänge und Gesetzmäßigkeiten. Sie suggeriert so etwas wie einen Schweregrad der Behinderung oder eine Prognose der Entwicklungsmöglichkeiten. Sie kann unsere Arbeit eher hemmen als fördern, weil „Organische Behinderung" stets als schwerwiegend und wenig veränderbar angesehen wird. Wie jedoch die neueren Forschungsergebnisse zeigen (Bach-Y-Rita), sind selbst bei ungünstigen Voraussetzungen große Entwicklungsmöglichkeiten vorhanden. Zwar sind uns praktisch Grenzen gesetzt, sie resultieren jedoch aus unserer noch äußerst unvollständigen Kenntnis des Zusammenwirkens der strukturellen, physikalischen, physiologischen, biochemischen und psychischen Bedingungen, denn ein System kann von jedem Punkt aus gestört werden:

1. durch die anatomischen Voraussetzungen,d.h. durch Abweichungen von der normalen Hirnstruktur, durch Mißbildungen, Herdbildungen, Vernarbungen, Kavernen, Substanzverlust, Verletzungen oder genetische Veränderungen,

2. durch biochemische Voraussetzungen, d.h. durch Abweichungen in den normalen Stoffwechselfunktionen, etwa in der Proteinsynthese (Gedächtnis), der Transmitterwirkung (Synapsentätigkeit) oder des hormonalen Gleichgewichtes (Stimmungen, Stress, Aggressivität),

3. durch die physikalischen Voraussetzungen, d.h. durch Abweichungen in den Spannungen des elektrischen Feldes und Veränderung der Membranpotentiale (Nervenleitfähigkeit),

4. durch die physiologischen Voraussetzungen, d.h. durch das Zusammenwirken der am Prozeß beteiligten Faktoren innerhalb einer Funktion,

5. durch psychische Faktoren, die Angst-, Streß-, Zuwendungs-, Motivationsreaktionen auslösen, indem es zu einer Wechselwirkung zwischen psychischen Konstellationen und physikalischen und biochemischen Reaktionen kommt.

2.2. Kommunikation als Grundlage der Entwicklung

Der Mensch ist in der Lage, mit Hilfe seiner Sinnesorgane zu seiner Umwelt Kontakt zu halten. Diese Sinnesorgane oder Rezeptoren sind im Prinzip bereits zum Zeitpunkt der Geburt arbeitsfähig. Ihre volle Funktionsfähigkeit erlangen sie jedoch erst durch die Umwelt und entsprechend der Umwelt (Singer 1984). Die Sinnesentwicklung ist eine primäre Leistung, ohne die ein Aufbau der Kommunikationssysteme nicht möglich wäre. Wie jedoch die Antworteigenschaften der Nervenzelle sich an den Umweltreizen orientieren, so orientiert sich die Entwicklung der Funktionen an den durch die Kommunikation gegebenen Informationen. Deutlich wird dies, wenn Menschen in einer völlig anders gearteten Umwelt aufwachsen. Immer wieder begegnen wir Grenzfällen menschlicher Entwicklung, die diesen Zusammenhang verdeutlichen.

> Über die Fernschreiber der Nachrichtenagenturen lief am 30. Juni 1980 folgender Bericht:
>
> Kind im Hühnerstall.
>
> Isabel Quaresma verbrachte acht von ihren neun Jahren im Hühnerstall in einem Dorf nahe der portugiesischen Universitätsstadt von Coimbra in Zentralportugal.

Die Lokalzeitung ,,Diario de Noticias'' berichtet:

Anstatt zu sprechen kreischt sie und wedelt mit ihren Armen als wären es Flügel. Ihre Zähne sind geformt wie ein Schnabel und sie hat einen grauen Star, der möglicherweise dadurch verursacht wurde, daß eine Henne ihr ins Auge pickte, berichtet die Zeitung.

Ihr Vater ist tot und ihre Mutter selbst geistig behindert. Sie fütterte das Kind mit Hühnerfutter, das normalerweise für das Federvieh vorgesehen war: Körner und Kohl und am Morgen eine Tasse mit Kaffee.

Während sie ihrer Feldarbeit nachging, beließ sie das Kind im verschlossenen Hühnerstall und erklärte dazu ,,Wo anders sollte ich sie lassen? Ich konnte sie nicht mit mir nehmen, obgleich ich sehr besorgt war, aber sie war wie besessen und zerbrach jedes Ding.''

Als ein Radiologe des örtlichen Hospitals davon hörte, versuchte er dem Kind zu helfen, aber er wurde wegen finanzieller Probleme gestoppt. Erst als eine Zeitung einen Bericht publizierte und die Frau des Präsidenten Antonio Ramalho Eanes, Manuela, an dem Fall Interesse zeigte, wurde das Kind aus den unmenschlichen Bedingungen befreit.

Obgleich Isabel sich jetzt in einer Einrichtung für schwer geistigbehinderte Kinder in Lissabon befindet, zeigt sich kein wirklicher Fortschritt, ausgenommen, daß sie gewaschen und versorgt wird. Der verantwortliche Psychiater meint, daß Isabel eine Privaterzieherin benötigt; denn zwischen 43 anderen Kindern, die betreut werden müssen, ist eine Förderung schwierig.

,,Die Fortschritte sind extrem klein, und das Geld reicht nicht für eine Sondererzieherin'', sagt Lourdes Dias, und er fügt hinzu, ,,daß sich bisher noch keine Familie gefunden hat, die bereit wäre, das Kind aufzunehmen''. Sie wäre besser aufgehoben in einer Familie und die Übernahme vom Hühnerstall in das Pflegeheim war für das Kind ohnehin ein starker Schock. ,,Wir tun, was wir können, aber nur die Göttin des Schicksals vermag Wunder zu vollbringen'', versichert der Direktor der Pflegeeinrichtung.

Die Schilderung dieser frühkindlichen Entwicklung zeigt den engen Zusammenhang von Umwelt und Organismus, von Kommunikation und Lernen. Obwohl Isabel erst am Ende des ersten Lebensjahres ausgesetzt wurde und damit wesentliche Voraussetzungen und Grundlagen menschlicher Entwicklung bereits vorhanden waren, entstanden keine menschlichen Verhaltensweisen. Das Kind übernahm die Lautgebung und den Bewegungsstil der gefiederten Umwelt. Sogar die Zähne formten sich dem Gebrauchszweck entsprechend.

Der Bericht zeigt nichts anderes als die Abhängigkeit der Entwicklung von den Umweltbedingungen. Isabel war auf der Basis ihres genetischen Potentials fähig, Funktionen zu einer gemeinsamen Leistung zusammenzuschließen. Die Umwelt stellte ihr jedoch nur Anforderungen unterhalb menschlicher Existenz. So mußte sie ihren Kommunikationspartnern gleich werden, d. h. funktionelle Systeme bilden, die eine zweckmäßige Reaktion auf die Forderungen der Situation darstellten. Sie versuchte Lautgebungen und Bewegungen zu produzieren, wie die mit ihr lebenden Hennen. Zur Ausbildung ihrer funktionellen Systeme standen ihr weder andere Vorbilder, noch andere Situationen oder Anforderungen zur Verfügung. Es erwies sich für sie als zweckmäßig, die Laute der Tiere zu produzieren, um diese zu Reaktionen zu bringen. Es erwies sich ebenso als zweckmäßig, mit den Armen wie mit Flügeln zu schlagen, um sich der Angriffe zu erwehren.

Entwicklung ist abhängig von der Umwelt insgesamt, die geistige Entwicklung jedoch in erster Linie von der Kommunikation. Es führt kein Weg zum Menschen, es sei denn über die (mitmenschliche) Kommunikation.

Kommunikation ist eine allgemeine und umfassende Bezeichnung für Prozesse, die einen Sender (initiator), Empfänger (recipient), einen Kommunikationsmodus oder -kanal (z.B. Sprache), eine (inhaltlich bestimmbare) Nachricht (message) und eine auf Empfang erfolgende Verhaltensänderung oder allgemein einen Effekt gleichwelcher Art als analytische Einheiten aufweisen (Drever/Fröhlich 1980).

Diese Definition klingt mechanistisch. Gleichwohl enthält sie rein formal die Elemente und Prozesse der Kommunikation — auch die emotionalen und beziehungstiftenden Elemente des Vorganges. Um die umfassende Bedeutung des Kommunikationsbegriffes in dem hier gemeinten Sinne zu erläutern und von den gängigen reduzierten Begriffen abzuheben, sei auf G. H. MEAD Bezug genommen, der Kommunikation als einen umfassenden Vorgang versteht. Kommunikation besteht zwar aus der Übertragung von Informationen, der Prozeß selbst jedoch ist ohne aktive Mitwirkung und ohne das Einbringen von Vorerfahrungen und gesellschaftlichen Elementen absolut unverständlich. Seine Formulierung „the act then , and not the nerve-tract, is the fundamental datum in both, when behavioristically conceived", hat im Sprachgebrauch des symbolischen Interaktionismus die Kurzform „der Akt ist mehr als der Trakt" angenommen, und damit die Position verdeutlicht. Kommunikation meint also nicht das Verschieben von Nachrichten vom Sender zum Empfänger, sondern einen allumfassenden Prozeß, der die Ausgangsposition der kommunizierenden Teilhaber und die Situation ebenso umfaßt wie die übermittelte Information; denn letztere gewinnt ihre Qualität erst durch die Bezugnahme auf Vorhandenes.

Nach G.H. MEAD ist Kommunikation weit mehr als die Nachrichtenübertragung von Mensch zu Mensch. Wir kommunizieren ebenso mit Tieren, Pflanzen oder unbelebten Objekten, auch wenn es sich bei der Informationsübernahme von letzteren um eine Einweg-Kommunikation handelt. Alles, was wir über unsere Rezeptoren aufnehmen und im ZNS widerspiegeln, ist Bestandteil des Kommunikationsvorganges. Dabei wird der Prozeß maßgeblich von den Bedingungen determiniert; vom Zustand des Organismus, seinem Vorwissen, den Normen und Regeln ebenso wie von seiner Fähigkeit, Rollen zu übernehmen oder sich in fremde Rollen hineinzudenken; von der Beziehung zum Kommunikationspartner oder Gegenstand ebenso wie vom Zwang der Situation, der Bedeutsamkeit der Information oder der Fähigkeit, eine Information zu entschlüsseln oder zu verschlüsseln. Kommunikation ist stets nur die Schnittmenge zwischen Sender und Empfänger. Erst die Annäherung der Voraussetzungen und Bedingungen, die Bereitschaft zum Eingehen auf die Nachricht, die Übereinstimmung der gebrauchten Signalsysteme, ermöglicht das Verstehen. Für eine auf neurophysiologischen und kommunikationstheoretischen Erkenntnissen aufbauende Lerntheorie genügt es deshalb nicht, allein die Information und ihre Übermittlung zu betrachten. Es muß versucht werden, die Ganzheit des Prozesses in ihrem Zusammenwirken zu analysieren oder darzustellen. Daß dieser Versuch nicht gelingen kann, d.h., daß die angestrebte Vollkommenheit nicht erreicht werden kann, ist von vornherein klar. Es ist unmöglich, alle Faktoren in ihren verschiedenen Situationen und ihrem unterschiedlichen Zusammenwirken zu beschreiben. Gleichwohl ist es bei dem gegenwärtigen Stand der Forschung möglich, das System so weit zu abstrahieren, daß allgemeine Faktoren und Leitlinien deutlich werden.

2.3. Interiorisation - die Determination der inneren Systeme durch äußere Bedingungen

Es gibt Menschen, die mit Sinnesminderungen geboren werden. Sie sind blind, gehörlos oder taubblind. Ihre Entwicklung vollzieht sich unter den besonderen Bedingungen eingeschränkter Kommunikationsmöglichkeiten. Seit Jahrhunderten versuchten deshalb Pädagogen, für die eingeschränkte Kommunikation Kompensationsmöglichkeiten zu schaffen. Dem Blinden ist die visuelle Erfahrung verschlossen. Dadurch ist die visuelle und die schriftsprachliche Kommunikation beeinträchtigt. Auch der Gebrauch von Lautsprache bereitet wegen der herabgesetzten Sinneserfahrung (Sinngehalte) Schwierigkeiten. Der Ausgleich des visuellen Verlustes wird deshalb durch taktile (haptische) Erfahrung angestrebt. Spezielle Lehrmittel zum Ertasten, die taktil erfaßbare Braille-Schrift und elektronische Hilfsmittel, ermöglichen es heute, den Ausfall der visuellen Kommunikation weitgehend zu kompensieren. Dem Gehörlosen ist die auditive Erfahrung verschlossen. Dadurch ist der Erwerb von Lautsprache auf normalem Wege unmöglich. Zwar vermag die Gebärdensprache einen Teil der sprachlichen Funktionen zu übernehmen, um jedoch einen vollen Ausgleich zu erreichen, muß der Gehörlose die Lautsprache mit besonderen pädagogischen und elektronischen Hilfen erlernen. Der Weg zur normalen Beherrschung der Schriftsprache führt nur über die Lautsprache.

Dem Taubblinden ist sowohl die visuelle als auch die auditive Erfahrung verschlossen. Seine Verbindung zur realen Welt ist nur noch über Geruch, Geschmack und Haptik (Tast- Berührungserfahrung, Kinästhetik) möglich. Die kompensatorischen Bemühungen richten sich deshalb auf die Nutzung der Tasterfahrung. Ein Fingeralphabet, das Lormen, ermöglicht es, eine Tastsprache aufzubauen. Dabei spielen allerdings in der Regel visuelle und auditive Sinnesreste eine erhebliche Rolle.

Wird ein Mensch blind, taub und ohne ausreichende haptische Sinnesentwicklung geboren, ist eine auch nur annähernd normale Entwicklung von Kommunikation ausgeschlossen. Geruch und Geschmack reichen nicht aus, um Nachrichten mit ausreichender Differenzierung und Geschwindigkeit im Sinne von Sprache aufzunehmen.

Was wir erfahren, was wir erleben, was wir entwickeln, ist also von der Ausbildung unserer Sinne abhängig. Die Rezeptoren des ZNS bilden für uns das Tor zur Welt. Nur über diese Rezeptoren wird es möglich, die außer uns bestehende Welt in uns widerzuspiegeln.

Während bei Blindheit, Gehörlosigkeit und Taubblindheit die Einschränkung der Widerspiegelung in der Sinnesminderung begründet ist, wird sie bei psychischer Deprivation (vgl. 2.2.) durch das Fehlen der entwicklungsadäquaten Umwelt hervorgerufen. Trotz vorhandener Rezeptionsmöglichkeiten können sich keine geistigen Tätigkeiten anbahnen, die ihrerseits dann auf die Bildung des materiellen Substrats aus Dendriten, Axonen und Synapsen einwirken könnten.

Widerspiegelung ist deshalb keinesfalls eine passive Rezeption äußerer Einwirkung auf den Organismus, sondern ein aktiver Prozeß der Wechselwirkung zwischen Organismus und Umwelt. „Die Widerspiegelung ist kein statisches Abbild, das durch eine passive Rezeption der mechanischen Einwirkung eines Dinges entsteht; die Widerspiegelung der objektiven Realität ist der Prozeß, die Tätigkeit des Subjekts, in deren Verlauf das Abbild des Gegenstandes seinem Objekt immer adäquater wird" (Rubinstein 1957, 36).

Widerspiegelung bezieht sich also nicht allein auf den Erwerb der Sinneseindrücke und Erfahrungen von dieser Welt, sondern auch auf die Tätigkeit, den Prozeß der aktiven Auseinandersetzung mit der Umwelt. So repräsentieren sich nicht nur Objekte im ZNS, sondern auch Handlungen. Aus äußeren materiellen Handlungen wird im Prozeß der Widerspiegelung durch Interiorisation die geistige Handlung. „Im Prozeß der Verinnerlichung erfolgt die Aneignung und Überführung von Wissenssystemen zu Kenntnissen, von gesellschaftlichen Anschauungen, Werten und Normen zu Einstellungen, von äußeren Handlungsweisen zu geistigen Tätigkeiten, Fertigkeiten und Gewohnheiten. Die Interiorisation ist eine Seite des Grundmechanismus der Entstehung und Entwicklung psychischer Eigenschaften, der durch die dialektische Einheit von Interiorisation und Exteriorisation charakterisiert ist" (Clauß u. a. 1978).

Interiorisation hängt also einerseits vom Zustand des Organismus ab, andererseits jedoch von den Umweltbedingungen, den gebotenen Anregungen, der Situation, insgesamt also von der Kommunikation. Wir können nicht erwarten, daß Lernende präzise Vorstellungen entwickeln, wenn sie nicht in der Lage sind, ihre Sinne gezielt zum Erwerb von Informationen einzusetzen. Ebenso können wir nicht erwarten, daß Lernende innere sprachliche Denkleistungen vollziehen, wenn sie die äußeren sprachlichen Leistungen nicht produzieren können. Wenn Lernen ein Prozeß der Interiorisation ist, dann kann die Qualität der inneren Prozesse nicht besser sein als die Qualität der äußeren (sichtbaren, hörbaren) Prozesse. Alles Lernen muß sich deshalb zunächst in einem äußeren Prozeß vollziehen. Nur dann, wenn wir dessen gewiß sein können, daß die äußeren Erfahrungen bereits internalisiert sind, wenn der Lernende also ohne die konkreten Sinneswahrnehmungen in der Lage ist, die Vorstellungen zu mobilisieren und zu aktivieren, können wir einen verbal bestimmten abstrakten Lernprozeß ansteuern.

2.4. Der Aufbau der Informationsstufen

Daß die vom Menschen benutzten Signale der Verständigung Systeme bilden, war im Prinzip schon in der Antike bekannt. Doch erst die eingehende Beschäftigung mit ihrem Aufbau und mit ihrer gegenseitigen Abhängigkeit brachte eine genauere Kenntnis der Struktur dieser Systeme. Dabei existieren allerdings noch heute erhebliche Unterschiede in den Auffassungen bezüglich des Aufbaus und des Verhältnisses dieser Systeme. Diese resultieren einerseits aus den unterschiedlichen zugrundeliegenden Theorien, andererseits aber auch aus dem Mangel an Wissen über Verhältnisse und Abhängigkeiten.

Gerade hier vermag die sonderpädagogische Forschung zur Klärung beizutragen, beschäftigt sie sich doch mit Menschen, die entweder die Kommunikationssysteme unter erschwerten Bedingungen erlernen und gebrauchen, oder die wegen Sinnesminderungen überhaupt andere Kanäle zur Rezeption und Produktion der Signale benutzen müssen, wobei oft künstliche Systeme eingesetzt werden (Lormen, Gebärdensprache, Braille-Schrift, phonographische Handzeichen), die uns wegen ihrer bekannten Konstruktion, und daher auch relativ besseren Überschaubarkeit, eher einen Einblick in das Zusammenspiel der Funktionen gestatten, als die geschichtlich gewachsenen Systeme, wie unsere Lautsprache.

Bevor jedoch auf die einzelnen Systeme eingegangen werden soll, ist die Frage zu beantworten, was denn wohl die genaue Kenntnis der Kommunikationssysteme für den Aufbau kognitiver Strukturen zu leisten vermag, und welche Erkenntnisse wir daraus ableiten können.

Global gesehen ergibt sich nichts, was so grundsätzlich neu ist, daß es nicht im Prinzip an irgend einer Stelle schon einmal angesprochen worden wäre. Alle pädagogischen oder didaktischen Folgerungen sind schon einmal diskutiert worden. Es wäre vermessen zu glauben, daß nach jahrhundertelanger Beschäftigung mit den Fragen des Lernens noch etwas gebracht werden könnte, was nicht an irgend einer Stelle schon einmal untersucht worden wäre. Entscheidend ist jedoch nicht das Vorhandensein einzelner Erkenntnisse, sondern der Zusammenhang, in dem sie gesehen werden, und hier können neuere Forschungsergebnisse sowohl dazu beitragen, Zusammenhhänge aufzudecken als auch in der Praxis gewonnene Erfahrungen zu begründen.

Hier soll versucht werden, den grundlegenden Bezug zwischen der Entwicklung des ZNS und damit der Entwicklung des Lernens und der Kommunikation deutlich zu machen; das Gesamt aller Verständigungsmittel, soweit sie in unserem Lebensbereich gebraucht werden, im Zusammenhang darzustellen, um dadurch jene im Einzelfall gewonnenen pädagogischen oder didaktischen Erkenntnisse einzuordnen und so zu einer *Einsicht in die Abhängigkeiten von Kommunikationsentwicklung und Lernen* und damit zu didaktischen Folgerungen zu gelangen.

1. Wenn Kommunikation auf die Bildung neuraler Strukturen einwirkt (Singer 1985) oder die Funktionen beeinflußt (Brabyn 1982, Bach Y Rita 1977), dann ist die Kenntnis des Aufbaus dieser Systeme für alle diejenigen von hervorragender Bedeutung, die Lernen oder Therapie unter schwierigen Bedingungen (Behinderung) zu realisieren haben.

2. Wenn geistige Entwicklung maßgeblich durch Kommunikation geformt wird, dann sollte es möglich sein, durch Kenntnis der Kommunikationssysteme den Lernweg und das Lernangebot so zu strukturieren, daß dadurch die Entwicklung von Lernformen, Lernstufen oder Lernphasen beim einzelnen Schüler gezielt unterstützt wird.

3. Wenn unsere geistigen Operationen durch Interiorisation entstehen, dann kann immer nur das verinnerlicht werden, was äußerlich angeboten wird. Das bedeutet, daß ein falsches, unscharfes oder unzureichendes Lernangebot zu falschen, unzureichenden oder unvollständigen Speicherungen und funktionellen Systemen führt. Das Wissen über die Struktur der Kommunikationssysteme könnte deshalb dazu beitragen, einen didaktisch besser aufbereiteten Unterricht mit prozeßorientierteren Lernmöglichkeiten zu bieten.

Die für schulisches Lernen bedeutsamsten Mittel der Verständigung oder Informationsübertragung sind die Zeichen der realen Welt, die Sprache und die Schrift. Daß reale Sinneserkenntnis etwas anderes ist als Sprache und daß Sprache nicht gleichgesetzt werden kann mit Schrift, ist im Prinzip unbestritten. Unterschiedlich sind jedoch die Interpretationen dieser Systeme.

Schon I. P. PAWLOW erkannte, daß wir es mit verschiedenen Signalsystemen zu tun haben. Er sprach deshalb vom 1. und 2. Signalsystem. Das erste Signalsystem ist das der realen Welt. Der Mensch hat es weitgehend mit den Tieren gemeinsam. Die gespeicherte Sinneserfahrung, der vorhandene bedingte Reflex, wird durch das Wiederauftreten eines Reizes ausgelöst und führt zur bedingten Reaktion. Es handelt sich um jenes System, das uns die Entschlüsselung der realen Umwelt ermöglicht. Das gesprochene Wort ist eine Verallgemeinerung der Realität. Es ist nur im Zusammenhang mit den ersten Signalen verstehbar (Pickenhain 1959, S. 109—144).

Der sowjetische Sprachwissenschaftler MARTYNOW vertrat eine ähnliche Einteilung. Er bezeichnete die Sprache als ,,Wirklichkeit 2'', während ,,Wirklichkeit 1'' die uns umgebende Realität darstellt. ,,Die einzigartige Fähigkeit, Symbole zu bilden und mit ihnen im Rahmen der ‚Wirklichkeit 2' zu operieren, gestattet es dem Menschen, an gerade nicht vorhandene Dinge und Ereignisse zu denken und über sie zu sprechen'' (Panow 1985, S. 42).

Eine andere Auffassung wird von der Linguistik vertreten. Die Beziehung zwischen Realitätserfahrung und Sprache sowie das Vorhandensein eines Signalsystems der realen Welt wird dort nur in Ansätzen deutlich. So unterscheidet sie zwar zwischen Sprache und Schrift, die Sprache wird jedoch als eine erste Kodierung aufgefaßt, und die Schrift als eine zweite. ,,Die Vereinbarung eines Codes erfolgt z. B. durch den Erwerb einer Sprache, den Universalcode einer Sprechgemeinschaft; sie kann aber auch in der Vereinbarung eines Codes über einen Code, z. B. den Morsezeichen, die Schriftzeichen bedeuten, bestehen, wobei die Schreibzeichen wiederum die Codierung des ‚Sprechalphabets', des Lautinventars der Sprache, sind" (Eichler 1972, S. 11). Da sich die Linguistik mit dem System der Sprache und der Schrift befaßt, ist das Problem der Bildung von Sinngehalten für sie zweitrangig. Sie ordnet das, was PAWLOW dem ersten Signalsystem zurechnet, gewissermaßen in Gestalt der Semantik dem gesprochenen Wort zu.

Betrachtet man diese unterschiedlichen Positionen im Hinblick auf die Bedeutung der Kommunikation für den Lernprozeß, so wird deutlich, daß sie für die Aufklärung von Zusammenhängen des Lernens eine Reihe von Ansatzpunkten bieten, obwohl sie im Prinzip darauf angelegt sind, nur das System zu erklären. Zusammengenommen und miteinander verarbeitet bieten sie eine Vielzahl von Erkenntnissen, die dazu beitragen, ein größeres System zu entwerfen, das die Signalsysteme des Menschen, die Speicherungen und die Ordnungen, in einen Zusammenhang bringt. Vereint mit Ergebnissen der Informatik, der Kybernetik und der Neuropsychologie ergeben sie eine tragfähige Ausgangsposition.

Grundlage aller Kommunikationssysteme ist die *Kodierung*. Sie ermöglicht es, eine Information zu bewahren und diese bei einem erneuten Auftreten im Vergleich zu identifizieren. Erkenntnis ohne Kodierung wäre nicht möglich. Aber auch geistige Handlungen (Operationen) wären ohne Kodierung nicht durchführbar. Erst die Kodierung macht uns unabhängig von Raum und Zeit und ermöglicht es uns, die Informationen in geistigen Prozessen zu gebrauchen. Die Kodierung schafft uns auch die Voraussetzungen dafür, Nachrichten aufeinander zu kodieren, d.h. in ein anderes System umzuwandeln, so daß sich ein stufenartiger Aufbau unterschiedlicher Systeme ergibt. Dieser Möglichkeit hat sich der Mensch im Zuge der Evolution bedient, als er die immer schwieriger werdenden Anforderungen durch die Entwicklung neuer Systeme beantwortete.

Die Untersuchung der vom Menschen gebrauchten Systeme zeigt, daß sie sich alle innerhalb einer dreistufigen Kodierung einordnen lassen. Zwar gibt es noch weitere Kodierungen, wie etwa die elektronische Datenspeicherung und Datenverarbeitung, sie ist jedoch vom Menschen ohne technische Hilfe nicht zu realisieren. Die Erfahrungen damit sind auch noch nicht ausreichend, um Aussagen darüber machen zu können, wie der Umgang mit EDV das Denken und Lernen des Menschen, und damit die kognitive Entwicklung verändert, obwohl kein Zweifel daran bestehen kann, daß die äußeren Handlungen der elektronischen Programmierung genauso vom Menschen interiorisiert werden, wie alle anderen Handlungen in der Bearbeitung von Informationen.

Die drei Stufen unserer Signalsysteme wären demnach als *Kodierungsstufen* zu bezeichnen. Es handelt sich bei der realen Sinneserfahrung um eine 1. Kodierung, bei der Lautsprache um eine 2. Kodierung und bei der Schriftsprache um eine 3. Kodierung. Allerdings könnte die Bezeichnung Kodierungsstufe sehr leicht zu fehlerhaften Vorstellungen führen. Einerseits handelt es sich ja nicht nur um Kodierungen, wir können ja auch innerhalb einer Stufe ein Signal auf ein anderes kodieren, ohne damit in eine andere Stufe zu gelangen; andererseits besteht die Stufe der Kommunikation nicht nur aus einfachen Kodierungen, sondern auch aus spezifischen funktionellen Systemen, die eine Verarbeitung und Ordnung ermöglichen.

Die Informationen organisieren sich innerhalb der Verarbeitungsprozesse durch Differenzierung und Regelung in immer höheren Organisationsformen. Es dürfte deshalb richtiger sein, nicht von Kodierungsstufen zu sprechen, obwohl die Systeme aufeinander kodiert sind, sondern eine andere Bezeichnung zu wählen. Die Kodierung ist nur ein Merkmal unter anderen. Bei der Kennzeichnung der aufeinander aufbauenden Stufen geht es vielmehr um den Prozeß, um die Arbeit mit den Kodierungen, die Information zur Folge hat. Deshalb ist *Informationsstufe* im Vergleich zu Kodierungsstufe eine viel besser geeignete Bezeichnung. Mit „Informationsstufe" werden gleichzeitig Inhalt und Handlung gekennzeichnet, d.h. der aktive Prozeß der geistigen Operationen steht gleichberechtigt neben der Kodierung. Die dreifache Stufung unserer Kommunikationssysteme ist in der Tat nicht nur eine aufeinander aufbauende Kodierung, sondern in noch viel stärkerem Maße eine Abstufung nach Informationsmöglichkeiten.

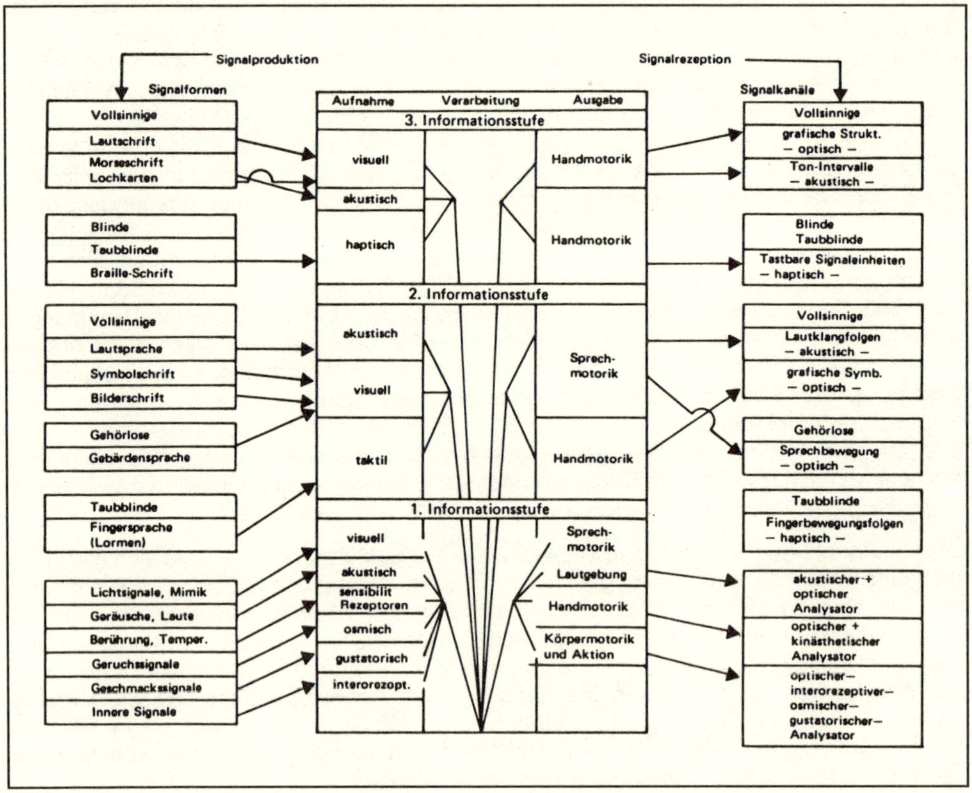

Abb. 10: *Aufbau der Informationsstufen (Radigk 1975, S. 16).*

Die Graphik gibt einen Überblick über die vom Menschen ohne technische Hilfen zu verarbeitenden Signalsysteme. Von links nach rechts zeigt sie jeweils die Signalformen der Signalproduktion, die Aufnahme, Verarbeitung und Ausgabe sowie die Kanäle und Formen der Signalrezeption. Die Darstellung zeigt den Aufbau der Stufen. Die im Bereich Verarbeitung von unten nach oben führenden Linien deuten an, daß die unteren Informationsstufen in die oberen eingehen (zum Bestandteil derselben werden) und umgekehrt, die oberen Stufen auf die unteren einwirken.

Die *1. Informationsstufe* ist die Stufe der Realität, der Auseinandersetzung mit unserer Umwelt durch sinnliche Erfahrung, der Entwicklung von Grundleistungen und grundlegenden Operationen, des Aufbaus von Sinngehalten und eines Systems von Nachrichten aus unserer Umwelt.

Der Mensch ist in der Lage, über seine Sinne zur realen Welt Beziehungen aufzunehmen und die Realität in sich widerzuspiegeln. Schlechthin wurde diese Tätigkeit mit ihren

Auswirkungen und Folgen bisher als Wahrnehmung bezeichnet. Man maß ihr zwar einen aktiven Charakter zu, man erkannte auch die grundlegende Funktion der Sinnestätigkeit, was sich jedoch wirklich im vorsprachlichen Bereich an grundlegenden Vorstellungen und geistigen Operationen entwickelte, blieb weitgehend unbeachtet. Sieht man von der Entwicklungspsychologie ab, die ja die beobachtbaren Verhaltensweisen der frühen Kindheit und der Vorschulzeit beschreibt, erfährt der Aufbau von Grundleistungen im Rahmen der 1. Informationsstufe wenig Aufmerksamkeit. In der Regel ist dieses Gebiet ja auch nicht das Problem der Schule und des Lernens. Sinnestätigkeit ist meist weniger geschädigt als höhere Leistungen, und daß die Schwierigkeiten bei schulischen Anforderungen oft auf mangelhaft entwickelten Grundleistungen beruhen, wird bei der Untersuchung der komplizierteren Prozesse nicht erkannt. Trotzdem ist so etwas wie ein leises Ahnen entstanden, daß es sich hier um mehr handeln könnte als bisher angenommen. Man wendet sich wieder verstärkt dem Wahrnehmungsbereich zu und spricht von neuer Sinnlichkeit, von Sinnesentwicklung, Sinnesschulung, Aufbau grundlegender Erfahrungen usw. Veröffentlichungen zur Wahrnehmungsproblematik wie die von MONTAGOU oder AYRES finden zunehmend Aufmerksamkeit.

Einsehbar wird die Bedeutung der Grundleistungen, der fundamentalen Sinngehalte und des Signalsystems der Wirklichkeit weniger bei den normal entwickelten Schülern, als bei Geistigbehinderten oder Lernbehinderten, wo die Probleme der Sinneserfahrung zum zentralen Ansatz pädagogischer Arbeit werden, und wo sich zeigt, welche Bedeutung die 1. Informationsstufe für den Aufbau des Lernens hat.

Was erwirbt der Mensch auf dieser Stufe?

1. Die Sinngehalte. Mit unseren Sinnen erkennen wir, ob etwas Sinn hat oder sinnlos ist. Wir speichern Abbilder (Sinneseindrücke, Informationen) dieser Welt, über die wir unabhängig von Raum und Zeit verfügen können.

2. Das Signalsystem der realen Welt. Die Erscheinungen gewinnen für uns Zeichencharakter. Der Fußabdruck besagt, daß dort jemand stand, der Luftzug meldet uns das geöffnete Fenster, der Schrei kündet uns den Schmerz und die nonverbale Kommunikation vermittelt Zuwendung, Abwendung, Angst, Hoffnung, Freude usw. Die Semiotik bezeichnet diese Art von Zeichen als „Indexzeichen" (Panow 1985, S. 216).

3. Grundleistungen für die geistigen Operationen. Der Gebrauch von Sinngehalten oder Signalsystemen erfordert Verarbeitungsprogramme. Bereits auf der 1. Informationsstufe entwickeln sich im Umgang mit den Wahrnehmungen und Vorstellungen alle Funktionen, die später in die höher kodierten Signalsysteme eingehen.

Ein Leben ohne Sprache und Schriftsprache, ausschließlich auf den Signalen der 1. Informationsstufe beruhend, ist für uns kaum vorstellbar. Und doch beherrschte über einige Millionen Jahre die reale Erfahrung unser Denken. Die Sprache war nur Ausdruck der Vorstellung. Erst sehr spät übernahm sie die Koordination der Umweltbeziehungen. Ein Beispiel für das Leben ausschließlich auf der Basis der Kommunikationsmöglichkeiten der 1. Informationsstufe bieten *Taubstumme*. Diese Bezeichnung wird hier gewählt, um den Unterschied gegenüber den Gehörlosen deutlich zu machen. Gehörlose werden zu Taubstummen, wenn sie gehörlos geboren werden oder die Gehörlosigkeit in der frühen Kindheit erwerben, aber keinerlei Beschulung erfahren, so daß sie weder die konventionelle Gebärdensprache, noch die Lautsprache erlernen können. Taubstumme sind heute in Ländern mit entwickeltem Sonderschulwesen kaum noch zu finden, da durch Früherfassung und Beschulung die Grundlagen für Sprache (Gebärdensprache und orale Sprache) angebildet werden. Bis nach dem 2. Weltkrieg fand man Taubstumme auch in Deutschland noch in vielen Dörfern.

Der Taubstumme vermag wegen seiner Gehörlosigkeit Sprache nicht zu hören. Er kann sie auch (mangels Vermittlung) nicht erwerben. Auch die konventionelle Gebärdensprache erlernt er nicht, da sie niemand in seiner Umgebung beherrscht. Der Erwerb unserer Schriftsprache ist ihm nicht möglich, da der Weg dorthin nur über die Lautsprache führt. Der Taubstumme ist also ein Mensch, der keine andere Wahl hat, als auf der Basis der 1. Informationsstufe zu kommunizieren.

Das Signalsystem des Taubstummen ist das der realen Welt. Durch das Ausgeschlossensein von Sprache ist er darauf angewiesen, das 1. Signalsystem zu optimieren. Die visuellen und die pantomimischen Fähigkeiten entwickeln sich meist besser als beim Hörenden. Bei der Arbeit bemerkt er die Gefahr einer abrutschenden Holzladung oder ein herannahendes Gewitter oft früher als die hörenden Arbeitskollegen. Seine Verbindung zur Realität ist näher, die Sinne sind, da er in hohem Maße darauf angewiesen ist, geschärft. Die Signalrezeption ist hoch entwickelt.

Die Signalproduktion erfolgt durch Urlaute oder pantomimisch. Zufriedenheit, Freude, Angst, Bedrohung können durch Lautgebung ausgedrückt werden. Handlungen werden durch Nachahmung typischer Bewegungen dargestellt. Das gilt auch für beabsichtigte Handlungen.

Die Erfahrung mit Taubstummen zeigt, daß Denken nicht an Sprache gebunden ist, daß aber gleichwohl eine beträchtliche Einschränkung der Denkmöglichkeiten stattfindet. Das Denken des Taubstummen bewegt sich auf der Basis sinnlicher Erfahrung. Es kann nur ein vorstellendes Denken sein. Es ist an den situativen Kontext gebunden. Abstraktion, und damit auch Verallgemeinerung, sind nur in einem beschränkten sinnesgebundenen Rahmen möglich.

Gleichwohl kann der Taubstumme nicht als ein Mensch ohne Sprache bezeichnet werden. Er besitzt die typischen menschlichen potentiellen Anlagen der linken Hirnhälfte, Sprache zu analysieren und zu generieren. Wie die Forschungsergebnisse von POIZNER, KAPLAN, BELLUGI und PADDEN (vgl. 1.2.4.) zeigen, generieren die genetisch vorgeprägten Sprachzentren beim Gehörlosen ebenso die Gebärdensprache, wie beim Hörenden die Lautsprache. Beim Taubstummen sucht sich gewissermaßen das genetische Potential mit Hilfe der Sinneserfahrung die Möglichkeit der Kommunikation. Die genetischen Potentiale entfalten sich entsprechend der Umwelteinwirkung auf der Basis der 1. Informationsstufe.

Die 2. Informationsstufe ist die Stufe der symbolischen Zeichen, die Stufe der Lautsprache. Allerdings existieren neben der Lautsprache noch eine Reihe von Zeichensystemen, die ebenfalls eine 2. Kodierung darstellen und deshalb mit in die 2. Informationsstufe einzuordnen sind, so etwa das System der visuell vermittelten Verkehrssignale, die Signalschrift der Landkarte, die Gebärdensprache der Gehörlosen und die Tastsprache (Lormen) der Taubblinden. Auch die Zeichensprache und die Symbolschrift der nordamerikanischen Indianer sowie die alte chinesische und japanische Schrift sind 2. Kodierungen und deshalb in die 2. Informationsstufe einzuordnen. Für die kognitive Entwicklung ist jedoch in erster Linie die Lautsprache von Bedeutung. Sie beherrscht die 2. Informationsstufe und man könnte diese deshalb auch als die Stufe der Lautsprache bezeichnen.

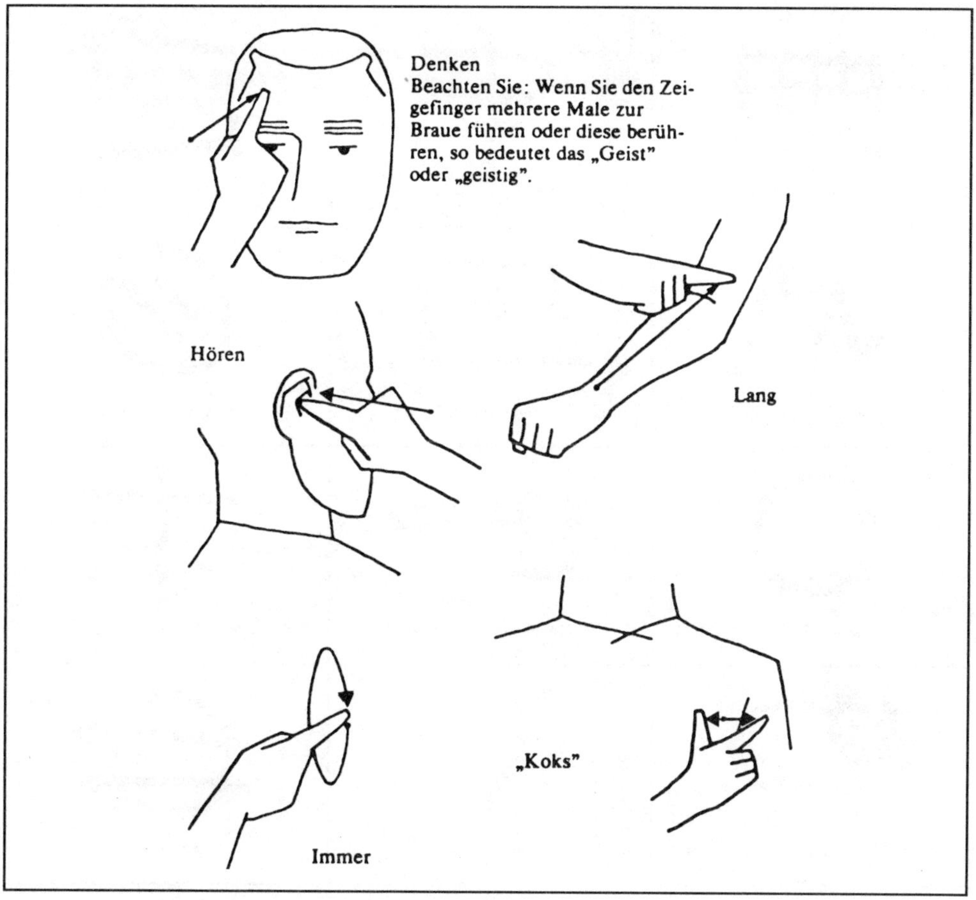

Abb. 11: *Beispiele für die Gebärdensprache der Gehörlosen mit natürlichen Zeichen (nach Fant, in: Rammel 1974).*

Abb. 12: *Sogenannte „Gaunerzinken", mit denen sich die Landfahrer vergangener Jahrhunderte (die z.T. Analphabeten waren) im Rahmen einer 2. Codierung verständigten.*

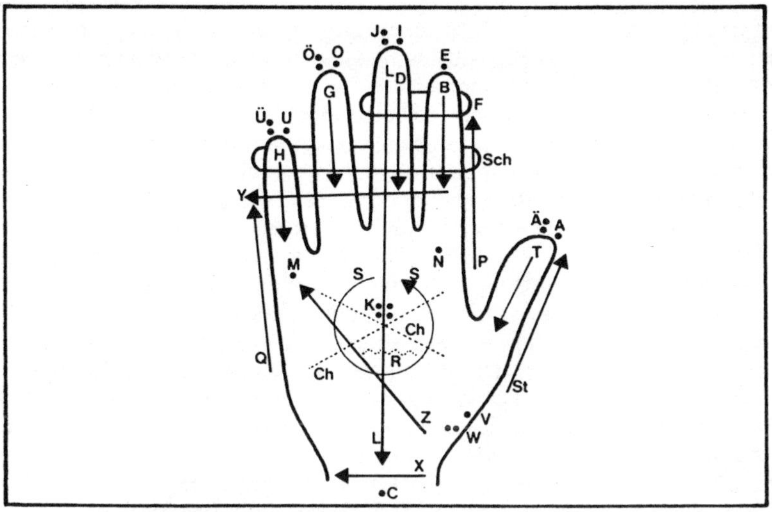

Tast-Alphabet für Taubblinde

A = Punkt auf die Daumenspitze
E = Punkt auf die Zeigefingerspitze
I = Punkt auf die Mittelfingerspitze
O = Punkt auf die Ringfingerspitze
U = Punkt auf die Kleinfingerspitze
Ä = Zwei Punkte auf die Daumenspitze
Ö = Zwei Punkte auf die Ringfingerspitze
Ü = Zwei Punkte auf die Kleinfingerspitze
J = Zwei Punkte auf die Mittelfingerspitze
B = Kurzer Abstrich auf die Mitte des Zeigefingers
D = Kurzer Abstrich auf die Mitte des Mittelfingers
G = Kurzer Abstrich auf die Mitte des Ringfingers
H = Kurzer Abstrich auf die Mitte des Kleinfingers
T = Kurzer Abstrich auf die Mitte des Daumens
F = Zusammendrücken der Zeige- und Mittelfingerspitzen
P = Langer Aufstrich an der Außenseite des Zeigefingers
K = Punkt mit vier Fingerspitzen auf den Handteller
L = Langer Abstrich von den Fingerspitzen zum Handgelenk
M = Punkt auf die Kleinfingerwurzel
N Punkt auf die Zeigefingerwurzel
R = Leichtes Trommeln der Finger auf dem Handteller
S = Kreis auf dem Handteller
Z = Schräger Strich vom Daumenballen zur Kleinfingerwurzel
V = Punkt auf den Daumenballen, etwas außen
W = Zwei Punkte auf den Daumenballen, etwas außen
Ch = Schräges Kreuz auf den Handteller
Sch = Leichtes Umfassen der vier Finger
St = Langer Aufstrich am Daumen (Außenseite)
C = Punkt auf das Handgelenk
X = Querstrich über das Handgelenk
Q = Langer Aufstrich an der Außenseite der Hand
Y = Querstrich über die Mitte der Finger

Abb. 13: *Das Fingeralphabet der Taubblinden (Taubblindenanstalt Hannover).*

Entwicklungsgeschichtlich gesehen entstand die Lautsprache zu dem Zeitpunkt, als die Vorfahren des Menschen durch die Veränderung der Lebensbedingungen darauf angewiesen waren, differenziertere Signalsysteme zu entwickeln. Zwar bestand schon das System der Gebärden, das sich unmittelbar aus der 1. Informationsstufe heraus ergab und in die 2. hinüberwuchs. Dieses System reichte jedoch zur Umweltbewältigung nicht mehr aus. Das neue System mußte in der Lage sein, auch über Hindernisse hinweg Kommunikation zu ermöglichen, gleichzeitig aber auch Informationen über Beziehungen, Verhältnisse und Bedingungen vermitteln, die sich mit den Mitteln der Gebärdensprache nicht kennzeichnen ließen. Wahrscheinlich verfügten bereits die Vorfahren des Neandertalers vor über 300 000 Jahren über erste Sprachlaute. Natürlich konnte diese Sprache wegen des unentwickelten Artikulationsapparates nicht so differenziert sein, wie die Sprache des Menschen der Neuzeit. Sicher ist jedoch, daß der Neandertaler vor etwa 100 000 Jahren schon physiologisch in der Lage war, eine ähnliche Sprache zu sprechen, wie die unsere. LIEBERMAN und CRELIN versuchten anhand von Knochenfunden den Artikulationsapparat des Neandertalers zu rekonstruieren und die Resonanzräume und Artikulationsmöglichkeiten mit Hilfe von Computerprogrammen zu berechnen. Danach konnte der Neandertaler zwar nicht so differenzierte Laute hervorbringen wie der heutige Mensch, er konnte jedoch mit Sicherheit das „e", das kurze „a", das Kurze „i" und die Konsonaten „b, d, s, w, f" hervorbringen (Panow 1985, S. 59). Auf die Existenz von Sprache weisen auch Funde hin, die auf Kulthandlungen und Rituale hindeuten. Rituale aber sind nicht auf praktische Resultate gerichtet, sondern beziehen sich auf gedankliche Konstruktionen, auf das Abgehobensein von der Realität, und dies wiederum ist nur mit Sprache möglich.

Der Mensch ist also schon seit mindestens hunderttausend Jahren in der Lage, Sprache zu gebrauchen, und damit die erste Kodierung (Sinngehalte) in eine zweite Kodierung (Lautsprache) umzuwandeln. Damit bot sich ihm die Möglichkeit des Aufbaus einer neuen Dimension geistiger Handlungen. Er entwickelte die 2. Informationsstufe. Allerdings ist dazu anzumerken, daß es sich nicht um eine einfache Umkodierung eines Signals in ein anderes handelt, sondern Sprache einen Signalkomplex darstellt, der aus Lautklangfolge, Sprechmelodie, Akzentuierungen, Pausen und grammatisch geordneten Wortfolgen besteht. Das bedeutet, daß sich praktisch unendliche Abstufungen in der Beherrschung dieses Systems ergeben können, die vom Wortschatz und von der Beherrschung des Sprachkodes abhängen.

Die Bedeutung der Sprache für das Lernen zeigt sich bei jedem Lernvorgang, insbesondere jedoch beim Lernen in der Gruppe, wo die sprachlichen Lernvoraussetzungen unterschiedlich sind und demgemäß zu unterschiedlichen Lernwegen oder Lernniveaus führen.

Wenn wir davon ausgehen, daß Lautsprache interiorisiert wird und damit innersprachliches Handeln ermöglicht, muß nach den aus Sprache resultierenden andersartigen geistigen Operationen gefragt werden. Worin bestehen die neuen Fähigkeiten und Fertigkeiten? Was führt über die 1. Informationsstufe hinaus? Was bietet Sprache für die kognitive Entwicklung?

1. Das Material der geistigen Kommunikation und damit der geistigen Operationen. Sprache löst ab von der Realität, verallgemeinert, macht Sachverhalte handhabbar, die nicht aus einzelnen Sinneserfahrungen ableitbar sind, oder die sinnlich überhaupt nicht unmittelbar erfahrbar sind.

2. Das sprachliche Signalsystem, und damit ein funktionelles System, mit Symbolen eine Nachricht zu kodieren oder zu dekodieren, und im inneren Sprechen geistige Operationen zu vollziehen.

3. Die Ordnungssysteme. Die gesellschaftlich entstandenen Ordnungen (Begriffe, Oberbegriffe, Verhältnisse, Normen, Werte) werden zu inneren Systemen und ermöglichen damit neue Formen geistiger Operationen.

Ein Beispiel für ein auf die Kommunikationsmöglichkeiten der 1. und der 2. Informationsstufe zugeschnittenes Leben bieten *Analphabeten.* Soweit diese in Kulturländern mit Schriftsprache zu finden sind, beherrschen sie zwar die Umgangssprache, Fachsprachen und kompliziertere sprachliche Zusammenhänge bleiben ihnen hingegen verschlossen. Dabei ist zu beachten, daß etwa in Europa auch schon die Umgangssprache durch Schriftsprache geprägt ist, d.h. dadurch, daß die umgebenden Personen in schriftsprachlichen Formen sprechen, wird diese Form weitgehend von den Analphabeten übernommen. Unsere Lautsprache ist, wie später noch diskutiert wird, eine gesprochene Schriftsprache. Anders ist es bei primitiven Völkern, die keine Schriftsprache kennen, etwa bei den Steinzeitmenschen wie den Tassadejen, die im unberührten Dschungel der philippinischen Insel Mindanao entdeckt wurden. Sie verfügen nur über einen Wortschatz von etwa 300 Wörtern, die jedoch eine Vielzahl von Bedeutungen haben können, jenachdem, in welcher Situation sie angewandt werden. Man kann deshalb von einer Situationsgebundenheit der Sprache sprechen.

Das Vorhandensein von Sprache allein garantiert noch nicht das sprachliche Denken und die Abstraktion. Erst der problemorientierte Umgang mit sprachlichem Material und die Erarbeitung der Abstraktion in verbalen Operationen führt zu sprachlichem Denken.

Die 3. Informationsstufe enthält die höchste, vom Menschen ohne technische Hilfsmittel verarbeitbare Kodierungsform. Es handelt sich dabei um eine Kodierung symbolischer Zeichen in symbolische Zeichen, also um eine dritte Kodierung. Diese Stufe wird in unserer Kultur durch die Schriftsprache beherrscht. Allerdings existieren neben der Buchstabenschrift noch eine Reihe von Zeichensystemen, die zwar auf der Lautschrift beruhen, deren Produktionsform sich aber von ihr unterscheidet. Es sind dies die Braille-Schrift der Blinden und Taubblinden, die Morseschrift, das Flaggenalphabet und die phonographischen Handzeichen der Sprachheilpädagogik oder der Leselehrmethodik. Alle diese Signalsysteme sind dritte Kodierungen, d.h. die kodierten Sinngehalte werden in Lautsprache umkodiert und diese wiederum wird in graphisch-figuralen Symbolen oder in einer anderen Form kodiert. Zwar werden Morsealphabet und Flaggenalphabet über die Buchstabenschrift vermittelt, denkbar wäre jedoch auch die unmittelbar über Lautsprache erfolgende Kodierung des einzelnen Zeichens. Für die Entwicklung der geistigen Operationen ist jedoch in erster Linie die Buchstabenschrift von Bedeutung. Sie beherrscht die dritte Informationsstufe, sie wirkt entscheidend auf die geistigen Operationsmöglichkeiten ein, und man könnte die 3. Informationsstufe deshalb auch als die Stufe der Schriftsprache bezeichnen.

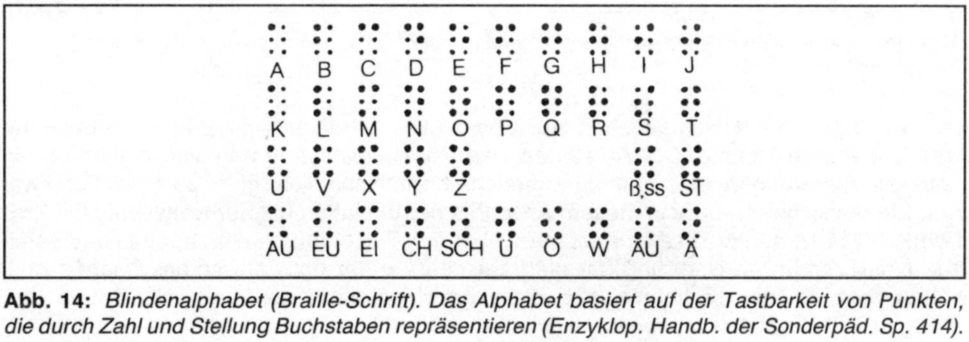

Abb. 14: *Blindenalphabet (Braille-Schrift). Das Alphabet basiert auf der Tastbarkeit von Punkten, die durch Zahl und Stellung Buchstaben repräsentieren (Enzyklop. Handb. der Sonderpäd. Sp. 414).*

Abb. 15: *Beispiele zum Handzeichenkatalog des phonomimischen Leselehrverfahrens (Radigk 1979).*

Entwicklungsgeschichtlich gesehen entstand die Lautschrift erst in der letzten Phase der Menschheitsentwicklung. Der Anlaß dazu lag wahrscheinlich in den sich verändernden Lebensanforderungen, die ohne umfangreiche Kenntnisse nicht mehr zu bewältigen waren. Die Menschheit wurde in diesem Abschnitt der Evolution mit der Notwendigkeit konfrontiert, das Wissen präzise zu speichern, über den Tod hinaus weiterzugeben und damit zu kumulieren. Ihren Ursprung hat die Lautschrift in der babylonisch-assyrischen Keilschrift, die sich über die phönizische, die altgriechische und die lateinische Schrift zum modernen Lateinalphabet weiterentwickelte.

Über Jahrhunderte hinweg blieb die Beherrschung der Schriftsprache ein Privileg bestimmter Schichten. Erst mit der Einführung der allgemeinen Schulpflicht gewann sie Bedeutung für das Volk, und erst mit dem Einsetzen der Industrialisierung um die Jahrhundertwende wurde der Umgang mit Schrift aus seiner Randständigkeit innerhalb des Lernens herausgehoben und zum zentralen Anliegen. Heute ist Schriftbeherrschung der zentrale Punkt des Lernens. Obwohl Pädagogen und Schulpolitiker es nicht eingestehen wollen: Schriftbeherrschung ist der Maßstab für den Bildungsweg. Ohne Schriftbeherrschung ist der Lernende weitgehend von schulischer Information ausgeschlossen.

In krassem Gegensatz zu dieser zentralen Bedeutung der Schriftsprache stehen die Auffassungen der Entwicklungslehre und der Lerntheorie von der Bedeutung der Schriftsprache. In vielen Veröffentlichungen findet sie nicht einmal Erwähnung. Mitunter wird sie gleichgesetzt mit Lautsprache, und wenn sie schon erwähnt wird, bleiben die Ausführungen dazu sehr beschränkt. Es entsteht der Eindruck, als sei die Schriftsprache von der Interiorisation ausgenommen, als ginge von ihr keine Wirkung auf das Lernverhalten und die Lernmöglichkeiten aus. Aber gerade das ist nicht der Fall. Mit Hilfe der 3. Informationsstufe erreichen wir erst den höchsten Abstraktionsgrad und die formalen Operationen des Lernens. Erst die Verinnerlichung schriftsprachlicher Erfahrung ermöglicht die höchsten Formen abstrakten Denkens.

Die Umwandlung der ersten Kodierung (Sinngehalte) in eine zweite Kodierung (Lautsprache) und die Umwandlung einer zweiten Kodierung in eine dritte Kodierung (Schriftsprache) bezeichnen wir als Schreiben. Der umgekehrte Vorgang, die Dekodierung, befähigt uns zum Lesen. Damit erreichte der Mensch neue Möglichkeiten der Informationsgewinnung, der Informationsverarbeitung und der Weitergabe von Informationen an andere Menschen. Das mußte auch Auswirkungen auf den Lernprozeß und die inneren geistigen Operationen haben.

Die Bedeutung der 3. Informationsstufe für das Lernen zeigt sich, ähnlich wie bei der 2. Informationsstufe, in allen kognitiven Lernprozessen. Allerdings treten hier die Unterschiede noch deutlicher hervor. Während im lautsprachlichen Bereich noch um die Dinge geredet werden kann und die Präzision der Aussage evtl. auch unscharf bleibt, wird im schriftsprachlichen Bereich die Aussage festgelegt, so daß sie jederzeit nachprüfbar ist. Probleme des schriftsprachlichen Lernens finden sich deshalb nicht nur in der Schule, sie gehen bis in den Hochschulbereich hinein.

Auch bei der 3. Informationsstufe ist nach ihrem Beitrag für die kognitive Entwicklung zu fragen. Wie bereits bei der Beschreibung der 2. Informationsstufe können auch hier nur die besonderen Möglichkeiten gegenüber den vorangegangenen Stufen hervorgehoben werden. Die besonderen Funktionen der 3. Informationsstufe werden ermöglicht durch:

1. Die externe Speicherung. Die Schrift stellt einen Wissensspeicher dar, der sich heute für den einzelnen Menschen als unendlich darstellt. Gleichzeitig ermöglicht die Schrift eigene Erkenntnisse zu fixieren und aus dem Bewußtsein auszulagern.

2. Die hochgradige Abstraktion. Die Schrift ermöglicht Abstraktionen unterschiedlichen Grades bis hin zu formelhaften Zusammenfassungen, die allein mit Lautsprache nicht mehr zu fixieren sind (z.B. Formel der Desoxyribonukleinsäure).

3. Die operationalen Entlastungstechniken. Die Schrift erlaubt Arbeitstechniken höherer Art. Wir arbeiten mit Zusammenfassungen, mit Superinformationen, die einzelnen Daten sind uns nicht gegenwärtig. Sie werden erst einbezogen, nachdem die höheren Operationen vollzogen sind.

4. Die formalisierten Ordnungssysteme. Die Schrift ermöglicht Ordnungssysteme höherer Art, die über allgemeine Ordnungen der Lautsprache hinausgehen. Sie sind größtenteils sachimmanent und ergeben sich aus dem jeweiligen Gegenstand. Diese Ordnungen werden interiorisiert und zu Bestandteilen des Denkens.

Das Lernen mit den Kommunikationsmöglichkeiten der drei Informationsstufen entwickelt sich in der Anwendung der Schriftsprache. Es ist nicht schon in dem Augenblick vorhanden, da der Mensch über das entsprechende Signalsystem verfügt; denn die Informationsstufe ist mehr als eine Ansammlung von Signalen. Sie schließt auch die operativen Möglichkeiten, die Handlung, die Anwendung mit ein. Erst im Zuge der Anwendung gelingt es uns, die geistigen Handlungen zu erschließen und daraus funktionelle Systeme zu entwickeln, die uns geistige Operationen ermöglichen. Die Schreib-Lesefähigkeit allein führt weder zur Abstraktion, noch zu formalem Denken. Erst der Gebrauch dieser Fähigkeiten, die Durchführung schriftsprachlicher Handlungen, führt zum Aufbau adäquater innerer Prozesse, die sich uns dann als Erscheinungsweisen des Lernens, als Lerntypen oder Lernphasen präsentieren.

2.5. Die Einheit der Informationsstufen

Durch die kodierungs- und funktionsbedingte Gliederung der Kommunikationssysteme könnte der Eindruck entstehen, daß im Prozeß der geistigen Operationen ein Umsteigen von einer Stufe in die andere stattfindet oder daß die Kodierungen additiv aneinander gereiht werden. Daß dem nicht so ist, ergibt sich schon aus dem logischen Aufbau. Die zweite Informationsstufe wäre im wahrsten Sinne des Wortes sinnlos, würde sie nicht die Gesamtheit der ersten Informationsstufe in sich einschließen, sie aufnehmen und zum Bestandteil dieses neuen höheren Systems werden lassen. Sie arbeitet zwar mit einer zweiten Kodierung, aber die erste Kodierung bleibt erhalten, wird gewissermaßen mit den Funktionen verknüpft und ist allgegenwärtig, wobei die Führung in der Koordination des Prozesses in der Regel bei der zweiten Kodierung im sprachlichen Bereich liegen dürfte.

Die Erscheinungen mangelhafter Erarbeitung der ersten Informatiosstufe sind bekannt. Sie werden als Verbalismus oder Arbeit mit Worthülsen in der Literatur beschrieben. Bei Verbalismus verfügt der Mensch zwar über das sprachliche Material, ohne jedoch die notwendigen Sinngehalte, die realen Erfahrungen, Ordnungen, Normen und Werte darauf beziehen zu können. Die Sprache existiert zwar, sie wird jedoch inhaltslos und eben deshalb auch beziehungslos. Der Mensch spricht von Dingen, die er nicht, oder nicht recht versteht.

Die Erscheinungen mangelhafter Erarbeitung der zweiten Informationsstufe werden als Konkretismus oder Ikonodulie bezeichnet. Gemeint ist das Kleben an gegenständlichen, sinnlich wahrnehmbaren Erfahrungen, das unreflektierte beinahe ziellose Beschäftigen mit dem Gegenstand. Der Lernprozeß bleibt an der Oberfläche, ohne zum Wesen der Sache oder zur Abstraktion vorzustoßen. Diese Erscheinung ist nicht selten bei einer normativen Anwendung des pädagogischen Prinzips der Anschauung zu beobachten (Nestle 1975).

Die dritte Informationsstufe setzt die erste und zweite voraus und läßt sie zum Bestandteil dieser Stufe werden, d.h. in unserem Bewußtsein sind Operationen mit Sinngehalten, lautsprachliche Operationen und schriftsprachliche Operationen gleichzeitig präsent. Sie bilden ein funktionelles System, das in seinem dynamischen Zusammenwirken in der Lage ist, auf die Anforderungen zu reagieren.

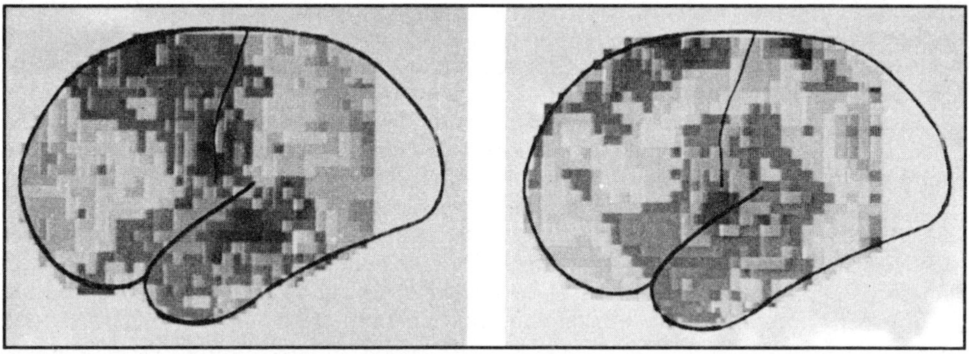

Abb. 16: *Aktivitäten des ZNS beim Sprechen, linke Hirnhälfte und rechte Hirnhälfte (Lassen/Ingvar/Skinhoj, S. 1980, S. 141)* → *s. farbige Abb. auf der Tafel zwischen den S. 80 und 81*

Die im Original farbigen Computerzeichnungen sind hier schwarz-weiß wiedergegeben und können deshalb die Vielfalt der Aktivitätsabstufungen nicht ganz verdeutlichen. Die Aufnahme der linken Hirnhälfte zeigt Aktivitäten im Wernickeschen Zentrum, im Brocaschen Zentrum in der Körperfühlsphäre und dem motorischen Zentrum. Die Aufnahme der rechten Hirnhälfte zeigt die entsprechenden sinnesverbundenen und emotionalen Zentren, die mit der linken Hirnhälfte über den Balken verbunden sind. In der Aufnahme sind Werte von neun Versuchspersonen miteinander verrechnet (vgl. hierzu auch Abb. 6).

Die Aktivität des ZNS ist, wie die Aufnahme zeigt, stets eine gleichzeitige. Alle Funktionen stehen miteinander in Eingriff, aktivieren, verstärken, kontrollieren oder korrigieren sich wechselseitig. Das gilt im Prozeß der geistigen Operation nicht nur für eine einzelne Informationsstufe, sondern, wie die Abb. 16 zeigt, für alle Stufen. Das heißt, daß etwa bei innersprachlichen Operationen auch die gegenständlichen Erfahrungen oder zeitlich-räumlichen Vorstellungen mit einfließen und den Prozeß (evtl. sogar entscheidend) beeinflussen.

Ein Statiker berichtet über seine gedanklichen Vorgänge bei der Festigkeitsberechnung von Brückenkonstruktionen folgendes:

„Ich könnte keine Berechnungen durchführen, wenn ich nicht gleichzeitig neben dem sprachlichen gedanklichen Material auch die Vorstellung, das Konkrete im Sinn hätte. Was ich zu berechnen habe, hängt doch vom Material und von der Konstruktion gleichzeitig ab. Jedes Material verhält sich anders und hat andere Festigkeitswerte. Jede Konstruktion verlangt andere Berechnungen. So steht neben der Berechnung stets die konkrete Vorstellung der Konstruktion. Dabei habe ich sowohl ein inneres räumliches gegenständliches Bild in mir, als auch die Bezeichnungen für Teile und Materialien, als auch die Formeln für die Berechnung. Gleichzeitig läuft auch so etwas wie eine Hypothese. Aus der Erfahrung habe ich eine konkrete Einschätzung, was bei der Berechnung herauskommen könnte. Dabei spielt sowohl die konkrete Vorstellung, als auch die Berechnung eine Rolle. Einerseits handele ich wie der vor Jahrhunderten lebende Zimmermann, der ohne Berechnungen allein aus der konkreten Erfahrung die Stärke und Stellung eines Balkens bestimmte, andererseits handele ich wie der Mathematiker, der eine grobe Einschätzung, einen Überschlag mit Zahlen vornimmt. Das Vorausdenken ist aber nur die eine Seite. Die andere liegt in der Kontrolle des Ergebnisses. Habe ich die Ergebnisse in Zahlen vor mir, dann muß ich sie in einem inneren Bild, in der Vorstellung überprüfen. Habe ich einen Rechenfehler gemacht oder in der Berechnung etwas vergessen, läßt sich der Fehler oft durch diese Überprüfung aufdecken."

Die Schilderung des Statikers zeigt, wie die Informationsstufen gleichzeitig nebeneinander herlaufen, im Bewußtsein gegenwärtig sind, jede Informationsstufe ihre spezifischen Aufgaben innerhalb der geistigen Operation wahrnimmt, sofort signalisiert, wenn die Übereinstimmung zwischen dem abstrakt-verbalen, mathematischen und dem konkreten Bereich nicht mehr gegeben ist, und entsprechende Kontrollmechanismen auslöst. Die Auffassung vom verbalen Denken muß deshalb zumindest relativiert werden. Die zweite und die dritte Informationsstufe bieten uns durch die Interiorisation der Systeme zwar neue Möglichkeiten inneren geistigen Handelns, sie sind jedoch voneinander abhängig, ja im Prozeß der inneren Handlung aufeinander angewiesen. Offensichtlich hängt es sowohl von der Ausbildung der Informationsstufen als auch von der Struktur des Denkgegenstandes ab, welche Informationsstufe in welcher Phase des Denkprozesses die Führung in der Koordination der Funktionen und Faktoren übernimmt. Die Klassifizierung nach Lerntypen, wie VESTER sie darstellt, oder nach Lernphasen, wie PIAGET sie darstellt, muß deshalb überprüft und evtl. neu konzipiert werden.

Alle Ergebnisse der neueren Forschung weisen darauf hin, daß der Mensch zwar zu einem bestimmten Zeitpunkt durch die Entwicklung seiner Informationsstufen auch so etwas wie einen Standard der geistigen Operationen erreicht, daß dieser sich jedoch wie ein funktionelles Mosaik (Pawlow 1972, S. 159) zusammensetzt, d.h. daß die Art der Operation einerseits von der Interiorisation der Kommunikationssysteme abhängt und von Mensch zu Mensch unterschiedlich ist, gleichzeitig aber auch der Bekanntheitsgrad des Gegenstandes mit seinen Speicherungen (Vorwissen) den Prozeß beeinflußt. Auch einem vorwiegend abstrakt-verbal denkenden Erwachsenen wird es nicht erspart bleiben, will er sich etwa mit der Funktionsweise moderner Mantelstromtriebwerke (Düsentriebwerke) vertraut machen, zu einem Modell oder einer Zeichnung zu greifen, um sich mit den Mitteln der 1. Informationsstufe die wichtigsten Konstruktionsprinzipien und damit Basisvorstellungen zu erschließen.

2.6. Die Wechselwirkung der Informationsstufen

Die interiorisierten Systeme der Informationsstufen stehen während der geistigen Operationen in einem beständigen Eingriff. Das hat zur Folge, daß mit den Mitteln der ersten Stufe die zweite und die dritte, mit den Mitteln der zweiten die erste und dritte und mit den Mitteln der dritten die erste und zweite Stufe beeinflußt werden können. In einem ungestörten Entwicklungsverlauf bildet sich diese gegenseitige Einflußnahme von selbst heraus. Das Kind erkundet die Realität, untersucht sie und gewinnt dadurch sinnliche Erfahrungen. Diese möchte es auch benannt haben. Das Fragealter bildet sich heraus. Die Fülle der Eindrücke verlangt nach Benennung. Das Kind möchte die Erfahrungen mit dem Namen fixieren und dadurch faßbar und kommunikativ handhabbar machen.

Mit Hilfe der sprachlichen Kommunikation aber ist nun ein Mittel entstanden, das seinerseits geeignet ist, Informationen über die Realität zu vermitteln. Dadurch kann das Kind z.B. an einer Pflanze etwas sehen, riechen, schmecken oder ertasten, was sonst seiner Aufmerksamkeit und seiner Sinneserfahrung entgangen wäre. Die Informationen werden geordnet, der Zusammenhang wird hergestellt. Dadurch kumulieren sie und bilden immer neue und größere Komplexe. Nach dem Erwerb der Schriftsprache erweitern sich die Kommunikations- und Lernmöglichkeiten in bisher ungekanntem Maße. Einerseits erschließt sich mit dem gewaltigen Reservoir schriftsprachlicher Speicherungen ein unübersehbares Wissensgebiet, das zur beständigen Wortschatzerweiterung und zum Bekanntwerden mit neuen Arbeitstechniken führt, andererseits präzisiert die Schriftsprache die Lautsprache, führt zu neuen grammatische Konstruktionen, die wiederum Möglichkeiten des Ausdrucks und des innersprachlichen Operierens ermöglichen und regt durch schriftsprachliche Instruktion in Form von Bauanleitungen, Experimentierplänen, Versuchsanordnungen oder anderen Lernimpulsen zu immer neuen lautsprachlichen und sinnlichen Erfahrungen an. Diese Erfahrungen der 1. Informationsstufe aber sind um so fester, je stärker sie lautsprachlich durchstrukturiert, je genauer sie schriftsprachlich fixiert, gegliedert und geordnet sind. Die Inhalte (Kenntnisse, Handlungen) sind gewissermaßen dreifach kodiert, mit unterschiedlichen inneren Repräsentations- und Handlungsmöglichkeiten, so daß durch die Einheit der Informationsstufen und die gegenseitige Einflußnahme der am Lernprozeß beteiligten Faktoren eine beständige Weiterentwicklung entsteht, die immer neue und kompliziertere geistige Operationen hervorbringt.

Für die normale Entwicklung des Lernens erscheint die Wechselwirkung der Informationsstufen als belanglos, entwickelt sich doch das Kind auch ohne gezielte Hilfen durch selbständige und natürliche Auswahl der Informationen. So wie am Anfang der Entwicklung das Neuron mit den passenden Antworteigenschaften auf den gegebenen Reiz reagiert (Singer 1985, S. 48—61), so reagiert das höher organisierte System mit den passenden Antworteigenschaften auf den Reizkomplex der natürlichen Anforderungen oder der Aufgabenstellung im Lernprozeß.

Wesentlich anders verläuft dieser Prozeß bei zerebraler Dysfunktion. Wenn durch somatische oder soziale Bedingungen das Verhältnis des Organismus zur Umwelt gestört ist, dann ist die Entwicklung der Kommunikation insgesamt gestört, und weder die einzelne Informationsstufe, noch die Wechselwirkung aller Stufen kann sich unbehindert entfalten. Die pädagogischen oder therapeutischen Maßnahmen richten sich deshalb auf die Anregung und Aktivierung der einzelnen Informationsstufe, oder sie nutzen die Wechselwirkung der Stufen zur Förderung. Wo der erfolgversprechendste Ansatz liegt oder wo sich überhaupt ein Ansatz der Förderung bietet, läßt sich nicht generell beantworten. Daß jedoch in allen Fällen von Behinderung Ansatzpunkte zu finden sind, ist unbestritten. Wie die zahlreichen kompensatorischen Projekte zeigen (Iben 1971), ist jedoch der Entfaltung von Wechselwirkung zwischen den Informationsstufen gegenüber isolierter Förderung der Vorzug zu geben. Partikularistisches Lernen (Nestle 1975) vermag zwar einen Trainingseffekt hervorzubringen, die volle Aktivierung der geistigen Operationen läßt sich jedoch nur entwickeln, wenn das Wechselspiel zwischen den Systemen in natürlicher Weise angeregt oder herausgefordert wird.

2.7. Informationsstufen und kritische Phasen

Die Beantwortung der Frage nach den Störungs- und Aktivierungsmöglichkeiten der Systeme innerhalb der einzelnen Informationsstufen ist für das Lernen unter schwierigen Bedingungen von erheblicher Bedeutung. Gibt es somatische oder soziale Entwicklungsbedingungen, die nicht korrigierbar sind, bei denen keine Ausgleichsmöglichkeit, keine Aktivierungschance mehr besteht, oder ist prinzipiell in allen Fällen eine solche anzunehmen?

Die Frage ist nicht leicht zu beantworten, da hierzu unterschiedliche Ergebnisse vorgelegt werden. Es muß deshalb danach gefragt werden, um welche Leistungen es sich handelt, ob sie in der Entwicklungsgeschichte der Arten früh oder spät entstanden sind, ob sie dementsprechend zu den älteren oder jüngeren Anteilen der phylogenetischen Entwicklung zu rechnen sind. Sehen und Hören, etwas ertasten oder kinästhetisch fixieren, ist entwicklungsgeschichtlich weit älter, als etwa die Fähigkeit, Lautsprache zu produzieren oder Schriftsprache zu verarbeiten. Demgemäß sind in der ontogenetischen Entwicklung die Phasen des Sinnesaufbaus, die grundlegenden Fähigkeiten der 1. Informationsstufe, viel früher abgeschlossen als etwa die des Sprachaufbaus oder des Schriftsprachererwerbs. Letztere sind zwar selbständige Systeme, aber diese sind nicht unabhängig. Sie sind, wie bereits dargestellt, von der Entwicklung der Primärsysteme abhängig, vom Sehen, Hören, der Motorik und der kinästhetischen Erfahrung. Unzureichende Entwicklung dieser Systeme muß sich deshalb beim Erwerb der Folgesysteme, beim Aufbau der für diesen Bereich notwendigen geistigen Operationen, auswirken.

Wie die Nobelpreisträger THORSTEN und WIESEL bereits 1963 berichteten, entwickelt sich die Verschaltung der Neuronen des Sehanalysators nicht kontinuierlich, sondern in kritischen Phasen. Im Tierversuch wurde während dieser Phase die Aufnahme von Sinnesreizen über ein Auge unterbunden. SINGER berichtet über die Ergebnisse folgendes: ,,Der Prozeß verläuft in charakteristischer Weise. Zunächst verschlechtert sich die Erregungsübertragung drastisch, und daraus ergeben sich schließlich Sekundäreffekte entlang der gesamten Übertragungsstrecke vom geschlossenen Auge zur Hirnrinde. Zugleich treten auch entsprechende strukturelle Veränderungen zutage. Die vom geschlossenen Auge versorgten Bereiche schrumpfen, und der Durchmesser der entsprechenden Schaltzellen im Thalamus verkleinert sich, weil ihre Axone in der Hirnrinde abgekoppelt wurden'' (Singer 1985, S. 53). Der Versuch, einer Nachentwicklung oder einer Regeneration dieser Verschaltungen außerhalb der kritischen Phase mißlang. Ähnliche Entwicklungsgesetze wie bei Tieren gelten auch für den Menschen. ,,Aus Untersuchungen an schielenden Kindern ist zu schließen, daß hier die Fehlstellung der Augen die neuronalen Verbindungen in ähnlicher Weise verändert. Wird die Fehlstellung nicht schon während der ersten Lebensjahre chirurgisch oder durch intensive Sehschulung behoben, so lernen die Kinder nie mehr, mit beiden Augen gleichzeitig zu sehen'' (Singer 1985, S.53, vgl. hierzu 1.1.4.).

Offensichtlich ist es notwendig, daß zu einem bestimmten Zeitpunkt ein Entwicklungsprozeß abgeschlossen ist, damit neue Aufgaben in Angriff genommen werden können oder Leistungen für den Aufbau komplizierterer zusammengesetzter Funktionen bereitstehen. Ein Nachholen einer ausgebliebenen Entwicklung scheint bei den primären Leistungen nicht möglich.

Völlig anders stellt sich die Frage bei den höheren Informationsstufen. Wie die Forschungsergebnisse von TSUNODA, sowie die von POIZNER, KAPLAN, BELLUGI und PADDEN zeigen (vgl. 1.2.3.—1.2.5.) sind die höheren Funktionen erlernt und, je nach der Kultur, in die wir hineingeboren werden, austauschbar. BACH Y RITA zeigte außerdem, daß bezüglich der Lautsprache starke Veränderungsmöglichkeiten der Lokalisation der Funktionen vorhanden sind. Ergebnisse der Aphasietherapie bestätigen dies.

Eine kritische Phase, wie bei der primären Sinnesentwicklung scheint bei der Entwicklung von Lautsprache und Schriftsprache nicht zu bestehen, oder sie währt zumindest bis in die Pubertät hinein. Dieser Schluß liegt nahe, vergleicht man die Folgewirkungen frühkindlicher Deprivation. C. ERNST faßte die hierzu vorliegenden Berichte in einer Studie zusammen. Danach sind die ersten zwei Lebensjahre, obwohl sich normalerweise in dieser Zeit das Grundgerüst der Sprache entwickelt, für die Sprachentwicklung weniger entscheidend. Unter hochgradiger Deprivation aufgewachsene Kinder holten die sprachlichen Defizite später wieder nach. Trotzdem scheint es so etwas wie eine kritische Phase zu geben, die allerdings wesentlich länger währt, als bei der Sinnesentwicklung. ,,Adoptionsstudien und Nachuntersuchungen schwerstdeprivierter Kinder zeigen, daß die Folgen frühkindlicher Entbehrungen reversibel sein können, sofern sich das Milieu radikal ändert. Das gilt insbesondere für die Entwicklung des Sprachvermögens, welche nicht an die Betreuung durch eine Person gebunden ist. In diesem Zusammenhang wird auch auf die bekannte Tatsache hingewiesen, daß sich der spätere Intelligenzquotient nicht aus dem Entwicklungsquotienten voraussagen läßt" (Ernst, S. 1983, S. 13).

Die Ergebnisse der Deprivationsforschung weisen auf die eminente Bedeutung der Frühförderung hin, besonders was die Entwicklung der primären Sinnesleistungen betrifft. Diese sind später nicht oder nur bedingt nachholbar.

Sie weisen aber auch auf die weit gespannten Möglichkeiten der sekundären Systeme hin, besonders der lautsprachlichen und schriftsprachlichen Entwicklung, die praktisch die ganze Schulzeit hindurch bestehen, und die bei Verlust von Lautsprache und Schriftsprache bis in das hohe Alter vorhanden sind.

2.8. Informationsstufen und Ausfallserscheinungen

Ordnen wir die Ausfallserscheinungen nach ihrer Häufigkeit, dann fällt auf, daß sich eine Gesetzmäßigkeit zeigt. Sie lautet: *Je höher die Informationsstufe um so häufiger sind die Störungen und Ausfälle.*

Schüler mit Sinnesminderungen (Blinde, Gehörlose) finden wir fast nur in den entsprechenden Sonderschularten. Ihr Anteil an der Gesamtbevölkerung ist verhältnismäßig gering. Zwar bewirkt die Sinnesminderung in jedem Falle eine Minderung der Kommunikationsfähigkeit, Blinde und Gehörlose sind jedoch in der Mehrzahl in der Lage, durch kompensatorisches Lernen die Behinderung weitgehend zu überwinden.

Anders sieht es mit denjenigen Schülern aus, die zwar über alle Sinne verfügen, die aber dennoch Störungen der 1. Informationsstufe aufweisen, weil die Ausbildung der Sinnestätigkeit als Grundlage der Kommunikation, die Ausbildung der grundlegenden Funktionen, nicht in ausreichender Weise erfolgte. Diese Kinder besuchen entweder die Schule für Geistigbehinderte oder die unteren Klassen der Schule für Lernbehinderte. Ihr Anteil an der Gesamtschülerschaft liegt bei etwa 2 Prozent. Zu ihrer Förderung wurden Lehrgänge, Kurse und Materialien entwickelt, die unter der Bezeichnung Sinnesschulung, Wahrnehmungstraining, psychomotorische Übungsbehandlung oder geistorthopädische Übungen laufen.

Suchen wir nach den Schülern mit Schwierigkeiten im Gebrauch der zweiten Informationsstufe, dann steigt die Zahl beträchtlich an. Gemeint sind hier weniger die Schüler mit Aussprachefehlern, als diejenigen, die Schwierigkeiten mit der Lautsprache als Kommunikationsmittel oder als Instrument kognitiver Operationen haben. Ihre Zahl ist schwer feststellbar, da die Maßstäbe der Untersuchungen sehr stark voneinander abweichen.

Diese Schüler haben nur eine herabgesetzte Fähigkeit, sich sprachlich zu artikulieren. Es mangelt ihnen am Wortschatz, an der grammatischen Struktur, an der Präzision der Ausdrucksfähigkeit und an der Fähigkeit, Sprache als Abstraktionsmittel zu gebrauchen. Sie sind sowohl in der Schule für Lernbehinderte als auch in anderen Schularten zu finden. Von der Soziolinguistik wurden diese Schüler den „sozio-kulturell Benachteiligten" zugeordnet. Sie weist ihnen den Gebrauch eines restringierten Sprachcodes zu. Ihr Anteil an der Gesamtschülerschaft liegt um etwa 5 Prozent. Zu ihrer Förderung wurden Materialien, Lehrgänge oder Kurse entwickelt, die unter der Bezeichnung kompensatorische Erziehung, Sprachförderung, Satzbautraining oder Sprachentwicklung laufen.

Die stärkste Gruppe bilden zweifellos die Schüler mit Schwierigkeiten im Gebrauch der 3. Informationsstufe. Sie werden als Legastheniker, als Lese-Rechtschreibschwache, als

Schüler mit kongenitaler Wortblindheit bezeichnet. Sie sind in allen Schularten zu finden. Ihr Anteil an der Gesamtschülerschaft liegt über 15 Prozent. Zu ihrer Förderung wurden spezielle Fördereinrichtungen innerhalb der verschiedenen Schularten geschaffen. Pädagogen und Psychologen gründeten eigene Verbände, in denen sich Wissenschaftler und Praktiker zusammenschlossen, die sich mit der Erforschung von Schwierigkeiten, Hemmungen, Mängeln und Ausfällen des Lesens und Schreibens befassen. Gruppen von Pädagogen und Psychologen erarbeiteten diagnostische Instrumentarien und Fördermaterialien. Internationale Verbände (International Reading Association) tauschen auf Kongressen Erfahrungen zu diesem Problem aus. Die Ausfälle in der Beherrschung der 3. Informationsstufe führten zu weltweiten Aktivitäten.

Mit Lese- oder Rechtschreibschwäche bzw. mit Legasthenie sind die Ausfallserscheinungen der 3. Informationsstufe allerdings nur unzureichend beschrieben. Rechtschreibung ist nur die eine Seite des Umganges mit Schriftsprache. Zwar verschließen hochgradige Ausfälle in der Rechtschreibung das Erlernen schriftsprachlicher Handlungen weitgehend, die leichteren Formen von LRS stellen jedoch bezüglich der schriftsprachlichen Operationen keinen Hinderungsgrund dar. Hingegen ist es nicht selten der Fall, daß ein Schüler mit durchschnittlicher Rechtschreibfähigkeit in den schriftsprachlichen Arbeitstechniken wenig geübt ist, daß er deshalb die Techniken dieser Arbeit nicht interiorisieren kann und sich auch kein entsprechender innerer Prozeß formaler oder abstrakter Operationen aufbauen läßt.

Offensichtlich besteht ein Zusammenhang zwischen der Höhe der Kodierung und der Beherrschung der geistigen Operationen einer Informationsstufe. Je höher die Stufe kodiert ist, um so mehr Anteile hat das funktionelle System, um so schwieriger ist der Aufbau des Beziehungsgefüges, der Abstimmung der Funktionsanteile und der dynamischen Reaktionen; um so größer sind allerdings auch die Störungsmöglichkeiten und um so größer ist auch der Energieaufwand, der zur Aktivierung eines solchen Systems notwendig ist.

2.9. Informationsstufen und Kompensationsfähigkeit

Je höher die Kodierungsstufe, um so größer die Störungsmöglichkeiten, um so höher aber auch die Kompensationsmöglichkeiten. Das mag zunächst wie ein Widerspruch klingen, wurde doch gerade der Komplexitätsgrad als eine Ursache der Ausfallserscheinungen hervorgehoben. Bei näherer Betrachtung ergibt sich jedoch, daß in der Komplexität sowohl die negative als auch die positive Möglichkeit enthalten ist.

Je höher die Informationsstufe
— um so mehr Funktionsanteile
— um so komplizierter das funktionelle System
— um so größer die Störungsmöglichkeiten
— um so größer aber auch die Ansatzpunkte zur Regeneration oder Kompensation.

Ermöglicht wird diese Wirkung durch die *Dynamik* der funktionellen Systeme. Anders als bei einem Computerprogramm, das sofort abbricht, wenn ein Schritt in der Aufeinanderfolge der Programmierungen ausfällt, ist das funktionelle System des Menschen in der Lage, „sinnvoll" zu reagieren, d.h. es kann versuchen eine Funktion durch eine andere zu ersetzen, aus einer Zusammenstellung von Informationen vergleichend mit der gespeicherten Erfahrung die Funktion zu vervollständigen (die Sache, den Vorgang, die Handlung zu rekonstruieren) oder die Kodierung in verschiedenen Informationsstufen zu nutzen und dadurch die betreffenden Funktionen zu ergänzen. Im ZNS bestehen ja keine Informationsstufen, sondern Kodierungen, Vernetzungen und Programmierungen, die eine

Einheit bilden. Sie sind in der Lage, sich wechselseitig zu stützen, zu verstärken, hervorzurufen und Teilinformationen zu liefern, die erst durch Summation ein Ganzes ergeben. Sie laufen nicht nur als Kettenreaktion ab, sondern bilden gleichzeitig ein Geflecht von Kodierungen, Schalt- und Regelkreisen. Dadurch bildet sich ein Informationsüberschuß, der eine parallel laufende Kontrolle gewährleistet und bei Unstimmigkeiten sofortige Maßnahmen (Umschaltungen, Speicherbenutzung) einleitet. Das alles geht so schnell vor sich, daß uns der Vorgang selbst nicht bewußt wird und wir ihn als gleichzeitig empfinden. Die kompensatorische Arbeitsweise unserer funktionellen Systeme ist für uns so selbstverständlich, daß wir sie nicht einmal bemerken, obgleich wir sie fortlaufend nutzen.

Beispiel 1:
In einem Seminar wird über den Zusammenhang von Milieu und Entwicklung diskutiert. Es ist sehr unruhig, da verschiedene Teilnehmer sich unterhalten. Ein Redner spricht zum Thema Sprachentwicklung. Er benutzt dabei den Fachausdruck „soziokulturelle Determinanten". Obwohl das Wort „soziokulturell" im Stimmengewirr fast untergeht, d.h. von einigen Teilnehmern akustisch nur zum Teil wahrgenommen wird, verstehen sie den Satz. Sie ergänzen ihn aus dem Kontext, indem sie den für das Verstehen bedeutungsvollen Wortschatz mobilisieren, dem Sinn nach ergänzen, durch Vergleich mit dem Sprechrhythmus kontrollieren und evtl. auch die visuelle Information der Sprechbewegung zur Absicherung benutzen.

Beispiel 2:
Der Schüler Manfred M. (IQ 140) hatte bereits das vierte Schuljahr erreicht, als seine Lehrerin feststellte, daß er nicht lesen kann. Manfred konnte den Lautwert der Buchstaben nicht behalten (literale Legasthenie). Er konnte kein einziges Wort synthetisieren. Trotzdem las er einfache Texte fast fließend vor. Die Untersuchung ergab, daß Manfred vermöge seiner hohen Merkfähigkeit einige hundert Wörter wie beim ganzheitlichen Leseanfang bildhaft gespeichert hatte, daß er diese in einem Satz blitzschnell erkannte, die dazwischen liegenden Lücken (unbekannte Wörter) mit Hilfe seiner hervorragenden lautsprachlichen funktionellen Struktur ergänzte, und gleichzeitig durch den Sinngehalt überprüfte. So bewältigte er die im Wortschatz einfachen Lesetexte (3. Informationsstufe) fast fehlerfrei, allein mit den Mitteln der 1. und 2. Informationsstufe.

Das erste Beispiel bezieht sich auf eine gestörte Rezeption bei vorhandenem vollständigen funktionellem System. Es zeigt, wie wir in der Lage sind, durch Verfügung über Speicherungen und Teilinformationen der zweiten Informationsstufe und durch Steuerung über die erste Informationsstufe die Funktion fast störungsfrei zu vollziehen.

Das zweite Beispiel bezieht sich auf eine ungestörte Rezeption bei unvollständigem funktionellen System. Es zeigt, wie durch Anwendung eines normalerweise nicht für diesen Zweck vorgesehenen Systems (Kodierung schriftsprachlicher Ganzheiten) und durch kompensatorischen Einsatz von Sprachstruktur, Sinnerwartung und Sinnkontrolle dennoch die Information erschlossen werden kann.

Während das erste Beispiel den Normalfall darstellt, bezieht sich das zweite auf einen Ausnahmefall. Eine solche Arbeitsweise funktioneller Systeme sollte nicht zur Regel werden. Sie verdeckt nur die Störung des Systems. Auf die Dauer sind den Kompensationsmöglichkeiten innerhalb eines Systems Grenzen gesetzt. Die fehlenden Informationen lassen sich nicht in beliebiger Zahl ausgleichen. Irgendwo ist der Punkt erreicht, wo das vorhandene Material zur Orientierung nicht mehr ausreicht. Auch bei noch so gut entwickelter Kompensationsfähigkeit bricht der Prozeß zusammen.

3. Bedingungen und Voraussetzungen der geistigen Entwicklung

Gehen wir davon aus, daß der Mensch das Produkt einer nach Jahrmillionen zählenden Evolution ist, und daß er sich aus der Tierreihe heraus entwickelt hat, dann ist jener Abschnitt, den wir als spezifisch menschlichen Abschnitt der Evolution bezeichnen können, außerordentlich kurz. In dieser Zeit entwickelte der werdende Mensch jene Fähigkeiten, die wir als Lernen und Denken bezeichnen.

Im Vergleich zum Zeitraum der Existenz des heutigen Menschen (Homo sapiens) ist der Zeitraum der Entwicklung des Denkens allerdings außerordentlich lang. *Die Geburt des Denkens dauerte offensichtlich länger als unsere Verfügungsmöglichkeit über diese neue Fähigkeit.* Wenn wir davon ausgehen, daß alle geistige Entwicklung von Kommunikation abhängig ist, dann könnte es aufschlußreich sein, etwas über die Entstehung der menschlichen Kommunikationssysteme zu erfahren; denn dies könnte uns Einblicke in den Aufbau geistiger Tätigkeit bringen oder zumindest Zusammenhänge deutlich machen.

Betrachten wir die Lebewesen insgesamt, dann fällt auf, daß es nur eine einzige Möglichkeit gibt, mit anderen Lebewesen zu kommunizieren: *Motorik.*

Beim Menschen gar ist dieses Ausschließlichkeitsprinzip noch deutlicher als bei anderen Lebewesen. Es gibt keine Regung, kein Zeichen, kein Signal, das nicht motorischer Natur wäre — der Geburtsschrei ebenso wie der letzte Atemzug, das Hinterlassen eines Fußabdruckes oder das Aussprechen eines Wortes ebenso wie das Schreiben eines Buchstabens. Es gibt keine menschliche Signalproduktion außerhalb der Motorik.

Diese Selbstverständlichkeit scheint allerdings selbst Lerntheoretikern noch nicht so ganz zu Bewußtsein gekommen zu sein. Wie wäre es sonst möglich, daß sie immer wieder den Zusammenhang von kognitiven Leistungen mit der Motorik hervorheben, auf den Zusammenhang von Sprache und Motorik oder Rechtschreibung und Motorik hinweisen, obwohl die Signalproduktion selbst aus der Motorik resultiert.

Wenn das Denken aus der Kommunikation entstand und die Kommunikation aus der Motorik geboren wurde, dann ist eben das Denken motorischen Ursprungs. Dies hat eine entwicklungsgeschichtliche Ursache. In anderem Zusammenhang wird diese Frage noch einmal angesprochen (vgl. 3.1.).

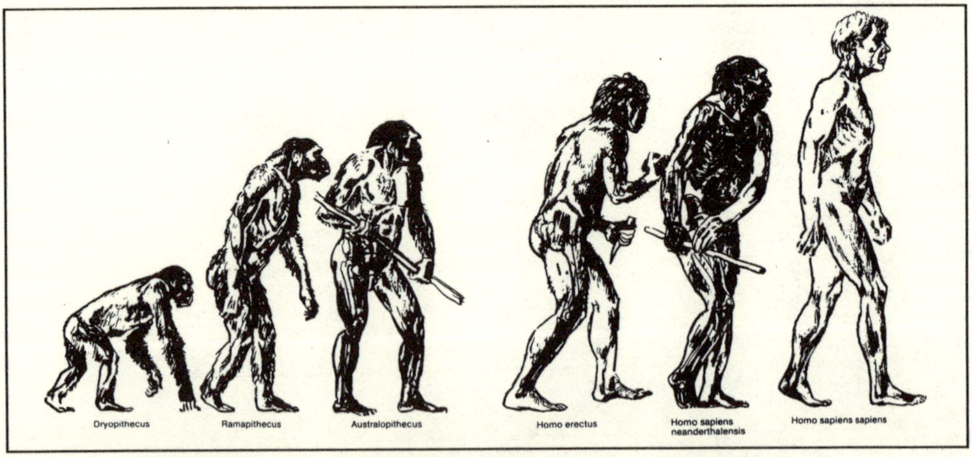

Abb. 17: *Darstellung des zum Menschen führenden Entwicklungsganges anhand von Rekonstruktionsversuchen mit fossilen Skelett-Teilen (nach Zihlmann, A. L., 1985, S. 207).*

Folgen wir den Ausführungen der Anthropologen, dann zeigten sich die ersten menschenähnlichen Wesen (Australopithecinen) vor etwa drei Millionen Jahren. Sie waren allerdings körperlich und geistig den großen Menschenaffen noch ähnlicher als dem heutigen Menschen. Vor etwa einer Million Jahren folgte ihnen der Homo erectus und schließlich der Homo sapiens, der in der Frühzeit seiner Existenz noch nicht ganz den heutigen Entwicklungsstand erreicht hatte (Homo sapiens neanderthalensis). Erst vor etwa 30 000 Jahren erschien der heutige Mensch (Homo sapiens sapiens) auf der Erde.

Betrachten wir die lange Zeit der Menschwerdung, und untersuchen wir die jeweiligen Kommunikationsmöglichkeiten der betreffenden Entwicklungsstufe, dann fällt auf, daß über einen Zeitraum von mehr als der Hälfte der Menschwerdung die Kommunikation nichtsprachlicher Art gewesen sein muß. Die vorstehenden Kiefer, der kleine Resonanzraum, der hochliegende Kehlkopf ermöglichte es dem Urmenschen nicht, eine Lautsprache zu produzieren, die einer der heutigen Sprachen ähnlich gewesen sein könnte. Wohl aber wird er in der Lage gewesen sein, durch Lautgebung elementare Emotionen wie Ärger, Angst, Schmerz, Freude, Hunger, Ruhebedürfnis, Jagdlust oder Aggressivität auszudrücken. Andererseits kann auch nicht angenommen werden, daß er ohne jegliche Kommunikation seine Lebensbedürfnisse befriedigen konnte. Dann hätte die Natur nicht den Weg zur Menschwerdung eingeschlagen. Also muß Kommunikation vorhanden gewesen sein, aber welche?

Vielleicht kommen wir der Beantwortung dieser Frage näher, wenn wir davon ausgehen, daß genetische Faktoren der Kommunikation deshalb zu unserem Erbgut gehören, weil die Funktionen, die in das Erbgut eingingen, uns über Millionen von Jahren in der Menschwerdung begleiteten. Die genetisch bedingten Kommunikationsanteile lassen sich bei jedem Menschen beobachten. Es sind jene Signale, die sich von Land zu Land und von Kultur zu Kultur nur geringfügig unterscheiden. Wir bezeichnen dieses Signalsystem als das der nonverbalen Kommunikation. Ohne jegliche Lernprozesse entwickelt der Mensch Mimik und Gestik. Bereits das Neugeborene verzieht sein Gesicht in charakteristischer Weise, wenn es wegen Hungers schreit. Der Redner begleitet seine Sprache mit einer Vielzahl von Bewegungen und Gesten. Der Lehrer unterstreicht seinen Vortrag durch eine begleitende Motorik. Auffällig wird uns dies erst, wenn wir solche Bewegungen einmal studieren, ohne den Ton dazu zu hören (Fernsehen mit abgedrehtem Ton). Dann bemerken wir, daß nicht einmal der Nachrichtensprecher ohne begleitende Signale spricht. Aus diesen Tatsachen ließe sich schließen, daß wir noch heute jene Sprache der Urzeit – angepaßt an unsere heutigen Bedürfnisse und Möglichkeiten – sprechen. Allerdings ist von dem Bewegungs- und Gestenreichtum jener Zeit nur noch ein rudimentäres motorisches Gebilde geblieben, das zwar ein wichtiges Begleitinstrument verbaler Kommunikation ist, das aber im normalen lautsprachlichen Verkehr keine entscheidende Information mehr trägt. Erst in Momenten des Zweifels, wenn der Partner überprüfen möchte, ob der geäußerte Inhalt der wahren Meinung entspricht, kann die nonverbale Kommunikation uns entscheidende Merkmale liefern. Auch in Fällen, wo vorhandene lautsprachliche Kenntnisse unwirksam werden, etwa bei einem Aufenthalt unter Menschen fremder Sprache, gewinnt das Signalsytem der Urzeit wieder an Bedeutung. Wir versuchen, uns auf der ersten Informationsstufe durch Nachahmung von Bewegungen und Lauten verständlich zu machen.

Die Erblichkeit der nonverbalen Signale wurde auch von EIBL-EIBESFELD nachgewiesen. Er berichtete über ein taubblindes Kind mit Stummelhändchen (Dysmelie), das die menschliche Ausdrucksweise des Gesichts weder über das Auge, noch über haptische Eindrücke, noch über das Gehör hätte aufnehmen können. Trotz dieser Deprivation zeigte es bei Freude, Trauer oder Schmerz die typisch menschlichen Gesichtsreaktionen (Eibl-Eibesfeld 1973, S. 28).

Gehen wir weiter davon aus, daß der Urmensch eben, weil keine Lautsprache gesprochen wurde, auch nicht in der Lage gewesen wäre, Lautsprache zu verstehen, weil es ihm an den notwendigen Möglichkeiten zur auditiven Diskrimination und Sprachverarbeitung mangelte, dann wäre sein Verhalten und seine kommunikative Entwicklungsmöglichkeit (bedingt) einem Gehörlosen vergleichbar, der zwar in menschlicher Gesellschaft aufwächst, aber keinerlei Unterricht in einer Gebärdensprache oder Lautsprache erhält (Taubstumme).

Wie entwickelt sich ein taubstummes Kind unter den angegebenen Bedingungen? Wir wissen es aus der Vergangenheit; denn noch in der ersten Hälfte dieses Jahrhunderts wuchsen taubstumme Kinder in ländlichen Gegenden ohne Unterricht innerhalb der Familie auf. Welche Verständigungstechniken entwickelten diese Kinder?

In allen bekannten Fällen kam es zur Kommunikation auf der Basis von Mimik, Gestik und Gebärden. Diese bildeten sich ganz von selbst durch Nachahmung charakteristischer motorischer Produktionen. Heute würden wir diese Sprache als die der natürlichen Gebärden bezeichnen.

Es muß also etwas in uns vorhanden sein, das zur Kommunikation drängt, das ein Verständlichmachen verlangt, und das dazu mangels anderer Möglichkeiten die Nachahmung benutzt. Daraus ist zu schließen, daß die erste Sprache der Menscheit die nachahmende Gebärde war. Sie ist im Prinzip schon bei den Anthropoiden vorhanden. ,,Das in diesen Fällen verbreitetste Verfahren besteht darin, daß der Schimpanse eine beabsichtigte Bewegung oder Handlung andeutet, zu denen er ein anderes Tier veranlassen möchte. Das sind Gebärden, die unmittelbar mit der Handlung selbst verbunden sind'' (Wygotski 1964, S. 77).

Nachahmung aber bedeutet ganz sicher auch, daß sie sich nicht auf die Produktion der Gebärde beschränkt, sondern daß der Versuch unternommen wird, Laute nachzuahmen und zur Verständigung zu benutzen. Daß auch unsere Lautsprache der Nachahmung entstammt, ergibt sich zweifelsfrei aus der Tatsache der Lautmalerei. Das Wort ,,zischen'' etwa ähnelt dem damit bezeichneten Geräusch und das Wort ,,rollen'' den dabei erzeugten hörbaren Eindrücken. Zischen steht für zischen und rollen für rollen und nicht umgekehrt. Deshalb mag am Anfang menschlicher Kommunikation die Nachahmung durch Gesten und Lautgebungen gestanden haben. Beide aber entstammen derselben inneren geistigen Wurzel, der Nachahmung, der Repräsentation. Beide sind auch motorischer Natur, wobei ganz am Anfang sowohl die Gestik als auch die Lautgebung grobmotorischer Natur waren.

Menschliche Kommunikation ist aus der Motorik geboren und ist über Jahrhunderttausende Motorik geblieben. Zwar hat sich die Art der Motorik verändert, sie hat sich im Laufe dieses sehr langen Zeitraumes verfeinert. Aus der vorwiegend durch Bewegung von Armen und Händen bestimmten Grobmotorik ist die Feinmotorik des komplizierten Artikulationsapparates geworden. Aber Motorik ist nach wie vor die Grundlage unserer Verständigung. Natürlich wäre auch die Entwicklung ganz anderer Kommunikationsträger denkbar (etwa durch Radiowellen), aber für diese anderen Formen hat die Natur uns offensichtlich keine Entwicklungsmöglichkeiten geboten.

In diesem Zusammenhang erscheint die Frage interessant, worin der Unterschied zwischen der Gebärdensprache und der Lautsprache liegt. Ein Unterschied ist offensichtlich: die Gebärdensprache wird visuell aufgenommen, während die Lautsprache auditiv rezipiert wird. Im Prinzip wäre es der Natur natürlich auch möglich gewesen, mit den Lebewesen einen Analysator entstehen zu lassen, der in der Lage wäre, die bei der Gebärde entstehenden Luftschwingungen zu empfangen und als Klangkomplex aufzunehmen.

Dies hätte jedoch einerseits einer ganz anderen vorausgehenden Entwicklung und andererseits eines so fein differenzierenden Analysators bedurft, daß die Entwicklungszeit weit länger gedauert hätte als die unseres heutigen Systems, ganz davon abgesehen, daß es dann immer noch nicht in der Lage gewesen wäre, die heutigen Anforderungen zu erfüllen. Das System der Gebärden ist ja auch von vornherein auf visuelle Rezeption angelegt; denn dieser Rezeptor war bei den Vorgängern des Menschen schon in einer sehr leistungsfähigen Weise entwickelt. Zwar kann davon ausgegangen werden, daß auch der auditive Analysator durch die vielfachen Anforderungen der 1. Informationsstufe einen sehr hohen Entwicklungsgrad aufwies. Um sprachliche Kodierungen zu verarbeiten, bedarf es jedoch gesonderter funktioneller Systeme, und diese mußten erst herangebildet werden, also benutzte die Natur den visuellen Analysator.

Zwischen der Beobachtung einer Handlung und der Beobachtung einer Bewegung mit Signalcharakter gab es im Prinzip bezüglich der Rezeption keine Unterschiede. Die entscheidende Differenz entstand erst dadurch, daß der Kommunikationspartner verstand, daß die entsprechende Handlung überhaupt nicht ausgeführt wird, sondern daß die Bewegung die nachgeahmte Handlung ,,bedeutet''. Dabei soll allerdings nicht vergessen werden, daß auch die akustischen Signale der 1. Informationsstufe vom Menschen verarbeitet und zur Signalgebung gebraucht wurden. Für den angegebenen Zweck jedoch, für die Übermittlung von Informationen auf der Stufe der Nachahmung der Realität, erwies sich das akustische System auf dem damaligen Entwicklungsstand als weniger geeignet. Die Lautgebung wird also am Anfang der menschlichen Entwicklung für die Gebärdensprache ein ähnliches begleitendes Dasein geführt haben, wie heute die nonverbale Kommunikation für die Lautsprache.

Über einen sehr langen Zeitraum (etwa 1,5 Mill. Jahre) dürfte die Gebärdensprache das führende Kommunikationsmittel des Urmenschen gewesen sein. Das System der Nachahmung reichte aus, so lange die Lebensbedingungen dies erlaubten. Als aber mit der Veränderung der Umweltverhältnisse neue Anforderungen entstanden, mußte auch nach neuen Wegen gesucht werden, den Anforderungen gerecht zu werden, und dies geschah durch Veränderung der Kommunikationsmöglichkeiten. Es ist deshalb anzunehmen, daß die Verständigung über Hindernisse hinweg, das Jagen in der Nacht, der Zwang zur Information während des Einsatzes beider Hände, ein angepaßteres Kommunikationssystem erforderte, als dies bisher der Fall war. Dadurch wurde die schon recht gut ausgebildete begleitende Lautgebung immer stärker zur Signalgebung gebraucht, bis sich daraus Systeme entwickelten. Wie bei der Gebärde bildete die Nachahmung den Ausgangspunkt der Entwicklung. Man versuchte, die natürlichen Geräusche nachzuahmen und erfand so das Wort. Anders als bei der Gebärde verfügte der Mensch jedoch zu diesem Zeitpunkt über sprachliche und kommunikative Fähigkeiten, die er in Jahrmillionen mit der Gebärde erworben hatte, und die nun in das neue Kommunikationssystem eingingen. Darauf deutet etwa auch die Tatsache hin, daß sowohl die Gebärde, als auch die Lautsprache im Brocaschen Zentrum generiert werden.

Über einen langen Zeitraum dürfte dann der Gebrauch von Gebärde und Lautsignal parallel gelaufen sein, bis mit dem Steigen der Lebensanforderungen immer mehr Lautsignale notwendig wurden. Dies hatte zur Folge, daß sie den Naturlauten immer weniger entsprachen, bis sie schließlich Zeichencharakter gewannen. Sie standen ,,für etwas'' aus der Lautgebung. Der Bedeutungsgehalt war nicht mehr erkennbar, vielmehr wurde der Zusammengebrauch entscheidend, wobei der Weg über Gewohnheit und Tradition zur Konvention führte.

Irgendwann in der Entwicklung dürfte dann der Umschlag erfolgt sein, d.h. immer mehr Menschen verließen die traditionelle Art der Verständigung und gebrauchten Lautkomplexe zur Mitteilung, so daß die Sprache der Gebärden und Gesten immer mehr zurückgedrängt wurde. Entscheidend für die weitere Entwicklung der Lautsprache dürften jedoch die qualitativ andersartigen neuen Möglichkeiten gewesen sein: die Verallgemeinerung, die Abstraktion, das Kennzeichnen von Verhältnissen und Beziehungen durch Wortfolge und Wortveränderung, und die damit einhergehende Erweiterung und Präzision der Aussage.

3.1. Die besondere Stellung des motorisch-kinästhetischen Analysators

Im Zusammenhang mit der evolutionstheoretischen Betrachtung der menschlichen Kommunikation tritt nun natürlich die Frage auf, welche besonderen neurophysiologischen Voraussetzungen im Laufe der Evolution auftraten, die schließlich eine solche Entwicklung ermöglichten. Gab es bestimmte Konstellationen, die bereits in der Tierreihe vorhanden sind und die gewissermaßen eine Prädestination für den menschlichen Entwicklungsgang darstellten? Welche neurophysiologischen Voraussetzungen waren für diesen Weg bestimmend? Eine Antwort darauf geben die Erkenntnisse zur Funktion des motorisch-kinästhetischen Analysators.

Die besondere Stellung des motorisch-kinästhetischen Analysators beruht zweifellos darauf, daß sich alle unsere Signalsysteme auf zwei Grundbedingungen des Lebens stützen: auf Reizbarkeit und Bewegung. Diese Grundbedingungen sind bereits beim einzelligen Lebewesen vorhanden. Aus ihnen konstituierte sich im Laufe der Entwicklung das Nervensystem mit seinen differenzierten Aufgabenstellungen. Im Zuge der Evolution erreichte es die heutige Entwicklungsstufe des menschlichen ZNS. In diesem Prozeß einer unendlich langen Entwicklung organisierten sich die sensitiven und die motorischen Nervenzellen jeweils in Analysatoren, so daß von sensomotorischen Zentren gesprochen werden kann.

Bereits KRASNOGORSKI stellte 1911 im Pawlowschen Laboratorium fest, daß auf motorische Reize gebildete bedingt reflektorische Verbindungen nicht nur die beabsichtigte Reaktion auslösen, sondern daß umgekehrt auch bei dem Vorhandensein eines Bedürfnisses für diese Reaktion der motorische Reiz ausgelöst werden kann. So arbeitete er mit einem Hund auf das passive Beugen der Pfote und Vorlegen von Nahrung eine bedingte sekretorische Nahrungsreaktion aus, bei der die auf diese Weise gebildeten kinästhetischen Reflexe gegenüber allen anderen bedingten Reflexen gewisse Besonderheiten aufwiesen. ,,Wenn eine solche bedingte Verbindung zwischen dem passiven Heben der Pfote und der bedingten Nahrungsreaktion gebildet worden ist, dann beginnt der Hund 'von selbst' die Pfote zu heben, wenn er hungrig, d. h. die Erregbarkeit seines Nahrungszentrums gesteigert ist'' (Pickenhain 1959, S. 85). Das heißt, daß Verbindungen innerhalb des motorisch-kinästhetischen Systems nicht nur in einer Richtung wirken, sondern daß hier die afferenten und die efferenten Bahnen zusammengeschlossen sind, so daß der umgekehrte Weg beschritten werden kann. Die rezeptive Funktion wird in eine produktive Funktion umgekehrt. ,,Fest steht jedenfalls, daß die motorische Rindenregion gegenüber den Rindenregionen aller anderen Analysatoren dadurch eine Sonderstellung einnimmt, daß in ihr das kortikale Ende des kinästhetischen Analysators liegt und gleichzeitig die somatomotorische effektorische Bahn beginnt'' (Pickenhain 1959, S. 86).

Als eine weitere Besonderheit hebt PICKENHAIN hervor, daß es praktisch keine Auseinandersetzung mit der Umwelt ohne koordinierte motorische Akte gibt. Das hat ein beständiges Training der kinästhetisch-afferenten und motorisch-efferenten Bahnen zur Folge.

„Dadurch wird aber die motorische Rindenregion zu einem Analysatorenfeld, das besonders leicht einen dominanten Erregungsherd bildet oder als Bestandteil in einen dominanten Erregungskomplex einbezogen wird" (Pickenhain 1959, S. 87).

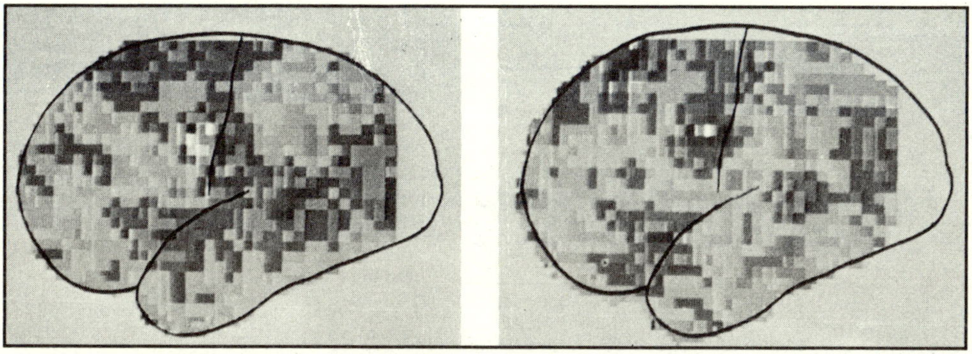

Abb. 18: *Vergleich der Hirnaktivitäten (linke Hirnhälfte) beim lauten Lesen (linkes Bild) und stillen Lesen (rechtes Bild). Es werden jeweils das Sehzentrum, das frontale Augenfeld, das zusätzliche motorische Zentrum, das Brocasche Zentrum und das Wernickesche Zentrum aktiviert. Beim lauten Lesen zeigt das Wernickesche Zentrum (Hörzentrum, Lautklangbilder) eine höhere Aktivität, beim stillen Lesen ist das Brocasche Zentrum stark beteiligt* → *s. farbige Abb. auf der Tafel zwischen den Seiten 80 und 81.*

Vergleichen wir diese im Tierexperiment gewonnenen Ergebnisse mit den Hirnaktivitätsmustern der Positron-Emissions-Tomographie, dann findet sich eine prinzipielle Übereinstimmung. Es sind jeweils die kinästhetisch-motorischen Zentren, die bei rezeptiven oder produktiven Prozessen gleichermaßen in Aktion treten. So gleichen sich die Bilder des lauten und des stillen Lesens weitgehend. Zwar sind die Aktivitäten verschiedenen Grades, und auch die Areale verschieben sich etwas, es sind jedoch stets die gleichen Zentren, die an den äußeren Aktivitäten (lautes Lesen) und inneren Aktivitäten (stilles Lesen) beteiligt sind. Besonders auffällig wird die relative Übereinstimmung der Hirnaktivitätsmuster in der Aufzeichnung des stillen Lesens. Hier ist das Brocasche Zentrum, dem ja die Steuerung der Sprechbewegungsvorgänge zugeschrieben wird, außerordentlich aktiv, obwohl die Versuchsperson nicht spricht. Daraus kann geschlossen werden, daß die Systeme und Kodierungen des lauten Lesens, also die motorisch-kinästhetischen Speicherungen zur Repräsentation innerer Sprache, innerhalb der geistigen Operationen genutzt werden.

Diese Ergebnisse stimmen mit denen SOKOLOWs überein, der bei der Untersuchung des inneren Sprechens durch elektromyographische Aufzeichnungen feststellte, daß die in der Sprechmuskulatur ablaufenden Aktionsströme denen des lauten Sprechens gleichen, daß sie jedoch nur in rudimentärer Form in Erscheinung treten.

So basiert das Denken, die unabhängig von Raum und Zeit erfolgende Repräsentation realer Erfahrungen oder Signalsysteme und der damit möglichen Handlungen, auf sensitiven und motorischen Grundlagen. Wir bedienen uns in der unsichtbaren Handlung jener Spuren und Bahnungen, die wir in der sichtbaren Handlung erworben haben, die gewissermaßen die sichtbare Handlung in uns hinterlassen hat. Daher kann das Denken nur aus der sensomotorischen Handlung hervorgegangen sein.

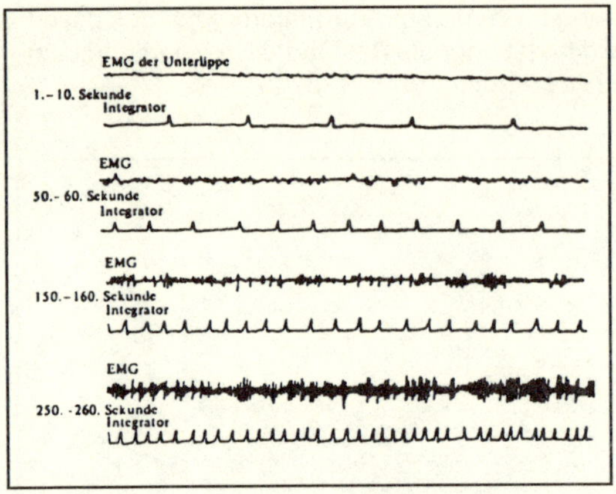

Abb. 19: *Elektromyogramm der Unterlippe. Quelle: Kussmann/Kölling, Biologie und Verhalten, Bern 1971, Seite 283. Das Elektromyogramm (EMG) der Unterlippe zeigt die Sprechbewegungsvorgänge beim stillen (noematischen) Lesen. Obwohl der Leser nicht laut spricht, d.h. die Lippen nicht bewegt, laufen in der Sprechmuskulatur Aktionsströme ab, die denen des Sprechens ähnlich sind.*

Eine dritte Besonderheit des motorisch-kinästhetischen Analysators liegt in der engen Verknüpfung zwischen dem Vestibularapparat und den motorischen Reaktionen. Erst diese Verknüpfung ermöglicht uns die Orientierung und damit zielgerichtete Bewegungen. Ohne den Vestibularapparat gäbe es für uns keinen Bezugspunkt und damit keinen Maßstab für die Lage im Raum. Dieser aber ist Voraussetzung für die koordinierte Bewegung und damit auch für die Orientierung. Deutlich wird die fundamentale Bedeutung des Vestibularapparates am Beispiel des *Labyrinthstellreflexes.* ,,Befindet sich der Körper in aufrechter oder schräger Seitenlage, Kopf oben, so tritt der Labyrinthstellreflex auf den Kopf mit fortschreitendem Alter des Säuglings immer deutlicher hervor. Gelingt es aber dem Kinde erst einmal, seinen Kopf im Raume richtig zu stellen, so strebt der ganze Körper reflektorisch danach, sich dieser Stellung anzugleichen. Vom Kopfe gehen dann Kettenreflexe aus, die die Stellung des Halses, des Rumpfes, der Arme, des Beckens und der Beine bis in die Fußspitzen hinein regeln, um das Gleichgewicht zu bewahren'' (Peiper 1949, S. 136).

Der Labyrinthstellreflex entwickelt sich mit Hilfe des Vestibularapparates. Er bedient sich gewissermaßen der von ihm gelieferten Meßwerte, um eine abgestimmte Reaktion zu ermöglichen. Dadurch wird es uns möglich, gezielt mit unserer Umwelt in Verbindung zu treten, die uns umgebende Welt räumlich zu erfahren und diese motorisch-kinästhetische Erfahrung in uns zu systematisieren und zu kodieren. Diese Erfahrung ist es dann, die uns die Orientierung im Raum ermöglicht. Durch sie begreifen wir, was (sprachlich ausgedrückt) oben und unten, rechts und links, hinten und vorn ist. Wir gewinnen die Fähigkeit zur räumlichen Orientierung.

Aus der räumlichen Orientierung entwickelt sich die zeitliche Orientierung. Das ,,Nacheinander'' der Handlung hat eine zeitliche Dimension, die in uns zur Erfahrung der Zeit wird. Motorik ist an Zeit und Raum gebunden, und so ist jede motorische Erfahrung auch gleichzeitig eine zeitliche Erfahrung. Da Zeit jedoch nicht unmittelbar zu rezipieren ist, gelingt ihre Wahrnehmung nur über die Handlung, eben über die Motorik.

Die genannten Besonderheiten des motorischen Analysators zeigen, wie aus der äußeren Handlung die innere Handlung wird, wie sich aus der sensomotorischen die kognitive Leistung entwickelt. Ganz sicher kann diese Entwicklung nicht losgelöst von der Entwicklung des Bewußtseins gesehen werden. Das Erkennen dieses Zusammenhanges könnte jedoch für die Förderung von Schülern mit zerebraler Dysfunktion von fundamentaler Bedeutung sein.

4. Lerntheorie und Lernprozesse

Die Lernforschung hat sich nun fast ein Jahrhundert lang mit den Bedingungen, Vorgängen und Entwicklungsstufen des Lernens befaßt. Als Ergebnis dieser Forschung liegen eine ganze Reihe von Lerntheorien vor, angefangen von der Lehre Pawlows von den bedingt reflektorischen Verbindungen und den Theorien des Behaviorismus, weiterführend über Gestaltspsychologie, kognitive Feldtheorien und Lerntypenlehren, bis hin zum genetischen Lernen und zur Aneignungstheorie. Jede dieser Theorien hat ohne Zweifel ihren Beitrag zur kognitiven Entwicklungstheorie, zur Beschreibung von Teilleistungen oder zur Ermittlung der das Lernen beeinflussenden Faktoren geleistet. Zwar neigen einige theoretische Positionen sehr stark zur Verabsolutierung, insgesamt gesehen liegen jedoch recht gute Beschreibungen des Lernprozesses vor.

Dem Lehrer im Unterricht leisten indessen diese Beschreibungen von Lernfaktoren, Lernstufen, Lerntypen und Lernmodellen nur wenig Hilfe. Sie versuchen zwar die Vorgänge zu erklären, insgesamt aber scheinen sie oft wirklichkeitsfern und von der Realität abgehoben. Die lernpsychologischen Phasenbeschreibungen ähneln deshalb eher Interpretationen und Illustrationen zu einem Entwicklungsabschnitt oder einer Typologie des Lernens als einer in unterrichtliches Handeln umsetzbaren Erkenntnis. Der Lehrer, insbesondere jedoch der Sonderschullehrer, benötigt aber weniger Illustrationen (obwohl auch diese sehr bedeutsam sind) als Handlungsanweisungen oder Handlungsmodelle. So ist der Praktiker notgedrungenerweise darauf angewiesen, die vorhandenen Theorien auf ihre Anwendbarkeit zu testen, in ihnen nach Ansatzpunkten unterrichtlichen Handelns zu suchen und dabei auch die Schwächen oder Begrenzungen zu erfahren.

4.1. Lerntheorie und Wahrnehmung

Der Mensch ist in der Lage, mit seinen Sinnen Kontakt zur Umwelt aufzunehmen, Informationen zu empfangen, diese zu Empfindungen und Widerspiegelungen umzuformen, sie zu ordnen und zu speichern. Er kann sie bei Bedarf unabhängig von Raum und Zeit reproduzieren, damit geistige Handlungen durchführen und durch diese auf seine Umwelt einwirken.

Das alles ist bekannt, und die Wahrnehmungspsychologie hat sich eingehend damit beschäftigt und immer neue Forschungsergebnisse zur Sinnesphysiologie und zur psychischen Verarbeitung der Sinnesreize vorgelegt. Was indessen vernachlässigt wurde, ja was bei vielen Theorien der Sinnespsychologie überhaupt nicht auftaucht, ist die Erforschung oder Beschreibung der grundlegenden Prozesse, die uns die Kommunikation mit der Umwelt ermöglichen, der geistigen Operationen, die allein auf sinnlicher Basis oder maßgeblich bestimmt durch die sinnliche Erfahrung ablaufen. Mit der Wahrnehmung durch die Sinne ist die Beschreibung geistiger Tätigkeiten in der Wahrnehmungspsychologie meist am Ende. Dadurch entsteht der Eindruck, als sei menschliches Denken ausschließlich an Sprache gebunden, als seien höhere geistige Tätigkeiten ohne Sprache nicht möglich. Das ist verständlich, begegnet die Lautsprache dem Neugeborenen doch schon vom ersten Tage an, und zeigt sich doch später beim Kinde fast jede intellektuelle Leistung in Verbindung mit Sprache. Diese Tatsache macht vergessen, daß Sprache eigentlich nur das Vehikel des Denkens ist, aber nicht das Denken selbst. Daß die Grundleistungen und die damit ermöglichten geistigen Operationen längst vorhanden waren, als die auf dem Wege der Menschwerdung befindlichen Lebewesen begannen, Sprache als Mittel der Kommunikation zu benutzen, zu interiorisieren und innerlich als Informationsträger und Operator geistiger Handlungen zu gebrauchen. Zwar erlaubte die Sprache neue geistige Operationen, die Operationsschemata selbst aber dürften im Prinzip bereits vorhanden gewesen sein. Sie wurden nur erweitert, dem neuen Medium angepaßt und durch Integration der im Zuge dieser Entwicklung entstandenen Regelkreise zu einem höheren funktionellen System ausgebaut. Die neuen Signalträger wurden in die vorhandenen integriert. Diese Auffassung entspricht auch dem gegenwärtigen Stand der Erkenntnis über den Aufbau neuraler Systeme. ,,Ähnliche Elemente werden zu Zwischenschaltungen vereinigt. Mehrere dieser Schaltungen werden zusammengebaut, um ein System höherer Ordnung zu bilden und so fort. Die Komplexität der lebenden Systeme entsteht demnach durch die Kombination von zunehmend komplizierten Elementen, durch die Eingliederung von einander untergeordneten Strukturen.'' (Jakob 1972, S. 321).

Die Sprache bildet also nicht den Anfang des Denkens, nicht die Grundlage. Sicher ist der heutige Mensch darauf angewiesen, in der vielfältigen Verflochtenheit seiner kulturellen Welt sprachlich zu agieren und damit sprachlich zu denken. Sicher ist die Sprache das wesentliche Instrument höherer geistiger Operationen, und die abstrakten Sachverhalte unserer Lebensbeziehungen ließen sich ohne sie nicht mehr faßbar, nicht mehr handhabbar und damit auch nicht mehr denkbar machen. Das heißt aber keinesfalls, daß Denken grundsätzlich sprachlicher Natur ist. Im Gegenteil: Sprache wäre ohne die verinnerlichten gegenständlichen Erfahrungen, ohne die im Gegenständlichen erfolgenden analytisch-synthetischen Operationen ohne Inhalt, also ohne Bezugsgrundlage. Dies wird in der lerntheoretischen Diskussion meist übersehen; denn die sinnlichen Erfahrungen stehen parat, und das System der sinnlichen Verarbeitung wird als selbstverständlich hingenommen.

Die Wahrnehmungspsychologie hat sich zwar eingehend mit Physiologie und Phänomenologie, Interaktion und sensorischer Anpassung, Veränderung und Konstanz beschäftigt; sie beschreibt Wahrnehmung auch als einen aktiven Prozeß, der nur auf der Grundlage vorhandener Erfahrungen und Einstellungen möglich ist, was sie jedoch ignoriert, ist die Verarbeitung der Wahrnehmung in geistigen Operationen, die als konkretes oder gegenständliches Denken zu bezeichnen sind. Das, was in den vorangegangenen Abschnitten als 1. Informationsstufe bezeichnet wurde, ist eben wesentlich mehr als nur Wahrnehmung. Die geistige Tätigkeit auf der Basis realer Sinnesaufnahmen oder sinnlicher gespeicherter Erfahrung endet nicht bei der Rezeption und der Ablage in einem bestimmten Areal unseres ZNS. Diese geistige Tätigkeit ist im Gegenteil die Grundlage für alle Prozesse des Denkens im gegenständlichen, lautsprachlichen oder schriftsprachlichen Bereich. Die fundamentale Bedeutung dieser Grundlagen oder Grundleistungen zeigt sich vor allem dann, wenn diese Operationen der 1. Informationsstufe nicht richtig entwickelt sind. Dann haben wir es mit schwerer Lernbehinderung oder geistiger Behinderung zu tun, bei der weder die Wahrnehmungsförderung ausreichend ist, noch die Betrachtung der Schwierigkeiten unter den Aspekten lerntheoretischer Phasen oder Modelle.

Ist jedoch das System der sinnlichen Erfahrung, der sogenannte Wahrnehmungsbereich erst einmal geschädigt, dann betrifft die Schädigung nicht nur die Rezeption der Signale, sondern ebenso ihre Verarbeitung, Ordnung oder Speicherung. Die Störungen oder Ausfälle der sinnlichen Informationsstufe sind fundamental. Sie betreffen nicht nur den Umgang mit der gegenständlichen Welt, sondern gehen in die Verarbeitung der Informationen auf höheren Informationsstufen ein. So haben Schüler mit motorischen Störungen, die in der frühen Kindheit kein Körperschema erworben haben, auch Schwierigkeiten mit der optischen Differenzierung von Zeichen, insbesondere von Buchstaben. Schüler mit mangelhafter Fähigkeit zur Differenzierung natürlicher Lautklänge haben Schwierigkeiten in der inneren Verarbeitung (verbosensorische Analyse) sprachlichen Materials. Die Entwicklung der Sensomotorik wurde zwar hinreichend beschrieben, was jedoch an inneren Prozessen folgt, welche geistigen Handlungen sich daraus durch Interiorisation bilden, das blieb bisher weitgehend unbeachtet. So kann es denn auch nicht verwundern, wenn überall dort, wo „Wahrnehmungsdefizite" festgestellt wurden und wo daraufhin mit einem entsprechenden Wahrnehmungstraining begonnen wurde, die Ergebnisse oft sehr unbefriedigend sind. In sehr vielen Fällen ist es eben nicht allein die Wahrnehmung, die betroffen ist, sondern in besonderer Weise die sich erst aus der sinnlichen Rezeption ergebende Möglichkeit zur geistigen Operation. Was hier an Basisfunktionen bereits entwickelt ist, und wo wir bei einer Förderung ansetzen können, das entzieht sich oft weitgehend unserer Einsicht. Die Wahrnehmungspsychologie ist für das Verständnis des Aufbaus der Kommunikationssysteme unzureichend. Sie ignoriert, daß auf der Basis der natürlichen sinnlichen Erfahrung selbst bereits ein beständiges und fundamentales Informations- und Denksystem existiert, das im Prinzip alle Grundleistungen enthält, die später in die höher entwickelten Kommunikationsysteme eingehen.

4.2. Pawlow und die Lehre vom ersten und zweiten Signalsystem

Als Iwan Petrowitsch PAWLOW im Jahre 1936 starb, hinterließ er ein reichhaltiges Erbe an wissenschaftlichen Erkenntnissen zur höheren Nerventätigkeit. Betrachtet man es heute unter dem Aspekt des Wissenszuwachses aus 50 Jahren weltweiter Forschung, so ist es erstaunlich, wie er im Prinzip richtige Folgerungen aus den zur Verfügung stehenden Daten zog. Er kannte weder den genauen Bau und die Schichtengliederung der Großhirnrinde, noch die Funktion erregender oder hemmender Synapsen, noch die Wirkung von Transmittern oder Psychopharmaka. Ihm standen weder Elektronenmikroskope, noch Positron-Emissions-Tomographen, noch Elektroencephalographen zur Verfügung. Seine Berechnungen konnten weder mit Computerprogrammen verarbeitet werden, noch ließen sich ungeheure Datenmengen erfassen und speichern. Und doch entwickelte er Leitlinien neuropsychologischen Denkens. So ist es nicht verwunderlich, daß seine Aussagen zur höheren Nerventätigkeit einerseits faszinieren, andererseits durch den Stand der gegenwärtigen Forschung ergänzt oder korrigiert werden müssen.

PAWLOW erkannte, daß sich auf der Grundlage bedingt reflektorischer Verbindungen beim Tier wie beim Menschen Signalsysteme bilden, die dem Organismus Informationen vermitteln und entsprechende Reaktionen auslösen. Er erkannte auch, daß sich beim Menschen auf der Basis der ersten Signale ein zweites System entwickelt: das System der Sprache, das System der „Signale der Signale", wie er es bezeichnete (Pawlow 1972, S. 200).

Damit hatte PAWLOW zumindest im Ansatz bereits erkannt, daß der Mensch über abgestufte Systeme verfügt, die ihm den Informationsaustausch mit der Umwelt ermöglichen.

Das erste Signalsystem umfaßt die natürlichen Signale der realen Welt. Sie können, je nach Ausbildung der Rezeptoren, sowohl vom Tier, als auch vom Menschen aufgenommen werden. „Für das Tier wird die Wirklichkeit fast ausnahmslos nur durch Reize und deren Spuren in den Großhirnhemisphären, die unmittelbar auf die speziellen Zellen der optischen, akustischen und anderen Rezeptoren des Organismus einwirken, signalisiert. Das ist das, was auch wir als Eindrücke, Empfindungen und Vorstellungen von unserer Umwelt in uns haben, von der allgemeinen natürlichen wie von unserer sozialen, ausgenommen nur das gesprochene und das geschriebene Wort. Es ist dies das erste Signalsystem der Wirklichkeit, das wir mit den Tieren gemeinsam haben. Aber das Wort bildet ein spezielles uns eigenes Signalsystem der Wirklichkeit; es ist das Signal der ersten Signale" (Pawlow 1953, S. 543).

Nach PAWLOW bildet also die Gesamtheit der zeitweiligen Verbindungen, die beim Tier im Zuge der Anpassung herangebildet werden, das erste und einzige Signalsystem. Als

Signale wirken innerhalb dieses Systems alle natürlichen Reize, die vom Organismus aufgenommen werden. Demgegenüber entwickelte der Mensch außer dem ersten Signalsystem ein weiteres, das aus Zeichen besteht: das Signalsystem der Lautsprache. PAWLOW bezeichnete es als das zweite Signalsystem. Darunter werden die sprachlichen Kodierungen zusammengefaßt, mit deren Hilfe wir die bedingt reflektorischen Verbindungen hervorrufen können. ,,Das Wort erhält seine Bedeutung als Signal für die konkreten Gegenstände und Vorgänge, die es bezeichnet, im Laufe der individuellen Entwicklung des Menschen, die sich immer innerhalb der sozialen Gemeinschaft vollzieht. Dadurch, daß zwischen dem Wort und dem konkreten Reiz oder Vorgang eine zeitweilige Verbindung hergestellt wird, wird das Wort zum Signal des konkreten Reizes'' (Pickenhain 1955, S. 740).

PAWLOW konnte mit den Forschungsmöglichkeiten seiner Zeit zwar noch nicht aussagen, was sich hinter den globalen Bezeichnungen ,,bedingt reflektorische Verbindung'' oder ,,zeitweilige Verbindung'' an neurophysiologischen oder biochemischen Vorgängen verbirgt. Der fundamentale Vorgang, daß ein natürliches Signal durch ein künstliches, aus gesellschaftlicher Konvention hervorgegangenes Zeichen ersetzt werden kann, wurde jedoch grundsätzlich erkannt.

Inzwischen hat nicht nur die Neurophysiologie gewaltige Fortschritte gemacht, auch andere Wissenschaften, wie etwa die Kybernetik, die Informationstheorie oder die Linguistik lieferten Beiträge zur weiteren Beschreibung der vom Menschen gebrauchten Kommunikationssysteme. Fassen wir diese zusammen, dann ist deutlich zu erkennen, daß es sich nicht nur um Signalsysteme handelt, sondern daß viel mehr hinter diesen Abstufungen steht, als nur der Auslösemechanismus bedingt reflektorischer Verbindungen. Zwar bilden sich Signalsysteme heraus, dahinter stehen jedoch ganze Netze organisierter Funktionen, die sich uns als funktionelle Systeme repräsentieren, und die wiederum auf bestimmte Arten der Kodierung von Signalen angewiesen sind, die einen stufenartigen hierarchischen Aufbau bilden können. Es dürfte deshalb verfehlt sein, für diese komplexen Strukturen den Begriff der Signalsysteme zu übernehmen. Richtiger ist es, von Informationsstufen zu sprechen, die diese Signalsysteme einschließen. Dabei ist zu bedenken, daß der Nachrichtenaustausch in unserer kulturellen Welt maßgeblich bestimmt ist durch die Schriftsprache, die von PAWLOW nur am Rande erwähnt wird, die aber ein völlig eigenes Signalsystem mit einer Kodierung bildet, die nur über die Lautsprache erreichbar ist. Um mit PAWLOW zu sprechen, ist die Schriftsprache ein „Signal der Signale der Signale", oder – kybernetisch gesehen – eine dritte Kodierung.

4.3. Galperin und die Theorie der etappenweisen Bildung geistiger Operationen

Man möchte meinen, daß die sowjetischen Psychologen die von PAWLOW gegebenen Grundlagen bezüglich des Aufbaus der Signalsysteme aufgegriffen und weitergeführt hätten, aber diese Annahme trügt. Zwar spiegelt sich in der Theorie GALPERINs von der etappenweisen Ausbildung geistiger Operationen der Aufbau des ersten und zweiten Signalsystems – das erste Signalsystem bildet mit der Orientierungsgrundlage den Ausgangspunkt, das zweite Signalsystem mit den verbalen Stufen das Endglied – Erwähnung indessen findet diese Theorie nicht. Das mag einerseits pragmatische Gründe haben und andererseits wegen der nur wenig ausgearbeiteten Signaltheorie PAWLOWs und der damit verbundenen Unklarheiten auch zu viele Schwierigkeiten bieten. Stattdessen bezieht sich GALPERIN auf LEONTJEW und den von ihm vertretenen Interiorisationsbegriff. Sein Hauptanliegen ist es nicht, den Aufbau der Signalsysteme zu klären oder didaktische Konzeptionen bzw. Arbeitswege für den Unterricht vorzulegen, sondern der Frage nachzugehen, wie sich denn Interiorisation vollzieht, wie denn nun gegenständliche Handlungen zu inneren geistigen Operationen werden. Daß später die von ihm vertretenen Stufenfolgen viel stärker im didaktischen als im lerntheoretischen Bereich diskutiert wurden, war zunächst nicht GALPERINs Absicht.

GALPERIN geht davon aus, daß sich im Prozeß der Interiorisation drei Etappen herausbilden:

1. Phase: Schaffung der Orientierungsgrundlage einer Handlung.
2. Phase: Der eigentliche Handlungsverlauf (Arbeitsphasen).
3. Phase: Die Kontrollhandlung als immanentes Prinzip der Handlungsphasen.

Im eigentlichen Arbeitsverlauf werden fünf Etappen unterschieden:

a) Die materiale Handlung; der Umgang mit dem Gegenstand selbst als Voraussetzung für den Erwerb von Kenntnissen und Fertigkeiten.

b) Die materialisierte Handlung; nur diejenigen Eigenschaften, die für den Handlungsvollzug wesentlich sind, werden gegeben (kopiert, aufgeschrieben, modellhaft dargestellt).

c) Die Verbalisierung der Handlung; die Loslösung vom Konkreten und die Übertragung in den sprachlichen Bereich.

d) Die Etappe der äußeren Sprache für sich; Änderung der sprachlichen Funktion vom Kommunikationsmittel hin zum Mittel des Denkens.

e) Die Etappe des inneren Sprechens; nicht mehr der sprachliche Prozeß, sondern die geistige automatisierte Handlung mit verkürztem Sprechen organisiert sich (Galperin 1967).

Auf den ersten Blick hat es den Anschein, als würden die hier von GALPERIN vertretenen Thesen nahezu nahtlos in das Konzept des Lernens durch Aufbau der Informationsstufen hineinpassen. Auch mit der Informationsstufentheorie wird ja die Auffassung vertreten, daß fortschreitend von Stufe zu Stufe immer neue, höher kodierte, abstrahierte und formalisierte Möglichkeiten geistiger Operationen erreicht werden. Tatsächlich jedoch ergeben sich entscheidende Differenzen, die sowohl aus der theoretischen Position, als auch aus den praktischen Erfahrungen des Umganges mit der Theorie GALPERINs (Aneignungstheorie) resultieren.

Die theoretischen Positionen sind im Lager der sowjetischen Psychologie selbst nicht unumstritten. So kritisiert RUBINSTEIN, daß der Aneignungstheorie ein gewisser mechanistischer Charakter anhaftet; denn geistige Entwicklung ist nicht einfach ein Prozeß der Projektion von Äußerem nach innen. Jede Aneignung von Kenntnissen setzt bestimmte innere Bedingungen für ihre Aneignung voraus, und jede erfolgte Aneignung führt dann wiederum zu neuen inneren Bedingungen für die Aneignung weiterer Kenntnisse. Deshalb ist Interiorisation die Folge und nicht der Mechanismus der geistigen Entwicklung.

BOGOJAWLENSKI und MENTSCHINSKAJA erheben Bedenken dagegen, daß Ausgangspunkt jeder geistigen Handlung die materielle Handlung sei. Sie betonen, diese Methode liefere, ,,und das ist ihr Hauptmangel, den Schülern die Analyse und die Abstraktion der wesentlichen Merkmale bereits in fertiger Form'' (Bogojawlenski und Mentschinskaja 1962, S. 101).

Die von den sowjetischen Psychologen geübte Kritik wurde zwar von GALPERIN und LEONTJEW aufgegriffen, und die eigenen Auffassungen wurden neu interpretiert, die Grundkonzeption aber änderte sich dadurch nicht. Das zeigte sich auch in den Untersuchungen die von mir, meinen Mitarbeitern und STRATHMANN (1985) in den letzten zehn Jahren durchgeführt wurden. Im Rahmen dieser Arbeiten wurden nahezu einhundert

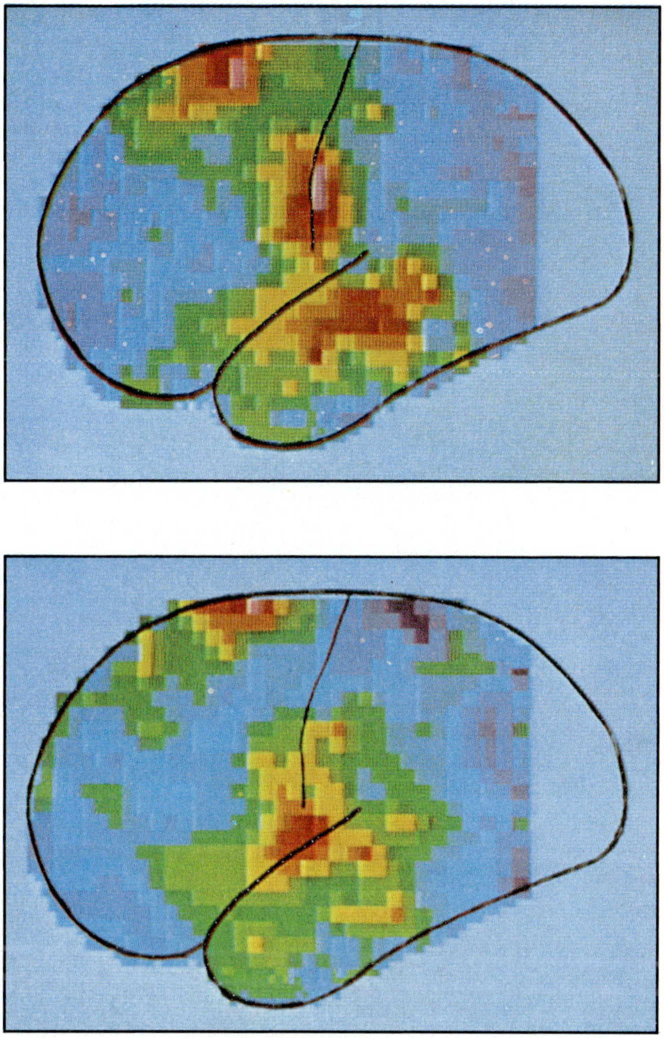

Abb. 16: Aktivitäten des Zentralnervensystems beim Sprechen linke (oben) und rechte Hirnhälfte (unten)

Farbtafel zu den Schwarz-weiß-Abbildungen auf den Seiten 25, 59 und 73.

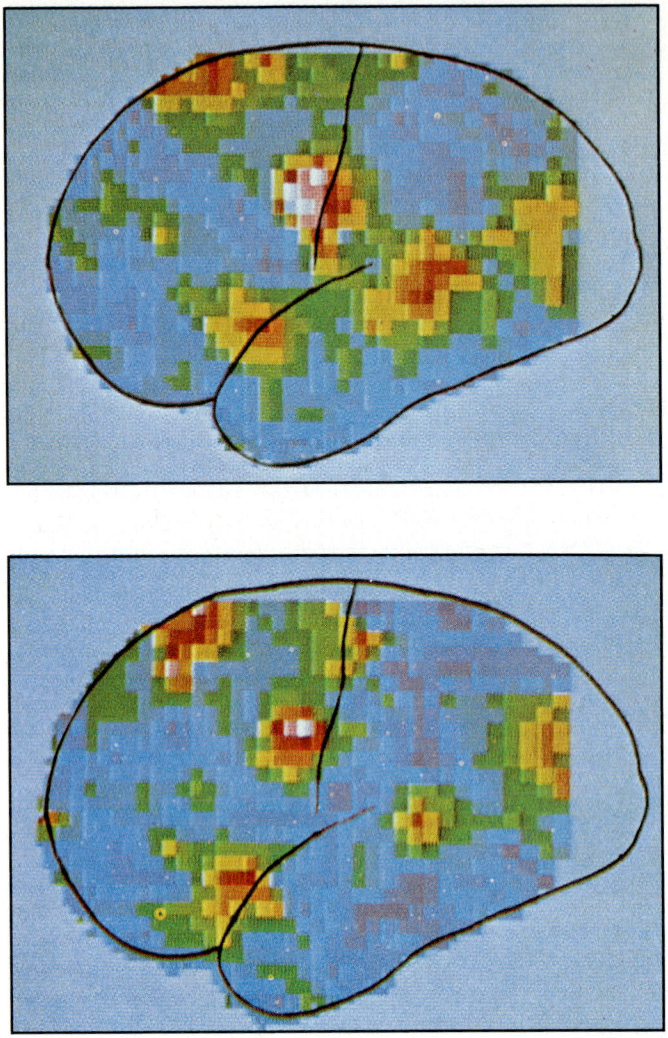

Abb. 18: Vergleich der Hirnaktivitäten beim lauten und beim stillen Lesen.

Anmerkung: Die obere Abbildung ist mit der Abbildung 6 im Text über lautes Lesen identisch.

Aufzeichnungen geeigneter Lehrinhalte nach den Grundsätzen der ,,etappenweisen Heranbildung geistiger Handlung'' konzipiert, an Schüler verschiedener Altersgruppen mit und ohne Lernschwierigkeiten vermittelt, aufgezeichnet, analysiert, verglichen und ausgewertet, um Ansatzpunkte für didaktisches Handeln auf der Basis der Aneignungstheorie zu erhalten. Dabei zeigte sich folgendes:

1. Der Aufbau der Etappen von der materialen Handlung über die äußere sprachliche Verarbeitung hin zum inneren Sprechen und Denken entspricht auch dem Prinzip des Ausgehens vom Konkreten und der Hinführung zum Abstrakten. Insofern steht das Verfahren nicht im Widerspruch zur allgemeinen pädagogischen Praxis, es ist aber auch nicht grundlegend neu.

2. Die Etappen lassen sich in der Arbeit mit Schülern ohne Lernschwierigkeiten, die bereits über ein hohes sprachliches Niveau und die notwendigen inneren geistigen Operationen verfügen, recht gut herausarbeiten, d.h. der Kenntniserwerb läßt sich in der vorgegebenen Etappenfolge recht gut vollziehen. Ob damit aber ,,geistige Operationen'' im Sinne einer Interiorisation entwickelt (herangebildet, neu geschaffen) werden, bleibt fraglich; denn die Schüler verfügen ja bereits über die notwendigen funktionellen Systeme. Sie wenden sie nur an, formen sie evtl. noch im Hinblick auf Lernart und Lerngegenstand aus, aber erarbeiten sie nicht.

3. Um zu untersuchen, ob die ,,etappenweise Aneignung'' bei Schülern möglich ist, die nicht über die notwendigen sprachlichen Fähigkeiten verfügen, und die in der Schule durch Lernschwierigkeiten beeinträchtigt werden, wurden an diese Schüler gleiche oder ähnliche Inhalte wie bei der unter 2. genannten Gruppe vermittelt. Die Analyse der Materialien zeigte, daß die materiale und die materialisierte Phase durchaus fast regelhaft verliefen. Bei der Phase des äußeren Sprechens gab es schon beträchtliche Schwierigkeiten, die vor allem aus dem Mangel an exakten Bezeichnungen und grammatischen Fähigkeiten resultierten. In der Phase des verkürzten Sprechens waren zwar ,,Verkürzungen'' zu beobachten, sie resultierten aber offensichtlich nicht aus der Verkürzung durch innere geistige Operationen, sondern aus dem Mangel an gegenständlicher Orientierung und sprachlicher Fähigkeit. Die letzte Phase, die des inneren Sprechens, war nicht analysierbar und, soweit das offene Handlungen zeigten, auch nur in Ansätzen vorhanden.

4. Die Untersuchungen führen zu der Folgerung, daß im Rahmen einer Unterrichtseinheit von 45 Minuten oder auch von doppelter oder dreifacher Zeit, auch bei noch so gut vorbereiteter Etappenfolge das angestrebte Ziel, die Interiorisation äußerer Handlungen und die Umwandlung in innere geistige Operationen, nicht erreicht wird. Sie läßt sich zwar bei Schülern ohne Lernschwierigkeiten beobachten, dabei verfügen diese aber bereits über die inneren funktionellen Systeme und wenden sie eben nur auf den speziellen Fall des betreffenden Unterrichtsgegenstandes an.

Bei lernschwierigen Kindern hingegen müssen die den sprachlichen Äußerungen zugrundeliegenden geistigen Operationen erst noch geschaffen werden. Das heißt, daß nicht die sprachlichen Äußerungen zu den Operationen führen, sondern umgekehrt, daß die Operationen zu den sprachlichen Äußerungen führen. Daß gleichwohl die Sprache bei der Heranbildung der Operationen wesentlich beteiligt ist, bleibt unbestritten, daß ebenso die Orientierungsgrundlage (materiale und materialisierte Etappe) wesentliche Voraussetzungen für den Erwerb der gegenständlichen Erfahrung (1. Informationsstufe) schafft, bleibt ebenso unbestritten. Die inneren geistigen Operationen werden aber nicht durch Umwandlung von äußerer Sprache in innere Sprache geschaffen, sondern durch die Gesamtheit der verschiedenen analytisch-synthetischen Tätigkeiten, die bei schulischem Lernen in der Regel in allen drei Informationsstufen ablaufen, sich gegenseitig beeinflussen, einander hervorrufen, verstärken, kontrollieren und korrigieren. Das heißt, der Prozeß der Heranbildung funktioneller Systeme, die den geistigen Operationen zugrundeliegen, ist ein Vorgang der Aktivierung und Koordinierung vorhandener Funktionen, die sich mit den neuen Inhalten auf der Basis gespeicherter Informationen aktiv auseinandersetzen und, wenn dies erforderlich ist, diese ausformen, anpassen und ergänzen und zu neuen funktionellen Systemen zusammenschließen. ,,In Wirklichkeit setzt jeder Aneignungsakt von Kenntnissen bestimmte Bedingungen für ihre Aneignung voraus und führt zu neuen inneren Bedingungen für die Aneignung weiterer Kenntnisse'' (Rubinstein 1977, S. 43).

5. Ein weiteres Problem der ,,etappenweisen Bildung geistiger Operationen'' liegt in den Etappen selbst. Die Theorie setzt voraus, daß die Etappen stufenweise einander folgen. Wäre das nicht der Fall, dann handelte es sich eben auch nicht um die etappenweise erfolgende Aneignung. Dies hat zur Folge, daß eine relative Starrheit im Vermittlungsverlauf eintritt, und dies wiederum bewirkt eine Einschränkung der Handlungsmöglichkeiten für den Lernenden. Ein Lernen nach Versuch und Irrtum, ein situatives Lernen, ein offener Unterricht scheidet weitgehend aus. Die Kreativität des Schülers, sein Bestreben originale und eigene Beiträge zu leisten, muß der Etappenfolge geopfert werden, bzw. wird auf jene Beiträge eingeschränkt, die sich in die Etappe einpassen lassen. Das hat einerseits Rückwirkungen auf die individuellen Lernbedürfnisse des Schülers, das Individuelle muß dem vorgeschriebenen Lernkonzept geopfert werden, und andererseits Rückwirkungen auf die Motivation; denn zu hohe Differenzen zwischen der Ausgangslage des Schülers und der Verfahrensweise des Unterrichtes führen zur Demotivation. Auf diese Schwierigkeiten weist auch Ihlefeld (1967, S. 267) hin, wenn er schreibt, ,,daß die Probleme der individuellen Variation in der Leistungsvoraussetzung der Schüler noch nicht zufriedenstellend eingearbeitet sind''.

6. GALPERIN und Mitarbeiter engen den Bereich der geistigen Operationen mit fortschreitender Arbeit auf den sprachlichen Bereich ein. Erst wenn die letzte Etappe, die des inneren Sprechens erreicht ist, erscheint ihnen auch die geistige Operation als erreicht. Diese Auffassung impliziert, daß sprachloses Handeln nicht auf geistigen Operationen beruht, und eben das ist anzuzweifeln. Das genaue Gegenteil ist der Fall; denn gerade die auf der Basis der Auseinandersetzung mit der realen Welt durch Sinneserfahrung (Aufbau der 1. Informationsstufe) entwickelten funktionellen Systeme bilden die Grundlage für die lautsprachlichen Aktivitäten. Sie bieten zwar die notwendigen Orientierungsmöglichkeiten, diese kommen aber erst auf der Basis innerer gegenständlicher Operationen zustande, d.h. wenn sie in der materialen oder materialisierten Phase nicht in ausreichender Form vorhanden sind, dann müssen sie auf dieser Stufe herangebildet werden, damit Orientierung möglich wird. So ist die Ausbildung nonverbaler geistiger Operationen durch die Wechselwirkung zwischen sprachlichen und nichtsprachlichen Anteilen nicht nur denkbar, sondern notwendig. Für jeden Lehrer, der geistigbehinderte Kinder unterrichtet hat, ist dies eine grundlegende Erfahrung.

7. Bei der Heranbildung von geistigen Operationen durch etappenweises Vorgehen ist die 3. Informationsstufe, die der Schriftsprache, nicht existent. Dabei gibt es in schulischen Lernprozessen kaum Lernvorgänge, die nicht durch Schriftsprache und die dadurch ermöglichten Lerntechniken maßgeblich beeinflußt wären. Erst die Schriftsprache erlaubt die präzise Festlegung von Verhältnissen und Bedingungen, die Auslagerung von Fakten und Daten oder (bei komplexen Lerninhalten) die Ordnung nach Kategorien oder Systemen. Die Schriftsprache ermöglicht nicht nur bestimmte geistige Operationen, sie ist zur Bearbeitung vieler Lerninhalte eine unabdingbare Voraussetzung. Diese Funktion der Schriftsprache wird von der Aneignungstheorie nicht erkannt oder übersehen.

Zusammenfassend ist festzustellen, daß die Lehre von der „etappenweisen Heranbildung geistiger Operationen" ein Erklärungsmodell für die Übertragung gegenständlicher Handlungen in innere geistige Operationen darstellt, wenn diese lautsprachlich determiniert sind, und das ist bei sehr vielen Lerninhalten der Fall. Es ist keine universelle Theorie. Sie erfaßt nur einen Teil dessen, was wir unter Interiorisation verstehen.

Die Übertragung dieses Erklärungsmodells in ein didaktisches Handlungsmodell bereitet Schwierigkeiten. Einerseits wird nur ein Teil der möglichen geistigen Tätigkeiten erfaßt, andererseits tendiert die Etappenfolge zur Entwicklung von Handlungsschemata, die zu einem normativen Vorgehen hinführen. Damit aber würde das Eingehen auf den einzelnen Schüler, die Entwicklung von Selbsttätigkeit und Selbständigkeit sowie die Anregung von Kreativität erschwert. Deshalb erscheint es als notwendig, die tragfähigen Teile dieser Theorie der Interiorisation aus ihrem starren Schema zu lösen und in ein umfassenderes variableres Konzept einzubringen. Dazu gehören vor allem die materiale und die materialisierte Phase, die Versprachlichung, sowie Orientierung und Kontrollhandlung. Orientierung und Kontrolle aber treten bei der Regelung aller Lebensvorgänge, also auch bei allen geistigen Tätigkeiten auf. Sie gehören zu den Grundprinzipien höherer Nerventätigkeit und lassen sich nicht auf Lernvorgänge beschränken.

4.4. Piaget, sensomotorisches Lernen und Phasenlehre

Eine auf die Kommunikationssysteme bezogene Lerntheorie kann an den Ergebnissen der genetischen Entwicklungspsychologie nicht vorbeigehen. PIAGETs Beiträge zur Lern- und Entwicklungstheorie könnten zur Klärung von Lernprozessen beitragen. Die von ihm vorgelegten Theorien und Strukturen kognitiver Entwicklung wecken hohe Erwartungen in Bezug auf die Erklärung und Systematisierung von Lernprozessen. Seine Phasenlehre der intellektuellen Entwicklung von der Stufe des vorbegrifflich-symbolischen Denkens über die des anschaulichen Denkens und der konkreten Operationen bis hin zu den formalen Operationen weckte in vielen Pädagogen die Vorstellung, daß damit eine Grundlage für ein zielgerichtetes Lernen und die systematische Entwicklung intellektueller Leistungsfähigkeit gegeben sei (Piaget 1948). Die Umsetzung dieser Theorie in unterrichtliches Handeln bereitete indessen Schwierigkeiten. Die Ergebnisse standen in krassem Gegensatz zu den geweckten Erwartungen. Trotz vielversprechender Versuche und mannigfacher Anstrengungen gelang es bis heute nicht, die Theorie PIAGETs für den Unterricht nutzbar zu machen. Dafür gibt es eine Reihe von Gründen.

1. PIAGETs grundlegende These menschlicher Entwicklung ist aus der Biologie entlehnt. Sie basiert auf der Theorie, daß jeder Organismus einen Reifungsvorgang vollzieht, der durch *Assimilation* und *Akkomodation* korrigiert wird. PIAGET spricht in diesem Zusammenhang vom Anpassungscharakter der Intelligenz. „Assimilation besteht aus der Einverleibung der Objekte in die Verhaltensschemata, Schemata die nichts anderes sind als verfügbare Handlungen, die der Mensch in Wirklichkeit effektiv wiederholen kann. Umgekehrt wirkt auch die Umwelt auf den Organismus ein, und man kann, dem allgemeinen Brauch der Biologen folgend, diese umgekehrte Wirkung als Akkomodation bezeichnen, wobei es selbstverständlich ist, daß kein lebendes Wesen die Einwirkung der es umgebenden Objekte als solche passiv erleidet, sondern daß die Akkomodation nur den Assimilationszyklus ändert, indem sie sich den Eigentümlichkeiten der Situation anpaßt" (Piaget 1948, S. 11).

Nun ist diese Auffassung von Entwicklung durchaus nicht etwa falsch, sie ist im Gegenteil für einfache Lebewesen und solche unterhalb menschlicher Intelligenz von fundamentaler Bedeutung. Auch der Mensch hat sich im Rahmen der Phylogenese diesen biologischen Gesetzen entsprechend entwickelt. Selbst in der ontogenetischen Entwicklung spielt dieses Prinzip bei der Heranbildung primärer Leistungen noch eine hervorragende Rolle. Was PIAGET hingegen nicht erkennt, ist die entscheidende Tatsache, daß mit der Entwicklung des Bewußtseins beim Menschen die Prinzipien von Assimilation und Akkomodation aufgehoben werden — aufgehoben in dialektischem Sinne. Assimilation und Akkomodation werden nicht beseitigt, sondern in einem größeren Entwicklungszusammenhang „aufgehoben". Sie werden zum Bestandteil von Entwicklungsprinzipien, die maßgeblich durch die Kommunikation bestimmt sind. Zwar spielt auch hierbei die Reifung noch eine bedeutsame Rolle, schließlich wird dadurch das materielle Substrat bereitgestellt, die ausschlaggebende Komponente der Entwicklung verlagert sich aber bei der Heranbildung geistiger Operationen auf den Prozeß der Kommunikation. Es entsteht gewissermaßen eine andere Stufe der Entwicklung, in deren Verlauf die Koordination der Umweltbeziehungen durch die vom Menschen gebrauchten Signalsysteme übernommen wird. „Mit der zunehmenden Entwicklung der Umweltbeziehungen des Kindes findet jedoch im Prozeß der sozialen Erziehung eine immer vollständigere und genauere Übertragung aller im ersten Signalsystem sich abspielenden Vorgänge in das zweite Signalsystem statt, d.h., es entwickelt sich eine größere Fähigkeit zur Abstraktion. Beim erwachsenen Menschen schließlich ist die Führung in der Koordination der Umweltbeziehungen an das zweite Signalsystem übergegangen" (Pickenhain 1955, S. 743).

2. Der auf biologischen Prämissen beruhende Ansatz PIAGETs mußte dazu führen, daß ähnlich wie bei den deskriptiven Ansätzen der Entwicklungspsychologie (Stern, Bühler, Kroh) Abschnitte der Entwicklung beschrieben wurden, die aufeinander aufbauend ein Fortschreiten von einer niederen Stufe zur höheren Stufe darstellen. Der eigentliche Fortschritt in PIAGETs Werk gegenüber der Phasenlehre der Entwicklungspsychologie bestand in erster Linie darin, daß er einerseits die kognitive Seite betonte, d.h. daß er eine ganze Reihe von lernprozeßadäquaten Leistungen beschrieb und andererseits auch aufzeigte, wie die Leistungen aufeinander aufbauen, d.h. welche niederen Leistungen sich als Voraussetzungen höherer entwickeln und schließlich in diese eingehen, bzw. zu qualitativen Veränderungen führen. Das Problem war nur, daß er eine Reihe sicher bedeutsamer Teilleistungen bereits für das Ganze hielt.

Trotz dieser auf kognitive Entwicklung bezogenen Position verstellte der biologistische Ansatz der genetischen Psychologie den Blick auf die den Lernfortschritt tragenden Faktoren. Sie versuchte zwar, die Operationen selbst zu erfassen und zu beschreiben, nicht jedoch die Grundleistungen, die sie hervorbringen. Dies konnte offensichtlich auch nicht anders sein; denn die Erforschung dieser Beziehungen hätte letztlich die Entwicklungsprinzipien der Assimilation und Akkomodation gesprengt. Auf den Prinzipien genetischer Voraussetzungen aufbauend, den Gesetzen von Assimilation, Akkomodation und Äquilibration folgend, entstand zwar ein faszinierendes Bild logisch gefolgerter stufenartig aufbauender kognitiver Entwicklung, dieses Bild hielt jedoch in vielen Teilen einer Überprüfung nicht stand.

In zahlreichen Untersuchungen wurden die Ergebnisse PIAGETs einer Überprüfung unterzogen. Die Ergebnisse brachten trotz strenger Einhaltung der durch PIAGET beschriebenen Versuchsbedingungen keine Übereinstimmung (Brown, Desforges, Macnamara, Hughes, Donaldson). DRIVER faßt die Kritik an PIAGET deshalb in folgender Weise zusammen: „Wie immer es auch sei, die Differenz liegt im Verhältnis zwischen der präsentierten Theorie und den realen Daten. Erstens waren die in Genf durchgeführten Experimente so angelegt und formuliert, daß sie die zugrundeliegenden Strukturen der Studien nur reflektierten, im Gegensatz zu der Möglichkeit sie kritisch zu testen. Zweitens wurden die erhobenen Daten durch PIAGET so ausgelesen, daß ein Widerspruch zwischen Theorie und Praxis nicht möglich war. Drittens zeigt sich die Selbstbestätigung (selfperpetuation) sehr eindrucksvoll bei der Wiederholung der Studien" (Driver 1978, S. 56). So kommt auch WATSON zu dem Schluß: „Die dürftigen Daten, die er vorgelegt hat, können als Illustration, nicht aber als Beweis dienen" (Watson 1965, S. 492).

3. Die Phasentheorie PIAGETs führt zu der Annahme, daß sich die Entwicklung in Stufen vollzieht und fortschreitend von Stufe zu Stufe höhere und kompliziertere geistige Leistungen erreicht werden können. Um diese Erkenntnisse zu nützen, müßte zunächst festgestellt werden, auf welcher Stufe sich der Lernende befindet, um dann den Unterricht so zu konzipieren, daß er den Lernbedingungen der Schüler und ihren Voraussetzungen optimal entspricht. Auf diese Weise sollte es möglich sein, ein Merkmal nach dem anderen heranzubilden, um dann Schritt für Schritt die nächsthöhere Stufe zu erreichen.

Abgesehen davon, daß PIAGET auf die Frage nach den Mitteln der Entwicklung keine Antwort gibt, ist schon die Feststellung der Lernausgangsposition nach PIAGETschen Kriterien außerordentlich schwer. Zwar lassen sich seine Experimente wiederholen, das bringt jedoch für realen Unterricht nicht viel, da die Übereinstimmung zwischen Ergebnissen, Folgerungen und realer Lernentwicklung nur gering ist. Wenn die von PIAGET beschriebenen Phasen der kognitiven Entwicklung mit der Realität übereinstimmen, dann müßten sie auch in jedem normalen Unterricht präsent sein, und eben das ist nur selten der Fall. In verschiedenen Untersuchungsreihen wurde versucht, Unterrichtsaufzeichnungen nach den PIAGETschen Kriterien zu analysieren (Radigk, Prager, Mandel, Bastian). Die Ergebnisse waren negativ. Es bedarf schon sehr weitherziger Deutung, um entsprechende Beziehungen herzustellen. Die Ergebnisse stimmten weitgehend mit den Untersuchungen von STRATHMANN (1985, S. 109-150) überein, in denen er die beobachtbaren Aktivitäten der Schüler im Zusammenhang mit dem Lernprozeß analysierte. Die Schwierigkeit einer Zuordnung der PIAGETschen Kriterien zur Realität liegt darin, daß die von ihm für die einzelne Phase als Merkmal oder Kennzeichen angegebenen Aktivitäten nicht ausreichend sind oder eben kein hinreichendes Unterscheidungsmerkmal darstellen, weil sie (in unterschiedlicher Ausprägung) in jedem Lebensalter auftreten. Hinzu kommt die Abhängigkeit des Lernweges und der zu seiner Bewältigung notwendigen geistigen Operationen von der Struktur des Unterrichtsgegenstandes, von den Vorerfahrungen, dem Vorwissen und der Motivation des Lernenden. So ist es möglich, daß etwa die Schüler einer Oberstufenklasse im Mathematikunterricht formallogische Operationen vollziehen, und ihr Handeln der Stufe der formalen Operationen zugeordnet werden müßte, während sie in der darauffolgenden Stunde im Physikunterricht konzentriert experimentieren, mit konkreten Gegenständen umgehen und nach Bedingungen, Verhältnissen und Beziehungen suchen, ihr Lernverhalten also der Phase der konkreten Operationen zugeordnet werden müßte. Dabei sind dann noch beträchtliche Unterschiede zwischen den Schülern bezüglich der graduellen Bewältigung festzustellen, so daß von einem charakteristischen Lernverhalten höchstens in Ansätzen gesprochen werden kann.

Vollends verwirrend werden die Erscheinungsbilder dann, wenn das Handeln lernschwieriger oder lernbehinderter Kinder zu analysieren ist. Wie die Untersuchungen von Lernprozeßaufzeichnungen ergaben (Leszinski 1978, Prager und Mandel 1983, Bastian 1984, Strathmann 1985), zeigen lernbehinderte Schüler die unterschiedlichsten Lernmerkmale. So gibt es Verhaltensweisen, die der Phase der konkreten Operationen zugeordnet werden müßten, wobei gleichzeitig Bemerkungen fallen, die auf präoperationales Denken hindeuten, und diese wiederum sind vermischt mit Ansätzen formallogischer oder hypothetischer Natur. Die Analyse von Lernprozessen im Hinblick auf die phasenspezifischen Merkmale zeigt bei lernschwierigen und lernbehinderten Schülern eigentlich nur, daß es keine Phasen und keine Zusammenhänge gibt. Anders wird das Bild allerdings, setzt man die Aktivitäten der Schüler zur Entwicklung ihrer Kommunikationsfähigkeit in Beziehung. Dann zeigen sich plötzlich recht enge Zusammenhänge zwischen der Entwicklung der Wahrnehmungsfähigkeit und dem Erkennen von Beziehungen (1. Informationsstufe) oder der sprachlichen Ausdrucksfähigkeit und der Ableitung von Prinzipien (2. Informationsstufe).

4. Von erheblichem Einfluß war PIAGETs Theorie der Klassifizierung, der Klasseninklusion und der Seriation auf die Mathematik. Die Theorie der „Entwicklung logischer Strukturen" wurde voll von der Mathematikdidaktik übernommen. Die „Neue Mathematik" sollte zur Bildung logischer Strukturen führen.

Das Ergebnis war nach fast zwanzig Jahren intensivster Anstrengungen recht ernüchternd. Die logischen Strukturen wurden nur von denjenigen Kindern gehandhabt, die ohnehin bereits darüber verfügten, bzw. in ihrer Entwicklung diese Operationen fast erreicht hatten. Eine Nachreifung, eine Nachentwicklung, ein Aufbau dieser Strukturen bei lernschwierigen und lernbehinderten Kindern fand nicht statt. Die erhofften Wirkungen blieben aus. Nicht die großen Logiker, sondern die Rechenschwachen kennzeichneten die Ergebnisse. Die Bundesländer waren gezwungen, Lehrpläne und Lehrmaterialien zu reformieren.

Die Ursache dieser Ergebnisse lag sicher nicht in der Logik; denn diese ist einleuchtend. Sie lag in der Tatsache, daß wesentliche Entwicklungsmerkmale und Prinzipien ganz einfach übersehen oder nicht zur Kenntnis genommen wurden.

5. Die Tatsache, daß die von PIAGET beschriebenen Handlungsmerkmale sich in dem von ihm beschriebenen Zusammenhang nicht auffinden lassen, besagt noch nicht, daß die Forschungen PIAGETs für die Theorie des Lernens gegenstandslos geworden wären. Sie sind gleichwohl von erheblicher Bedeutung. Dies gilt für die Aussagen zur sensomotorischen Entwicklung ebenso wie für die Beschreibung kognitiver Prozesse oder die Erkenntnisse zur Sprachentwicklung. Was die Umsetzung seiner Erkenntnisse behindert, ist nicht das detaillierte Ergebnis, sondern die Einordnung derselben in seinen Gesamtentwurf, die Einengung auf eine biologisch genetische Vorstellung von Entwicklung. PIAGET hat zuerst seine Gesamtkonzeption entwickelt und dann nach Beispielen oder Nachweisen für die Richtigkeit dieser Konzeption gesucht. Das mußte dazu führen, daß die Ergebnisse einer Überprüfung nicht standhalten konnten (Driver, Donaldson, Hughes, Cole und Scribner, Brown und Desforges, Macnamara, Strathmann). Das bedeutet jedoch nicht, daß jedes einzelne Untersuchungsergebnis falsch ist, und daß etwa alle Interpretationen dieser Ergebnisse zurückzuweisen wären. Es muß nur vor der Auffassung gewarnt werden, daß die vorgelegten Ergebnisse bereits das Gesamtgebäude der kognitiven Entwicklung oder die tragenden Prinzipien repräsentierten. Demgemäß werden auch in den nachfolgenden Ausführungen eine ganze Reihe von Erkenntnissen zur kognitiven Entwicklung enthalten sein, die auch bei PIAGET zu finden sind. Dies ändert jedoch nichts an der Tatsache, daß die Konzeption PIAGETs ein von der Realität abgehobenes (zugegeben faszinierendes) Eigenleben führt, das zu den realen Lernprozessen mitunter im Widerspruch steht.

4.5. Wygotski, das Verhältnis von Denken und Sprechen

Für eine an der Kommunikation orientierte Theorie der kognitiven Entwicklung ist das Verhältnis von Denken und Sprechen von maßgeblicher Bedeutung. Einerseits lassen sich aus dem Verhältnis Erklärungen für Schwierigkeiten oder Behinderungen des Lernens ableiten, andererseits lassen sich Lernwege konzipieren, die eine bessere Berücksichtigung der Ausgangsbedingungen gestatten.

Als bedeutendster Vertreter einer Theorie der Sprech-Denkentwicklung gilt im pädagogischen Bereich Lew Semjonowitsch WYGOTSKI. Die von ihm vertretenen Positionen sind weitgehend anerkannt, wenngleich sie im Lichte neuerer Forschungsergebnisse einer Interpretation bedürfen. Seine Ergebnisse basieren auf dem Stand der Wissenschaft vor mehr als fünfzig Jahren. WYGOTSKI versuchte zu klären, in welchem Verhältnis Sprache, Sprechen und Denken zueinander stehen. Dazu benutzte er Ergebnisse der Entwicklungspsychologie, der Sprachpsychologie und der Forschungen an Anthropoiden. Es sind vor allem vier Fragen, die in dem hier gegebenen Zusammenhang von Bedeutung sind:

1. In welchem Verhältnis stehen Denken und Sprechen zueinander? Ist das Denken ein selbständiger Prozeß, oder ist es mit dem Sprechen identisch?

2. Wenn Denken und Sprechen zwei unterschiedliche Entwicklungen darstellen, wo liegt dann der Punkt, der eine Änderung des Denkens zum sprachlichen Denken hin ermöglichte?

3. Wenn Denken und Sprechen zu unterscheiden sind, dann muß auch zwischen Gedanke und Wort unterschieden werden. Was ist der Gedanke, und in welchem Verhältnis dazu steht das Wort?

4. Sprache ist nicht nur äußerlich, sondern auch innerlich existent. Wie kommt der Mensch zur inneren Sprache, und wie vereinigt sich inneres Sprechen mit dem Denken?

Die Entstehung und das Verhältnis von Denken und Sprechen faßt er in sechs Punkten zusammen (Wygotski 1974, S. 87):

„1. Denken und Sprechen haben verschiedene entwicklungsgeschichtliche Wurzeln.

2. Die Entwicklung des Denkens und der Sprache verläuft unabhängig voneinander auf verschiedenen Wegen.

3. Das Verhältnis von Denken und Sprechen ist im Verlauf der phylogenetischen Entwicklung keine konstante Größe.

4. Die Anthropoiden lassen eine menschenähnliche Intelligenz in einigen Beziehungen erkennen (Rudimente des Gebrauchs von Werkzeugen) und eine menschenähnliche Sprache in völlig anderen (Phonetik und Sprache, emotionelle Funktion und Rudimente der sozialen Funktion der Sprache).

5. Die Anthropoiden lassen den für den Menschen charakteristischen engen Zusammenhang zwischen Denken und Sprache nicht erkennen.

6. In der Phylogenese des Denkens und Sprechens können wir eine vorsprachliche Phase in der Entwicklung der Intelligenz und eine vorintellektuelle Phase in der Entwicklung der Sprache feststellen."

Wenn Denken und Sprechen verschiedenartige Wurzeln haben, bedeutet dies, daß neben dem sprachlichen Denken noch ein anderes Denken existiert. WYGOTSKI meint mit „Wurzeln", daß beide Formen des Denkens unterschiedlichen Ursprungs sind, daß unser menschliches Denken nicht erst mit der Entwicklung von Sprache begonnen hat. An anderer Stelle präzisiert er dies, indem er formuliert: „Um die Sprache zu entdecken, muß man denken" (Wygotski 1974, S. 90).

Die Bezeichnung „Wurzeln" ist in der von ihm gewählten Formulierung etwas unglücklich gewählt, suggeriert sie doch, daß dort zwei Stammbäume vorhanden sind, die sich nebeneinander entwickeln. Nach den Erkenntnissen der neueren Forschung kann ein solches Nebeneinander aber nur relativ existieren. Die Entwicklung der Sprache baut vielmehr auf vorhandenen Denkleistungen – auf funktionellen Systemen – auf, die einerseits die Sinngehalte der Sprache bereitstellen und andererseits die Grundleistungen anbieten, die zu neuen funktionellen Systemen kombiniert werden und die Verarbeitung von Sprache erst ermöglichen. WYGOTSKI versucht dies zu erklären, indem er auf die ontogenetische Entwicklung Bezug nimmt. Um seine Auffassung zu verdeutlichen, zitiert er BÜHLER: ,,Man hat gesagt, am Anfang der Menschwerdung stehe die Sprache; mag sein, aber vor ihr noch ist das Werkzeugdenken, d.h. das Erfassen mechanischer Zusammenhänge und das Ausdenken mechanischer Mittel zu mechanischen Endzwecken, wie man kurz sagen könnte; vor dem Sprechen wird das Handeln subjektiv sinnvoll, d.h. soviel wie bewußt zweckvoll'' (Wygotski 1974, S. 88).

Auch hier erscheint die sprachliche Formulierung als etwas unscharf; denn es handelt sich weniger um ,,mechanische Mittel'', als um die geistigen Operationen mit gegenständlichen Inhalten, um das innere Umgehen mit den Inhalten und funktionellen Systemen der 1. Informationsstufe. Durch die Wahl des Wortes ,,mechanisch'' soll offensichtlich das Funktionelle dokumentiert werden. Von beiden Autoren, sowohl von WYGOTSKI als auch BÜHLER wurde jedoch erkannt, daß dem sprachlichen Denken etwas vorausgeht, ja die Voraussetzung zur Bildung von Sprache ist, ,,daß das Denken des Kindes ein vorsprachliches Stadium durchläuft'' (Wygotski 1974, S. 87).

Den qualitativen Umschlag vom vorsprachlichen Denken zum sprachlichen Denken sieht WYGOTSKI im Bereich des 1. bis 2. Lebensjahres. Er nimmt an, daß in der Ontogonese Sprechen und Denken verschiedene Entwicklungslinien durchlaufen, und daß sich diese Entwicklungslinien an einem Punkte schneiden. ,,Damit sprengt das Problem von Denken und Sprechen die methodologischen Grenzen der Naturwissenschaft und wird zu einem Problem der historischen Psychologie des Menschen, d.h. einer gesellschaftlichen Psychologie; gleichzeitig wandelt sich auch die methodologische Behandlung des Problems'' (Wygotski 1974, S. 103). Diese Auffassung steht im Grunde genommen nicht im Widerspruch zu unserer heutigen Erkenntnis. Zwar wissen wir, daß Lautsprache in der Phylogenese des Menschen erst relativ spät auftrat, viel später als der Werkzeuggebrauch und das Zeichen. Existent aber war die Lautgebung sicher von Anfang an, wenn auch die Handlung in der ersten Zeit der Menschwerdung das führende Element in der Koordination der Umweltbeziehungen darstellte. Betrachtet man die Ergebnisse der Evolutionstheorie in dieser Weise, könnte man durchaus von zwei Entwicklungslinien sprechen. Entscheidend jedoch ist die Erkenntnis, daß mit dem Auftreten der Sprache, bzw. mit der Übernahme ihrer Führungsrolle im Denkprozeß, ein völlig neues Mittel der Information entstand, das von den sinnesgebundenen Informationen der Handlung abstrahieren konnte. Dieses Mittel war gesellschaftlichen Ursprungs und erschloß die qualitativen Veränderungen des Denkprozesses, der sich nunmehr von der sinnlichen Basis der Vorstellung löste und mit den Mitteln gesellschaftlicher Zeichen neue Möglichkeiten geistiger Operationen schuf.

Entscheidend für die Möglichkeiten neuer Formen geistiger Operationen ist das Verhältnis des Gedankens zur Sprache, einfacher gesagt, die Beziehung zwischen Gedanke und Wort. Im Gegensatz zu allen Vorläufern der Sprachtheorie, von der Elementenpsychologie bis zur Gestaltpsychologie, sieht er das Verhältnis von Gedanke und Wort nicht als eine assoziative Verbindung, sondern als eine Einheit, ,,Wir haben diese Einheit, die die Einheit von Denken und Sprechen in der einfachsten Form widerspiegelt, in der Bedeutung des Wortes gefunden. Die Wortbedeutung ist eine solche nicht mehr weiter zerlegbare Einheit beider Prozesse, von der nicht mehr gesagt werden kann, ob sie ein Phänomen der Sprache oder ein Phänomen des Denkens darstellt'' (Wygotski 1974, S. 293). Er sieht die Bedeutung in dieser Einheit repräsentiert, wobei es sich nicht um ein statisches Gebilde handelt, sondern um einen Vorgang. Von grundlegender Natur ist seine Erkenntnis, daß das Gedankliche nicht eine Speicherung von Abbildern der Wirklichkeit ist, sondern ein Prozeß. „Die Beziehung des Gedankens zum Wort ist keine Sache, sondern ein Prozeß, diese Beziehung ist eine Bewegung vom Gedanken zum Wort und umgekehrt — vom Wort zum Gedanken" (Wygotski 1974, S. 301). Wenn er von Prozeß spricht, dann meint er damit die ständige Wechselwirkung zwischen dem Sprachlichen und Nichtsprachlichen, in der die entscheidende Arbeit im komplizierten Vorgang höherer Nerventätigkeit selbst, also in der geistigen Operation, nicht aber in der Speicherung und in der assoziativen Verbindung geleistet wird. Die Einheit von 1. und 2. Informationsstufe (und hier spielt ja das Prozessuale eine entscheidende Rolle) wurde von ihm gewissermaßen vorweggenommen. Nach dem Verständnis der Informationsstufentheorie ist das Gedankliche eben mehr als Inhalte, Operationen und Strukturen der sinnlichen Erfahrung, es ist gleichzeitig auch die sprachliche Erfahrung, die Operation und die Struktur, die dadurch ermöglicht wird. „Die Wortbedeutung ist nur insofern ein Phänomen des Denkens, als der Gedanke mit dem Wort verbunden und im Wort verkörpert ist — und umgekehrt: sie ist nur insofern ein Phänomen der Sprache, als die Sprache mit dem Gedanken verbunden und durch ihn erhellt ist" (Wygotski 1974, S. 293).

Denken ist ein innerer Prozeß, eine Kombination von gleichzeitig ablaufenden verschiedeneartigen geistigen Operationen auf der Basis funktioneller Systeme. Dabei ermöglicht uns Sprache besondere Arten des Denkens, auf die noch einzugehen ist. In diesem Zusammenhang interessiert vor allem die Tatsache, daß der Prozeß des Denkens sprachlich determiniert sein kann, daß bei sprachlich gesteuerten Denkprozessen also eine innere Sprache vorhanden sein muß, über die wir in der geistigen Operation verfügen können. Deshalb erscheint es von erheblicher Bedeutung, wie diese innere Sprache entsteht, und wie der Mensch das innere Sprechen erwirbt. PIAGET hat in seinen Untersuchungen zum Sprechen und Denken des Kindes umfangreiche Untersuchungen zum egozentrischen Sprechen des Kindes vorgelegt. Auf diese Untersuchungen bezieht sich WYGOTSKI. „Auf der Basis der egozentrischen Sprache des Kindes , die sich von der sozialen gelöst hat, entsteht dann die innere Sprache des Kindes, die die Grundlage sowohl seines autistischen als auch seines logischen Denkens bildet. Wir nehmen also an, daß die von PIAGET beschriebene Egozentrizität der Sprache des Kindes genetisch den Übergang von der äußeren zur inneren Sprache des Kindes darstellt. Selbst PIAGET hat, ohne sich dessen bewußt zu sein, in anschaulicher Weise gezeigt, auf welche Art und Weise die äußere Sprache in die innere übergeht, indem er nachwies, daß die egozentrische Sprache ihrer psychologischen Funktion nach eine innere und ihrer physiologischen Natur nach eine äußere Sprache ist. Das erklärt, wie die Bildung der inneren Sprache verläuft. Sie vollzieht sich durch die Trennung der Sprachfunktionen, durch die Verselbständigung der egozentrischen Sprache, durch ihre allmähliche Verkürzung und schließlich durch die Verwandlung in die innere Sprache" (Wygotski 1974, S. 43-44).

Dieser Aussage kann auch heute noch weitgehend zugestimmt werden, wenngleich wir wissen, daß Sprache innerlich auch vorhanden ist, ehe das Kind explizit die egozentrische Sprache produziert. Gemeint sein kann deshalb nicht die innere Repräsentation des Wortes oder der syntaktischen Struktur, sondern das Üben der Handlung. Dieser Aspekt ist es allerdings, dem sowohl PIAGET als auch WYGOTSKI nicht den gebührenden Stellenwert einräumen. Das Kind erwirbt im Prozeß des egozentrischen Sprechens nicht die Repräsentation innerer Sprache, sondern sprachliches Handeln. Dies geht auch aus den Sprachprotokollen PIAGETs hervor (1972, S. 93-115). Dies ist aber auch zu folgern, wenn wir die Interpretation des Verhältnisses von Gedanke und Wort durch WYGOTSKI zugrunde legen. Die Einheit oder das Verhältnis von Handlung und Sprache stellt jenes

Übungsfeld dar, das es dem Kinde ermöglicht, die inneren Prozesse mit äußeren zu kombinieren, um sie sinnlich wahrnehmbar und kontrollierbar zu machen und schließlich zur inneren geistigen Operation werden zu lassen. Dieser Abschnitt der Entwicklung stellt nicht nur das große Übungsfeld der höheren geistigen Tätigkeit dar, sondern bietet Möglichkeiten, den Prozeß der Interiorisation noch genauer zu studieren und Folgerungen für den Lernprozeß daraus abzuleiten.

5. Die 1. Informationsstufe — das elementare gegenständliche Lernen

PAWLOW ging in seiner Theorie der Signalsysteme davon aus, daß der Mensch das erste Signalsystem mit den Tieren gemeinsam hat (Pawlow 1953, S. 543). Dies kann im Prinzip heute noch akzeptiert werden, ging doch das erste Signalsystem der Tiere in das menschliche ein. Allerdings korrigierte der menschliche Entwicklungsprozeß dieses System so, daß es den besonderen Lebensbedingungen der neu entstehenden Art gerecht werden konnte. Einerseits erlitt das erste Signalsystem Verluste, besonders was die Sinnesschärfe der Geruchs- und Geschmacksanalysatoren betrifft, andererseits eröffneten sich mit den neuen Anforderungen und der Entwicklung des Zentralnervensystems Möglichkeiten, die das erste Signalsystem der Tiere zu einem grundlegend anderen System umformten, zu einem Instrument des Denkens. Dies steht zweifellos in Zusammenhang mit der Entwicklung der beiden Schläfenlappen und des Frontallappens, die beim Tier nicht oder nur ansatzweise vorhanden sind. Diese neu hinzukommenden Teile ermöglichten es dem Menschen, Bewußtsein im Sinne von Verstand oder Erkenntnisfähigkeit zu erlangen.

Was immer wir auch unter Bewußtsein verstehen wollen, eines ist eindeutig: das Tier kann nur in begrenztem Rahmen unabhängig von Raum und Zeit Handlungen widerspiegeln, während der Mensch durch seine Kodierungen und die Fähigkeit, diese an jedem Punkt und zu jeder Zeit ins Bewußtsein zu rufen, über eine neue Dimension geistiger Tätigkeit verfügt. Im Laufe der Menschwerdung erreichte er die Befreiung aus der Situation, indem er es lernte, vorstellend, unabhängig von Stimuli über gespeicherte Erfahrungen zu verfügen und damit geistige Operationen zu vollziehen. Aus einem reagierenden Wesen wurde ein agierendes Wesen. Es gelang ihm, unterschiedliche Funktionen zur Vollbringung neuer Handlungsmuster zusammenzuschließen und dadurch funktionelle Systeme zu bilden, die nicht mehr allein aus der Reaktion geboren sind. Diese Freiheit der Verfügung über Denkmittel war es, die ihn in Zusammenhang mit der körperlichen Veränderung zum Menschen machte, und diese Fähigkeit war es schließlich auch, die es ihm erlaubte, immer höhere Kodierungen aufzubauen und zu neuartigen Systemen zusammenzuschließen, in die das gesellschaftliche Erbe, die geschichtlich gewordene Konvention einging.

Das gesellschaftliche Erbe war am Anfang ganz sicher situativer Natur, d.h. an die unmittelbare Handlung gebunden. Die Handlung löste sich jedoch immer weiter aus der Realität und verlagerte sich in den geistigen Bereich, je weiter die Entwicklung der Verfügung über Symbole und Signalformen fortschritt. So erwarb der Mensch die Fähigkeit, Gebärden und Lautkomplexe, Gegenstände, graphische Zeichen oder Berührungsimpulse als Zeichen zu benutzen und daraus Systeme zu bilden. Darauf aufbauend gelang es ihm, die Systeme zu erklären, d.h. die Signale selbst wurden ihm das Werkzeug der Erklärung. Auf dieser Stufe wiederum eröffnete sich die Möglichkeit, neue Systeme aus vorhandenen zu schaffen. So entstanden schließlich die unterschiedlichen aufeinander aufbauenden Informationsstufen. Letztendlich wurden diese Systeme zum Instrument des Lernens. Sie eröffneten Möglichkeiten, in geistigen Operationen damit umzugehen, und so immer höhere Stufen kognitiver Entwicklung zu erreichen. Die kognitive Entwicklung, wie PIAGET sie etwa mit der sensomotorischen, der präoperationalen, der konkret-operationalen und der formal-operationalen Phase beschreibt, ist nicht das Ergebnis eines Reifungsprozesses, der durch die Umwelt geformt oder beeinflußt wird, sondern die ontogenetische Aneignung der Kommunikationsmöglichkeiten in Wechselwirkung mit dem heranreifenden materiellen Substrat des ZNS. Es ist ein aktiver Prozeß, der diese Phasen hervorbringt, der sie aber nicht hervorbringen muß. *Erst die Verfügung über die erworbenen Mittel des Denkens ermöglicht die Prozesse des Denkens. Erst die Wechselwirkung zwischen dem materiellen Substrat und der Realität ermöglicht die spezifischen geistigen*

Bewältigungsstrategien. Nur diese Sichtweise erklärt, daß menschliche Entwicklung so vielgestaltig sein kann, ja daß innerhalb eines Lernprozesses Merkmale auftreten, die von der strukturalistischen Psychologie ganz unterschiedlichen Phasen zugeordnet werden.

Die Signalsysteme, die funktionellen Systeme, die daraus resultierenden Fortschritte in Verständigung und Lernen, sind also keine reinen Neuerwerbungen des Menschen, sie sind vielmehr in einer langen Entwicklungskette der Arten schrittweise hervorgebracht worden und erst beim Menschen zum ,,unabhängigen Bewußtsein'' gelangt. Dadurch erreichte der Mensch die Freiheit, über Systeme zu verfügen, die ihm zum Mittel des Denkens wurden. Die notwendigen psychischen Grundleistungen waren im Prinzip bereits vorhanden. Sie mußten unter den steigenden Anforderungen nur neu organisiert und zu funktionellen Systemen zusammengeschlossen werden. Dadurch gelang es, vorstellend und damit planend über die gespeicherten Widerspiegelungen zu verfügen und erste Prozesse des Denkens zu erreichen. Diese Prozesse gegenständlichen vorstellenden Denkens beherrschten wahrscheinlich die ersten zwei Millionen Jahre der Menschwerdung. Im Verlaufe der Anwendung dieser geistigen Prozesse bildete sich das ZNS. Über 400 ccm Gehirnvolumen beim Australopithecus, 600 ccm beim Homo habilis, 850—1050 ccm beim Homo erectus führte der Weg zum Homo sapiens mit 1350 ccm (Zihlman 1986, S. 174). Das Denken der ersten Menschen muß also ein vorstellendes sinnliches Denken gewesen sein, das noch eng an die konkrete Realität gebunden war. Die Möglichkeit der Kommunikation bezog sich stets auf Handlung. Ähnlich wie das heute bei Anthropoiden zu beobachten ist, die eine Handlung andeuten, um damit Verständigung zu erreichen, wird der Australopithecus Handlung als Signal benutzt haben. Anders als beim Menschenaffen allerdings, entwickelte sich die Signalgebung weiter, und es kam wahrscheinlich eine Vielzahl von Zeichen (natürliche Gebärden) hinzu. Sie wurden durch Mimik, Gestik und Lautgebung begleitet und beständig erweitert, so daß schließlich eine Konvention der Gebärden und Laute entstand, über die der werdende Mensch verfügen konnte. Damit war die Lösung aus der Situationsbindung erreicht. Das Zeichen trat an die Stelle der Handlung. So sind Kommunikation und Denken unmittelbar aus der Handlung geboren.

Das damit einhergehende, in den drei Millionen Jahren der Menschwerdung sich vollziehende Hirnwachstum war einerseits das Ergebnis dieser Entwicklung, andererseits aber auch Voraussetzung des Fortschreitens zu immer neuen intellektuellen Leistungen. So sind bereits auf der 1. Informationsstufe alle Grundleistungen vorhanden, die für das Denken notwendig sind.

Da der Mensch über die gespeicherten Vorstellungen und über Zeichen verfügt, ist er in der Lage, über die Dinge und Situationen gewissermaßen mit sich selbst zu kommunizieren. Aus dem Fußabdruck erkennen wir, daß dort ein Mensch gegangen ist. Der gebrochene Baum kündet von der Kraft des Windes und die Schneide des Messers von seiner Schärfe. Das Kreisen der Bussarde verspricht uns Aufwind, das Bellen eines Hundes die Annäherung von Menschen, die Dunkelheit der Wolken das Nahen eines Unwetters. Diese grundlegenden Erfahrungen der 1. Informationsstufe sind es, die uns das Denken, also die kognitiven Prozesse, ermöglichen. Je ausgeformter diese Prozesse sind, je vollkommener sie vollzogen werden können, um so zielsicherer sind die Folgerungen, die Ableitungen, die Ergebnisse des Denkens. Ohne diese grundlegenden Prozesse wäre auch die Sprache inhaltslos, ja der Mensch hätte es nicht einmal erreicht, eine solche zu bilden. Der entscheidende Schritt in den geistigen Operationen der 1. Informationsstufe bestand jedoch darin, daß der Mensch sich mit der freien Verfügung über Informationen und Operationen aus der unmittelbaren Beziehung zur Wahrnehmung löste, daß er ohne ihr Vorhandensein mit den gespeicherten Inhalten operieren lernte, und damit war der Schritt von der situationsgebundenen geistigen Operation zur unabhängigen inneren geistigen Tätigkeit vollzogen. Ein Feld nahezu grenzenloser kognitiver Entwicklung erschloß sich dem Menschen.

Das elementare gegenständliche Lernen ist an die Sinne gebunden. Diese fundamentale Erkenntnis ist mehr als zwei Jahrtausende Allgemeingut. Philosophen, Pädagogen und Psychologen haben dieses Problem immer wieder aufgegriffen und durch neue Erkenntnisse bereichert. Eine umfassende Erklärung der kognitiven Entwicklung auf der Basis der Sinne blieb indessen aus. Zwar wurden in den letzten Jahrzehnten immer neue Ergebnisse der Sinnesphysiologie vorgelegt, der Schwerpunkt der Erforschung kognitiver Prozesse lag jedoch beim Zusammenhang von Sprechen und Denken.

Die Sinnesentwicklung und die Heranbildung geistiger Operationen auf sinnlicher Grundlage ist *Voraussetzung und Bedingung* der kognitiven Entwicklung zugleich. Ohne die Voraussetzungen, also das Vorhandensein von Sinnen, lassen sich keine Kommunikationssysteme aufbauen. Ohne die dadurch gegebenen Bedingungen aber können die höheren Kommunikationssysteme nicht geschaffen werden; denn diese ermöglichen uns erst die Ausbildung der Sinnestätigkeit. So wissen wir aus neueren Forschungen der Neurophysiologie (Singer 1985, S. 48), daß die Sinnesfunktionen sich nur in der Interaktion mit der Realität entwickeln. Erst das Vorhandensein bestimmter Bedingungen garantiert die Entwicklungsmöglichkeiten des Zentralnervensystems, seine Funktionsfähigkeit und die Heranbildung der inneren Prozesse. Es handelt sich um einen Vorgang, der eine Entsprechung des Inneren und des Äußeren voraussetzt.

Die Voraussetzungen sind weitgehend genetischer Natur. Die Sinnesorgane bilden sich auch ohne Umwelteinwirkung bereits vor der Geburt, obwohl das Kind im Mutterleib nicht frei ist von ersten Empfindungen. Bereits im zweiten Monat der Schwangerschaft reagiert die Mundregion empfindlich auf Reize, das Riechephitel differenziert sich. Im dritten Monat gewinnt die Hand und die Körperhaut ihre Empfindungsfähigkeit, und die vestibulären Systeme beginnen zu arbeiten. Im vierten Monat wird die Mundregion schmerzempfindlich, die Geschmacksempfindung reift aus, und die Hörempfindung differenziert sich. Im fünften Monat differenzieren sich auch die Sehstäbchen, und in der Folge findet eine immer weitergehende Reifung und Funktionsverbesserung statt. Es handelt sich also um einen ,,sinnlichen'' Menschen, der bei der Geburt das Licht der Welt erblickt. Allerdings bedürfen diese Sinne nun der Anpassung an die neue Umwelt, der weiteren Differenzierung unter den Bedingungen des Lebens außerhalb des Mutterleibes und der Vernetzung mit den anderen Systemen. In diesem Prozeß entstehen dann jene funktionellen Systeme, die uns eine Auseinandersetzung mit unserer Umwelt ermöglichen.

Die Entwicklung im Mutterleib beruht zwar am Anfang vollkommen auf einer genetischen Programmierung. In dem Maße, wie das Kind heranwächst und wie sich parallel dazu die Sinne bilden, findet jedoch eine immer stärkere Einbeziehung der Lebensbedingungen statt. Die pränatale Psychologie spricht deshalb von Systemkreisen oder Systemspiralen, die diesen Vorgang kennzeichnen. Genetische Programmierung, Strukturreifung und Funktion wirken zusammen. Das Kind nutzt die vorhandenen Möglichkeiten in dem durch die vorgeburtlichen Bedingungen abgesteckten Rahmen. Etwa in der Mitte der Schwangerschaft hat es noch soviel Platz, daß es sich bewegen kann, daß es sich wendet oder streckt, ja richtige Drehungen vollzieht. Vom sechsten Monat an ist eine zunehmende Hirnentwicklung festzustellen, die dazu führt, daß das Wahrnehmungssystem sich ausbildet. Das Kind verarbeitet seine Erfahrungen. Berührungen des mütterlichen Bauches führen zu Reaktionen. Handlungen, wie z.B. Daumenlutschen, werden wiederholt. Es reagiert auf Musik oder laute Geräusche. Erregungen der Mutter übertragen sich auf das Kind. In dieser Zeit bildet sich offensichtlich das Gefühl für Angst oder Geborgenheit, die Lebensgrundstimmung. Die Mutter-Kind-Beziehung ist bereits so weit fortgeschritten, daß sich freudige Erwartung, Ablehnung oder Zwiespältigkeit auf das Kind auswirken. So ist das Neugeborene bereits ein Mensch, der auf die Auseinandersetzung des Organismus mit der Umwelt vorbereitet ist. Das Prinzip des Zusammenwirkens von Organismus und Umwelt ist bereits vorhanden. Es hat sich fast unmerklich in so feinen Schritten herangebildet, daß mit der Geburt die Signale der realen Welt zum Stimulus der Entwicklung werden können.

5.1. Die psychischen Grundleistungen

Das Denken auf der 1. Informationsstufe, das gegenständliche oder elementare Denken, ist bei der Geburt noch nicht vorhanden. Zwar sind reflektorische Aktionen des Kindes festzustellen, auch die Wahrnehmung weist schon einen gewissen Stand auf, was fehlt, ist jedoch die Anpassung und Aktivierung der Sinne an die neue Umwelt und der Aufbau von Organisationssystemen zur Verarbeitung der Informationen, zur Bewußtmachung der Situation oder zur Abhebung von der Wirklichkeit. Diese Organisationsformen des Denkens basieren auf Grundleistungen, die in den Denkprozeß eingehen, zum Bestandteil desselben werden und ihn dadurch tragen.

Das Problem der Beschreibung dieser Grundleistungen besteht darin, daß die geistige Aktivität ein Ganzes ist und daß die Grundleistungen selbst gar nicht außerhalb dieses Ganzen existieren. Den Prozeß aufzulösen hieße, ihn zu zerstören. Bei jeder Beschreibung einer Grundleistung muß deshalb mitbedacht werden, daß sie so eigentlich nicht existiert, sondern immer Bestandteil eines Ganzen, eines Prozesses ist.

Die Beschreibung der Grundleistungen ist eine gedachte Beschreibung, gewissermaßen eine Modellvorstellung. Sie bezieht sich zwar auf die neuralen Prozesse, wir können auch nachweisen, daß solche Prozesse vorhanden sind, ob sie aber so, wie es hier geschieht, zusammengefaßt werden müssen, ob man nicht doch eine andere Einteilung hätte wählen können, ist eine andere Frage. Ganz sicher ist jedoch, daß die hier genannten Leistungen im Prozeß des Denkens eine bedeutsame Rolle spielen. Dies gilt nicht nur für den Aufbau der 1. Informationsstufe, sondern ebenso für die darauf aufbauenden Systeme der Kommunikation und des Denkens, etwa die Sprachverarbeitung oder die Schriftverarbeitung.

Die Beschreibung der Grundleistungen kann keinen hierarchischen Aufbau zeigen, da im Grunde genommen alle Grundleistungen im Prozeß des Denkens zusammenarbeiten. Trotzdem gibt es Abhängigkeiten, d.h., daß eine Leistung eine Voraussetzung einer anderen ist. Das bedeutet jedoch nicht, daß diese Leistung völlig neu geschaffen werden muß. Da diese Grundleistungen sich aus biologischen Grundlagen entwickeln, sind sie stets zuvor auf einer niederen Entwicklungsstufe existent. Sie erreichen durch die Entwicklungsreize aber eine Erweiterung, Anpassung oder Ausformung, so daß sie komplizierteren Vorgängen dienen können.

Im Zusammenwirken der Grundleistungen ergeben sich Prozesse unterschiedlicher Qualität. Dies hängt einerseits von der Funktionsfähigkeit der Teilleistungen ab, andererseits aber auch von den Speicherungen, also dem für den Prozeß zur Verfügung stehenden Material.

5.1.1. Zuwendung

Zuwendung ist nur der Sammelbegriff für alle im Zusammenhang mit der Kontaktnahme oder dem Kontaktabbruch stehenden Aktivitäten eines Organismus. Wir sprechen von

Zuwendung oder Abwendung, von Flucht oder Angriff. Diese Reaktionen sind auch Lebewesen unterhalb menschlicher Entwicklung eigen. Sie entwickeln sich aber beim Menschen in einer nie zuvor gekannten Weise. Aus der Zuwendung wird Neugier, Aufmerksamkeit, Interesse oder Hingabe an eine Sache. Je nach der Qualität der geistigen Operationen erreicht die Zuwendung eine bestimmte Form oder Ausprägung.

Der Mensch ist aus der Zuwendung heraus geboren, und er benötigt sie ein ganzes Leben. Er erhält Zuwendung, und er entwickelt Zuwendung. Sie ist von fundamentaler Bedeutung für seine emotionalen Bedürfnisse, die nicht von den kognitiven getrennt werden können. Sie ist aber auch die Voraussetzung für die kognitive Entwicklung. Dabei geht es nicht allein um die Zuwendung zum Menschen, sondern ebenso um die Fähigkeit, sich Gegenständen, Sachverhalten oder Situationen zuzuwenden. Ohne Zuwendung ist keine Informationsaufnahme möglich. Sie ist Voraussetzung jeglichen Lernens und damit auch Voraussetzung der inneren geistigen Tätigkeit.

Die elementarste Form der Zuwendung zur Aufnahme von Informationen findet sich in der Orientierungsreaktion. Sie kann als die Anlaßreaktion für Lernprozesse jeglicher Art verstanden werden. PAWLOW bezeichnete die Orientierungsreaktion als den Was-ist-das-Reflex.

SOKOLOW geht davon aus, daß die Erfahrungen eines Organismus in inneren Spuren fixiert sind. Sie bilden ein sogenanntes neuronales Modell, das im Synapsensystem der Hirnstruktur festgelegt ist. In ihm sind die Informationen über Qualität, Dauer und Intensität von Reizen gespeichert. Erreichen neue Reize den Organismus, werden sie mit dem vorhandenen neuronalen Modell verglichen. Bei einer Nichtübereinstimmung werden entsprechende Erregungsimpulse ausgelöst, die um so stärker sind, je größer die Nichtübereinstimmung zwischen dem neuronalen Modell und der Reizkonfiguration ist.

Die Untersuchung der Orientierungsreaktionen ergab, daß mit der Verbesserung der Informationsaufnahme die Empfindlichkeit der Rezeptoren gesteigert und die Wahrnehmungsschwelle erniedrigt wird. Dabei können die Schwellen für andere Reize gleichzeitig erhöht werden. Motorisch erfolgt eine Hinwendung zur Reizquelle und der Tonus der quergestreiften Muskulatur wird erhöht. Die Hirnpotentiale verändern sich. Elektroenzephalographisch ist der Alpharhythmus desynchronisiert. Der Hautwiderstand verändert sich. Die Reaktionszeiten werden verkürzt (Clauß 1978, S. 377).

Gestörte Zuwendungsfähigkeit resultiert aus vielfachen unterschiedlichen Ursachen. Sie können sowohl in der peripheren oder zentralen Fähigkeit zur Reizaufnahme liegen, sie können aber auch in emotionalen Erscheinungen oder Bedingungen zu suchen sein. Sowohl die herabgesetzte Zuwendung als auch die übermäßige Zuwendung können die geistigen Operationen behindern. Bei herabgesetzter Zuwendung erfolgt die Informationsaufnahme oberflächlich, lückenhaft, in falschem Zusammenhang oder überhaupt nicht. Bei übermäßiger Zuwendung, beim sogenannten ,,Kleben'' am Gegenstand, an der Sache oder der Person, ist der Erfahrungsraum eingeschränkt und oft blockiert. Deutlich wird dies etwa beim Autismus. Autistische Kinder sind unfähig, selbständig Zuwendung normaler Art zu entwickeln. Das hat zur Folge, daß sie wegen der nicht vorhandenen Zuwendung (etwa zum Unterrichtsgeschehen) von der Informationsaufnahme ausgeschlossen bleiben. Auf der anderen Seite entwickeln sie oft ein geradezu krampfhaftes Verhältnis zu Gegenständen. Sie widmen sich etwa so intensiv einer Steinsammlung, daß sie keinerlei Aufmerksamkeit für andere Vorgänge aufbringen. Sie können sich nicht lösen. Zuwendung und Abwendung sind in ein Mißverhältnis geraten. Das Lernen wird blockiert. Ohne Zuwendung gibt es keine Weiterentwicklung der Informationssysteme.

5.1.2. Konzentration

Die Grundleistung Konzentration ermöglicht es, die Zuwendung oder Aufmerksamkeit zu richten, einzugrenzen, auf einen Sachverhalt oder auf bestimmte Zusammenhänge zu beschränken und diese mit hoher Aktivität zu bearbeiten. Ist eine solche Fähigkeit nicht vorhanden, führt jeder vom Organismus aufgenommene Reiz zu einer Reaktion. Die Konzentration auf eine Sache währt nur Sekunden oder Sekundenbruchteile. Die kontinuierliche Gewinnung von Erfahrung oder die zielgerichtete Erarbeitung von Kenntnissen kann nicht stattfinden, da der Prozeß des Lernens ständigen Störungen oder Abweichungen unterliegt.

Die Konzentration wird durch das Zusammenspiel von Erregung und Hemmung ermöglicht. ,,Die Hemmung begrenzt und präzisiert die Erregung und ist damit ein wesentlicher Faktor für die optimale Anpassung des Organismus an die wechselnden Umweltbedingungen. Diese Anpassung ist um so feiner und spezialisierter, je differenzierter die bedingten (erworbenen) Formen der Hemmung ausgearbeitet sind'' (Pickenhain 1955, S. 724). Das Neuron ist durch Axone (Sendeleitung) und Dendriten (Empfangsleitung) mit anderen Neuronen verbunden (Abb. 8). Diese Verbindung ist nicht stehend, d.h. nicht dauernd zugeschaltet, sie wird nur im Bedarfsfalle aktiviert. Um dies zu ermöglichen, bestehen die Kontaktstellen aus Synapsen, die nur dann ein Signal übertragen, wenn der synaptische Spalt durch einen Transmitter (vgl. 1.4.1.) überbrückt wird. Die Synapsen selbst haben eine erregende oder hemmende Funktion. Der grundlegende Unterschied zwischen erregenden und hemmenden Synapsen besteht darin, daß die $(Na+)$ Leitfähigkeit an erregenden Synapsen hoch, an hemmenden kaum verändert ist (Sinz 1979, S. 59).

Um eine optimale Konzentration zu erreichen, ist eine entsprechende materielle Struktur notwendig, in der die erregenden und hemmenden Synapsen entsprechend verteilt sind. Gleichzeitig ist jedoch der Prozeß von biochemischen Faktoren abhängig; denn die Aktivierung der Leitungsbahnen, die Zuschaltung der Synapsen erfolgt erst durch die Transmitter. Sowohl eine mangelhafte Ausbildung der Leitungsstruktur als auch Störungen der Transmitterfunktion können Abweichungen der Konzentrationsfähigkeit herbeiführen. Die Transmitterfunktion wiederum steht in enger Beziehung zu den übergeordneten Funktionen des Frontallappens unserer Großhirnrinde. Wie die Untersuchungen von LOU, HENRIKSEN und BRUHN zeigen (vgl. 1.3.4.), verlaufen die Prozesse nach einer hierachischen Steuerung. Konzentration beruht auf dem ausgewogenen Zusammenspiel psychischer, biochemischer und hirnstruktureller Faktoren.

Konzentration ist ein sich beständig verändernder, vielgestaltiger, abhängiger Prozeß, der eine wesentliche Grundleistung für Lernprozesse darstellt.

5.1.3. Wahrnehmung

Wahrnehmung als Grundleistung meint nicht den komplizierten Gegenstandsbereich der Wahrnehmungspsychologie, die ja eine ganze Reihe der hier zu beschreibenden Grundleistungen als Bestandteil der Wahrnehmung versteht, sondern die einfache Tatsache, daß der Mensch in der Lage ist, durch seine Sinne Verbindungen zu seiner Außenwelt aufzunehmen und die dadurch aufgenommenen Reize in psychische Aktivitäten umzuwandeln, die wir als Widerspiegelungen bezeichnen, die durch das Zusammenspiel der Operationen zu Wahrnehmungen werden. Neurophysiologisch findet diese Tatsache in der Organisation der verschiedenen Hirnzentren ihren Ausdruck. Ihr Aufbau zeigt, daß die Entwicklung zur Heranbildung bestimmter Strukturen führte, in denen die Verarbeitung der Sinnesreize stattfindet. So kann in den jeweiligen Sinnesbereichen zwischen

Neuronennetzwerken unterschieden werden, die speziell der Wahrnehmung dienen, und solchen, die das Identifizieren, Erkennen, Zuordnen oder Interpretieren der Sinneswahrnehmung ermöglichen. Reduzieren wir die komplizierte Struktur auf das zugrundeliegende Prinzip, dann können wir ein Wahrnehmungszentrum und ein Erinnerungszentrum unterscheiden (Voss und Herrlinger 1953, S. 59). Die Funktion der Wahrnehmung läßt sich am Beispiel des Sehanalysators verdeutlichen. Das Sehzentrum liegt im hinteren Bereich der Großhirnrinde, der auch als Streifenhirn (Area striata) bezeichnet wird. Die corticale Projektion der Netzhaut erfolgt beiderseits des Sulcus calcarinus (einer Furche in diesem Bereich), während in den übrigen Bereichen die Erinnerungsbilder lokalisiert sind. Bei Ausfall des Bereiches der corticalen Projektion (Wahrnehmungszentrum) ist eine Rindenblindheit die Folge. Der davon betroffene Mensch sieht nichts mehr. Er ist blind, obwohl das Auge und die Sehbahnen noch voll funktionstüchtig sind. Bei Ausfall des Erinnerungszentrums kann der Mensch zwar die optischen Eindrücke wahrnehmen, d.h. er kann sie sehen, er kann sie jedoch nicht mehr erkennen. Wir sprechen von einer optischen Agnosie oder „Seelenblindheit''. Nach diesem Prinzip ist die Gesamtheit unserer Sinnessysteme aufgebaut. Auch das Gehör, und damit die Sprache, folgt diesen Prinzipien.

Da sich die Sinnesleistungen im Zuge eines Entwicklungsprozesses heranbilden, können sie eine unterschiedliche Qualität haben. Diese geht in den Lernprozeß ein und bestimmt ihn maßgeblich. Der Ausbildung der zur sinnlichen Verarbeitung notwendigen funktionellen Systeme kommt deshalb eine fundamentale Bedeutung zu.

Dabei darf nicht übersehen werden, daß im Lernprozeß niemals ein einzelner Sinnesanalysator aktiv ist, daß es sich im Prozeß also um das Zusammenspiel der verschiedenen Sinnesbereiche handelt, ja, daß bereits innerhalb eines Analysators verschiedene Leistungen unterschieden werden können. So lassen sich auch im Bereiche des Sehens unterschiedliche Funktionen erkennen. Ist ihr Zusammenspiel gestört und das Erkennen behindert, spricht die Neurologie von Simultanagnosie, der Unfähigkeit, einen Gesamtvorgang zu überschauen trotz richtigem Erfassen von Einzelheiten, von Farbenagnosie (Farbenblindheit) oder von geometrisch optischen Agnosien.

Von Agnosien oder Aphasien sprechen wir nur bei Verlust der entsprechenden Funktionen. Bei optischer Agnosie muß also zuvor Sehfähigkeit und bei Aphasie muß zuvor die Sprache vorhanden gewesen sein. Trotzdem erinnern die von der Neurologie beschriebenen Erscheinungsformen sehr stark an Zustandsbilder bei geistiger Behinderung und bei Lernbehinderung, obwohl hier weder Hirnverletzungen noch andere Ursachen festzustellen sind. Der Schluß liegt nahe, daß die herabgesetzte Funktionsfähigkeit durch Störungen oder Beeinträchtigungen der Entwicklung zustande gekommen ist. Die Pädagogik versucht dies durch die verschiedensten Programme und Übungssysteme zur Wahrnehmungsförderung zu beheben. Allerdings besteht hier sehr oft die Gefahr partikularistischer Vorgehensweisen, die aus dem Gesamtfeld der geistigen Operationen auf der 1. Informationsstufe herausgelöst sind und deshalb letztlich die Ausfallserscheinungen nicht aufholen oder kompensieren.
Das Problem liegt darin, daß herabgesetzte Wahrnehmungsfähigkeit überspielt oder verdeckt werden kann. Lernbehinderte Schüler etwa haben bereits in der Vorschulzeit gelernt, wie sich Wahrnehmungsausfälle kaschieren lassen. Es bedarf deshalb seitens des Lehrers einer ausgeprägten Beobachtungsfähigkeit und einer genauen Kenntnis des Zusammenhanges, um feststellen zu können, auf welchen Wahrnehmungsschwierigkeiten die Störungen oder Probleme des Lernprozesses beruhen.

5.1.4. Kodierung

Kodierung ist Umsetzung einer Nachricht in eine andere Form. Wir können von einer Grundleistung sprechen, weil sich aus ihr die verschiedenen höheren Leistungen wie Merkfähigkeit oder Gedächtnis entwickeln. In Zusammenhang mit der Fähigkeit, Bewußtsein zu entwickeln, ermöglichte es die Kodierung dem Menschen, sich aus der Abhängigkeit der Situation zu lösen, frei über gespeicherte Inhalte zu verfügen und diese mit den funktionellen Systemen in geistigen Operationen zu verarbeiten. Damit entstand das von Raum und Zeit unabhängige Denken, die Möglichkeit, innerlich etwas zu vollziehen, was die Realität nur abbildet, aber nicht die Realität selbst ist. Diese Fähigkeit ist um so besser ausgebildet, je mehr Informationen kodiert wurden, je reichhaltiger der Erfahrungsschatz ist, auf den wir zurückgreifen können.

Die Kodierung bildet auch die Grundlage für die aufeinander aufbauenden Informationsstufen. Wir kodieren die Signale der realen Welt, so weit wir heute wissen, in stofflicher Form in unserem ZNS (vgl. 1.5.). Reproduzieren (dekodieren) wir diese Speicherungen, so entstehen in unserem Bewußtsein Abbildungen der realen Welt, innere Bilder, Lautklänge, Gefühle, Geschmacksempfindungen, die wir als Vorstellungen bezeichnen. Gleichzeitig sind wir jedoch auch in der Lage, die Erfahrungen mit diesen Wahrnehmungen zu reproduzieren oder Verhältnisse und Beziehungen festzustellen. Diese Operationen wären, würden sie ausschließlich auf sinnlicher Basis verlaufen, der 1. Informationsstufe zuzuordnen.

Mit der Sprache erwarb der Mensch ein auf den Vorstellungen aufbauendes neues System geistigen Handelns. Die Vorstellungen wurden in eine andere Form umgewandelt. Analysieren wir diese, so erhalten wir einen Signalkomplex von Lautklangfolgen, Sprechmelodien, Akzentuierungen, Pausen und grammatischen Strukturen. Damit entstand ein neues System, eine erneute Kodierung der bereits kodierten Sinngehalte.

Durch Sprache aber wurde es möglich, die Kodierungen weiterzugeben. Sie waren nicht mehr Produkt des einzelnen Individuums, sondern sie wurden zum Produkt der Gesellschaft. In der Auseinandersetzung mit der Realität und in der Kommunikation bildete sich die Sprache als gesellschaftliches Produkt. So entstand eine 2. Informationsstufe. Mit der Entwicklung der Lautschrift fand dann nochmals eine Umsetzung in eine andere Form statt. Aus dem Signalkomplex Lautsprache wurde die Schrift. Analysieren wir diese Kodierungen, so erhalten wir eine Folge graphisch figuraler Strukturen (Buchstaben), die nach bestimmten Regeln und Prinzipien angeordnet werden (Phonem-Graphem Korrespondenz, morphologisches Prinzip, grammat. Prinzip usw.). Zu den bereits vorhandenen gesellschaftlichen Entstehungsbedingungen der Sprache kamen die der Schrift, so daß diese Kodierung zu einem noch stärker gesellschaftlich intendierten Instrument des äußeren und des inneren Handelns wurde. Es entstand die 3. Informationsstufe.

Kodierung in psychischen Systemen ist zwar eine Grundleistung, diese repräsentiert sich uns jedoch in den unterschiedlichsten Verkettungen, Abstufungen und Beziehungen, so daß allein die Fähigkeit der Kodierung nur wenig über die Leistungsfähigkeit in geistigen Operationen aussagt. Auch hier ist das Zusammenwirken aller Grundleistungen bestimmend.

Die Kodierung ist die bestimmende Voraussetzung für Merkfähigkeit und Gedächtnis. Allerdings geht in beide Funktionen bereits das Verarbeitungsystem ein. Ohne das Vorhandensein funktioneller Systeme kommt es weder zu Kodierungen im gegenständlichen, noch im sprachlichen, noch im schriftsprachlichen Bereich. Die Ausbildung und Förderung der Kodierungsfähigkeit muß deshalb in der praktischen und geistigen Tätigkeit erfolgen.

Eine wesentliche Rolle für den Aufbau gesicherter Kodierungen spielt die Redundanz, der Informationsüberschuß. Eine Kodierung ohne Redundanz wird als ungesicherter Kode bezeichnet. Jeder Fehler in der Übertragung muß dann zwangsläufig die Information verfälschen. Die Natur hat den Menschen allerdings mit einem sehr redundanten System der Kodierung ausgestattet. Bereits unsere Sinne vermitteln uns im Kontakt mit der Umwelt vielfältig redundante Informationen. Beißen wir in einen Apfel, dann kodieren wir nicht nur das visuelle Erscheinungsbild. Gleichzeitig speichern wir auch den Geruch, den Geschmack, die ertastete Form und die Oberflächenqualität. Es entstehen also eine Reihe von Kodierungen, ein Informationsüberschuß bildet sich. Hätten wir beispielsweise nur den visuellen Eindruck gespeichert und bei der Übertragung des Bildes würde ein Fehler auftreten, dann wäre die Identifikation des Gegenstandes unmöglich, da uns für das Erkennen keine weiteren Kodierungen zur Verfügung stünden. Dieses Gesetz gilt nicht nur für die sinnliche Wahrnehmung, es gilt auch für alle anderen Systeme der Kommunikation. Erst die Redundanz der Kodierung ermöglicht uns die Kontrolle unserer geistigen Operationen.

5.1.5. Verbindung

Kodierung allein würde noch keine geistige Operation ermöglichen, bzw. sie würde selbst ohne das Vorhandensein geistiger Tätigkeit nicht entstehen. Für die Psychologie und die Neurophysiologie war es deshalb von zentraler Bedeutung zu erforschen, wie es zur Verbindung von Reiz und Reaktion kommt.

Erste Ansätze zur Klärung dieser Beziehungen finden sich bei THORNDIKE. Er ging davon aus, daß das Individuum mit einer Fülle von Reizen konfrontiert wird, die Reaktionen herausfordern. Erfolgt dann auf einen Reiz eine passende Reaktion, kommt es zur Bildung einer Assoziation. Diese Assoziation ist eine Verbindung von Reiz und Reaktion, die sich nach dem Prinzip von Versuch und Irrtum bildet.

Eine genauere Kenntnis der Reiz-Reaktionsbeziehungen wurde erst mit den Forschungen PAWLOWs zu den bedingten Reflexen erlangt. Er versuchte durch Experimente an Hunden herauszufinden, unter welchen Bedingungen eine Verbindung zwischen einem Reiz und einem unbedingten Reflex hergestellt werden kann.

Der unbedingte Reflex ist angeboren. Alle höheren Lebewesen besitzen solche unbedingten Reflexe von Geburt an. Sie lassen sich durch die passenden Signale auslösen. Wird etwa einem Hund Hackfleisch vorgesetzt, setzt Speichelsekretion ein. Dies ist ein natürlicher Vorgang, die Auslösung einer angeborenen Beziehung zwischen Reiz und Reaktion.

PAWLOW und seine Mitarbeiter stellten sich nun die Aufgabe, diesen unbedingten Speichelreflex durch ein Signal auszulösen, das normalerweise nicht als Auslöser dient, etwa das Aufleuchten einer Lampe, der Klang einer Glocke oder das Schrillen einer Klingel. Gelänge es, dieses bedingte Signal zum Auslöser werden zu lassen, müßte der Hund gelernt haben, daß nun sofort das Futter folgt.

Der Versuchshund bekam nun zuerst das Lichtsignal geboten. Dann erfolgte eine kurze Wartezeit und daraufhin erschien der Futternapf mit dem Fleisch. Es bedurfte allerdings einer gewissen Zahl von Wiederholungen des Experimentes, bis der Hund gelernt hatte, daß nach dem Aufleuchten der Lampe die Nahrung gereicht wird. Erkennbar wurde das Lernen der Reflexauslösung dadurch, daß schließlich bereits das bedingte Signal ausreichte, um die Speichelsekretion in Gang zu setzen. Damit war nachgewiesen, daß der Hund „gelernt" hatte, daß die Lampe für ihn Futter bedeutet.

Die weitere Erforschung dieser grundlegenden Lernvorgänge erbrachte interessante Ergebnisse zu den Schließungsmechanismen des bedingten Reflexes, zur Rolle der Verstärkung und zu den Bedingungen der Löschung. Das Verfahren wird heute als „klassische Konditionierung" bezeichnet.

PAWLOW erklärte das Zustandekommen der bedingt-reflektorischen Verbindung durch das Zusammenwirken von Erregung und Hemmung. Die Untersuchungsmethoden waren zu seiner Zeit weder auf neurophysiologischem noch auf biochemischem Gebiet so weit entwickelt, daß die Existenz einer elektrischen oder chemischen Reaktion nachgewiesen werden konnte. Dies gelang erst gut fünfzig Jahre nach der Entdeckung der bedingten Reflexe durch HODGKIN, HUXLEY und ECCLES, die 1963 dafür mit dem Nobelpreis ausgezeichnet wurden. Daß die neuralen Prozesse durch elektrische Potentiale ausgelöst werden, wußte man allerdings bereits seit längerer Zeit durch neurochirurgische Eingriffe, in denen man versuchte, durch Reizung funktionsfähiges und funktionsunfähiges Nervengewebe voneinander zu unterscheiden. Um den Prozeß der Signalübertragung im Prinzip aufzuklären, bedurfte es jedoch einer ganzen Reihe von Fortschritten auf den unterschiedlichsten Gebieten, vom Einsatz von Elektronenmikroskopen angefangen, über die Erforschung der biochemischen Zusammensetzung von Transmittersubstanzen bis hin zur Aufklärung der Ionenbewegung. Erst die Gesamtheit der Forschungsergebnisse ermöglichte einen Einblick in den Zusammenhang.

Als Grundmechanismus der Erregung der Nervenmembran wird der zeitlich geregelte Austausch von Natrium- und Kaliumionen angesehen (Sinz 1979, S. 39). Die Differenz zwischen dem Ruhemembranpotential und dem Gleichgewichtspotential liefert die treibende Kraft für einen Ionenaustausch. So entsteht das Aktionspotential, das in Abhängigkeit von der Struktur der Nervenzelle, ihren erregenden und hemmenden Synapsen und der Wirkung der Transmitter (vgl. 1.4.) die Erregung überträgt. Die Hemmung wird ebenfalls durch einen Ionenaustausch bewirkt. Der grundlegende Unterschied wird jedoch darin gesehen, daß die Leitfähigkeit an erregenden Synapsen hoch, an hemmenden dagegen kaum verändert ist (Sinz 1979, S. 59). Mit der Herstellung einer Leitung zwischen den beiden aktiven Neuronengruppen erfolgt offensichtlich eine Markierung der Synapsen, so daß bei einer Wiederholung der bedingten Signale die betreffende Leitungsbahn aktiviert wird. Dies ist offensichtlich das Grundprinzip, auf dem Lernen neurophysiologisch aufbaut. Aus diesem Prinzip entwickelten sich im Laufe der Phylogenese die komplizierten funktionellen Systeme.

Die Erkenntnisse über die Bildung bedingt-reflektorischer Verbindungen sind nicht ohne Einfluß auf die Verhaltenslehre geblieben, die sich in Amerika unter dem Namen „Behaviorismus" entwickelte. Im Gegensatz zur klassischen Konditionierung setzte der Behaviorismus nicht beim unbedingten Reflex an, sondern bei einem vorhandenen oder zu erwerbenden Verhalten. Das erwünschte Verhalten wurde verstärkt und mit einem Signal gekoppelt, so daß nach der Konditionierung die angezielte Reaktion durch das Signal ausgelöst werden kann. Die Behavioristen versuchten, ihre Erkenntnisse auf schulisches Lernen zu übertragen. Zahlreiche Modelle von der Verhaltenstherapie bis zum programmierten Lernen wurden in Form eines „Verstärkungslernens" entwickelt. Dabei erwiesen sich nur diejenigen als erfolgreich, die sich auf emotionale und soziale Verhaltensweisen bezogen. Die kognitiven Lernprozesse wurden durch Verstärkungslernen weniger stark beeinflußt.

Mit den bedingt-reflektorischen Verbindungen hatte die Neurophysiologie jene Grundleistung und die Mechanismen ihrer Heranbildung entdeckt, die es den Lebewesen ermöglichen, einfachste Lernvorgänge zu vollziehen. Diese Grundleistung bildete in der Phylogenese die Ausgangsposition für das Lernen und die Bewältigung immer komplizierterer Lernprozesse und die Bildung funktioneller Systeme. Sie ist auch heute noch in jeder

Lernleistung enthalten — allerdings hier in so komplizierten Beziehungen und gleichzeitig auftretenden Verbindungen, daß sie bei höheren Lernvorgängen nicht mehr isoliert werden kann. Gleichzeitig haben sich auch die Mechanismen der Verstärkung verändert. Dies heißt nicht nur, daß im Laufe der Menschwerdung die materielle Verstärkung zwar erhalten blieb, die beherrschende Stellung aber von der sozialen Verstärkung übernommen wurde. Dies heißt auch, daß der Mensch sich mehr und mehr von der äußeren Verstärkung löste und eine innere Verstärkung entwickelte, wie wir sie im Gefühl des Erfolges nach einer komplizierten Aufgabe kennen. Ohne Zweifel ist die einfache bedingt reflektorische Verbindung in allen unseren Lernprozessen enthalten. Für die Bildung komplexer Systeme ist sie jedoch unzureichend . Mit ihr allein, d.h. mit unseren Kenntnissen zur Konditionierung allein, können wir die komplizierten Aufgaben kognitiver Operationen nicht lösen.

5.1.6. Netzwerkbildung

Bedingt reflektorische Verbindungen zu bilden, reicht nicht aus, um die komplizierten Denkvorgänge zu bewältigen. Es mußte also in der Entwicklung des Menschen eine weitere Grundleistung hinzukommen, die das gleichzeitige Be- und Verarbeiten von Informationen, den Vergleich, die Ergänzung, die Kontrolle und vieles andere mehr gewährleistet. Dazu ist aber eine Verbindungskette nicht geeignet.

Um komplizierte Leistungen zu vollbringen, ist es notwendig, eine Vielzahl von Speicherungen gleichzeitig zu mobilisieren, sie mit den unmittelbaren Sinneserfahrungen zu vergleichen, zu verarbeiten, evtl. neu zu organisieren usw. Die Mobilisierung einer Reflexkette im Sinne nacheinander geschalteter Verbindungen würde zu einer solchen Arbeitsweise nicht ausreichen. Es muß sich also im Laufe der Menschwerdung ein anderes System gebildet haben, das es uns ermöglicht, den wechselnden Umweltanforderungen gerecht zu werden. Wie aber geschieht das? Kann die Vernetzung genetisch vermittelt werden?

Es kann nicht ohne Bedeutung sein, daß sich das Gehirn des Menschen im Laufe der ersten 20 Lebensjahre etwa vervierfacht. Die Schwierigkeiten einer Geburt mit größerem Hirn sollten kein hinreichender Grund dafür sein, daß der Mensch nur mit einem Viertel des endgültigen Hirnvolumens geboren wird. Die körperlichen Probleme hätte die Natur auch durch andere Formgebung unseres Gehirns überwinden können. Einleuchtend erscheint vielmehr, daß die Umwelt für die Entwicklung des Gehirns notwendig ist, daß wir genetisch nicht in der Lage wären, einen solchen Bauplan zu kodieren, der allen in dieser Welt vorkommenden Umweltbedingungen gerecht werden könnte. So hat die Natur in der letzten Phase der Entwicklung der Lebewesen dem Menschen nur Prädispositionen mitgegeben, gewissermaßen Möglichkeiten, die er für seine Entwicklung nutzen kann (vgl. 1.1.1. bis 1.1.4. Das Nervensystem entwickelt sich).

Betrachten wir die Entwicklung des ZNS in den ersten Lebensjahren, dann stellen wir fest, daß der Zuwachs an materiellem Substrat nicht aus Neuronen besteht, sondern daß in dieser Zeit ein geradezu stürmisches Wachstum neuraler Verbindungen und eine zunehmende Myelinisierung der Nervenbahnen stattfindet. Das Wachstum der neuralen Verbindungen führt dazu, daß Netzwerke entstehen. Die Myelinisierung bewirkt, daß sich die Leitungsgeschwindigkeit der Nervenbahn vervielfacht. Beide Funktionen sind notwendig, um die vielseitige und schnelle Anpassung an die Umweltbedingungen hervorzubringen. „Heute kennt man kaum noch eine einzige Hirnregion, die nicht in Erregungskreise eingeschaltet wäre, zumeist in mehrere. Gerade die starke ‚Vermaschung' ist kennzeichnend für die funktionelle Anatomie des Gehirns" (Rüdiger 1965, S. 45).

Nun wäre die außerordentlich starke Hirnentwicklung lerntheoretisch und pädagogisch von untergeordneter Bedeutung, wenn nicht die Tatsache der Umwelteinwirkung vorhanden wäre. SINGER hat dies für die Entwicklung des Sehanalysators nachgewiesen (vgl. 1.1.4. Signale aus der Umwelt optimieren die Schaltsysteme). Da es sich bei den Untersuchungen zur Entwicklung des Sehanalysators aber um ein primäres System handelt, kann angenommen werden, daß die Gesetzmäßigkeit der Entwicklung noch weitgehend Prinzipien gehorcht, die wir mit den Tieren gemeinsam haben. Die von TSUNODA und BACH Y RITA vorgelegten Ergebnisse lassen jedoch den Schluß zu, daß sekundäre Systeme, die auf den primären Leistungen aufbauen, in einem noch stärkeren Maße umweltabhängig sind und ,,gebahnt" werden (vgl. 1.2.3. bis 1.2.5.). Das bedeutet, daß die Vernetzung zwar auf genetischen Voraussetzungen basiert, daß die Art der Vernetzung jedoch durch die Umwelt bestimmt wird.

Diese Auffassung wird auch von VESTER vertreten, und es könnte der Anschein entstehen, daß die hier dargelegte Position mit der dort vertretenen identisch sei. Dies ist jedoch nicht der Fall. VESTER spricht von sogenannten ,,Grundmustern", die sich während der ersten sechs Wochen bilden, und die dann das ganze spätere Leben bestimmen (Vester 1979, S. 35—42). Eine solche Theorie dürfte nicht nur grundlegend falsch sein, sie hätte auch pädagogisch verheerende Folgen. Sie kann weder durch die neuropathologische Forschung noch durch neurophysiologische, noch durch neuropsychologische Ergebnisse bestätigt werden. Diese zeigen vielmehr, daß die Entwicklung der Netzwerke über einen langen Zeitraum erfolgt, daß sie von der Bildung von Voraussetzungen abhängig ist und daß sich aufeinander aufbauend Systeme bilden, die immer umweltabhängiger werden, je höher sie kodiert sind. Die von Vester vertretene These der Grundmuster wäre lediglich eine Neuauflage der Begabungstheorie. Praktisch wäre jeder Mensch dann nach etwa sechs Wochen bereits auf seinen zukünftigen Verarbeitungstyp festgelegt, und eben das würde uns bei lernschwierigen, lernbehinderten oder geistig behinderten Kindern in die Hoffnungslosigkeit führen.

Der Mensch wird bereits mit Vernetzungen geboren. Sofort nach der Geburt entwickeln diese sich jedoch weiter und beziehen nunmehr die Umwelt in immer stärkerem Maße in den ,,Planbau des Gehirns" ein. Ist die Vernetzung am Anfang noch sensomotorisch und sinnesbezogen, dient sie am Anfang noch der Anpassung und Ausrichtung der Sinne und der Motorik auf die Umwelt, setzt doch schon sehr bald die Aufnahme von Informationen und die Verarbeitung derselben ein. Damit aber beginnt der komplizierte Aufbau unserer Kommunikationssysteme. Es werden Voraussetzungen aufgebaut, die in spätere höher entwickelte Leistungen eingehen. Die Netzwerkbildung erlaubt es uns später, gedanklich verschiedene Wege zu gehen, zu einer vorhandenen Information die passende zu suchen, gleichzeitig mehrere Informationen zu mobilisieren, die Informationen auszutauschen, blitzartig neue Erfahrungen hinzuzuziehen, das ganze Problem von einer anderen Seite her anzugehen oder neu zu organisieren. Eine Vielfältigkeit geistiger Tätigkeit setzt ein, die ohne Netzwerkbildung unmöglich wäre. ,,Wollten die Gehirnforscher dieses Schaltbild Nervenzelle für Nervenzelle mit allen ihren Kontakten nachbauen, ergäbe sich unter der Annahme von nur tausend Verknüpfungen an einer Nervenzelle mit einer anderen, wobei bei einer einzelnen Nervenzelle bereits schon hunderttausend Kontakte festgestellt werden konnten, die astronomische Zahl von 15 Billionen Kontakten. Das wären tausendmal mehr als alle Sterne unseres Universums zusammengenommen" (Rexroth 1981, S. 83).

5.1.7. Vergleichen

Die Bezeichnung Vergleichen steht hier als Operationsbezeichnung für eine Funktion, die das Erkennen oder Identifizieren zum Ziel hat. Die bereits beschriebenen Grundleistungen wären wirkungslos, gelänge es dem Organismus nicht, gespeicherte Informationen mit neuen Informationen zu vergleichen. Auch hier handelt es sich um eine Grundleistung, die wir in verschiedener Ausprägung bereits in der Tierreihe beobachten können. Das in geschlossenem Raum herangewachsene Huhn erkennt z.B. den kreisenden Raubvogel, obwohl es nie zuvor einen solchen gesehen hat. Die Katze erkennt die Maus als Beutetier, obwohl ihr nie zuvor eine Maus begegnete.

Erkennen kann nur durch einen Vergleich erfolgen. Um einen Gegenstand oder Sachverhalt zu identifizieren, müssen Informationen gespeichert sein, die mit den neuen Informationen in Verbindung gebracht und auf Übereinstimmung geprüft werden. Ist diese Übereinstimmung bis zu einem gewissen Grade gegeben, so erkennt das Tier den Gegenstand als einen solchen. Es orientiert sich dabei an Merkmalen. Bekannt ist der Versuch von TINBERGEN. Er produzierte ein Balkenkreuz, dessen eine Seite er kürzte, und das dadurch Ähnlichkeit mit dem Flugbild eines Raubvogels gewann. Das Balkenkreuz befestigte er an einer Zugvorrichtung, mit der er es in drei Meter Höhe über einen eingezäunten Bereich führen konnte. In diesem Bereich waren Putenküken, die nie zuvor Erfahrungen mit einem Raubvogel gesammelt hatten. Als er das verkürzte Balkenkreuz mit dem kurzen Ende voran über den Hof bewegte, zeigten die Küken Fluchtreaktionen, weil sie das Kreuz als Raubvogel identifizierten. Bewegte er es mit dem langen Ende voran über den Hof, zeigten sich keine Reaktionen. Die Küken identifizierten es offensichtlich mit dem Flugbild einer für sie ungefährlichen Flugente.

SCHLEIDT wiederholte den Versuch TINBERGENs, zog jedoch die Küken in einem geschlossenen Raum auf. Diese Küken zeigten Fluchtreaktionen bei jedem Gegenstand, der über den Aufenthaltsraum hinwegflog. Nach einiger Zeit setzte jedoch eine Gewöhnung ein. Die Tiere sonderten Flugbilder aus. Die am häufigsten vorkommenden erschienen ihnen als ungefährlich. Bei seltenen Flugbildern setzte jedoch Fluchtreaktion ein. Tatsächlich sind in der Natur die Flugbilder des Raubvogels seltener als die anderer Vögel. Die Küken hatten also nur eine Schutzreaktion ererbt, präzisiert wurde sie durch die Umwelt (Ditfurth 1981, S. 87-91).

Die Untersuchungen zeigen, daß sowohl genetische Voraussetzungen, als auch Umweltbedingungen für das Erkennen notwendig waren. Das Erkennen erfolgte auch nicht mit photographischer Genauigkeit, sondern durch Merkmalserkennung und Merkmalsspeicherung. In den Erinnerungsbereichen des Sehzentrums der Tiere ist also nicht das photographische Abbild gespeichert, sondern ein Merkmalskatalog. Zu diesen Merkmalen gehört allerdings nicht nur das Abbild, sondern auch die Handlung, in diesem Falle die Bewegungsrichtung. Der Vergleich der durch Wahrnehmung entstandenen, im Wahrnehmungszentrum analysierten Merkmale mit den erinnerten Merkmalen führte dann zur Entscheidung ,,gefährlich'' oder ,,ungefährlich''.

In der Entwicklung der Arten mußte die Natur dem Umwelteinfluß einen immer höheren Anteil einräumen. Je vielfältiger die Lebensaufgaben wurden, um so mehr mußte das Lernen an Bedeutung gewinnen. So basiert das vom Menschen praktizierte Erkennen zwar auf den genetischen Voraussetzungen, es hat sich jedoch bis zu einer Höhe entwickelt, wo die Merkmalseigenschaften eines Gegenstandes, einer Sache, Situation oder Produktion exakt gespeichert sein müssen, um eine Identifizierung und damit eine Verbindung und Aktivierung aller handlungsrelevanten Wahrnehmungen und Speicherungen ermöglichen zu können. Ist die Grundleistung ,,Vergleichen'' nicht in genügender Weise entwickelt, kann der Lernprozeß schon auf der Stufe der Analyse, also der Identifikation der Gegenstände scheitern. Dies zeigt, von welch eminenter Bedeutung die Schulung der Grundleistungen im gegenständlichen Bereich auf der Basis der Wahrnehmung ist.

Hier werden die fundamentalen Operationen entwickelt, die später in die Identifikation komplizierter Systeme eingehen. Auch die höher kodierten Systeme wie Lautsprache und Schriftsprache basieren in ihren Operationen auf der Grundleistung des Vergleichens.

5.1.8. Systematisieren

Jeder Organismus weist eine gewisse Systematik auf. Das gilt für den Bau des Skelettes ebenso wie für die Muskulatur oder das ZNS. Erst durch das System werden Organismen funktionsfähig.

Das Prinzip der Systematisierung gilt jedoch nicht nur für unsere materielle Welt, es ist ebenso im geistigen Bereich, in der Verarbeitung von Informationen und in der Anwendung geistiger Operationen wirksam. Schon die materiellen Voraussetzungen führen zu einer Systematisierung. So sind unsere Beine für andere Tätigkeiten geeignet als die Hände. Der Kopf dient anderen Zwecken als der Rumpf. Auch die Rückmeldungen, die der Organismus erhält, gehen nicht wirr durcheinander. Sie erreichen ganz bestimmte Bereiche des ZNS. Die Natur ist also schon in ihrer unbewußten Form systematisiert.

Es erscheint deshalb als selbstverständlich, daß auch die geistige Tätigkeit Systeme produziert, daß die auf unseren Organismus treffenden Nachrichten nicht ohne eine gewisse Ordnung in unser Zentralnervensystem eingehen und daß sie auch dort nicht ohne eine Ordnung gespeichert werden können. Eine erste Systematisierung findet ja schon durch unsere Sinne statt. Wir benutzen verschiedene Kanäle, um unsere Umwelt zu erfahren. Im weiteren Verlauf überprüfen die Analysatoren die emotionale und kognitive Qualität der Information und entscheiden in verschiedenen Zentren über die Weiterleitung oder die weitere Verarbeitung. Dies alles wird uns natürlich nicht bewußt, es verläuft in Sekundenbruchteilen, und wir empfinden in unserem Bewußtsein diesen Verlauf als Gleichzeitigkeit.

Da unser ZNS auf Ordnung angelegt ist, beginnt auch das Neugeborene sein Leben in Ordnungssystemen. Die ersten Äußerungen, die Reaktionen auf die eigene Befindlichkeit oder auf die Umwelt, sind lustbetont oder unlustbetont. Nach einigen Monaten kommen die Erfahrungen mit der Umwelt hinzu. Sieht das Kind sein Fläschchen, fängt es an, freudig die Arme zu bewegen und mit den Lippen zu saugen. Alle Geräusche, alle Bewegungen, alle Gegenstände, die zur Nahrungsversorgung dienen, rufen Zuwendung hervor. Das Kind vereinigt sie zu einem Komplex. ,,Bereits in sehr frühem Alter ,organisieren' die Kinder ihr Wissen nach bestimmten Grundstrukturen — und diese Grundmuster, zum Beispiel die Fähigkeit zwischen belebten und unbelebten Objekten oder zwischen Ursache und Wirkung unterscheiden zu können, scheinen sogar Teil unserer genetischen Ausstattung zu sein'' (Pines 1984, S. 44).

Nach einer weiteren Zeit bildet sich etwa ein solcher Komplex um das Spazierenfahren. Der Mantel der Mutter, der Sportwagen, alle Gegenstände die mit dem Weg nach draußen in Beziehung stehen, bilden einen weiteren Verbund. Das Kind bildet gewissermaßen Erfahrungsgruppen. Es kann die sinnlichen Wahrnehmungen infolge der aktiven Grundleistungen verbinden, vernetzen und ordnen.

Mit dem Erwerb der Sprache erhält die Systematisierung eine andere Qualität. Die Sprache ermöglicht es uns, Verhältnisse und Beziehungen auszudrücken, nach Unter- und Oberbegriffen zu ordnen. Gesellschaftliche Erfahrungen haben diese Ordnungen geschaffen. Mittels der Sprache ist das Kind dann in der Lage, von der sinnlichen Erfahrung und Systematisierung zur gesellschaftlichen Erfahrung und Systematisierung überzugehen. Damit wird auch die sinnliche Erfahrung nach gesellschaftlichen Kriterien geordnet.

Das gesellschaftliche Erbe geht in das innere System als Erfahrung unserer Welt in mehr oder weniger starkem Maße ein. Je nach dem Vorhandensein, nach Umfang und Qualität der sinnlichen Erfahrung, der sprachlichen Erfahrung und der zu ihrer Verarbeitung notwendigen funktionellen Systeme bilden sich Ordnungssysteme, die unsere kognitive Entwicklung wesentlich bestimmen.

Die neueren Forschungen von GELMAN, SCHULTZ, HOLZMAN, BLOOM und MANDLER deuten darauf hin, daß die Fähigkeit zur Systematisierung vom Beginn des Lebens an vorhanden ist, daß sie jedoch entsprechend dem Stand der Kommunikationsfähigkeit und der Speicherung von Umwelterfahrungen eine entwicklungsspezifische Ausprägung erfährt (vgl. Pines 1984, S. 42—48). Diese Erkenntnis läßt die Ergebnisse der Entwicklungspsychologie, insbesondere die Beschreibungen der Genfer Schule der Psychologie, in einem neuen Lichte erscheinen. Was bisher für Reifung gehalten wurde, erscheint vielmehr als Ergebnis der natürlichen Auseinandersetzung zwischen Organismus und Umwelt. Damit steigt die Bedeutung der aktiven Förderung des Kindes im Säuglings- und Vorschulalter und die Bereitstellung von fördernden Entwicklungsbedingungen. Diese Erkenntnis erklärt aber auch, warum gerade in den Städten unter ungünstigen Lebensbedingungen, in Hochhaussiedlungen und betonierten Wohngettos, immer mehr verhaltensgestörte und kognitiv ungenügend entwickelte Kinder heranwachsen.

5.1.9. Analyse und Synthese

Die Wechselbeziehung zwischen Organismus und Umwelt ist durch Tätigkeit gekennzeichnet. Über unsere Rezeptoren nehmen wir die Umwelt nicht als statisches Bild, sondern als dynamische Einheit des Äußeren und des Inneren auf. Wir haben nicht nur die Welt um uns, sondern gleichzeitig uns selbst in dieser Welt im Bewußtsein. Dazu bedarf es der ständigen Zerlegung und Identifizierung der aufgenommenen Informationen, aber auch ihrer Zusammenfügung zu einem Gesamtbild. Beständig analysieren wir die auf uns einwirkenden Reizkomplexe, synthetisieren sie aber zugleich. Wir analysieren das jeweilige durch Synthese zustandegekommene Zustandsbild, wie wir gleichzeitig auch die durch Analyse gewonnenen Informationen synthetisieren. Die Grundleistungen der Analyse und Synthese lassen sich deshalb nicht trennen. Sie können nicht isoliert beschrieben werden. „Für gewöhnlich hat es der Organismus mit einer komplizierten Kombination verschiedener sowohl simultan als auch sukzessiv wirkender Reize zu tun. Jeder Gegenstand wirkt als ein Komplex von Reizen, der häufig von verschiedenen Analysatoren aufgenommen wird. Farbe, Form, Größe, Duft und Konsistenz, alle diese Eigenschaften des Objektes sind Einzelreize, die in ihrer Gesamtheit den entsprechenden Gegenstand kennzeichnen und ihn von anderen unterscheiden. Um die Mechanismen der Anpassungstätigkeit zu erkennen, ist es außerordentlich wichtig, die Reaktion auf Komplexreize zu untersuchen. Diese Methode ermöglicht es, die kompliziertesten Verhältnisse der Hirntätigkeit zu erforschen, da ihre dialektische Einheit gerade hierbei mit besonderer Deutlichkeit zutage tritt" (Wazuro, 1962, S. 66).

Analyse und Synthese sind Grundleistungen höherer Nerventätigkeit. So sind sie selbstverständlich auch auf der Ebene der Steuerung des Lebens unterhalb unseres Bewußtseins vorhanden. Ohne Analyse könnten die steuernden Faktoren unseres Blutkreislaufes nicht feststellen, wie hoch der Blutdruck, die Spannung der Arterien und Venen, der Sauerstoff des Blutes usw. ist. Ohne Synthese könnten die gesammelten Werte nicht miteinander verglichen, zusammengefügt und zu neuen Informationen zusammengestellt werden. Ohne das Prinzip von Analyse und Synthese wäre gesteuertes Leben nicht möglich. Die Natur hat im Zuge der Entwicklung die Grundleistungen von Analyse und Synthese in den geistigen Bereich hinübergenommen, sie in komplizierte Systeme eingebracht und zu ihrem Bestandteil werden lassen. Wie bei allen anderen Grundleistungen erfüllen Analyse und Synthese im Bereich menschlicher Lebensbewältigung automatisch ihre Funktion. Sie müssen jedoch als kognitive Leistungen in der Auseinandersetzung mit der Umwelt aufgebaut werden. Sie müssen erlernt werden.

Wie Analyse und Synthese zusammenwirken, läßt sich an einem Beispiel erklären. Ein Mensch möchte in einer Großstadt eine sehr stark befahrene Hauptstraße überschreiten. Er hat die Straße in ihrem gesamten Bereich im Blick. Er sieht von beiden Seiten heranbrausende Fahrzeuge, rote, grüne, gelbe PKW, einen Sattelschlepper, zwei Lastwagen, einen Mopedfahrer, einen Kranwagen, einen Radfahrer und eine Baumaschine. Was er feststellt, was er aus dem Ganzen herauslöst, könnte man als Analyse bezeichnen. Gleichzeitig aber versucht er die Merkmale zusammenzufügen und dazu die innere gespeicherte Erfahrung zu mobilisieren, aus der Situation „Sinn" zu gewinnen. Er registriert die Fahrtrichtung, den Abstand der Fahrzeuge zueinander, zu sich selbst, zum Straßenrand, zur gegenüberliegenden Seite. Er bildet aus den Teilen ein Ganzes. Dieses Ganze genügt aber noch nicht, um Entscheidungen zu treffen; denn es verändert sich mit großer Geschwindigkeit. Er muß also in Sekundenbruchteilen beständig neue analytisch-synthetische Leistungen vollziehen. Doch auch dies ist noch nicht ausreichend zur Bewältigung der Situation. Um die Straße überschreiten zu können, ist ein Vorausdenken notwendig, d.h. es ist zu klären, wo welches Fahrzeug und er selbst zu einem vorstellbaren Zeitpunkt sein werden. Dazu aber bedarf es der Mobilisierung von Speicherungen, des Einbringens von Erfahrung und der Einschätzung der kommenden Situation. Es handelt sich also um einen fließenden Prozeß beständiger gegenläufiger, sich gleichzeitig ergänzender Tätigkeiten in unserem Zentralnervensystem, die fortlaufend der sich ändernden Situation angepaßt werden müssen. Diese Beschreibung gilt nur im Prinzip. Sie erfaßt nicht alle Einzelheiten und Vorgänge. Sie soll nur verdeutlichen, wie kompliziert dieser Prozeß ist und welche Lernarbeit notwendig wird, um etwa solche gegenständlichen Leistungen zu vollbringen. Um wieviel komplizierter wird die Tätigkeit von Analyse und Synthese dann noch, wenn es sich nicht um sinnlich wahrnehmbare Situationen handelt, sondern um Lautsprache oder um Schriftsprache, die jeweils ihre eigenen analytisch-synthetischen Leistungen im Rahmen ihres funktionellen Systems erfordern, gleichzeitig aber die als Voraussetzung notwendigen Informationsstufen einbeziehen und im Prozeß mobilisieren. Die Grundleistungen Analyse und Synthese entwickeln sich zunächst im sinnlichen Bereich. Je besser sie dort funktionsfähig werden, um so leichter wird es dem Heranwachsenden sein, sie in höheren Informationsstufen einzusetzen und in die funktionellen Systeme einzubringen.

5.1.10. Regelkreise

Die Bezeichnung Regelkreise läßt zunächst an Kybernetik denken, an die bekannten Steuer- und Regeltechniken, die in den letzten Jahrzehnten in Technik und Produktion Einzug hielten. Der Regelkreis ist allerdings keine Erfindung der Kybernetik, sondern ein seit Jahrmillionen von der Natur benutztes Prinzip zur Regelung von Lebensvorgängen.

Das Prinzip des Regelkreises baut auf den analytisch-synthetischen Leistungen der Nerventätigkeit auf. Analyse und Synthese würden in ihrem Zusammenwirken noch kein verwertbares Ergebnis zeigen, wenn nicht bestimmte Regelsysteme für eine Abstimmung sorgten. Die Regelkreise dienen der Aufrechterhaltung eines biologischen und psychischen Gleichgewichtes. Der Physiologe CANNON bezeichnete 1932 diesen Vorgang als *„Homöostase"* (Rexrodt 1981, S. 51).

Bei einem Regelkreis werden durch die Analyse Istwerte ermittelt, die in der Synthese mit gespeicherten Sollwerten verglichen werden. Weichen Istwerte und Sollwerte voneinander ab, entwickelt das System eine Regelgröße, die so lange aktiv bleibt, bis der gewünschte Sollwert erreicht ist. Allerdings muß jeder Sollwert eine gewisse Regulationsbreite haben; denn jede Regelgröße führt durch ihre Tätigkeit schon wieder eine Abweichung herbei, so daß der Sollwert nie beständig erhalten bleibt. Es handelt sich immer um ein *Schwingen um Sollwerte*, um ein sogenanntes Fließgleichgewicht. ,,Damit ein System Arbeit leisten kann, darf es nicht im Gleichgewicht sein, sondern muß auf ein solches hinstreben. Damit es das dauernd kann, muß das System im Zustand des Fließgleichgewichtes erhalten werden. So verhält es sich mit dem lebenden Organismus, bei dem die Tatsache, daß er ein offenes System ist, die notwendige Bedingung für eine dauernde Arbeitsfähigkeit ist'' (Karlson 1974, S. 66).

Auch das Prinzip des Regelkreises wurde aus dem Biologischen in das Psychische übertragen. Unsere elementarsten Lebensvorgänge wären ohne Regelkreise nicht zu erhalten. So wird z.B. unser Blutdruck durch analytische Vorgänge ständig überwacht. Fällt er ab oder steigt er an, überschreitet er also bestimmte Sollwerte, dann setzt die Regulation ein. Dies kann nun durch Erhöhung der Herzschlagfrequenz geschehen, durch kräftigere Arbeit des Herzmuskels oder durch Veränderung der Spannung an Venen und Arterien. Jeder Regulationsbereich besitzt eigene Regelkreise, deren Ergebnisse ihrerseits wieder miteinander verglichen werden müssen, um die richtige Entscheidung treffen zu können. Man spricht dann von einer Vernetzung oder Vermaschung der Regelkreise (Rüdiger 1965, S. 45).

Aus den biologischen Regelkreisen wurden die psychischen. Das gleiche System, das die Lebensvorgänge regelt, wurde auch zum Bestandteil jener Bereiche, die das Lernen und Denken regeln. Lerntheoretisch findet der Regelkreis seine Entsprechung in der *Kontrolle*. Sie ist sowohl Bestandteil der inneren als auch der äußeren Vorgänge. Es gibt keine geistige Tätigkeit ohne Kontrolle, also ohne Regelkreise. Allerdings können die Sollwerte der höher organisierten geistigen Regelkreise durchaus falsch eingestellt sein (sie sind ja erlernt), und wir gelangen zu falschen Ergebnissen, oder die angestrebte Leistung wird nicht erreicht und der kognitive Prozeß wird abgebrochen, ohne das Ziel erreicht zu haben.

Wie die Regelkreise zusammenwirken, läßt sich sowohl an einfacheren Leistungen des sensomotorischen Lernens erklären als auch an komplizierteren, wie zum Beispiel an denen der Sprache. Benutzen wir hier das Beispiel der Sprache. Obwohl es komplizierter ist als die Darstellung sensomotorischer Regelkreise, ist es möglicherweise einleuchtender, um die Bedeutung von Regelkreisen für den Lernprozeß zu erklären.

Sprache entwickelt sich etwa vom dritten Lebensmonat an. Zu diesem Zeitpunkt kommt es zu den ersten Lautbildungen. Das Lallen beginnt. Wird nun ein Kind gehörlos geboren, dann beginnt es ebenso zu lallen wie das hörende Kind; denn die ersten Lautbildungen sind endogen bedingt. Nach einigen Wochen jedoch werden die Lallmonologe immer spärlicher. Das Kind gibt langsam auf. Die Rückmeldungen fehlen. Es kann sich kein Regelkreis aufbauen, da das auditive Rückmeldesystem fehlt.

Anders ist es beim hörenden Kind. Es beginnt ebenso wie das gehörlose Kind mit dem endogenen Lallen. Es hört sich jedoch selbst, und es hört auch die Sprache der anderen Personen. Dadurch ist es in der Lage, den Sprachspeicher (Wernickesches Zentrum) mit Lautklangbildern zu füllen und diese Lautklangbilder wieder als Muster für die eigenen Lautbildungen zu benutzen. Aus dem endogenen Lallen wird das soziale Lallen. Gleichzeitig werden mit den auditiv-sprachlichen Rezeptoren auch die kinästhetischen Rezeptoren der Muskulatur aktiviert, so daß in den Sprechbewegungszentren eine Abspeicherung der Bewegungsmuster erfolgt (vereinfachte Darstellung). Es bilden sich also zwei Kontrollkreise oder Regelkreise:

1. Der primäre oder kinästhetische Kontrollkreis, der die gespeicherten Bewegungsmuster als Sollwerte benutzt.

2. Der sekundäre oder akustische Kontrollkreis, der die gespeicherten Lautklangbilder als Sollwerte benutzt.

Um nun die Sprache kontrollieren zu können, muß das Kind einerseits die Kontrollkreise entwickeln, andererseits aber auch die Vermaschung vollziehen, damit die Ergebnisse beider Kontrollkreise miteinander verglichen werden können.

Bis zum zweiten Lebensjahr haben sich diese Kontrollkreise soweit entwickelt, daß das Kind mit ihrer Hilfe die Lautbildung gezielt steuern kann. Will es später das Wort „Kartoffel“ sprechen, das produzierte Lautklangbild lautet jedoch ,,Tatoffel'', dann wird es die falsche Lautbildung einerseits durch den kinästhetischen Kontrollkreis erfühlen, andererseits auch erhören; denn wir nehmen das gesprochene Wort über das Gehör wahr und vergleichen es mit dem gespeicherten Wort. Dies ist nur ein Beispiel dafür, welche entscheidende Rolle der Aufbau der Kontroll- oder Regelkreise im Rahmen des Systems der Grundleistungen spielt. Im Gegensatz zu den biologischen Regelkreisen, die ja genetischer Natur sind, haben wir es bei den Regelkreisen geistiger Operationen weitgehend mit erlernten Funktionen zu tun. Je höher die Kodierung eines Systems ist, um so höher ist auch der erlernte Anteil. Je höher der erlernte Anteil ist, um so größer sind die Einflüsse, die von Erziehung, Unterricht und Didaktik ausgehen. Bei den komplizierten geistigen Operationen der Lernprozesse haben die Regel- oder Kontrollkreise einen so hohen erlernten Anteil, daß auf die konsequente Einschulung der Kontrollfähigkeit in jedem einzelnen Fall sowie beim Aufbau jeder geistigen Operation nicht verzichtet werden kann. Zwar entwickelt das gut lernende Kind die Kontrollkreise von selbst, das lernschwierige oder lernbehinderte Kind dagegen muß zielgerichtet in seiner Kontrollfähigkeit beim Aufbau geistiger Operationen unterstützt werden.

5.1.11. Funktionelle Systeme

Um die komplizierten Prozesse des Denkens und Lernens zu vollziehen, würde selbst die Vernetzung von Regelkreisen nicht ausreichen. Es bedarf deshalb eines höher organisierten Systems, in dem die unterschiedlichen Rezeptoren, Speicherungen und Funktionen miteinander verbunden und so aufeinander abgestimmt werden, daß die geistigen Operationen einerseits nach einer bestimmten Regel ablaufen, andererseits aber auch die nicht der Regel entsprechenden Informationen damit verarbeitet werden können. Die Natur schuf ein solches System in der tätigen Auseinandersetzung von inneren und äußeren Bedingungen des Organismus. Wir bezeichnen es als das *funktionelle System*.

Das funktionelle System stellt eine ,,Einheit der Integrationstätigkeit des Organismus dar; es ist der konkrete physiologische Apparat der Selbstregulation und Homöostase. Das funktionelle System vollzieht die selektive Einbeziehung und Vereinigung verschiedener Strukturen und Prozesse im Interesse der Ausführung irgendeines deutlich umschriebenen Verhaltensaktes oder einer anderen Funktion des Gesamtorganismus'' (Anochin 1967, S. 35). ,,Diesen Funktionen liegt nicht die Tätigkeit irgendeiner isolierten Gruppe von Hirnzellen zugrunde, sondern eines komplizierten kortikalen Systems, dessen Elemente in verschiedenen, mitunter weit voneinander entfernten Hirnabschnitten liegen, die jedoch ein einheitliches funktionales System bilden'' (Leontjew 1977, S. 306). ANOCHIN befaßte sich mit der Bildung funktioneller Systeme auf der Grundlage physiologischer Erkenntnisse. LEONTJEW beschrieb sie in ihrer historischen Entstehung und

Bedeutung für den Lernprozeß. Im didaktischen Bereich blieb es bei einigen Ansätzen, bis auf dem Gebiet des Lesenlernens mit den relativ umfangreichen Ergebnissen in der Erforschung der einzelnen Funktionen ein geschlossenes Konzept vorgelegt wurde (Radigk 1970, S. 21 – 46). Damit wurde es möglich, eine praxisnahe Darstellung der Theorie und gleichzeitig eine didaktische Konzeption mit den dazu notwendigen Materialien in Form eines Mediensystems zu bieten (Radigk 1973).

Bei der praktischen Realisierung der Theorie der funktionellen Systeme zeigte sich, daß die Umsetzung der Erkenntnisse nicht allein in der zweiten und dritten Informationsstufe erfolgen kann, wie dies in der Regel beim Einsatz von Fibel und Arbeitsbuch der Fall ist, sondern daß die 1. Informationsstufe als Basis des Lernens mit ihren Sinngehalten und grundlegenden Operationen nur in handelnder Form herangebildet werden kann, und dazu bedarf es mehr als des gesprochenen und gedruckten Wortes.

Während die Theorie des Lesenlernens auf der Grundlage funktioneller Systeme in der fachlichen Diskussion nur zögernd angenommen wurde, erreichte das praktische Konzept eine sehr weite Verbreitung. Für die Durchsetzung der Lerntheorie fehlten hingegen die Voraussetzungen, da der Bezug auf Neurophysiologie und die materialistische Lerntheorie bei vielen Lesern auf Vorbehalte stieß.

Das funktionelle System ist sowohl im neurophysiologischen Bereich als auch im lerntheoretischen Bereich nichts anderes als eine Modellvorstellung. Ganz abgesehen davon, daß die einzelnen Hirnaktivitäten nicht bis in alle Einzelheiten ausdifferenziert dargelegt werden können, daß sie sich im Verlauf ständig wandeln und daß sie bei jeder Operation andere Formen bilden, wäre ein reales Abbild der Hirnfunktionen auch undurchschaubar. Um funktionelle Systeme in ihrer Wirkungsweise erfassen zu können, bedarf es deshalb der modellhaften Gestaltung, und dies bedeutet Reduktion auf Prinzipien und Einschränkung auf das Wesentliche. Nur wenn das Prinzip der Wirkungsweise funktioneller Systeme erfaßt wird, können wir die Erkenntnisse in diagnostischer Weise verwenden und didaktische Folgerungen daraus ableiten. Funktionelle Systeme sind durch eine Reihe von Merkmalen gekennzeichnet:

1. Funktionelle Systeme sind erlernt. ,,Den entstehenden psychologischen Neubildungen liegen als Grundlage die sich im Gehirn bildenden funktionalen Verbindungen zugrunde, die das Individuum durch Anpassung an die menschliche Wirklichkeit, an menschliche Erfahrungen jedesmal neu ausbildet'' (Leontjew 1977, S. 308). Der Mensch verfügt zwar bei der Neubildung funktionaler Systeme über vorhandene Leistungen. Ihre Zuordnung, ihre wechselseitige Einflußnahme, ihre zeitliche Aufeinanderfolge und Abstimmung in der Intensität ist jedoch bei jedem neu zu bildenden System andersartig. Dabei ist es möglich, daß bereits vorhandene funktionelle Systeme in neu zu bildende höhere funktionelle Systeme eingehen, daß sie gewissermaßen modulartige Bausteine des neuen Systems bilden.

2. Funktionelle Systeme sind dynamisch. Sie vermögen auf unvorhergesehene Einflüsse und auf Störungen zu reagieren. ,,Die regulatorischen Eigenschaften des funktionellen Systems bestehen vor allem darin, daß bei jedem Defekt in einem seiner Teile, der zu einer Störung des nützlichen Endeffektes führt, eine rasche Umorganisation der das funktionelle System bildenden Prozesse statthat'' (Anochin 1967, S. 36).

3. Funktionelle Systeme sind redundant, d. h. sie sind so angelegt, daß die Gesamtheit der damit zu erlangenden Informationen den unbedingt notwendigen Bedarf übersteigt. Die Koppelung der verschiedensten Hirnabschnitte ermöglicht es, die Information auf verschiedenen Wegen zu erlangen und in unterschiedlichen Beziehungen zu vergleichen.

Damit wird eine hochgradige Sicherheit durch Kontrolle erreicht. Dieses Prinzip trägt nicht nur zu fehlerfreien Leistungen bei, es hat auch eine wertvolle emotionale Komponente. Bei wiederholter Bestätigung während und nach der Bewältigung einer intellektuellen Aufgabe erleben wir Erfolge, die eine emotionale Gelassenheit und Erleichterung in uns auslösen, so daß wir uns sofort auf neue Anforderungen konzentrieren können.

,,Der Aufbau des funktionellen Systems läßt sich recht gut am Beispiel des Lernprozesses verdeutlichen, der beim Erlernen des Autofahrens abläuft. In der Regel dürfte es dabei so zugehen, daß der Fahrschüler zunächst vom Fahrlehrer Informationen erhält, d.h. dieser zeigt die Pedale für Kupplung, Bremse und Gas, das Steuerrad, den Tacho und die übrigen Steuerungseinrichtungen (konkrete Signale, 1. Informationsstufe) und gibt Erklärungen (verbale Signale, 2. Informationsstufe) zur Handhabung derselben. Der Fahrschüler nimmt im Wagen Platz und probiert die Mechanik. Dann beginnen die Fahrübungen. Der Fahrschüler überlegt und handelt nach den ihm zuvor gegebenen Anweisungen (verbale Programmierungen): Kupplung treten, etwas Gas geben, Starterschlüssel drehen, Gas wegnehmen, Gang einlegen, vorsichtig Gas geben, Kupplung langsam loslassen, mit dem Steuerrad die Fahrtrichtung korrigieren; alle diese Instruktionen laufen nacheinander ab und führen zum Funktionsablauf. Wochen später, nachdem der ehemalige Fahrschüler bereits eine gewisse Fahrpraxis besitzt, benötigt er die Steuerung seines Handelns durch verbale Signale nicht mehr. Was er zu tun hat, läuft automatisch, ohne Nachdenken ab. Es haben sich dafür relative dynamische Stereotype gebildet, die zu einem funktionellen System wurden'' (Radigk 1970, S. 22)

Der Erwerb des funktionellen Systems ,,Autofahren'' zeigt, wie bereits vorhandene einfachere funktionelle Systeme modulartig zu neuen Systemen zusammengesetzt werden. So ist die ,,Analyse und Synthese'' des Straßenverkehrs beim Fahrschüler bereits vorhanden. Die Betätigung des Lenkrades wurde am Spielzeugauto erlernt oder durch Beobachtung gewonnen. Der Schaltvorgang ist aus dem Umgang mit anderen technischen Geräten bekannt. Eine Reihe von Voraussetzungen steht zum Aufbau des neuen Systems zur Verfügung. Für das Erlernen des Autofahrens ist es deshalb notwendig, die verschiedenen vorhandenen einfacheren funktionellen Systeme zu aktivieren und den neuen Aufgaben gemäß zu adaptieren, die Funktionen zu koordinieren, aufeinander abzustimmen und in der richtigen Reihenfolge durchzuführen. Es sind also mehrere Systeme ,,im Fließgleichgewicht'' zu halten. So steht etwa das Nachlassen des Kupplungspedals in einem unmittelbaren Zusammenhang mit dem stärkeren Druck auf das Gaspedal. Dazu müssen aber alle Funktionen miteinander beständig im Eingriff stehen, d. h. daß das funktionelle System kein Programm ist, das Schritt für Schritt durchlaufen wird, sondern eine gleichzeitige vielgestaltige Verbindung, in der die Informationen in Sekundenbruchteilen abgestimmt werden und blitzschnelle Entscheidungen erfordern. Das aber ist nur möglich, wenn das funktionelle System weitestgehend automatisiert ist.

Funktionelle Systeme sind erlernt, und Lernen ist von den jeweiligen Anforderungen abhängig. Es ist deshalb selbstverständlich, daß auch den Umweltanforderungen nicht in ausreichender Weise angepaßte funktionelle Systeme aufgebaut werden können. Ein Beispiel für die Differenz zwischen Umweltanforderung und funktionellem System finden wir etwa, wenn ein Besucher aus den USA zurückkommt, wo er jahrelang nur Automatikfahrzeuge fuhr. Sein funktionelles System ,,Autofahren'' ist auf die Bedienung von Fahrzeugen mit automatischem Getriebe eingestellt. Kommt er nun nach Europa zurück, wo fast nur Fahrzeuge mit Schaltgetriebe gefahren werden, hat er es mit anderen Anforderungen zu tun. Bereits bei der ersten Fahrt mit einem Schaltgetriebefahrzeug kommt es zu Schwierigkeiten. Der Motor wird ,,abgewürgt'', weil der Fahrer die Kupplung nicht betätigt. Funktionelles System und Anforderung stimmen nicht überein.

Funktionelle Systeme können aber auch dann zu Schwierigkeiten führen, wenn sie unvollständig aufgebaut sind, d.h. wenn die Komplexität der Verarbeitung nicht ausreichend ist und dadurch nicht alle Informationen verarbeitet werden. Auch dazu ein Beispiel: Ein Jugendlicher hat heimlich mit dem Fahrzeug seiner Eltern das Autofahren erlernt. Er kennt jedoch die Verkehrsregeln nur unvollständig. Eines Tages besteigt er ein Auto, startet es und begibt sich damit in den Straßenverkehr. Schon etwa 15 Minuten später wird er in eine Unfallklinik eingeliefert. Er hatte eine Einbahnstraße in verkehrter Richtung befahren und war frontal auf ein entgegenkommendes Fahrzeug geprallt.

Das bekannteste schulische Beispiel für das Vorhandensein unvollständiger funktioneller Systeme bieten die sogenannten Legastheniker. Sie haben hochgradige Schwierigkeiten in der Verarbeitung schriftsprachlicher Informationen. Wird das funktionelle System des Lesens untersucht, dann zeigen sich meist Symptome, die Hinweise auf das Leseversagen geben. Die Ausfälle beginnen bei der Phonem-Graphem-Korrespondenz und enden bei der Synthese. Viele kennen weder das kombinatorische Prinzip, noch können sie verbosensorisch durchgliedern, noch sind sie in der Lage, die verbosensorische Analyse oder Synthese zu vollziehen. Das unvollständige oder unangepaßte funktionelle System muß zum ,,operationalen Unfall'' führen. Das Ziel der geistigen Operation wird nicht erreicht. Die Ergebnisse sind falsch, weil das funktionelle System gestört war (Radigk 1978, S. 21—28, Radigk 1984, 160—174).

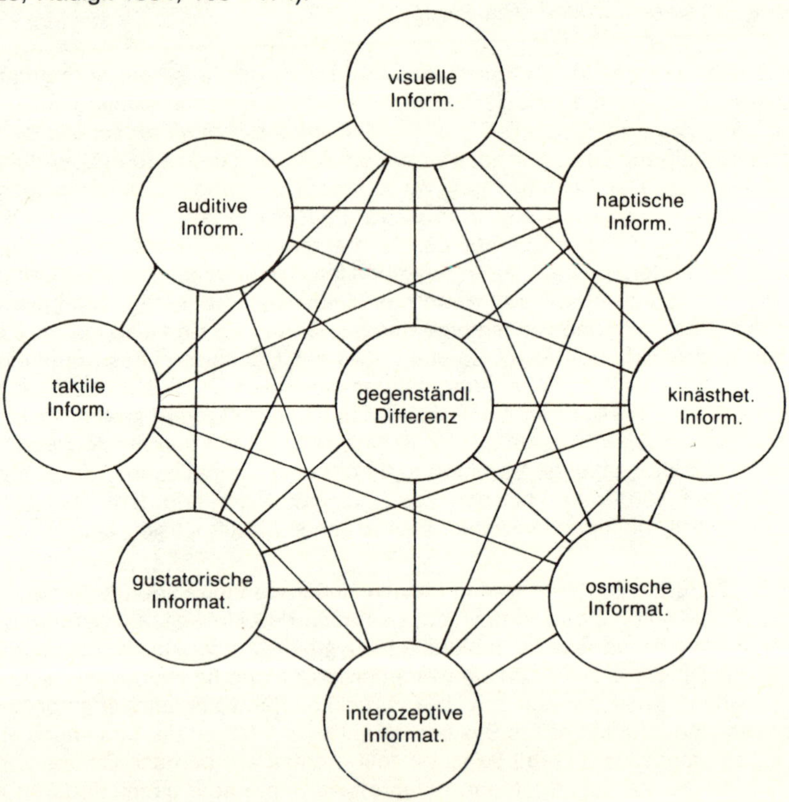

Abb. 20: *Die Informationsanteile der gegenständlichen Differenzierung*

Funktionelle Systeme bilden sich nicht nur innerhalb einer Informationsstufe. Sie sind im Prinzip übergreifend, d.h. alle Funktionen einer höheren Informationsstufe sind mit allen Funktionen der vorausgehenden Informationsstufe verknüpft. Diese hochgradige Verknüpfung soll jedoch erst bei den folgenden funktionellen Systemen der 2. und 3. Informationsstufe angesprochen werden. Zunächst geht es darum, das Prinzip der relativ einfacheren funktionellen Systeme der 1. Informationsstufe zu beschreiben.

Eine Ordnung unserer Sinneserfahrungen findet bereits durch die unterschiedlichen Analysatoren statt. Wir empfangen die Signale der realen Welt über unterschiedliche Analysatoren und mobilisieren gleichzeitig im Prozeß des Zusammenspiels der Grundleistungen die gespeicherten Informationen. Dadurch entsteht die subjektive innere Verarbeitung der aufgenommenen Signale, die die Wahrnehmungspsychologie als den aktiven Prozeß der Wahrnehmung bezeichnet. Jeder Mensch empfindet deshalb eine Situation in seiner Weise, nimmt das wahr, was ihm bedeutungsvoll erscheint, oder was er aufgrund seiner vorhandenen Speicherungen aus dem Wahrnehmungskomplex identifizieren kann. Jedes funktionelle System bezieht in seine Arbeit die Ganzheit der Erfahrung mit ein. Es handelt sich also bei jeder Funktion, auch wenn dies nicht ausdrücklich hervorgehoben wird, um das Zusammenwirken der neu aufgenommenen und der gespeicherten Sinneserfahrungen aus einer Reihe von Analysatoren.

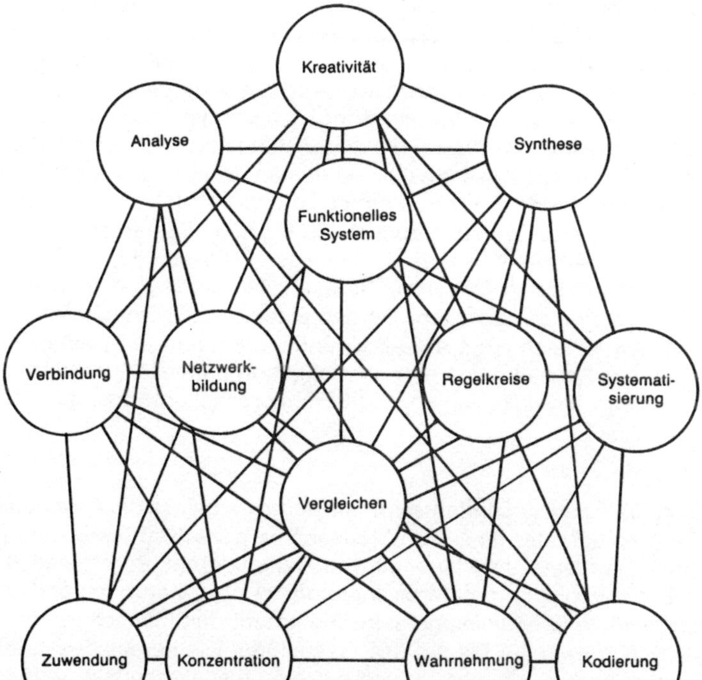

Abb. 21: *Das Zusammenwirken der Grundleistungen innerhalb eines funktionellen Systems*

Das Modell des Zusammenwirkens der Grundleistungen innerhalb eines funktionellen Systems soll veranschaulichen, daß die einzelnen Funktionen nicht isoliert nebeneinander bestehen, sondern erst durch die Gesamtheit aller Leistungen existent werden können. Alle Funktionen sind mit allen verbunden und stehen in beständigem Eingriff zueinander, aktivieren sich gegenseitig, wirken präzisierend, korrigierend, ergänzend, lenkend, bewertend und ordnend aufeinander ein und ermöglichen so die Verarbeitung der Signale der Realität, die uns zur Bildung von Sinngehalten befähigen. Dabei ist die Grundleistung „Funktionelle Systeme" selbst nur ein Bestandteil des Gesamtsystems, die allerdings hier, wenn wir die Bildung funktioneller Systeme erklären wollen, im Mittelpunkt der Betrachtungen steht.

Funktionelle Systeme sind nicht von Anfang an perfektioniert oder ausgereift. So erlernt etwa der Säugling die Auge-Hand-Koordination, das gezielte Greifen, verhältnismäßig früh. Damit besitzt er aber noch nicht die Fähigkeit, einen schnell an ihm vorbeigleitenden Gegenstand zu erfassen. Dies gelingt ihm erst durch die Ausformung des Systems, und diese wiederum ist abhängig von der weiteren Entwicklung der Grundleistungen. Die Ausformung vollzieht sich nicht von selbst, sondern erst durch die aktive Anwendung des vorhandenen funktionellen Systems. Wir haben es also dabei mit einem „sich selbst vervollkommnenden System" zu tun. Erst vielfältige Anwendung und Erfahrung ermöglichen uns die Optimierung der mit dem funktionellen System vollzogenen Operationen.

Durch das Zusammenwirken der Grundleistungen in funktionellen Systemen sind wir in der Lage, Sinngehalte aufzubauen. Die Sinngehalte basieren auf den Widerspiegelungen der realen Welt, entstehen jedoch erst durch die geistigen Operationen, sind also das Produkt eines Verarbeitungsprozesses. Dabei spielen Analyse, Synthese und Systematisierung eine hervorragende Rolle. Wenn nachfolgend der Anteil der Sinngehalte an höher kodierten funktionellen Systemen dargestellt wird, wäre es unmöglich, ein Modell mit allen Informationskanälen, allen Grundleistungen und allen Informationsstufen zeichnerisch darzustellen. Deshalb wird etwa die gegenständliche Operation mit den Sinngehalten bei komplizierteren Systemen auf die Funktionen Analyse, Synthese und Orientierung reduziert, die innerhalb dieser Verarbeitung eine integrative Funktion ausüben. Orientierung z.B. meint dann sowohl den Vergleich als auch die Systematisierung, die Nutzung von Verbindungen, Netzwerken und Regelkreisen. Die Modelle funktioneller Systeme können nie den komplizierten Prozeß der höheren Nerventätigkeit abbilden. Sie sind stets nur geeignet, Prinzipien darzustellen, die uns einen Einblick in den Zusammenhang ermöglichen. Es handelt sich nicht um Abbildungen, sondern um Denkmodelle, die allerdings keine von der Realität gelösten Konstruktionen darstellen, sondern eng an die Erkenntnisse der neurophysiologischen und lerntheoretischen Forschung gebunden sind.

5.1.12. Kreativität

Die Grundleistung Kreativität umfaßt mehr als der allgemein in der Psychologie gebrauchte Begriff. Es wird darunter jene dem Menschen eigene Kraft verstanden, die ihn zum „Machen", zum Handeln, zum Planen und Gestalten drängt. Es ist zweifellos jene Fähigkeit, die wir in der Evolution des Menschen zuletzt erworben haben. Es dürfte deshalb auch die komplexeste Grundleistung sein. Sie erhebt den Menschen über das Tierreich und ermöglicht die bewußte Planung und Gestaltung. Die bereits beschriebenen Grundleistungen wären sinnlos, sie würden uns nur ein „Instinkthandeln" ermöglichen, wenn nicht Planung und Bewußtheit die Prozesse aus dem Reiz-Reaktionsschema herausheben könnte.

Bewußtheit deckt sich dabei nicht mit Bewußtsein. Auch das Tier ist nicht ohnmächtig, es ist bei Bewußtsein. Dieses tierische Bewußtsein unterscheidet sich jedoch vom menschlichen dadurch, daß es einen Grad der Wachheit gewährleistet, der ebenso beim Menschen vorhanden ist, der jedoch noch keine Bewußtheit der Handlung im Sinne von Reflektion ermöglicht (vgl. 1.3.1. und 1.3.2.).

Im Zuge der Evolution gewann der Mensch die besondere Fähigkeit, zu planen und zu reflektieren. Im Wechselspiel zwischen Organismus und Umwelt bildete sich eine neue Grundleistung, die sich in neuen Hirnteilen, in den Schläfenlappen und im Frontalhirn, manifestierte. Zwar ist diese Fähigkeit schon bei den Anthropoiden ansatzweise vorhanden – sie sind in der Lage, einfache Pläne auszuführen – dennoch unterscheiden sich diese Leistungen grundlegend von denen des Menschen.

Die Bedeutung dieser Fähigkeit für den Menschen dokumentiert sich allein schon durch das Größenverhältnis. Bei ihm hat sich der Frontallappen bis zu einer Dimension entwickelt, die etwa ein Drittel der Großhirnrinde ausmacht. Vom Volumen her müßte diesem Hirnteil also eine hervorragende Bedeutung zukommen. Da der voll ausgebildete Frontallappen und die Schläfenlappen nur dem Menschen eigen sind, liegt der Schluß nahe, daß sie die spezifisch menschlichen Fähigkeiten enthalten.

Das Problem für den Nachweis dieser Annahme besteht nun allerdings darin, daß der Tierversuch für die Aufklärung der Funktionen ausscheidet. Am Menschen lassen sich höchstens einige Informationen gewinnen, wenn durch Verletzungen das Stirnhirn beeinträchtigt wurde. Lange Zeit schien es so, als sei das Stirnhirn ein „Leerfeld", als habe es für unser Denken und Handeln nur eine geringe Bedeutung. Menschen mit Stirnhirnverletzungen zeigten meist keinerlei Einschränkungen in der Bewältigung der alltäglichen Lebenssituationen und der beruflichen Anforderungen. Nur bei sehr schweren Verletzungen machte sich etwas bemerkbar, was als Persönlichkeitsveränderung zu bezeichnen ist. Der betroffene Mensch ist „nicht mehr der alte", sein Wesen ändert sich, er zeigt ein anderes mitmenschliches Verhalten.

Die Erkenntnisse an stirnhirnverletzten Personen täuschten allerdings. Bei der Auswertung wurde übersehen, daß jeder dieser Verletzten bereits ein erfahrungsreiches Leben hinter sich hatte, und eben diese Erfahrungen, mehrfach kodiert in verschiedenen Informationsstufen, mit hoher Redundanz versehen und mit funktionellen Systemen gekoppelt, immer noch zur Verfügung standen. Diese Erfahrungen waren zwar durch die planende Instanz des Stirnhirnes entstanden, konnten jedoch nach der Verletzung auch ohne dieses, oder zumindest ohne seine volle Aktionsfähigkeit reproduziert werden.

Planung und Reflektion hängen von einer Leistung ab, die wir als Abhebung von der Realität bezeichnen können. Während das Tier als Zwischenhirnwesen den angeborenen Programmen und deren Abhängigkeit von spezifischen Schlüsselreizen ausgeliefert ist, erreichte der Mensch durch die Ausbildung des Stirnhirnes „die Abbildung der Umwelt ohne deren Vorwegnahme durch angeborene Erfahrung — Programme oder Instinkte —, das ist erstmals gleichbedeutend mit der Erfassung der Außenwelt in all ihrer Besonderheit, in ihrer unvorhersehbaren Individualität und Beliebigkeit. Es ist, mit anderen Worten, gleichbedeutend mit dem erstmaligen Auftauchen einer objektiven Außenwelt im Gehirn" (v. Ditfurth 1980, S. 253).

Die ontogenetische Entwicklung des Frontalhirnes spiegelt in gewisser Weise die phylogenetische Entwicklung. Auch in der Entwicklung des Einzelwesens gehört das Frontalhirn zu den zuletzt funktionsfähig werdenden Teilen des ZNS. Die Ausbildung der Hirnleitungsbahnen, die vollständige Myelinisierung der Markscheiden, erfolgt erst relativ spät.

„So besitzen viele Hirnrindenbereiche bis zum 10. Lebensjahr noch keine Markscheiden. Bei den großen Stirnlappen ist dies sogar bis zum 20. Lebensjahr der Fall. Mit dieser abgestuften und milieuabhängigen Gehirnreifung hängt es unter anderem zusammen, daß der Säugling, das Kleinkind, der Heranwachsende gehirnmäßig noch nicht alles das leisten kann, was er dann als Erwachsener zu leisten vermag. Selbständiges, rationales Denken und Handeln, Vorausplanen, Vorausdenken, Selbstverantwortung, Zeit- und Wertgefühle sind erst verhältnismäßig späte Spitzenleistungen des Gehirns" (Rexrodt 1981, S. 125).

Die erst spät einsetzende Myelinisierung des Stirnlappens bedeutet nicht, daß zum Zeitpunkt der Geburt und während der nachfolgenden ersten Lebensjahre das Stirnhirn völlig inaktiv wäre. Die Funktionsfähigkeit ist von Anfang an gegeben, lediglich der Umfang und Grad der Aktivität erweitert sich bis zum 20. Lebensjahr beständig. Je weiter die Entwicklung fortschreitet, um so stärker bildet sich die Fähigkeit des Menschen, von der Realität abzuheben, zu planen und Hypothesen zu bilden, schöpferische Leistungen zu vollbringen, Kreativität zu zeigen. Parallel dazu geht die Entwicklung der Persönlichkeit, der Weg „vom Bewußtsein zum Selbstbewußtsein".

Im Gegensatz zu den phasenorientierten Auffassungen der Entwicklungspsychologie nimmt die neuere Lernforschung an, daß alle höheren Tätigkeiten bereits bei der Geburt in uns angelegt sind, daß sie sich jedoch in verschiedenen Entwicklungsstufen und unter verschiedenen Umweltbedingungen unterschiedlich herausbilden und repräsentieren (vgl. Pines 1984, S. 42—48). Dies dürfte auch für die Grundleistung Kreativität gelten. Am Anfang steht das Machen, der Drang zum Handeln, das Ergreifen des Gegenstandes mit den Sinnen, das aktive Sammeln erster Erfahrungen. Doch bereits nach wenigen Monaten ist eine neue Qualität des Handelns zu bemerken. Ein Kind, das bisher die Rassel bewegte und dem Geräusch lauschte, stutzt, wenn die Kugeln aus der Rassel entfernt wurden und das Geräusch ausbleibt. Es macht ein enttäuschtes Gesicht. Vielleicht schaut es sogar fragend die Mutter an. Warum reagiert es so?

Das Kind würde nicht stutzen oder fragende Blicke aussenden, wenn es nicht gleichzeitig mit der Handlung eine von dieser losgelöste innere Erwartung gebildet hätte. Wir bezeichnen diese inneren Erwartungen als Antizipation. Gemeint ist die vorstellungsmäßige Vorwegnahme einer Handlung. Das Kind ist also schon in den ersten Lebensmonaten kein reaktives Wesen, sondern eine aktiv aufnehmende und im Rahmen der gegebenen Möglichkeiten verarbeitende Persönlichkeit. In dem Maße, wie die Entwicklung fortschreitet, entwickelt sich auch das, was hier als Antrieb zum Tun, als Planung, als Kreativität verstanden wird. Aus den ersten Antizipationen entwickeln sich unter Einbeziehung der Erfahrung immer umfangreichere Vorstellungen, die miteinander verglichen werden können, die zu Hypothesen werden und zu Planungen heranreifen und die schließlich in den komplizierten menschlichen Werken gipfeln, in der Kunst ebenso wie in technischen, wissenschaftlichen, kulturellen oder sozialen Werken. Der Weg zu diesen Fähigkeiten bahnt sich jedoch nicht von selbst. Er muß in ständiger Auseinandersetzung mit den Anforderungen der Umwelt erarbeitet werden. Deshalb wird es von diesen Erarbeitungsmöglichkeiten abhängen, ob die hier genannten unter Kreativität subsummierten Funktionen sich entwickeln.

5.2. Widerspiegelungen der realen Welt als Materialien des Denkens

Wir sind in der Lage, mit unseren Rezeptoren Verbindungen zu unserer Umwelt aufzunehmen, die Reize der Umwelt in neurale Impulse umzuwandeln und in uns widerzuspiegeln. Mit unseren Sinnen bilden wir Sinngehalte. Was nicht unserer Sinneserfahrung entspricht, bezeichnen wir als ,,Unsinn", was am Ende keinen Sinn ergibt, ist für uns ,,sinnlos". So ist schon im Sprachgebrauch die fundamentale Bedeutung der sinnlichen Erfahrung enthalten.

,,Die allgemeine Vorstellung und der Begriff haben eine sinnliche Grundlage. Die Wirklichkeit bewußt widerzuspiegeln bedeutet jedoch nicht nur, sie sinnlich zu erleben. Schon bei der einfachsten Wahrnehmung eines Gegenstandes spiegeln wir nicht nur seine Form und seine Farbe wider, sondern zugleich auch die objektive und konstante Bedeutung, die dem Ding beispielsweise als Nahrung oder als Werkzeug zukommt. Es muß danach eine besondere Form der bewußten Widerspiegelung geben, die sich qualitativ von der unmittelbaren sinnlichen Widerspiegelung des Tieres unterscheidet.

Welches ist die konkrete Form, in der der Mensch die ihn umgebende objektive Wirklichkeit erfaßt? Diese Form ist die Sprache, die nach den Worten von KARL MARX das praktische Bewußtsein des Menschen darstellt" (Leontjew 1977, S. 211).

Während der Unterscheidung von sinnlicher Widerspiegelung zwischen Tier und Mensch trotz der starken Vereinfachung zugestimmt werden kann, muß der These von der Entstehung des Bewußtseins durch die Sprache nach den neueren Forschungsergebnissen widersprochen werden. Bewußtsein, d.h. Bewußtheit eines psychischen Prozesses, erlangte der Mensch nicht durch die Sprache, sondern durch die Lösung aus der ,,Wirksamkeit angeborener Programme und deren Abhängigkeit von spezifischen Schlüsselsignalen" (Ditfurth 1980, S. 253). Dies wiederum war nur möglich in Zusammenhang mit der Entwicklung des Frontalhirns.

Es mag sein, daß die Lautsprache bei dieser Entwicklung mitgewirkt hat. Sicher ist jedoch, daß die entscheidende Weiterentwicklung des ZNS in den ersten zwei Millionen Jahren der Menschwerdung erfolgte. Die in dieser Zeit lebenden Urmenschen Australopithecus und Homo erectus aber konnten wegen der anatomischen Voraussetzungen Lautsprache in unserem Sinne nicht oder nur sehr begrenzt produzieren, und gerade in dieser Zeit der Urmenschen machte die Entwicklung einen entscheidenden Sprung in die Freiheit des Geistes, der vor allem durch das sich heranbildende Frontalhirn gekennzeichnet ist (vgl. Zihlmann 1985, S. 141—209). Die Lautsprache hingegen begann sich erst zu entwickeln, als der Kehlkopf des Menschen sich absenkte und eine Form des Mund- Nasen- Rachenraumes entstand, die eine Vokalbildung und die Artikulation der Laute ermöglichte. Das aber war erst im letzten Abschnitt der Menschheitsentwicklung der Fall, in den letzten 300 000 Jahren. Die gesprochene Sprache kann also nicht der Auslöser für den Schritt in die Bewußtheit gewesen sein.

Im Gegensatz zur Theorie der Einheit von Bewußtsein und Sprache stehen auch die Erfahrungen mit Taubstummen. Gehörlose, die ohne Beschulung in ländlicher Gegend aufwachsen, die also nie in ihrem Leben Sprache hörten und niemals Lautsprache erlernten, zeigen durchaus die Fähigkeit, Bewußtsein im Sinne von Bewußtheit eines Vorganges zu entwickeln. Sie kommunizieren mit den hörenden Menschen ihrer Umgebung allein auf der Basis der natürlichen Signale. Sie erleben die Welt bewußt, verfügen über Vorstellungen und führen damit geistige Operationen aus, stellen Hypothesen auf und überprüfen sie und verfügen doch nicht über Lautsprache (vgl. 3.0.).

Die von der materialistischen Psychologie vertretene These von der Einheit von Bewußtsein und Sprache wurde weitgehend von den verschiedenen Richtungen der Psychologie übernommen. Der Prozeß des Denkens wurde vornehmlich als sprachlicher Prozeß gesehen. Dies mußte für die Lerntheorie von folgenschwerer Bedeutung sein, konzentrierte sich doch die Forschung vor allem auf den Zusammenhang von Denken und Sprechen. Den geistigen Operationen der 1. Informationsstufe wurde hingegen wenig Bedeutung beigemessen. Die Forschung im Bereich sinnlicher Erfahrung konzentrierte sich auf Mechanismen der Wahrnehmung und auf die Bedeutung der Wahrnehmung für die menschliche Entwicklung. Das große Feld der geistigen Operationen auf sinnlich-vorstellender Grundlage wurde weitgehend ausgespart. Die Entwicklung der Grundleistungen, aus denen alle höheren Leistungen hervorgehen, blieb der Neurophysiologie überlassen. Erst mit dem Anwachsen der dort zusammengetragenen Ergebnisse erhielt auch die Lerntheorie wieder einen Anstoß, und es entstand die Theorie der „Grundmuster" (Vester 1978, S. 35—48).

Dabei hat es an der Notwendigkeit nicht gefehlt, sich mit Fragen der auf Realität bezogenen geistigen Operationen zu beschäftigen. Zwar kann man in der Regelschule darauf bauen, daß die Sinnesentwicklung und der Umgang mit gegenständlicher Verarbeitung gut entwickelt sind. Im Unterricht mit sozio-kulturell benachteiligten, lernschwierigen, lernbehinderten oder geistigbehinderten Kindern aber bildet der Bereich der 1. Informationsstufe ein zentrales Problem. Die Didaktik entwickelte denn auch allein aus den Notwendigkeiten des Unterrichtes heraus eine ganze Reihe didaktischer Prinzipien wie „Öffnung aller Sinnestore" (Lesemann 1962) oder „Grobsinnliche Veranschaulichung" (Schade 1967), die den Aufbau der auf Sinnesleistung beruhenden Operationen herbeiführen sollten. Die Lerntheorie jedoch wandte sich diesem Bereich nur sehr zögernd zu.

Das Problem ist schon schwierig zu beschreiben und noch schwieriger zu lösen, handelt es sich doch bei den Vorstellungen und sinnlichen Operationen um einen inneren Bereich, der nicht meßbar ist, und der in der Regel mit Sprache in Verbindung steht. Die Trennung zwischen Vorstellung und Sprache, die Feststellung der Qualität der mit Sprache verbundenen Vorstellung, ist nicht möglich.

Die sinnliche Tätigkeit stellt zwar das Material bereit, die Inhalte, die in den Operationen verarbeitet werden, doch wann wird eine Wahrnehmung zum Inhalt? Wann erreicht sie eine verwendbare Vorstellungsqualität? Was ist „Sinn", „Sinngehalt", „Bedeutung"?

Verschiedene Psychologen wie MÜLLER, BINET, VAN DER WELDT, TITCHENER, BARTLETT und LEONTJEW haben sich mit diesem Problem befaßt. Das Ergebnis kann nicht befriedigen. Sinngehalt ist nicht beschreibbar, und doch weiß jeder, was Sinn oder Unsinn ist oder bedeutet. Es ist wahrscheinlich auch nicht möglich, Sinn zu operationalisieren. Jeder Mensch kann in einer Handlung einen anderen Sinn sehen, bzw. diese Handlung auf einem unterschiedlichen Niveau der Bewußtheit wahrnehmen. Es dürfte deshalb zweckmäßig sein, das Problem der Heranbildung von Sinngehalten von der pragmatischen Seite her anzugehen.

Ein Problem ist es in der Tat. Gerade bei Schülern mit zerebraler Dysfunktion scheitert der Lernprozeß sehr oft schon auf der Stufe des elementaren Lernens, auf der Stufe der Sinngehalte. Dabei ist der unvollständige oder fehlerhafte Erwerb sinnlicher Inhalte für den Beobachter oder den unterrichtenden Lehrer noch nicht einmal ohne besondere Erfahrung zu erkennen. Wie der Schwerhörige es gelernt hat, seine Schwerhörigkeit zu überspielen und verständnisvoll mit dem Kopf zu nicken, hat der lernbehinderte Schüler es gelernt, seine Lernschwierigkeit zu überspielen und so zu tun, als hätte er alles verstanden. Erst in der Handlung, im gezielten Umgang mit dem Gegenstand wird klar, daß bestimmte Anteile, Eigenschaften, Beziehungen oder Verhältnisse nicht erfaßt wurden. Die Aneignung von gegenständlichen Erfahrungen setzt deshalb in jedem Falle Tätigkeit voraus. Erst durch den Umgang mit dem Gegenstand oder der Sache lassen sich die Verhältnisse oder Bedingungen erschließen. Erst aus der Tätigkeit erwächst die Möglichkeit der Erfahrung. Inhalt und Handlung bilden stets eine Einheit. Die Erschließung des Inhaltes hängt von der Handlung ab, wie die Handlung auch auf den Inhalt bezogen ist. Der

Inhalt wird also nicht im Sinne einer photographischen Ablichtung von außen nach innen übernommen, sondern durch Handlung in seinen Merkmalen und Beziehungen erschlossen. Erst die äußeren Operationen und Erfahrungen ermöglichen die inneren Operationen und Kodierungen. Das beständige Wechselspiel zwischen äußeren und inneren Operationen mit ihren Aufgaben und Herausforderungen führt zu einer immer weitergehenden Entwicklung der Grundleistungen und der im Zusammenspiel mit ihnen erworbenen Inhalte.

Die Handlung ist es, die alle Grundleistungen zusammenschließt, und die letztendlich auch die Qualität der erworbenen Erfahrung bestimmt. So wird eine ziellose Handlung, ein bloßes ungerichtetes Hantieren mit dem Gegenstand, auch nur diffuse, ungeordnete und oberflächliche Erfahrungen ermöglichen, während die zielgerichtete motivierte Handlung zu präzisen, kontrastreichen, differenzierten, klaren und in den Zusammenhang eingebundenen Erfahrungen führt. In der Sinnerschließung wird die Beziehung zwischen antizipatorischem oder hypothetischem Denken und zielgerichtetem Handeln besonders deutlich. Die Handlung ist nicht allein deshalb schon Handlung, weil wahrnehmbare Tätigkeit damit verbunden ist, sie wird erst zu einer eingeordneten, in den Zusammenhang eingebundenen geistigen Aktivität, indem sie der Planung, des Entwurfes, Vergleiches, der Kontrolle unterliegt. Und eben diese Fähigkeit ist eine spezifisch menschliche, haben wir sie doch im Zuge der Menschwerdung als letzte erworben. Sie steht auch im Zusammenhang mit der Herausbildung des jüngsten menschlichen Hirnteiles, des Frontallappens (vgl. 5.1.12).

Was sich in unserem ZNS speichert, was als „Material des Denkens" kodiert wird, ist nicht nur das Abbild des Gegenstandes, nicht nur die innerlich reproduzierte Eigenschaft oder Beziehung, es ist gleichzeitig auch die verschiedenartige Erfahrung, die wir damit in unterschiedlichen Situationen gemacht haben. Das bedeutet, daß mit dem Umfang und mit der Zahl der Erfahrungen eine Ordnung einsetzen muß. Der konkrete Prozeß wird stets unterschiedliche Widerspiegelungen hervorrufen - solche, die für den Zusammenhang von Bedeutung sind, und solche, die vielleicht rein zufälliger Natur sind. Aus der Handlung selbst aber ergibt sich, was von Bedeutung ist; denn das Gelingen hängt vom Erkennen dieser Bedeutung ab. Ohne diese Unterscheidung von wichtigen und unwichtigen Faktoren wäre kein zielgerichtetes Handeln möglich. So muß in der sinnlichen Erfahrung bereits die Unterscheidung zwischen Wesentlichem und Unwesentlichem, zwischen Verzichtbarem und Unverzichtbarem enthalten sein. Das aber bedeutet, daß bereits im gegenständlichen Bereich, mit unseren Sinnen abstrahiert wird. Zwar ist die sinnliche Erfahrung an das Konkrete gebunden, doch auch sie schon enthält das Allgemeine und das Besondere.

Jedes Bemühen um die Entwicklung von Sinneserfahrung, um den Erwerb von „Sinngehalten", setzt deshalb die Aufschließung des Gegenstandes oder Sachverhaltes bezüglich der in ihm enthaltenen Erfahrungsmöglichkeiten, der Reihenfolge innerhalb der Handlung, der Beziehungen und der Wertigkeiten voraus. Nicht das mechanistische Hantieren mit dem Gegenstand, nicht das Umgehen mit der Sache, um Anschauung zu gewinnen, kann Kennzeichen des auf Sinnerwerb zielenden Lernprozesses sein, sondern die Bereitstellung von Erfahrungssituationen, die dem Lernenden sowohl die Sinneserfahrung als auch ihre Bewertung und Einordnung ermöglichen.

Die Materialien unseres Denkens sind also nicht wie Abbildungen, Geruchsempfindungen, Laute oder Bewegungen in unserem ZNS kodiert, sie sind vielmehr als erfahrungsabhängiges Merkmal dort gespeichert. Das bedeutet, daß wir etwa bei der konkreten geistigen Operation mit der Vorstellung „Tisch" nicht die Gesamtheit der Erfahrungen reproduzieren, die wir mit dem uns bekannten Tisch im Wohnzimmer gemacht haben, der vorgestellte Tisch wird vielmehr in uns so reproduziert, wie die ,,innere Situation" es erfordert. Im Prozeß der vorstellenden Planung wird der Tisch einer Wohnung ganz andere Qualitäten aufweisen, als der einer Werkstatt, der Tisch für den Balkon wieder andere, als der für den Unterrichtsraum. Alle vorgestellten Tische werden in uns situations- und zweckbezogen reproduziert. Alle Tische haben aber auch ganz bestimmte funktionelle Merkmale, die sie zu einem Tisch werden lassen. Das Generelle und das Individuelle ist in jedem Tisch enthalten, ganz gleich ob der vorstellende Mensch abstrahiert oder nicht. Die bewußte Herausarbeitung der Merkmale ermöglicht es ihm allerdings, zu höheren Ordnungen und damit zu weitergehenden geistigen Operationen zu gelangen.

5.3. Der emotionale Charakter sinnlicher Erfahrung

Die starke Betonung von kognitiven Funktionen und Kodierungen könnte dazu führen, daß die emotionalen Anteile der sinnlichen Erfahrung übersehen werden. Wenn von der ganzheitlichen, situationsbezogenen sinnlichen Erfahrung gesprochen wird, dann läßt sich das Emotionale nicht ausklammern. Das Emotionale geht vielmehr dem Kognitiven voran. Es gehört zum entwicklungsgeschichtlich älteren Anteil unserer geistigen Aktivitäten. Das Emotionale vermag deshalb den Weg zum Bewußtsein zu öffnen oder zu blockieren, Zuwendung zu fördern oder zu hemmen, geistige Tätigkeit zu intensivieren oder abzuschwächen. Bereits bei der Beschreibung des Zusammenwirkens zwischen Nervenzellen und Transmittern (vgl. 1.4.2.) wurde darauf hingewiesen, daß die chemischen Boten in der Lage sind, höchste Aktivität auszulösen oder ganze Bereiche zu blockieren. Der Zustand intensiver geistiger Tätigkeit ist ebenso bekannt, wie der des ,,black out". Beide beruhen auf emotionalen Qualitäten, die im Verlauf des geistigen Prozesses von den verschiedenen Hirnzentren entwickelt werden.

Die Hirnzentren, die eine emotionale Qualität bestimmen, sind entwicklungsgeschichtlich älterer Natur als unsere Großhirnrinde. Es sind in erster Linie der Thalamus und der Hypothalamus, die zum Zwischenhirn gehören, und das limbische System, das zu den ältesten Großhirnzellen gezählt wird und sich wie ein schmaler Saum zwischen Hirnstamm und Großhirn erstreckt.

,,Durch das Tor des Thalamus müssen nämlich fast alle afferenten Nervensignale, bevor sie uns bewußt werden können. Bleiben sie beim Thalamus stecken, erfahren wir auch nichts von ihnen. Es wäre so, als hätte es sie gar nicht gegeben" (Rexrodt 1981, S. 100). Der Thalamus wird deshalb auch oft als ,,Tor zum Bewußtsein" bezeichnet. Er stellt so etwas wie einen ,,Informationsfilter" dar, der zwischen bedeutsamen und bedeutungslosen Informationen unterscheidet. Diese Leistung kann er allerdings nur vollbringen, weil er mit dem Großhirn gekoppelt ist. Der Thalamus läßt sich deshalb gezielt betätigen, wirkt aber oft auch unbewußt, wenn wir uns etwa in ein Problem vertiefen und die Umwelt um uns vergessen. Die Konzentrationsfähigkeit, d.h. das Abschalten der Umwelt, hängt eng mit der Funktion dieses Hirnbereiches zusammen. Die auf ihn einströmenden Informationen aus der Außen- oder Innenwelt werden allerdings nicht nur umgeschaltet, sie werden gleichzeitig auch auf ihre emotionale Qualität überprüft. Lust oder Unlust, angenehm oder unangenehm, beruhigend oder alarmierend, die Bewertung geht in das Schaltsystem ein und entscheidet über die Weiterleitung der Information zum Sehfeld oder Hörfeld, zum Berührungs- oder Bewegungsfeld, zum Sprachfeld oder Riechfeld usw.

In einer engen Verbindung zum Thalamus steht der Hypothalamus. Er wird oft auch als der ,,Dirigent des vegetativen Nervensystems" bezeichnet. Von hier aus werden die vegetativen Nervenstränge Sympathikus und Parasympathikus gesteuert und damit auch die Hormone, die unsere Bedürfnisse und Wünsche, unsere Stimmungen und Gefühle hervorrufen. Ihm übergeordnet ist das limbische System, das unser Affektgeschehen reguliert (Aggression, Angst, Furcht, Spannung, Wut) und das gleichzeitig auf die inneren Organe einwirkt. So verfügen Thalamus und Großhirnrinde über spezielle thalamokortikale Neuronenkreise, die dem Hypothalamus übergeordnet sind und dadurch die bewußte willkürliche Beeinflußbarkeit unseres Gefühlslebens ermöglichen (Rexrodt 1981, S. 103).

An der Steuerung unserer Gefühle ist jedoch noch ein anderer Bereich des ZNS beteiligt, die Formatio reticularis. Sie ist in der Lage, das limbische System zu hemmen und läßt dann nicht nur dem Thalamus entsprechende Informationen zukommen, sondern erregt auch den Hypothalamus, so daß die „Selbstbeherrschung" aufgegeben wird.

Die thalamokortikalen Neuronenkreise ermöglichen es also, Einfluß auf unser Gefühlsleben zu nehmen, unsere Selbstbeherrschung zu steuern, etwas als mehr oder weniger erregend, traurig, freudig, interessant zu empfinden. Je stärker diese ausgebildet sind, je deutlicher ein Überwiegen der verstandesmäßigen Regulierung ist, um so größer ist auch die Selbstbeherrschung, um so größer ist aber auch die Steuerung unserer Zuwendung oder Abwendung zur Person oder Situation und die damit verbundene Entwicklung von Interesse und Aufmerksamkeit.

Schüler mit Lernschwierigkeiten oder Lernbehinderungen sind zwar grundsätzlich in der Lage wie alle anderen Schüler, ihre Gefühle zu steuern, der Grad dieser Steuerungsfähigkeit hängt indessen sehr stark von der kognitiven Verarbeitung ab. Die häufige Kopplung von Verhaltensschwierigkeit und Lernbehinderung ist deshalb meist kein Zufall, sondern das Ergebnis einer Gesetzmäßigkeit, die im Aufbau unseres ZNS begründet liegt. Weil der Schüler negative Erfahrungen im Lernen macht, entwickelt er Unlustgefühle. Weil er Unlustgefühle entwickelt, wird der Lernprozeß gestört. Weil der Lernprozeß gestört wird, leidet die Ausbildung der funktionellen Systeme, weil die funktionellen Systeme nicht ausgebildet sind, wird die geistige Operation beeinträchtigt. Weil die geistige Operation beeinträchtigt ist, leidet die verstandesmäßige Regulierung der emotionalen Prozesse. Ein Teufelskreis tut sich auf, der eher schon als eine Spirale des Abstiegs zu bezeichnen ist, die immer tiefer in die Lern- und Verhaltensstörungen hineinführt.

Im Gegensatz zu dieser Negativspirale ist natürlich auch ein anderer Verlauf denkbar. Weil der Schüler positive Erfahrungen im Unterricht macht, entwickelt er Lustgefühle. Diese führen zu einem anregenden Lernprozeß, dieser führt zu besseren funktionellen Systemen, diese zu besseren geistigen Operationen und diese wieder zur besseren kognitiven Steuerung der Emotionen. Eine Spirale des Aufstiegs entwickelt sich, die zu immer besseren schulischen Leistungen und zu immer besserem Sozialverhalten hinführt.

Diese Überlegungen können natürlich nur prinzipielle Zusammenhänge und Mechanismen aufzeigen. Die Praxis sieht weit komplizierter aus. Die Lernwirklichkeit hängt ja nicht nur vom Lehrer-Schüler-Verhältnis ab, sondern in mindestens gleichem Maße von den verschiedenen Schüler-Schüler-Verhältnissen, von den materiellen Lernbedingungen, der Familiensituation, der Schulatmosphäre und vielen anderen Faktoren, die schwer zu beeinflussen sind. Trotzdem sollte auch bei der Entwicklung kognitiver Leistungsfähigkeit niemals übersehen werden, daß jeder Erwerb von Inhalten oder Funktionen auch eine emotionale Komponente enthält, und daß diese emotionale Komponente in der Regel für das Lernen primär ist.

Je höher die Informationsstufe ist, um so mehr nehmen die unmittelbaren emotionalen Einflüsse ab. Das Lernen auf der 1. Informationsstufe, das Lernen mit den Sinnen, ist deshalb in besonderer Weise von emotionalen Einwirkungen abhängig. Das Zusammenspiel von Gegenstandswahrnehmungen und Operationen, das durch die Kodierungen das Material des Denkens bereitstellt, enthält stets auch die emotionale Erfahrung. Dadurch werden künftige Lernprozesse bis zu einem gewissen Grad bereits emotional markiert. Es ist deshalb von erheblicher Bedeutung, unter welchen Bedingungen und in welcher Atmosphäre sich Inhalte und Grundleistungen entwickeln.

5.4. Die Lernbarkeit sinnlicher Erfahrung

Ist sinnliche Erfahrung überhaupt erlernbar? Ist sie nicht bereits durch die genetische Programmierung und die pränatale Entwicklung vorgegeben? Folgt man den Darstellungen der menschlichen Entwicklung im Säuglingsalter, dann möchte man annehmen, daß es nur der Anregung und Reifung und der damit in Zusammenhang stehenden Assimilation und Akkomodation (s. Kap. 4.4.) bedarf, um die Entwicklung der Sinne und der darauf aufbauenden Systeme sicherzustellen.

Wie aber ist es dann zu erklären, daß lernschwierige Kinder mit Gegenständen umgehen, sie sehen, hören, riechen, schmecken und betasten, und doch kaum eine Erfahrung daran gewinnen? Wie ist es möglich, daß in der Auseinandersetzung mit der Sache oder Situation so unterschiedliche Ergebnisse zustande kommen?

Bereits bei der Diskussion der Anlage-Umwelt-Beziehung wurde klar, daß die Ausbildung der Sinne, insbesondere die Vernetzung der Zentren im ZNS, von den Umweltbedingungen abhängt (Singer 1985, S. 48). Zwar stellt fast jede Umwelt die unbedingt notwendigen Entwicklungsreize zur Verfügung, die Qualität und die Ausprägung der Sinnesleistungen ist trotzdem eng an die spezifischen Gegebenheiten gebunden. Ob z.B. das drei Monate alte Kind mit den Händchen spielt, den Körper betastet, strampelt und das Gesicht aktiv betastet, hängt nicht allein von den Antrieben und den sinnlichen Voraussetzungen ab, sondern auch von der Mutter-Kind-Beziehung, von der aktiven Ansprache, vom Gesundheitszustand, vom Gefühl der Ruhe und Geborgenheit usw. Ein Kind, das in dieser Zeit nicht das Körperschema, eben die Lage seiner Körperteile programmiert, hat später nicht nur Schwierigkeiten im realen Umgang mit Gegenständen. Das fehlende oder unvollständige Körperschema macht sich auch bei der Feststellung von Beziehungen der Raumlage und der Zeit, beim Erkennen von Symbolen, Buchstaben und figuralen Gruppierungen bemerkbar. Ein Kind, das während der Phase des Lallens inaktiv bleibt, das die Ausbildung des kinästhetischen und des auditiven Kontrollkreises der Sprache fehlerhaft und unvollständig entwickelt, wird Mühe haben, seine Sprache zu kontrollieren und fehlerfrei zu sprechen. Es wird jedoch noch mehr Mühe haben, innere Sprache verbosensorisch zu verarbeiten, d.h. beim Lesen oder Schreiben die verbosensorische Durchstrukturierung, Analyse oder Differenzierung zu vollziehen. Die Mängel der Sinnesausbildung, der Fähigkeit, die vorhandenen Rezeptoren aktiv zur Analyse der Umwelt, zur Heranbildung von Operationen und Sinngehalten einzusetzen, ist zwangsläufig eingeschränkt.

Wäre es nur die Sinnestüchtigkeit der einzelnen Rezeptoren, die aufzuarbeiten ist, wäre das Problem zwar schon schwer genug. Es wäre aber immer noch nicht so kompliziert, wie es sich oft in der Realität darstellt. Das eigentliche Problem liegt ja nicht allein bei der Sinnesleistung, sondern beim Erarbeitungsprozeß. Es besteht darin, die einzelnen Sinnesaktivitäten bewußt werden zu lassen und auf die Handlung und den Vorentwurf der Handlung zu beziehen. Viele der bei sinnlicher Wahrnehmung scheiternden Schüler besitzen zwar eine außerordentliche Sinnesschärfe, was ihnen jedoch nicht gelingt, ist die Integration der verschiedenen Kanäle mit den Speicherungen. ANOCHIN betont, daß es sich dabei um die „Fähigkeit der Großhirnrinde handelt, die zahlreichen, ihrer funktionellen Qualität nach unterschiedlichen afferenten Einwirkungen zu synthetisieren und erst danach den der Situation entsprechenden angepaßten Verhaltensakt zu bilden. Dies ist das echte Stadium der Afferenzsynthese, bei der gleichzeitig mehrere Formen afferenter Informationen integriert werden" (Anochin 1967, S. 45). Die Afferenzsynthese, die Verarbeitung aller zuleitenden Bahnen des ZNS, ist die Voraussetzung für die Arbeit des funktionellen Systems und damit auch für die geistige Operation. Ohne die geistige Operation aber entsteht keine innere Handlung, d.h. die Sinnesaufnahmen werden nicht zum Sinngehalt.

Doch nicht allein die Integration der Sinne ist eine Voraussetzung für die Operation. Wie bereits dargestellt (vgl. 5.1.12.), erfordert die bewußte Handlung die antizipatorische Vorwegnahme, das hypothetische Denken und die Planung, die der Handlung vorausgehen muß. Sie wiederum ist abhängig von den kodierten Vorerfahrungen, vom gespeicherten Wissen über die Sache. Es handelt sich also um ein Ineinandergreifen von Sinnesaufnahme, Sinnesverarbeitung, Handlungserwartung, Planung und Speicherung. Der recht einfach erscheinende Prozeß der sinnlichen Erfahrung entpuppt sich bei genauer Analyse als höchst kompliziert. Die Bedeutung der Mitwirkung des Frontallappens bei der Erarbeitung von Sinneserfahrungen gilt nicht nur für den Menschen. Sie läßt sich schon im Tierversuch nachweisen. ANOCHIN und Mitarbeiter erzeugten bei einem Hund bedingte Nahrungsreflexe mit zwei gegenüberliegenden Futternäpfen und mit einer Reaktion der motorischen Wahl. Entfernte man nun diesem Hund den bei ihm noch recht klein ausgebildeten Frontallappen der Hirnrinde, dann lief er ununterbrochen von Futternapf zu Futternapf. Er führte gleichsam pendelförmige Bewegungen aus, ohne an einem Napf längere Zeit stehenzubleiben. Er bot das Bild des Tieres, das vor zwei gefüllten Futternäpfen verhungerte, weil es entscheidungsunfähig war. Die Situationsreize wurden bei ihm zu Auslöserreizen. Die Afferenzsynthese, das Zusammenführen und Verarbeiten der Reize, war zerstört.

Das Beispiel zeigt, daß alle Sinnestüchtigkeit nutzlos ist, wenn die Integration der Sinnesreize, die antizipatorisch-planerische Tätigkeit des Gehirns, nicht gewährleistet ist.

Für das Erlernen der Erschließung von Sinngehalten bedeutet dies, daß die Übung der Sinnestätigkeit zwar physiologische Grundlagen fördert, daß die psychologische Verarbeitung jedoch in engem Zusammenhang mit den Lernvoraussetzungen und mit der Planung steht. Der „Schaffung einer Orientierungsgrundlage" (Galperin 1966) kommt deshalb auch für den Erwerb von Sinngehalten eine fundamentale Bedeutung zu. Dabei kann die künstliche Situation des vorbereiteten Unterrichtes mit der Orientierung im Rahmen der materialen und materialisierten Phase immer nur einen bescheidenen Ersatz für das aus gemeinsamer Tätigkeit erwachsende Vorhaben bieten. Dem in Etappen gegliederten Unterricht fehlen in der Regel die emotionalen und motivationalen Impulse als Ausgangspunkt für die Bildung der Orientierungsgrundlage, wie dies bei einem projektorientierten oder situationsbestimmten Unterricht der Fall ist.

Dies bedeutet aber auch, daß Förderung der Wahrnehmung durch die sogenannte Wahrnehmungsschulung mit ihren isolierten partikularistischen Übungen zwar Erfolge bringen kann, daß die damit angestrebten Ziele, nämlich Förderung der Sinnentnahme durch Speicherung und geistige Operation, nicht erreicht werden können. Die Schulung der sinnlichen Erfahrungsmöglichkeiten setzt immer eine dem gegenwärtigen Stand der Entwicklung des Kindes entsprechende Ganzheit als Erfahrungsmöglichkeit voraus, in der die Integration der Sinne operational durch das Zusammenwirken aller Grundleistungen erworben werden kann.

5.5. Bewußtsein und sinnliche Erfahrung

Bewußtsein meint in psychologischem Sinne nicht den Gegensatz von Ohnmacht, es meint vielmehr die Bewußtheit einer Sache, die Befreiung der geistigen Tätigkeit aus der Reiz-Reaktions-Beziehung, die Möglichkeit, unabhängig von Raum und Zeit mit Sinngehalten zu operieren.

Die Fähigkeit, von Raum und Zeit abzuheben, antizipatorische Leistungen zu entwickeln, finden wir bereits bei Anthropoiden. Wenn der Menschenaffe durch eine typische Bewegung andeutet, daß er eine Banane haben möchte, benutzt er die Handlung als Zeichen. Dabei besteht jedoch die Möglichkeit, daß diese Bewegung durch den Reiz des Hungergefühls ausgelöst wurde, daß es sich letztendlich um eine Reiz-Reaktions-Beziehung handelt. Dies ist jedoch recht unwahrscheinlich; denn es wird immer wieder über ein Verhalten berichtet, das Bewußtheit der Handlung voraussetzt. So beobachtete TELEKI das Sozialverhalten der Schimpansen nach einer erfolgreichen Jagd. ,,Danach wurde die Beute gerecht geteilt, was manchmal bis zu neun Stunden dauerte. Niemand von denjenigen, die auf den Ruf des glücklichen Jägers gekommen waren, verließ den Platz ohne seine Fleischportion. Wenn das Alpha-Männchen Glück bei der Jagd gehabt hat, ist ihm despotischer Egoismus völlig fremd, und er teilt die Stücke der begehrten Nahrung unter allen erwachsenen Männchen und Weibchen großzügig auf. Diese geben ihrerseits einen Teil ihrer Portion an anwesende Freunde und Kinder weiter'' (Panow 1985, S. 131). Wir müssen zugeben, daß ein solches Verhalten nicht mehr in einer Reiz-Reaktions-Beziehung ablaufen kann, sondern daß es die Überlegung, die von Raum und Zeit unabhängige Vorstellung, die Planung voraussetzt. Dabei verfügen diese Schimpansen nicht über Sprache in unserem Sinne. Ihr ganzes Zeichensystem besteht aus etwa 60 verschiedenen Posen, Körperbewegungen und Lauten (Panow 1980, S. 132). Dieser Zeichenvorrat reicht aber nicht aus, um die geschilderten Handlungen als Denkvorstellungen zu produzieren. Es kann also nur so sein, daß nicht die Sprache (hier Gebärden), sondern die Vorstellung den Denkprozeß beherrscht.

Von diesem Punkt etwa dürfte die Menschwerdung ausgegangen sein, als sie den langen Weg der Entwicklung beschritt und den aufrecht gehenden Lebewesen immer mehr Handlung, immer mehr Bewältigung komplexer Situationen zumutete. Da der werdende Mensch diese Situationen nur durch Vorwegnahme der möglichen Ereignisse und Handlungsalternativen lösen konnte, mußte er seine Vorstellungen aktivieren, die gespeicherten Erfahrungen mobilisieren, um sich ,,Gedanken'' über das Kommende zu machen. Damit wurde er zum denkenden Wesen. Seine geistigen Operationen bewegten sich auf der 1. Informationsstufe. Die Welt wurde für ihn zum Informationsträger. Aus dem Vergleich von gespeicherten Ding- und Handlungserfahrungen mit den Wahrnehmungen konnte er Schlüsse ziehen. So wurde aus dem 1. Signalsystem der Tiere das 1. Signalsystem des Menschen, das sich durch die nun grenzenlos erweiterten Möglichkeiten zu einem komplexen Gefüge von Inhalten, funktionellen Systemen, Konventionen und Regeln entwickelte und schließlich ein System bildete, das wir als 1. Informationsstufe bezeichnen können. Damit vermochte der Mensch die Signale der Welt zu ,,erkennen''.

Während die Signale beim Tier noch einen Reiz darstellten, gewannen sie für den Menschen eine Bedeutung. Es ist ein gewaltiger Unterschied zwischen dem 1. Signalsystem des Hundes, der etwa eine menschliche Spur wittert und unruhig wird, und der 1. Informationsstufe des Urmenschen, der aus den Fußabdrücken herauslas, daß hier ein Mann, eine Frau und ein Kind gegangen sind, daß dies schon vor dem letzten Sonnenuntergang gewesen sein muß, daß der Mann etwas getragen hat, daß sie in Richtung Sonnenaufgang liefen, und daß das Kind das rechte Bein etwas nachzog. Erst über das Bewußtsein konnte sich der Mensch die Signale der Welt erschließen. Er mußte lernen, sie zu deuten. Dazu aber bedurfte es nicht nur des Ausbaus von Speicherfähigkeit und der Entwicklung funktioneller Systeme, sondern auch des Bewußtseins. So ist das Bewußtsein das Ergebnis der Tätigkeit und nicht der Sprache, wie MARX postulierte. Das Bewußtsein des Menschen existierte schon mehr als zwei Millionen Jahre vor jenen Menschen, die durch den Bau des Hör- und Sprechapparates und durch die Entwicklung der entsprechenden Nervenzentren in die Lage versetzt wurden, Lautsprache zu gebrauchen. Mag sein, daß es am Anfang ein kollektives Bewußtsein war, daß der Mensch sich nicht als Individuum erfahren konnte. Mag sein, daß der Mensch erst über die Sprache zum Selbstbewußtsein gelangte. Dies ändert nichts an der Tatsache, daß am Anfang der Menschwerdung das natürliche Signalsystem der realen Welt stand, und dieses System den Ausgangspunkt unserer Lern- und Denktätigkeit darstellt.

Dieser Ausflug in die Vergangenheit soll einerseits deutlich machen, was der Unterschied zwischen dem PAWLOWschen 1. Signalsystem und der 1. Informationsstufe ist, andererseits darauf hinweisen, daß unterhalb der Sprache, gewissermaßen ihr vorgelagert, noch ein völlig anderes System der Verständigung mit der Welt (der Mensch eingeschlossen) liegt, das Voraussetzung des höheren Systems ist, das aber schon alle Prozesse geistiger Operationen enthält, die später die Sprache bilden. Es ist deshalb wenig sinnvoll, das Schwergewicht der Förderung lernbehinderter oder sozio-kulturell benachteiligter Kinder auf die sprachlichen Komponenten der Instruktion zu legen, wenn die grundlegenden Speicherungen und Operationen nicht vorhanden sind. Diese grundlegenden Speicherungen und Operationen sind mehr als ein „Signalsystem", mehr als der „semantische Gehalt der Sprache" und mehr als die „Wahrnehmung". Sie bilden eine völlig eigene Informationsstufe der Kommunikation des Menschen mit der Welt. Diese Stufe läßt sich durch die Sprache nicht ersetzen, denn sie ist eine Voraussetzung der Sprache. Sie kann jedoch im Sinne der Wechselwirkung durch Sprache sehr gefördert werden. Das sollten Linguisten, Soziologen und Pädagogen erkennen.

Am Anfang einer Lernförderung muß deshalb die Entwicklung der Grundleistungen, der sinnlichen Erfahrungsmöglichkeiten, der Heranbildung von antizipatorisch-hypothetischen Denkweisen und des Bewußtseins stehen. Daß dies auf unserer Entwicklungsstufe nicht ohne Sprache geschieht, ist selbstverständlich. Bedenklich stimmt eben nur das Übersehen dieser Zusammenhänge; denn unklare Wahrnehmungen können nur zu unklaren Speicherungen und diese wieder nur zu unklaren Vorstellungen führen, die wiederum als unzureichende Voraussetzungen in höhere Prozesse eingehen. Die mangelhafte Entwicklung der Antizipation, der Kausalität und der Finalität auf gegenständlicher Grundlage muß dazu führen, daß die Entwicklung auch auf sprachlicher Grundlage mangelhaft bleibt. Die unzureichende Übung gegenständlicher Planung und Konstruktion wird auch durch die sprachliche Übung nicht ersetzt werden. Zwar kann man nicht formulieren, daß die sprachlichen Leistungen um so höher sind, je besser die gegenständlichen ausgebildet sind, man kann aber davon ausgehen, daß es bestimmter Mindestvoraussetzungen im sinnlich-gegenständlichen Bereich bedarf, auf denen Sprache aufbauen kann.

5.6. Abstraktion und sinnliche Erfahrung

Die Speicherung der auf der Basis unserer Rezeptoren aufgenommenen Informationen, das Umgehen mit sinnlichen Inhalten, das Operieren mit Vorstellungen wird schlechthin als Umgang mit dem Konkreten bezeichnet. Dabei tritt die Frage auf, ob die Operationen der 1.Informationsstufe tatsächlich immer so konkret sind, und ob nicht auch im Gegenständlichen schon Abstraktionen enthalten sein können. Wird das Gegenständliche tatsächlich erst durch die Sprache abstrahiert?

Jede Situation, die wir sinnlich wahrnehmen, hat ihre Eigenarten und Besonderheiten. Sie ist stets konkret und auf die Realitäten bezogen. Man hat deshalb von vornherein alles, was zum sinnlichen Bereich gehört, dem Konkreten zugeordnet. Doch stimmt diese Zuordnung wirklich? Ist all unser gegenständliches Denken konkreter Natur, oder gibt es nicht doch die von der Realität gelöste hypothetische Vorstellung, die sich bereits in einer Verallgemeinerung repräsentiert?

Es wurde schon erwähnt, daß die Kodierung von Wahrnehmungen von den Operationen abhängig ist, und daß diese nicht abbildhaft speichern, sondern Merkmale der Operationen festhalten, aus denen wir die inneren Bilder oder Vorstellungen konstruieren können. Das heißt, daß bereits im Prozeß der Wahrnehmung eine Differenzierung stattfindet, die immerhin die Möglichkeit einer Auswahl bietet.

Tatsächlich muß der Mensch auch schon während jener Zeit abstrahiert haben, da die 1. Informationsstufe sein Denken bestimmte. Wie wäre es ihm sonst gelungen, das Wesentliche von Unwesentlichem, das Verzichtbare von Unverzichtbarem zu trennen? Das aber ist Voraussetzung für das Interpretieren der Zeichen der realen Welt. Das oben angeführte Beispiel des Spurenlesens zeigt, in welch hohem Maße die Trennung von Wesentlichem und Unwesentlichem Voraussetzung einer verwertbaren Deutung ist.

Wir können also annehmen, daß es auch in den gegenständlichen geistigen Operationen eine Abstraktion gibt. Sie ist, je nach dem Entwicklungsstand der Person, je nach ihrer Vertrautheit mit dem Gegenstand, der Sache oder der Situation, unterschiedlich entwickelt. Nicht umsonst gibt es in den sehr einfachen Kulturen der Steinzeitmenschen, wie sie heute noch in tiefster Abgeschiedenheit des Urwaldes entdeckt werden, Spezialisten für sehr schwierige Aufgaben. Unter dem Einfluß der Sprache hat sich allerdings die Fähigkeit zur Abstraktion sinnlicher Gehalte weiter entwickelt. Die Sprache bietet dafür spezifische Möglichkeiten. Deshalb ist in unserer sprachlich bestimmten Kultur zwischen gegenständlichen, sprachlichen und schriftsprachlichen Abstraktionen bei einer Reproduktion auf gegenständlicher Grundlage kaum noch zu unterscheiden.

Beispiele dafür, wie schwer es ist, selbst im gegenständlichen Bereich zur Abstraktion zu kommen, finden wir in der Arbeit mit Geistigbehinderten. Schon GÜRTLER erkannte diese Schwierigkeiten und suchte nach Wegen der „sinnlichen Abstraktion". Er bringt das Beispiel von der Birne, an der mit Hilfe unserer Sinne noch alle Qualitäten wahrgenommen werden können. Stellt man hinter die Birne einen Spiegel, so erscheint im Spiegelbild nur noch das Bild, doch man kann daran noch Form Größe, Farbe, Lage und Zahl erkennen. Ersetzt man das Bild durch eine verkleinerte Zeichnung, dann entfallen Größe und Bewegung. Zeichnet man nur noch den Umriß, so fallen Körperlichkeit und Farbe weg. Entfernt man sie so weit vom Auge, daß nur noch ein Punkt bleibt, dann sind auch Umrißlinie und Lage verschwunden, es bleibt nur noch die Zahl. „So zeigt uns der Versuch, wie sich vom wirklichen Gegenstande die Elemente, die Anschauungen sondern können. Es findet ein Wegschleppen der Einzelmerkmale, eine Beraubung der Wirklichkeit, eine ‚sinnliche' Abstraktion statt" (Gürtler 1924, S. 92).

Hinter GÜRTLERs Vorstellung von der Abstraktion steht nicht die Hinführung zum Begriff, sondern die Hinführung zum Symbol, das „für etwas" steht, in diesem Falle der Punkt, der die Zahl repräsentiert. Den Schülern soll dadurch verständlich werden, daß die Operation mit der Zahl, so unanschaulich sie auch ist, letztendlich nur deshalb durchgeführt wird, weil sie eine Bedeutung für konkrete Sachverhalte hat.

Dieses Prinzip des Vorgehens in Abstraktionsstufen erweist sich im Unterricht mit lernschwierigen Schülern oft als ein sehr gangbarer Weg zur handelnden Vermittlung der Abstraktion. „Dem originalen Gegenstand folgt das Modell, dem noch die Körperlichkeit und die weitgehende Übereinstimmung der Form eigen ist. In der zweiten Stufe gehen weitere Wirklichkeitsmerkmale verloren. Die Darstellung wird zweidimensional, es entsteht ein Abbild in Form einer Zeichnung oder Fotografie, das aber immer noch die Beziehung zum originalen Gegenstand aufweist. Auf der dritten Stufe geht der sichtbare Gegenstandsbezug verloren. Das Abbild gewinnt schematische Züge und wird durch das Prinzip repräsentiert. Auf der vierten Stufe tritt an die Stelle der schematischen Darstellung das Symbol, das nur noch Signalcharakter trägt" (Radigk 1971, S. 21). Diese immer stärker auf Merkmale reduzierenden Stufen tragen dazu bei, die „sinnliche" Abstraktion zu vollziehen, das Wesentliche und Prinzipielle herauszuheben, das im gesprochenen Wort schließlich zum Begriff wird. Die sprachliche Verallgemeinerung und Begriffsbildung hat die sinnliche Verallgemeinerung und Begriffsbildung zur Voraussetzung. Die sinnliche Abstraktion aber ist etwas, was nicht allein mit der Sprache erlernt werden kann. Sie setzt das Handeln des Schülers, den „Erwerb des Wesentlichen", voraus.

Die Bedeutung der Abstraktion der sinnlichen Erfahrung, die Bedeutung gegenständlichen Denkens, die Einheit und Wechselwirkung zwischen Konkretem und Abstraktem erweist sich auch in jenen geistigen Operationen als tragend und unerläßlich, wenn es um gegenständlich-kreative Aufgaben geht. Eine ganze Reihe geistiger Handlungen läßt sich auf sprachlicher oder schriftsprachlicher Basis nicht vollziehen. Dies gilt für bildnerisches Gestalten im Hinblick auf Bildhauerei und Malerei. Dies gilt auch für die Konstruktion von Bauwerken, Inneneinrichtungen, Parkanlagen usw.

Lassen wir einen Architekten zu Wort kommen und befragen wir ihn, wie er z. B. eine Festhalle entwirft und gestaltet, dann berichtet er natürlich über die Vorgespräche usw. Die eigentliche Arbeit beginnt allerdings für ihn mit dem Entwurf, und dieser beginnt nicht mit der Zeichnung, sondern mit der Vorstellung. In seinem Kopfe entstehen die Bilder von der Gesamtgestalt, von den Details des Dachüberhanges, der Fensterform, der Flächenverhältnisse, der Wirkung des benutzten Steines, der Farbe und künstlerischen Gestaltung der Fenster, der Form des Fundamentes usw. Eine fast unüberschaubare Zahl von Einzelheiten will aufeinander abgestimmt sein. Diese Einzelheiten kümmern den Architekten am Anfang nur wenig. Es geht um grundsätzlichere Entscheidungen, und die fallen auf einer abstrakt-gegenständlichen Ebene. Das innere Bild, die Vorstellung, die er von der Festhalle in seinem Kopfe bildet, ist keine reale Vorstellung, sie ist abstrakt — deshalb abstrakt, weil sie nur das Wesentliche enthält, die grundsätzlichen Entscheidungen, die miteinander in Übereinstimmung zu bringen sind. Dabei bedient er sich der wechselnden Vorstellung. Einmal erscheint der Eingang in Sandstein, dann in Bruchstein, dann in behauenem Granit, dann vielleicht verklinkert usw. Es ist das allgemeine bildliche Denken, das im Kopfe des Menschen zur konkreten Darstellung wird. So zeigt auch die Arbeit mit Vorstellungen einen Grad von Verallgemeinerung, der erst durch die geistigen Operationen möglich wird.

Für den Aufbau der ersten Informationsstufe bedeutet dies, daß wir nicht bei der sinnlichen Reflexion steckenbleiben dürfen. Wenn auch die präzise, möglichst vollständige und klare Vorstellung die eine Seite der sinnlichen Arbeit ist, dann muß auf der anderen Seite auch die Herauslösung des Wesentlichen und Fundamentalen gefordert werden. Beides läßt sich auf dieser Stufe sehr gut durch die Handlung erarbeiten, denn in der Handlung selbst erweisen sich Maßnahmen oder Gegenstände als richtig oder falsch, nützlich oder unwirksam, fördernd oder störend. Die Handlung und ihr Ergebnis ermöglichen uns das Erkennen des Wesentlichen und Unverzichtbaren. So ist auch die gegenständliche Abstraktion ein Abbild der Handlung und Erfahrung. Die Vorstellung von einer Sache oder Situation ist dann das Rückspielen der Erfahrungen, die von der konkreten Ausgangsposition gelöst worden sind und in einen neuen Zusammenhang eingebracht wurden. Auch die Fähigkeit der Konkretisierung wird durch Übung erworben.

5.7. Ordnung und Systematisierung sinnlicher Erfahrung

Nach den bisherigen Ausführungen über den Zusammenhang von Speicherung und Grundleistungen ist anzunehmen, daß sowohl die Speicherungen, als auch die Operationen einem bestimmten System unterliegen, das uns das Zurechtfinden ermöglicht. Wir speichern nicht in Wahrnehmungskategorien, sondern in Handlungszusammenhängen ab. Handlung enthält aber schon eine bestimmte Ordnung, sonst wäre sie nicht durchführbar, sei es die Abfolge der Bewegungen, die unterschiedliche Intensität der Maßnahmen, die Reihenfolge des Werkzeugeinsatzes, die Raumlagebeziehung zwischen den Gegenständen, die Bewegungsrichtung usw. Mit der Handlung geht also im Prozeß der Interiorisation bereits ein Ordnungssystem in uns ein. Wir speichern die realen Erfahrungen in bis zu einem gewissen Grade vorgegebenen Ordnungen. Da aber auch die Handlung nicht von Anfang an vorhanden war, sondern sich mit dem Menschen entwickelte, stellt sie ebenso wie die Sprache ein gesellschaftliches Erbe dar. Deshalb gehen in unsere Systematisierungen sinnlicher Art auch die gesellschaftlichen Erfahrungen der Menschheit ein.

Die Art der Ordnungen hat sich phylogenetisch entwickelt. Jeder Mensch muß sie allerdings für sich selbst noch einmal neu unter den für ihn gültigen Verhältnissen und Bedingungen erwerben. So ist der Erwerb von Ordnungssystemen für den Wüstenbewohner etwas anderes als für den mitteleuropäischen Stadtbewohner. Im Prinzip jedoch knüpfen alle Ordnungssysteme an die unmittelbaren Bedürfnisse an. Das sechs Monate alte Kind ordnet das Fläschchen bereits intuitiv dem Bereich Nahrung zu. Das einjährige Kind ordnet den Sportwagen dem Bereich des Spazierengehens und des Ausfahrens zu. Das eineinhalbjährige Kind versucht konzentriert, ein Rad auf die Achse des Autos zu stecken. Das zweijährige Kind sammelt Steine und verteilt sie nach eigenen Gesichtspunkten in einen Blumentopf und in eine Blumenvase. Das dreijährige Kind bildet damit Reihen und Muster, reiht Perlen auf und sortiert nach Größen. Das vierjährige Kind ordnet schon Bilderfolgen entsprechend dem logischen Handlungsgang (Pines 1984, S. 45). Die Ordnungssysteme erweitern sich immer mehr, werden immer stärker ausdifferenziert und dadurch auch immer komplexer. Zwar spielt vom ersten Lebensjahr an das Sprachverstehen eine erhebliche Rolle, das grundlegende System der Ordnung ist jedoch der Handlungszusammenhang. Die Sinneserfahrungen, die Handlungserfahrungen im Umgang mit der Realität bilden die Grundlage für die Ordnungssysteme.

Zu den Ordnungssystemen gehören auch zeitliche Regelungen, Abläufe, Verhaltensweisen, wie sie durch das Zusammenleben der Menschen bedingt sind und wie sie sich aus der Lebenserfahrung ergeben haben. Eine solche Erfahrungsordnung bildet z.B. der Tagesablauf. Das Kind erlebt den Anbruch des Tages, das Aufstehen, das Waschen, das Frühstück usw. Allmählich wird der zeitliche Ablauf zu einem Ordnungssystem, an dem sich nun durch die Erfahrung wieder andere Ordnungssysteme festmachen lassen. So kann das Kind sehr bald zwischen den Tätigkeiten am Morgen und am Abend unterscheiden. Auch die Gegenstände werden bald den zeitlichen Erscheinungen und den damit verbundenen Tätigkeiten zugeordnet.

Ein besonders schwieriges System ist das der Beziehungen und Relationen. Die neuere Forschung steht auf dem Standpunkt: „Bereits in sehr frühem Alter ‚organisieren' die Kinder ihr Wissen nach bestimmten Grundstrukturen — und diese Grundmuster, zum Beispiel die Fähigkeit, zwischen belebten und unbelebten Objekten oder zwischen Ursache und Wirkung unterscheiden zu können, scheinen sogar Teil unserer genetischen Ausstattung zu sein" (Pines 1984, S. 44). Offensichtlich ist die Suche nach Beziehungen zwischen Ursache und Wirkung eine jener geistigen Handlungen, die den Menschen von anderen Lebewesen unterscheiden. „Schon fünf bis acht Monate alte Babies haben ein lebendiges Interesse an Ursache-Wirkungs-Zusammenhängen: sie spielen mit dem Lichtschalter und sind fasziniert, wenn dadurch das Licht an- und ausgeht" (Pines 1984, S. 48). Später wissen sie schon recht genau, welche Lampe bei der Betätigung welches Schalters aufleuchtet oder ausgeht, daß es nicht mehr Mäuse werden, wenn man sie auf zwei Teller verteilt, daß ein Stein sich nichts wünschen kann usw. Auch die Beziehungen und Relationen entwickeln sich aus dem Handeln. Deshalb kann die Bedeutung der 1. Informationsstufe und damit auch die Bedeutung der frühen Kindheit nicht genug hervorgehoben werden. Die Bedingungen des Aufwachsens in den modernen Betonsilos am Rande der Städte, in den Hochhäusern und Mietskasernen, das passive Verhalten im Umgang mit mechanischem Spielzeug, das stundenlange Verweilen vor dem Fernsehschirm oder Spielcomputer kann kaum die Bedingungen zum Erwerb der äußeren und inneren Handlungskompetenzen der 1. Informationsstufe bieten. Kindergarten, Vorschule und Schule werden sich immer mehr darauf einstellen müssen, den verlorengegangenen oder eingeschränkten Bereich des gegenständlichen Lernens nachzuholen, aufzuarbeiten oder wenigstens so weit wie möglich zu korrigieren. Dazu ist es notwendig, die Entstehungsweisen und die Funktionsweisen solcher Systeme genau zu kennen.

6. Die 2. Informationsstufe — das sprachliche Lernen

In dem Maße, wie der Mensch die Fähigkeit erlangte, Bewußtsein zu entwickeln, gelang es ihm auch, die gegenständlichen Erfahrungen bewußt zum Zwecke der Verständigung zu gebrauchen. Die Nachahmungen von Handlung lösten sich mehr und mehr aus der situativen Bindung an ihre Auslösefunktion — sie wurden zum Zeichen ,,für etwas''. Damit betrat der Mensch eine neue Ebene der geistigen Tätigkeit; die zweite Informationsstufe entstand, die ihm völlig neue Möglichkeiten der Kommunikation eröffnete.

Die Fähigkeit, Zeichen zu geben und Zeichen zu verstehen, entwickelte sich wahrscheinlich nicht sprunghaft, sondern kontinuierlich im Rahmen eines sehr langen Zeitlaufes. Bis ein System entstand, das wir heute als Lautsprache bezeichnen, vergingen etwa zwei Millionen Jahre. Während dieses Zeitraumes gingen alle Möglichkeiten der Zeichengebung nebeneinander her, die Gebärde ebenso wie der ausgestoßene Laut, die Berührung ebenso wie die zusammengelegten Steine oder das in den Sand geritzte Symbol. Aus diesen vielen Möglichkeiten bildeten sich dann Zeichensysteme heraus, die gewissermaßen zweite Kodierungen darstellen. Es sind die ,,Signale der Signale'', wie PAWLOW dies bezeichnete.

In diesem Entwicklungsprozeß mußte sich eines der Systeme von Zeichengebung als das Praktikabelste, als das Brauchbarste erweisen. Am Anfang war dies sicher die Gebärde. Sie war am einfachsten zu produzieren und am einfachsten zu verstehen. ,,MARR vertrat die Ansicht, daß entwicklungsgeschichtlich nicht die Lautsprache, sondern diese linienförmige kinetische Sprache (Gebärdensprache) die ursprüngliche sei. Die Geste der Hand, die skizzenhaft, verkürzt die Arbeitsoperation darstellt, wurde zum Zeichen für diese. Die Verbindung des Zeichens mit dem Bezeichneten war hier anschaulich und darum dem primitiven Bewußtsein unmittelbar zugänglich. Diese Sprache, die anfänglich unmittelbar in den Arbeitsprozeß einbezogen war und seiner Organisation diente, hat sich dann von ihm losgelöst. Aufgrund dieser kinetischen Sprache erstarkte das Denken. Erst dann wurde das Entstehen der Lautsprache mit der ihr eigenen abstrakten Verbindung zwischen Wort und Bezeichnetem möglich'' (Rubinstein 1984, S. 525).

Die verschiedenen Möglichkeiten, Zeichen zu gebrauchen, entwickelten sich unterschiedlich. Sie sind jedoch alle auch heute noch vorhanden. Aus den zusammengelegten Steinen oder dem in den Sand geritzten Symbol wurde die Bilderschrift, wurden Piktogramme und Verkehrszeichen. Aus den Berührungen wurde das Fingeralphabet der Taubblinden (Lormen). Aus den Handlungsgesten wurde die Gebärdensprache der Gehörlosen. Aus den Lautgebungen wurde die Lautsprache.

Von allen Systemen erwies sich in der Auseinandersetzung mit der Realität offensichtlich die Lautsprache als das bestgeeignete. Die Lautsprache hat zu irgendeinem Zeitpunkt einen enormen Entwicklungsschub erhalten, die sie zur führenden Verständigungsweise werden ließ. Dieser Zeitpunkt dürfte nicht zufällig enstanden sein, sondern aus der Veränderung der Lebensbedingungen resultieren, wie sie sich vor einigen hunderttausend Jahren einstellten. Entscheidend für diese Möglichkeit der Umstellung auf ein flexibleres leistungsfähigeres Kommunikationssystem war jedoch nicht allein die Notwendigkeit zur Bewältigung neuer Aufgaben, sondern ebenso das Vorhandensein der materiellen Voraussetzungen des ZNS. Im Zuge der Entwicklung hatten sich bereits jene Zentren herangebildet, die wir heute als Sprachzentren bezeichnen, die aber am Anfang der Entwicklung nicht Lautsprache, sondern vorwiegend Gebärdensprache generierten. Den Beweis dafür liefern die Ergebnisse der Aphasieforschung mit Gehörlosen (Poizner, Kaplan, Bellugi und Padden 1984). Von Geburt an gehörlose Menschen, die fast ausschließlich Gebärden als Sprache benutzten, zeigten bei einer Verletzung der Sprachzentren die gleichen Ausfälle, wie sie bei hörenden Aphatikern auftreten (vgl. 1.2.4.).

Unter den Anforderungen der Umwelt übernahm das Zentrum der Sprachgeneration mehr und mehr lautsprachliche Aufgaben und verdrängte die Gebärdensprache in den Hintergrund. Ganz verschwunden ist diese indessen auch bei lautsprachlich kommunizierenden Menschen bis heute nicht.

Die besonderen Anforderungen der Umwelt könnten darin zu suchen sein, daß schwierigere Arbeiten notwendig wurden, die mit beiden Händen durchgeführt werden mußten, und daß Bedingungen enstanden, unter denen das Gebärdensystem sich als unzureichend erwies. Die Jagd wurde nicht mehr allein am Tage ausgeübt. Das Nachlassen des Wildbestandes zwang zur Nachtjagd. Auch in unübersichtlichem Gelände, etwa in der hohen Grassteppe, mußte man sich verständigen können. Dadurch wurde der Mensch herausgefordert, das gewachsene Bewußtsein und das erweiterte Verstehen zur Bewältigung der Situationen einzusetzen. Eine Vielzahl von Bedingungen zwang dazu, die Lautgebung zum Signalträger zu wählen. Damit aber setzte die Entwicklung der Sprechorgane ein, die gleichzeitig mit der daraus resultierenden Erweiterung des Bewußtseins die Denkmöglichkeiten schuf, die der heranwachsende Mensch sich heute in Lernprozessen erarbeitet. Die Lautsprache hatte die führende Position in der Koordination der Umweltbeziehungen übernommen. Eine neue Etappe der Menschheitsentwicklung begann. Die Sprache wurde zum Bedeutungsträger, die Sinngehalte und Funktionen der 1. Informationsstufe gingen in die 2. Informationsstufe ein. Eine neue Qualität geistiger Tätigkeit wurde möglich, die Sprache als Vehikel, als Träger des Denkens benutzte. So entstand das sprachliche Denken, das eine weitergehende Lösung aus der Realitätsbindung und eine stärkere Abstraktion erlaubte, als dies mit den gegenständlichen Vorstellungen möglich war. Die auf diese Art entstandene 2. Informationsstufe basiert auf dem System der Kodierung. Erste Kodierungen werden in zweite umgewandelt. Aus den schon einmal kodierten Sinngehalten wird Sprache. Aber diese Umwandlung ist nicht eine einfache Kodierung, bei der ein Signal gegen ein anderes ausgetauscht wird, sondern ein Komplex von Signalen, der eine historisch entstandene Konvention darstellt.

Konvention setzt eigentlich die Vereinbarung voraus und damit auch das Vorhandensein von Sprache. Dieser Begriff von Konvention kann deshalb hier nicht gemeint sein. Die historisch entstandene Konvention ist vielmehr eine sich aus der Entwicklung ergebende Vereinbarung. Bestimmte Lautklangfolgen werden für etwas gebraucht. Eine Reihe von Menschen übernehmen diese Bezeichnung, verändern sie, passen sie an, verbreiten sie, lassen evtl. Teile davon fallen, ergänzen sie, wandeln sie um usw., bis ein relativ großer Kreis von Menschen sich dieses Zeichensystems bedient. Die Vereinbarung entwickelt sich ohne Verhandlung aus dem Gebrauch der Sprache selbst. Deshalb können wir von einer historischen Konvention sprechen.

Analysieren wir den Signalkomplex Sprache, dann ergeben sich Signale mit unterschiedlicher Aufgabenstellung und Wirkung. Sicher ist das Leitsignal die Lautklangfolge. Dazu gehören jedoch eine ganze Reihe von Bestimmungssignalen wie Sprechmelodie, Sprechtempo, Akzentuierungen, Pausen, Rhythmus, Grammatik und Syntax. Erst das Leitsignal mit allen Bestimmungssignalen zusammen ergibt das, was wir als Sprache bezeichnen.

Der Signalkomplex Lautsprache erfordert zur Produktion und zur Rezeption funktionelle Systeme der Verarbeitung. Diese sind wesentlich komplexer als dies von der Signalzusammensetzung her erscheint. Neben den auditiv-akustischen Verarbeitungen gehören dazu rhythmisch-kinästhetische und motorische. Wir sprechen deshalb von verbosensorischen Leistungen, die uns die Analyse der Signale und von verbosensomotorischen, die uns die Produktion der Sprache ermöglichen.

Die heute gesprochene Sprache ist allerdings keine Lautsprache in historischem Sinne, wie sie sich im Laufe der Jahrhunderttausende heranbildete. Sie ist längst durch die Schriftsprache bestimmt. Unsere Ausdrucksweise, unsere Grammatik und Syntax orientieren sich an der Schriftsprache. Erst durch sie wurde die hohe Präzision der Lautsprache möglich. Dies hat zur Folge, daß wir auch von Analphabeten verlangen, daß sie eine schriftsprachlich bestimmte Lautsprache sprechen. Sie hören ja im offiziellen lautsprachlichen Umgang nur die lautlich produzierte Schriftsprache und müssen sich an ihr orientieren. Daraus erwachsen besondere Probleme des Lernens für Menschen, die Schriftsprache nur ungenügend beherrschen.

Auf der 2. Informationsstufe lassen sich durch Lautsprache geistige Operationen entwickeln, die über die Möglichkeiten der 1. Informationsstufe hinausgehen.

1. Die Lautsprache befähigt dazu, Informationen in einer hohen Dichte und mit hoher Präzision weiterzugeben.

2. Die Realitätsbindung wird weiter gelöst. Es lassen sich hypothetische Konstrukte hoher Abstraktivität entwickeln.

3. Sachverhalte, Bedingungen und Beziehungen lassen sich kennzeichnen, die vorstellungsmäßig nicht reproduzierbar sind, ja die im Extremfall nicht einmal existent sind, weil es sich um erdachte Konstruktionen handelt.

4. Innere Sprache läßt sich entwickeln, die eine andere Form geistiger Operationen ermöglicht als das vorstellende Denken.

5. Die gesellschaftlichen Erfahrungen sind in sprachlicher Form verfügbar und lassen sich mit ihren Inhalten, Ordnungen und Konstruktionen in den Denkprozeß einbringen.

Die besonderen Möglichkeiten der 2. Informationsstufe hängen in noch stärkerem Maße als die der 1. Informationsstufe von bewußten Lernprozessen ab, d. h. die Sprache will nicht nur erworben sein, sondern die sprachliche Operation, der Umgang mit der Sprache und ihren spezifischen Möglichkeiten, will erlernt sein. Das aber ist mehr als Spracherwerb und Sprachgebrauch, es ist Anwendung der Sprache als Mittel des Denkens.

Wenn hier im Rahmen der 2. Informationsstufe nur das System der Lautsprache in seiner Bedeutung für den Lernprozeß besprochen wird, dann heißt dies nicht, daß die auf gleicher Stufe liegenden Signalsysteme wie Gebärdensprache, Lormen, Symbolschrift der Verkehrszeichen, der Landkarten, der technischen Zeichnungen usw. ohne Bedeutung wären. Dies ist ganz gewiß nicht der Fall. Der hier abgesteckte Rahmen erlaubt es jedoch nicht, die ganze Systematik in voller Breite zu diskutieren. Wo sich Anknüpfungspunkte ergeben, wird auf die genannten Systeme eingegangen. Es kommt hier vielmehr darauf an, die Bedeutung der Primärfunktion der Systeme für das Lernen herauszuarbeiten, und dies muß mit Bezugnahme auf die Lautsprache geschehen, die auch beim Lernen unter schwierigen Bedingungen eine Schlüsselrolle inne hat.

6.1. Der Zusammenhang von Sprache und Sinneserfahrung

Sprache ohne Sinneserfahrung wäre inhaltslos. Diese Erkenntnis gilt nicht nur für sprachliche Konstruktionen, die sich auf konkrete Gehalte beziehen, sie gilt auch für jene sprachlich formulierten von der Sinneserfahrung abgehobenen Konstrukte, die auf gesellschaftlicher Erfahrung beruhen. Bei letzteren ist der Weg von der Sinneserfahrung zum gesprochenen oder gedachten Wort allerdings oft so weit und in so viele Verzweigungen zerlegt, daß die unmittelbare Sinneserfahrung nicht mehr direkt auffindbar ist. Die sprachliche Konstruktion hat sich verselbständigt.

Für das Lernen unter schwierigen Bedingungen erscheint die Klärung des Verhältnisses von 1. und 2. Informationsstufe deshalb als besonders notwendig, weil die Arbeit mit sprachlichen Inhalten erschwert oder gar unmöglich werden kann, wenn die Beziehungen zwischen Sprache und Inhalt unvollständig, unklar oder falsch sind oder wenn die zur Mobilisierung der geistigen Aktivitäten notwendigen Funktionen nicht in der richtigen Weise zusammenarbeiten. Wir müssen uns außerdem die Frage stellen, ob unter den Bedingungen des erschwerten Lernens die sprachlichen Operationen in der gleichen Weise ablaufen, wie dies bei einer normalen Entwicklung der Fall ist, oder ob nicht doch etwa besondere Bedingungen vorliegen, die bei der Planung, Anleitung und Unterstützung von Lernprozessen zu berücksichtigen oder zu bedenken sind.

In der Übersicht zu den Informationsstufen (vgl. Abb. 10) wurde davon ausgegangen, daß die niederen Informationsstufen in die höheren eingehen, daß sie nicht verschwinden, sondern in dialektischem Sinne aufgehoben werden, also zu einen Bestandteil des neuen Systems werden. Diese Einheit der Informationsstufen läßt sich täglich beobachten. Halten wir einen Vortrag, sprechen wir in einer Diskussion, bringen wir spontan einen sprachlichen Beitrag, dann suchen wir nicht nach den Inhalten, sondern formulieren innersprachlich in Sekundenbruchteilen, schneller als wir sprechen können, den sprachlichen Ausdruck. Irgendwie spüren wir jedoch, daß dies, was wir verarbeiten, nicht nur Sprache ist, daß der Gedanke mitläuft, daß dort ein Prozeß vorhanden ist, der alle Merkmale, Techniken und Speicherungen mobilisiert, daß diese Vorgänge jedoch in Sprache zusammenfließen. Die Verbindungen zwischen den gespeicherten individuellen und gesellschaftlichen Erfahrungen und der Sprache sind so eng geworden, daß diese sich in ihrer Gesamtheit in der Sprache repräsentieren. Ja es ist nicht nur so, daß dort Verbindungen bestehen. Das gleiche Wort kann in anderem Zusammenhang eine ganz andere Stellung haben, einen anderen oder anders akzentuierten Sinn ergeben und damit etwas anderes ausdrücken. Die Verbindungen von sprachlicher Konstruktion und Bedeutungsgehalt können deshalb keine feststehenden sein, sie müssen sich ständig neu konstituieren und dynamisch aufeinander abstimmen. Daß diese sprachliche Funktion allerdings nicht für alle Menschen in gleicher Weise verläuft, daß sie nicht von allen in gleicher Weise beherrscht wird, kann man in jeder Diskussion feststellen.

Schlechthin wird diese Fähigkeit des Ausdrucks als Sprachgewandtheit bezeichnet. Sie kann durch Üben sprachlicher Konstruktionen verbessert werden. Ob dies jedoch auch bei lernschwierigen, lernbehinderten und geistigbehinderten Kindern der Fall ist, bleibt zweifelhaft. Nach den umfangreichen Erfahrungen mit Sprachtrainigsprogrammen und kompensatorischer Spracherziehung erscheint es zumindest als fragwürdig, daß durch sprachliche Übungen allein eine wesentliche Förderung zu erzielen ist. Das in der Entwicklung von Lernprozessen bei Kindern mit kognitiver Dysfunktion zu beobachtende Suchen nach Bezeichnungen, das Ausweichen auf sehr einfache Sprachkonstruktionen, das Weglassen von Beziehungen und Folgerungen legt den Schluß nahe, daß hier sowohl die Speicherung der Sinngehalte als auch das Verstehen der Situation mit seinen sinnhaften geistigen Operationen eine erhebliche Rolle spielt.

Um das Problem zu verdeutlichen, werden nachfolgend zwei Sprachprotokolle im Ausschnitt wiedergegeben. Die Protokolle beziehen sich auf eine Bildbeschreibung. Der Schüler erhält die Aufgabe, zu erzählen, was auf dem Bild dargestellt ist.

Joachim M., Schüler einer Grundschule, Alter 10;6 Jahre.

Also auf dem Bild, da ist gerade ein Unfall passiert. Also das sieht man auch hier. Da ist wahrscheinlich ein Junge schwer verletzt. Und der Krankenwagen ist schon da. Der Junge liegt auf einer Liege. Da sind zwei Leute, die haben ihn auf eine Liege gelegt. Der ist mit dem Fahrrad da entlang gefahren, auf einer großen Straße. Und er hatte einen Fahrradunfall mit dem roten Auto. Und Polizei ist auch schon da. Und die muß jetzt den Verkehr stoppen. Und der Krankenwagen steht an der Straße. Das Fahrrad ist natürlich kaputt. Der Junge, dem gehts wahrscheinlich nicht sehr gut. Also der muß jetzt gleich ins Krankenhaus. Und die Leute, also die vom Krankenwagen, die verarzten ihn. Und er liegt halt auf einer Liege, und er weiß wahrscheinlich nicht, was mit ihm los ist. Und die Polizei hat jetzt auch sehr viel zu tun. Der Mann aus dem Auto, mit dem er den Unfall hatte, der sieht jetzt, daß er dem Jungen, daß er dem Jungen sehr viel Schaden zugefügt hat. Der weiß jetzt genau, was er getan hat. Also und jetzt wird wahrscheinlich bald der Krankenwagen mit dem Jungen wegfahren ins Krankenhaus.

Rainer W., Schüler einer Schule für Lernbehinderte, Alter 10;8 Jahre.

Ein Auto, ein Krankenwagen, ein Radfahrer, der umgefahren worden ist. Zwei Polizisten und zwei Krankenpfleger und ein Lasterfahrer. Und der eine Polizist schreibt auf. Und der wird dann ins Krankenhaus gebracht. Der wird bestraft. Kommt auf den Schrottplatz, das Auto. Und ein Bürgersteig und ein Zettel und ein Arzt. Der kommt ins Krankenhaus mit Blaulicht. Und eine Straße, und der guckt der Mann.Der wird untersucht, der Bub. Der hält die Hand, der Polizist. Der Polizist guckt aufs Auto. Dann fährt er weg, der Krankenwagen. Und der wird angehalten, der LKW-Fahrer, steigt er aus. Und dann kriegt er einen Strafzettel. Der kriegt ne Flasche, der kranke, und der muß mitkommen.

Während Joachim M. ruhig vor dem Bild sitzt und sprachlich formuliert, zeigt Rainer W. den gemeinten Gegenstand jeweils mit dem Finger. Er stockt mitunter, überlegt einen Augenblick und setzt dann seine Schilderung fort.

(Der besseren Lesbarkeit wegen wurden die verkürzt oder undeutlich gesprochenen Wörter hier richtig wiedergegeben, nach Preuschoff/Schmidt 1985/86).

Die Analyse des Textes zeigt bedeutsame Unterschiede zwischen der Bildbeschreibung des Grundschülers und des Schülers der Schule für Lernbehinderte. Während Joachim M. Erfahrungen mobilisiert, vergleicht, analysiert, die gegenständliche Synthese vollzieht, dadurch zu Feststellungen, Beziehungen und Folgerungen gelangt, bleibt das Zusammenwirken der Grundleistungen bei Rainer W. auf einer einfacheren Stufe stecken. Es kommt zu Aufzählungen mit richtigen Benennungen und zu einfachen Verknüpfungen. Die Kontinuität der Darstellung wird nicht durch sprachliche Darstellung hergestellt, sondern durch die in den Prozeß einbezogene Handbewegung. Der Schüler zeigt, was er meint (der kommt ins Krankenhaus, der guckt usw.).

Das Zusammenspiel von 1. und 2. Informationsstufe, aber auch das Zusammenspiel der Grundleistungen ist bei beiden Schülern unterschiedlich entwickelt. Sprachentwicklung muß deshalb zugleich auch Sinnesentwicklung und Förderung der Grundleistungen in beiden Informationsstufen sein. Die sprachliche Förderung des Rainer W. wird nur dann Erfolg haben, wenn es gelingt, die sinnlichen Grundlagen aufzuschließen, d.h. die analytisch-synthetische Tätigkeit im Rahmen der 1. Informationsstufe zu verbessern.

6.2. Die Abstraktion der Erfahrung mit den Mitteln der Sprache

Abstraktion ist die Heraushebung notwendiger und allgemeiner Merkmale, die als wesentliche Eigenschaften von Objekten oder Relationen zwischen diesen gelten können. Das heißt, daß Abstraktion nicht stets das Gleiche meint. Ziel der Abstraktion kann etwa das Erreichen eines Begriffes, es kann aber auch die Bereitstellung der für einen

Handlungsvorgang wesentlichen Merkmale sein. Abstraktion ist immer auch ein Prozeß. Die Grundleistungen Analyse, Synthese, Vernetzung und Systematisierung spielen in ihm eine hervorragende Rolle. Sie ermöglichen erst die zielgerichtete Abstraktion, das Herausfinden des Unabdingbaren, Fundamentalen oder des Wesentlichen. Die Fähigkeit der sprachlichen Abstraktion wird schon in der gegenständlichen Abstraktion vorbereitet. Sie erweitert sich jedoch im sprachlichen Bereich in einem zuvor unbekannten Maße. Diese neue Möglichkeit der Abhebung von der Realität und der Eingrenzung zielgerichteter Merkmale ist jedoch nicht nur in der höheren Kodierung von Sprache und der Abhebung von der Realität begründet, sie ist auch durch die Konstruktion unserer Sprache bedingt. In die Sprache gehen sowohl die Erfahrungen mit der realen Welt, als auch die Erkenntnisse der Wissenschaften ein. Deshalb stellt sie Möglichkeiten bereit, die eine Abstraktion nicht nur zulassen, sondern durch den Sprachgebrauch selbst und das Verstehen dieser Sprache sogar erzeugen.

Die Abhängigkeit der Abstraktion von der Sprachkonstruktion wird deutlich, wenn wir unsere Sprache mit der Sprache einfacherer Kulturen vergleichen. ,,Auf den frühen Entwicklungsstufen operiert die Sprache vorzugsweise mit einzelnen, anschaulichen, allerdings vieldeutigen Wörtern, die von Situation zu Situation ihre Bedeutung wechseln und in denen die indikative Funktion, die den hinweisenden Gesten nahesteht, einen sehr unbestimmten, dürftigen und nicht verallgemeinerten Inhalt hat. Bekanntlich gibt es bei Völkern, die auf frühen Stufen der sozialen und kulturellen Entwicklung stehen, keine Wörter zur Bezeichnung von Oberbegriffen. So hatten die Bewohner Tasmaniens Bezeichnungen für jede Spielart der australischen Akazie, kannten aber das Wort ,Baum' nicht. Die Zulus haben Wörter zur Bezeichnung einer ,weißen Kuh', einer ,braunen Kuh' usw., aber nicht das Wort ,Kuh'. Die Mohikaner hatten Wörter zur Bezeichnung des Zerschneidens verschiedener Gegenstände, aber nicht das Wort ,schneiden' überhaupt'' (Rubinstein 1984, S. 527—528).

Das Beispiel zeigt, daß Sprache nicht gleich Sprache ist, daß es also einer bestimmten Entwicklungsstufe von Sprache bedarf, in der diese auch Abstraktion enthält. Abstraktionsmöglichkeit ist deshalb kein Kennzeichen von ,,Sprache an sich''.

Die Abstraktionsmöglichkeiten unserer Sprache werden deutlich, wenn wir einmal einen recht einfach erscheinenden Begriff untersuchen, zum Beispiel den Begriff ,,Ofen''. Zunächst erscheint es so, als könne es beim Begriff ,,Ofen'' keine Probleme geben. Fast jeder Mensch weiß, was ein Ofen ist. Es gibt den Kachelofen, den Eisenofen oder den Ölofen. Es gibt aber auch den Schmelzofen, den Hochofen, den Brennofen, den Elektroofen oder den Gasofen. Schon bei der Vorstellung der verschiedenen Öfen wird es kompliziert. Während der Kachelofen oder der Ölofen noch dadurch gekennzeichnet ist, daß darin ein Feuer brennt, ist dieses Merkmal im elektrisch betriebenen Wärmespeicherofen verloren. Während bei dieser Gruppe trotz der funktionellen Unterschiede die äußere Form und Größe noch annähernd erhalten bleibt, geht sie beim Hochofen oder beim Brennofen der Ziegelei völlig verloren. Der Hochofen ist eine Fabrikationseinrichtung und ähnelt einer riesigen Maschine. Der Brennofen der Ziegelei ist dies auch, er ähnelt aber eher einem Haus. Das gemeinsame Merkmal von ,,Ofen'' ist also weder die Funktion, noch die Größe, noch die Form, sondern allein die Wirkung. Wir könnten den Ofen als ,,Wärmeerzeuger'' bezeichnen. Funktion und Form haben sich längst aus der ursprünglichen Situation gelöst. Erst durch Analyse, Synthese, Strukturierung und Systematisierung bringen wir Ordnung in die Bezeichnungsgruppe ,,Ofen''. Ofen ist nur der Oberbegriff. Darunter können wir Unterbegriffe bilden, z. B. nach dem Zweck, etwa den Heizofen, Schmelzofen, Brennofen und Trockenofen, oder nach der Brennstoffart den Kohleofen, den Ölofen, den Elektroofen, den Gasofen oder nach dem Material den Kachelofen und den Eisenofen. Darunter lassen sich dann wieder die einzelnen Arten einordnen. Wie das Beispiel zeigt, ist Abstraktion zwar durch die Möglichkeiten der Sprache vorgegeben, erschlossen werden kann sie jedoch nur durch die Entwicklung der geistigen Operation, und sie wiederum wird bestimmt durch das Ziel, die Planung, die Übersicht und Einordnung in das Gesamtgefüge der geistigen Tätigkeit.

Die Sprache verallgemeinert zwar, schließt schon das Allgemeine ein, denn mit dem Wort ,,Baum'' meinen wir alle Bäume dieser Welt; das heißt aber nicht, daß das gesprochene Wort auch für den Sprecher bereits eine allgemeine Funktion besitzt, daß er die wesentlichen Merkmale, Beziehungen, Wertigkeiten und Verhältnisse mit dem Gebrauch des Wortes zur Verfügung hat. Das Wort Baum kann in der Vorstellung eines geistigbehinderten Kindes durchaus mit einer geringen Zahl von Erfahrungen an Bäumen im häuslichen Garten, auf dem Schulhof usw. verknüpft sein, während es für den Biologen ein Bestandteil eines komplizierten Ökosystems ist. Zwischen diesen beiden Polen der Abstraktion gibt es die unterschiedlichsten Abstufungen. Wie weit ein Wort vom Sprecher abstrahiert werden kann, ist deshalb weder eine Frage des Wortschatzes, noch eine der grammatischen Konstruktion, sondern letztlich eine Frage der Speicherungen, also der Erfahrungen und des Wissens und eine Frage der geistigen Operationsfähigkeit.

Um Lernprozesse zu fördern, ist deshalb auch die Förderung der Abstraktionsfähigkeit notwendig. Jeder Lernprozeß muß zumindest bei der Verarbeitung von Ergebnissen zu Folgerungen, Schlüssen, Prinzipien und Gesetzen auf der Stufe seinen Abschluß finden, die sprachlich gerade noch erreicht wird. STRATHMANN hat dies durch seine Analyse der Lernbedingungen überzeugend nachgewiesen.

In einer Untersuchung von Lernprozessen an naturwissenschaftlichen Unterrichtsgegenständen (Waage, schiefe Ebene) bei Schülern der Regelschule und Schülern der Schule für Lernbehinderte konnte er feststellen, daß zwischen der Fähigkeit, die Inhalte begrifflich-sprachlich zu verarbeiten und der Fähigkeit zu folgern und zu schließen ein hoher Zusammenhang besteht. Um die Unterschiede der Abstraktion zu erfassen, teilte er die sprachlichen Äußerungen in 5 Qualitätsstufen ein: 1. exakt zutreffend, 2. leichte Unschärfe, 3. globale Bezeichnung, 4. Assoziation oder Umschreibung, 5. falsch oder fehlend. Nach seinen Untersuchungen lagen bei den Lernprozessen lernbehinderter Schüler fast zwei Drittel aller begrifflichen Äußerungen in den Kategorien vier und fünf. Die Schüler hatten Schwierigkeiten, Dinge, Eigenschaften und Erscheinungen richtig zu bezeichnen. Entweder fehlte der Ausdruck und sie zeigten den Gegenstand, oder sie benutzten Assoziationen oder Umschreibungen. Der Lernprozeß ließ sich nur deshalb aufrecht erhalten, weil immerhin doch noch etwa ein Drittel aller Bezeichnungen zutreffend, leicht unscharf oder global gebraucht wurden. In der Auswertungsphase zeigte sich dann, daß die Schüler zwar etwas gelernt hatten, daß die Weiterführung des Gelernten zur Darstellung von Beziehungen, Abhängigkeiten und Schlüssen nicht gelang. Es fehlten die Begriffe, es fehlten die Operationen der Abstraktion, und auch die grammatischen und syntaktischen Fähigkeiten, die ja in den Prozeß sprachlichen Denkens eingehen, reichten nicht aus.

Die Abstraktion ist ein Prozeß, der erworben werden muß. Er ist in jedem Lernprozeß enthalten. Er muß auch in jedem Lernprozeß neu konzipiert werden. Die Sprache bietet dazu durch ihre Konstruktion Unterstützung. Sie kann jedoch den Prozeß nicht ersetzen. Trotz des Erfassens der gegenständlichen Erfahrung muß ein Lernprozeß in der Verarbeitung scheitern oder stark beeinträchtigt werden, wenn die Abstraktion ihre Funktion nicht ausfüllen kann.

6.3. Sprachliche Abstraktionen als Material geistiger Operationen

Die lautsprachliche Abstraktion ermöglicht uns nicht nur die Verallgemeinerung von Erscheinungen, die Ermittlung von Grundlagen, Prinzipien und Gesetzen, sie ermöglicht gleichzeitig auch das Überschreiten der Sinneserfahrung und damit eine relative Ablösung von der 1. Informationsstufe. Damit ist keinesfalls gemeint, daß die in diesem Prozeß entstehenden sprachlichen Konstrukte von der sinnlichen Grundlage völlig gelöst wären, daß sie also ohne vorausgehende Sinneserfahrung gebildet werden könnten, sondern daß in diesen Konstrukten die einzelne Sinneserfahrung nicht mehr erkennbar ist, weil sie aus einer Vielzahl von Abstraktionen aus unterschiedlichen Prozessen stammen, daß gewissermaßen die Ergebnisse verschiedener vorangegangener Prozesse in neuen Prozessen verarbeitet werden. Die Entwicklung dieser Fähigkeit machte es möglich, Eigenschaften, Sachverhalte, Erscheinungen zu erfassen, die sinnlich nicht wahrnehmbar sind, die als „geistige Konstrukte" existieren. Unsere Sprache enthält einen hohen Prozentsatz solcher Konstrukte. Sie sind uns nicht jederzeit geläufig. Oft sind wir auf das Wörterbuch oder spezielle Lexika angewiesen, wollen wir etwas über die Bedeutung des Wortes erfahren.

Als Beispiel einer solchen abstrakten Konstruktion soll hier das Wort „Selbstbewußtsein" dienen. Zwar weiß fast jeder Mensch, was mit Selbstbewußtsein gemeint ist, eine Definition dafür zu finden ist jedoch schon schwieriger. Noch schwieriger dürfte es sein, sich etwa das Wort Selbstbewußtsein so vorzustellen, wie wir uns einen Tisch, einen Stuhl oder ein Fenster vorstellen. Das Selbstbewußtsein ist weder direkt zu sehen, noch zu hören oder zu ertasten, und doch spüren wir es. Es kann sich also um keine einfache Umkodierung von Sinneserfahrung handeln. Es muß komplexer Natur sein. Wir spüren es aus dem Prozeß selbst, aus dem Verlauf einer Kommunikation, aus der inneren Verarbeitung innerhalb der geistigen Operationen. Deshalb können wir zwar sagen, ob sich ein Mensch in einer bestimmten Situation selbstbewußt verhalten hat oder ob er wenig Selbstbewußtsein zeigte, wir können jedoch keine Zerlegung vornehmen und wie bei den realen Erscheinungen unserer Welt Zuordnungen vornehmen.

Dieses Beispiel sollte deutlich machen, daß mit Hilfe der Sprache eine neue Stufe der Kommunikation und des Denkens erreicht wird, die es uns ermöglicht, dinglich nicht faßbare Erscheinungen zu kodieren, sie faßbar zu machen und damit handhabbar. Wir erhalten mit den Mitteln der Sprache nicht nur die Möglichkeit, die sinnlich nicht unmittelbar erfahrbaren Erscheinungen unserer Welt zu erfassen, sondern zugleich auch die Möglichkeit, etwa die Sprache mit der Sprache selbst zu erklären und über uns selbst zu reflektieren. Die Sprache war also doch ein „Schritt ins Bewußtsein", wie MARX annahm, aber eben ein zweiter Schritt.

In der Arbeit mit lernschwierigen und lernbehinderten Schülern werden hochgradig abstrakte Begriffe kaum eine hervorragende Rolle spielen. Sie sollen in diesem Zusammenhang auch nur dazu dienen, die prinzipiellen Möglichkeiten der Sprache aufzuzeigen. Zwischen den völlig sprachlich abstrakten Begriffen und der konkreten Bezeichnung liegt ein weites Feld, das in feinsten Abstufungen vom Konkreten zum Abstrakten führt. Bereits das sprachliche Kennzeichnen von Bedingungen und Verhältnissen bedarf der Ableitung. Ob etwas „hinter, neben oder auf" ist, läßt sich allein durch die Umsetzung des Wortes in eine Vorstellung nicht sagen. Um eine Vorstellung von „auf" zu produzieren, bedarf es der Erweiterung um Gegenstände in einer Situation. Wir können uns zwar vorstellen, daß ein Buch „auf" dem Tisch liegt, wir können uns auch vorstellen, daß ein Mensch „auf" die Leiter steigt, wir können uns jedoch „auf" an sich nicht vorstellen. Es handelt sich also um ein abstraktes Wort, das erst durch die Umsetzung in eine Realisation seinen Sinngehalt erfährt, das also auch erst aus dieser Realität erfahrbar wird, weil es aus ihr abgeleitet wurde.

Alle sprachlichen Bezeichnungen, die Bedingungen, Beziehungen, Relationen, Werte oder Normen kennzeichnen, sind abgeleitet. Sie wurden im Prozeß der Entwicklung erworben und wir gebrauchen sie mit einer solchen Selbstverständlichkeit, daß ihr abgeleiteter Charakter uns nicht mehr bewußt wird. Wir sehen deshalb auch nicht mehr die Schwierigkeit, die einem Schüler dadurch entsteht, daß er die Ableitung nur unvollständig, unklar oder überhaupt nicht vollzogen hat. Das Umgehen solcher sprachlicher Konstruktionen, das Ersetzen der Beziehungen durch die hinweisende Gebärde, das Aufzählen einfacher sinnlich erfaßbarer Sachverhalte ist also nicht nur ein Problem des Zusammenwirkens zwischen 1. und 2. Informationsstufe, es ist gleichzeitig auch das Problem des sprachlichen Materials. Abstrakte Bezeichnungen, Beziehungen, Relationen, Werte oder Normen lassen sich rein sinnlich auf der 1. Informationsstufe überhaupt nicht erarbeiten, da sie ja erst durch die Sprache „existent" werden. Sie lassen sich aber auch nicht ohne die reale Situation aufbauen. So sind Realität und Sprache gleichermaßen Vorbedingung für das Entstehen der Begriffe. Ihren Inhalt jedoch gewinnen sie erst durch die Operation; denn weder das Vorhandensein der Sprache noch das der Situation führt zur Sinnerschließung. Erst in der Tätigkeit selbst, in der sprachliche und sinnliche Erfahrung eine Einheit eingehen, in der sprachliche und sinnliche Operationen sich beständig wechselseitig durchdringen, kann die sprachliche Kodierung die operationalen Erfahrungen gewinnen, die schließlich den Sinngehalt ergeben. Deshalb kann die Erarbeitung abgeleiteter oder abstrakter Begriffe zumindest am Anfang der Entwicklung nicht allein auf sprachlicher Basis, also nicht durch das Gespräch oder verbale Instruktion erfolgen, sondern nur in der handelnden Situation. Zwar spielt das Gespräch in der Ausrichtung der Aufmerksamkeit, der Steuerung der Wahrnehmung oder der Gedankenführung eine hervorragende Rolle, es kann jedoch die unmittelbare Erfahrung, sowohl das äußere Handeln als auch die geistigen Operationen der 1. Informationsstufe, nicht ersetzen. Es kann sie mobilisieren, falls sie gespeichert und im Zusammenhang verfügbar ist, doch dann wird es sich immer nur um Präzisierungen oder Ergänzungen des Begriffes handeln. Die Erarbeitung abstrakter Begriffe setzt die Einheit von Situation, Handeln und Sprache voraus.

Sehr oft wird das Problem der Bildung abstrakter Begriffe durch spezielle Fördermaterialien angegangen. Mitunter handelt es sich dabei um das sogenannte „paper-pencil" Verfahren. Der Schüler soll auf Arbeitsblättern bestimmte Verhältnisse kennzeichnen, markieren oder verbinden. Diese Übungen haben durchaus ihren Sinn, wenn sie in der Reihenfolge der Abstraktion eingeordnet werden, wenn ihnen also die Erfahrung der Situation vorangegangen ist. Isoliert angewandt, ohne Beziehung zur Realität, geraten sie meist zur reinen Beschäftigungstherapie, zu einem Umgehen mit dem Gegenstand ohne Übertragung der Inhalte in den geistigen Bereich.

Der Unterricht unter erschwerten Bedingungen setzt deshalb eine genaue Analyse des Unterrichtsgegenstandes voraus, in der festzustellen ist, welche abstrakten Begriffe Voraussetzungen für das Erfassen des Lernzieles sind. Sollten diese bei den Schülern nicht vorhanden sein, muß die Planung selbst Möglichkeiten enthalten, die Begriffe in der Einheit von Erfahrung und Sprache zu erarbeiten.

Mit der Schaffung abstrakter Begriffe aber ermöglicht es der Unterricht auch dem lernschwachen Schüler, höhere Strukturen der geistigen Operationen zu erreichen, und damit zu einer neuen Qualität der geistigen Entwicklung zu gelangen.

Das Verhältnis von 1. und 2. Informationsstufe, die Rolle der geistigen Operationen, insbesondere der Abstraktion, gibt aber auch Hinweise darauf, warum sozio-kulturell benachteiligte Schüler zwar recht gut mit der praktischen Lebensbewältigung zurechtkommen, bei höheren Anforderungen, wie sie etwa das schulische Lernen darstellt, jedoch erhebliche Schwierigkeiten haben. Folgen wir den im ersten Teil dargestellten Erkenntnissen über die Regenerations- und Kompensationsfähigkeit der höher kodierten Systeme, dann sollte es allerdings möglich sein, durch entsprechende Förderung die geistigen Fähigkeiten zu entwickeln.

6.4. Die Abhängigkeit geistiger Operationen vom Niveau der sprachlichen Entwicklung

Das Niveau der sprachlichen Entwicklung steht in einem unmittelbaren Zusammenhang mit gegenständlicher Erfahrung und Sprache, mit der Abstraktionsfähigkeit und der dadurch ermöglichten Abhebung von der Realität, mit der begrifflichen Operationsfähigkeit und der Aneignung der in den Begriffen enthaltenen gesellschaftlichen Erfahrung.

Das Niveau der sprachlichen Entwicklung einer Kultur hängt von den Lebensanforderungen und den Lebensbedingungen einer Gesellschaft ab. ,,Die Ursprache zeichnete sich durch Polysemantismus (Marr) aus. Ihre Wörter waren vieldeutig. Eine Vielheit verschiedener Bedeutungen eines einzigen Wortes wurde durch eine gemeinsame Funktion der in ihm vereinigten Gegenstände zusammengefaßt. Die kinetische Sprache der Gesten und der Mimik diente von Situation zu Situation der Differenzierung dieser Bedeutungen" (Rubinstein 1984, S. 526). Die Lautsprache früher Kulturen ist deshalb keinesfalls mit unserer heute gesprochenen Sprache zu vergleichen. Es handelte sich um eine situative Sprache. Die Wörter, losgelöst von der Situation, der Handlung, den Gegenständen, der Mimik und Gestik, ergaben noch keine ausreichend sichere Information.

Eine ähnliche Sprache wie die der frühen Kulturen entwickelt auch das Kind. Diese Sprachform wird in der Regel als ,,situative Sprache" bezeichnet. So unterscheidet auch RUBINSTEIN zwischen der Kontextrede und der situativen Rede. Unter einer Kontextrede versteht er die Adäquatheit der sprachlichen Gestaltung eines Gedankens vom Standpunkt der Verständlichkeit für den Hörer. ,,Eine zusammenhängende Rede ist eine solche Rede, die aufgrund ihres eigenen gegenständlichen Inhaltes vollauf verstanden werden kann" (Rubinstein 1979, S. 91).

Eine situative Rede hingegen bildet kein solches zusammenhängendes Bedeutungsganzes, keinen Kontext, auf dessen Grundlage die Rede vollauf verstanden werden könnte. Für ihr Verständnis ist es notwendig, die konkrete Situation zu berücksichtigen. Der Bedeutungsgehalt wird nur verständlich, wenn er zur Situation in Beziehung gesetzt wird.

Die Kontextrede entwickelt sich später als die situative Rede. Sie baut jedoch nicht auf dieser auf und verdrängt auch die situative Rede nicht. Beide existieren nebeneinander her. Auch der Erwachsene wendet die situative Rede immer dann an, wenn er sich in einer verständlichen und einsichtigen Situation zum Gesprächspartner befindet, d.h. wenn die Situation selbst so viele Informationen liefert, daß die Formulierung der ohnehin verstandenen Inhalte in geschliffenen Sätzen als überflüssig, ja als unsinnig empfunden würde.

Wächst ein Kind unter soziokulturell ungünstigen Bedingungen auf, d.h. erhält es weder die für den Aufbau von Sinngehalten notwendigen Erfahrungsmöglichkeiten noch die für die Entwicklung der Sprache notwendigen Anregungen, bleibt es zwangsläufig auf der

Stufe der situativen Rede stehen. Dies bedeutet aber nicht nur eine Einengung der sprachlichen Kommunikation auf die situativ gebundene Form des Gespräches, sondern gleichzeitig auch das Ausbleiben der Entwicklung der Sprache und der dazugehörigen geistigen Operationen, also des Denkens. Die Folgen zeigen sich in einem herabgesetzten Wortschatz, in wenig entwickelter Grammatik und Syntax, eingeschränkter Kommunikationsmöglichkeit und damit auch eingeschränkter geistiger Operationsfähigkeit. Dadurch kann die Sprache ihre Aufgabe als „Vehikel des Denkens" nicht übernehmen. Zur Durchführung der abstrakten geistigen Operationen fehlen die Denkmittel und die Operationen. Es gelingt nicht, aus der Realität zu abstrahieren, und damit werden Kombination und Koordination, Folgerung, Schluß und Urteil erschwert oder gar unmöglich.

Betrachten wir die sprachlichen Äußerungen von lernbehinderten Schülern, dann fällt die hohe Parallelität mit der situativen Rede auf. Auch die Unterrichtssprache lernbehinderter Schüler ist, wie die situative Rede, situationsbezogen. Allerdings handelt es sich hierbei nicht um Situationen, die von vornherein einsichtig wären und die deshalb keine vollkommene sprachliche Ausformulierung verlangen, sondern gerade um Situationen, die wegen des Unterrichtszieles, der Umwandlung der gegenständlichen Erfahrung in Gedanken und Vorstellungen, der Abstraktion und der Interiorisation bedürfen. Trotz dieser unabdingbaren Notwendigkeit gelingt es im Unterricht mit lernschwachen Schülern zunächst nicht, zur kontextgebundenen Unterrichtssprache vorzustoßen. Die Sprache bleibt situationsgebunden. Dies kann im lerntheoretisch unausgebildeten Lehrer die Vorstellung auslösen, daß die Schüler ja ganz gut mit der Sache umgehen können. Sie reden nur ein wenig einfacher, ersetzen Begriffe durch Bezeichnungen, Umschreibungen, Assoziationen, Gesten oder Zeigebewegungen, insgesamt aber fließt der Unterricht. Am Ende sind diese Lehrer erstaunt, daß es nicht gelingt, auch nur zu einfachen sprachlich formulierten wenn-dann-Beziehungen oder je-desto-Verhältnissen vorzustoßen. Sie nehmen an, die Schüler wüßten, welche Folgerungen zu ziehen sind bzw. welche Resultate im Ergebnis vorhanden sind, weil sie doch mit der Sache umgingen. Doch die Schüler wissen es nicht. Die gegenständliche Erfahrung läßt sich nicht ohne die sprachliche Abstraktion, ohne Herauslösung aus dem Zusammenhang, ohne Aufdeckung der Beziehungen und Relationen zusammenfassend folgernd verarbeiten, wenn das Niveau der gesetzten Unterrichtsziele dies verlangt. STRATHMANN, der die verbale Struktur der Sprache in naturwissenschaftlichen Lernprozessen untersuchte (Themen: Waage, schiefe Ebene), beschreibt die sprachlichen Leistungen folgendermaßen: „Oft werden die Gegenstände nicht erkannt. Ein Teil der lernbehinderten Schüler ist dann mit Hilfe des Versuchsleiters in der Lage, die Gegenstände richtig zu bezeichnen. Ein Teil dieser Kinder erkennt die Gegenstände, kann sie aber nur durch Zeigen zuordnen und benennen. Die sprachliche Bezeichnung geschieht dann vorwiegend mit ‚das da'. Trotz mehrfacher Hinweise gelingt es den Schülern nicht, die zuvor erarbeiteten Bezeichnungen anzuwenden" (Strathmann 1985, S. 120). In der Darstellung STRATHMANNs ist die Bezeichnung „erarbeitet" sicher falsch gewählt. Aus der Beschreibung des Untersuchungsverlaufs geht hervor, daß die Bezeichnungen höchstens genannt wurden. Wären sie erarbeitet worden, hätte das Ergebnis nach aller Erfahrung besser ausgesehen. Wer jedoch annimmt, daß im Rahmen einer einzigen Unterrichtseinheit oder eines einzigen Lernprozesses das Problem gelöst werden kann, der irrt. Es bedarf sehr gezielter langwieriger Arbeit, um die Prozesse der 1. und der 2. Informationsstufe aufzubauen und miteinander zu integrieren. Das Ausbleiben einer Entwicklung, die im Normalfall zum größeren Teil bereits in der Vorschulzeit läuft, kann nicht in einigen Unterrichtsstunden, ja nicht einmal in wenigen Schuljahren ausgeglichen werden. Dazu sind langwierige Entwicklungen notwendig; denn das lernbehinderte oder lernschwache Kind gleicht keinesfalls einem Kind jüngeren Alters. Ein „Abholen" auf einer niedrigeren Entwicklungsstufe ist grundsätzlich nicht möglich; denn die unzureichenden Leistungen vorangehender Funktionen und Systeme sind in die höheren Leistungen eingegangen und haben Erscheinungsweisen eigener Prägung gebildet, die nicht im Lehrbuch der Entwicklungspsychologie nachlesbar sind.

An dieser Stelle wird auch die Problematik der von GALPERIN vorgelegten Theorie der etappenweisen Ausbildung geistiger Handlungen deutlich. Bei lernschwachen Schülern bleiben die Phase der Versprachlichung (Verbalisierungsphase) und die Phase des verkürzten Sprechens auf dem jeweiligen erreichten Sprachniveau stecken. Die Benutzung von Sprache im Zusammenhang mit den zuvor durchgeführten gegenständlich orientierten Phasen allein nützt nur wenig, wenn die Schüler sie situativ gebrauchen, wenn es also nicht zum innersprachlichen Handeln und zur Abstraktion kommt. Die Phase der Versprachlichung gerät zu einer Wiederholung gegenständlicher Eindrücke auf dem Niveau situativen Sprechens. Aber selbst wenn es gelingt, die im situativen Sprechen benutzten Sprachersatzhandlungen, die Assoziationen (z. b. wie ein Metermaß) oder Umschreibungen (was langes) durch Bezeichnungen zu ersetzen, ist damit noch keine Abstraktion verbunden. Sie aber ist Voraussetzung für die Weiterführung zu geistigen Operationen, zum abstrahierenden Denken auf der Ebene der Verallgemeinerung. Die Verwirklichung der Etappen nach GALPERIN im Unterricht der Schule für Lernbehinderte ähnelt dann auch in der Realität mehr einem Ritual als einem fortschreitenden Lernprozeß. Die Stufe der inneren Sprache ist nicht oder nur in Ansätzen erreichbar, handelt es sich doch hier um eines der schwierigsten Probleme geistiger Entwicklung.

Die Hinführung vom Konkreten zum Abstrakten wird sich in der Arbeit mit lernschwachen Schülern also kaum in den Etappen GALPERINscher Prägung vollziehen können. Die Erarbeitung der Bezeichnungen, Begriffe und Operationen wird nicht in kontinuierlichem Ablauf der Etappen verlaufen. Wie die Erfahrung zeigt, handelt es sich im Prozeß der Überwindung des situativen Sprechens vielmehr um ein beständiges ,,Vor und Zurück''. Wie eine Zickzacknähmaschine zwei nebeneinanderliegende Stoffteile durch den Sprung von einer Seite auf die andere verbindet, so muß die geistige Tätigkeit die 1. und 2. Informationsstufe verbinden. Dies geht nicht in einem linearen Fortschreiten, sondern eigentlich nur in ständiger Wechselwirkung, wobei allerdings ein höheres Niveau gewonnen wird, so daß man von einer nach oben führenden Spirale der Entwicklung sprechen sollte. Die Entwicklung vollzieht sich dabei dialektisch. Durch die immer weitergehende Ausbildung von Inhalten und Operationen erreicht der Schüler eine Passung oder Entsprechung von Konkretem und Abstraktem, so daß es allmählich zu einem Sprung kommt, der als Umschlag einer Quantität in eine andere Qualität bezeichnet werden könnte. Aus dem situativen Sprechen wird das kontextgebundene Sprechen. Der Schüler kann sich mehr und mehr aus der gegenständlichen Handlung lösen. Der Anteil von Mimik, Gestik, hinweisenden Gebärden oder Handlungen geht zurück. An ihre Stelle tritt das gesprochene Wort, das gleichzeitig verallgemeinert und dadurch den Weg bereitet für die Interpretation, die Auslegung, Folgerung oder Gesetzmäßigkeit. Dazu trägt allerdings auch die 3. Informationsstufe, die Schriftsprache, in hohem Maße bei, weil sie in der Lage ist, das gesprochene Wort zu konservieren und in eine bestimmte Folge und Beziehung zu setzen, so daß der Lernende von dort her eine Anregung, Stützung, Korrektur oder Hilfe erhält.

6.5. Die innere Sprache als Mittel geistiger Operationen

Nach der Theorie von der etappenweisen Heranbildung geistiger Handlungen soll die innere Sprache das Ziel oder die Endform der Etappenfolge sein. ,,Bei ihr ist der eigentliche sprachliche Prozeß nicht mehr Gegenstand des Bewußtseins (d.h. der Selbstbeobachtung). Die Ursache hierfür ist die Automatisierung. Diese beiden Merkmale – der automatische Ablauf und die Tatsache, daß die sprachliche Handlung nicht mehr bewußt wird – sind für die innere Sprache charakteristisch. Damit werden unsere Vorstellungen von der inneren Sprache zwar vereinfacht, aber keineswegs ärmer. Davon können wir uns leicht überzeugen, wenn wir näher betrachten, zu welchem Ergebnis eine solche Umwandlung führt.

Ist der sprachliche Prozeß nicht mehr Gegenstand des Bewußtseins, so tritt sein Produkt – der gegenständliche Inhalt der Handlung – ohne sichtbare Verbindung mit eben diesem Prozeß hervor. Das bedeutet: a) Das Produkt der sprachlichen Handlung äußert sich nicht in Teilen, sondern sofort, nicht als ein vom Subjekt bewußt herbeigeführtes Ergebnis, sondern als ein vor ihm zutage tretendes Objekt. Da dieses Objekt schon längst die spezifische Form der Bedeutung der Sprache erlangt hat, jetzt aber ohne sichtbaren Zusammenhang mit der Sprache auftritt, offenbart es sich dem Subjekt in einer Form, die frei von unmittelbarem sinnlichen Inhalt ist. Die beiden Merkmale, die für eine mit Hilfe der inneren Sprache vollzogene Handlung charakteristisch sind, lassen die Illusion vom sogenannten ‚reinen Gedanken' aufkommen'' (Galperin 1967, S. 41).

Nach den bereits vorgetragenen Erkenntnissen zum Zusammenhang von Sprache und Denken muß diese Theorie sehr kritisch betrachtet werden. Natürlich ist der sprachliche Prozeß während der geistigen Operation Gegenstand des Bewußtseins. Die Sprache selbst tritt nur zurück gegenüber der Operation. Das Noematische, das Verstandesmäßige, eben der Prozeß hat die Führung in der Koordination der Umweltbeziehungen übernommen. Allerdings kann man davon ausgehen, daß dies nur bei sehr hoch entwickelter, sehr abstrakter geistiger Tätigkeit der Fall sein dürfte. Auf einer früheren Stufe der geistigen Tätigkeit wird die Sprache, zumindest in Teilen, durchaus noch zum Gegenstand des Handelns. Der Mensch handelt mit innerer Sprache. Er hört sich selbst noch innerlich sprechen. Dies dürfte etwa auch beim situativen Sprechen der Fall sein.

Die Repräsentation oder Erscheinungsweise von Sprache ist jedoch nicht das zentrale Problem der Arbeit mit lernschwierigen Schülern. Nach der Theorie GALPERINs ist die Etappe des inneren Sprechens das Endglied der Interiorisation. Der Schüler erreicht die Stufe des Denkens. Handlung und Sprache werden zum Gedanken verschmolzen.

Diese Interpretation wirft die Frage auf, ob dann lernbehinderte Kinder, wenn sie sich nur mit den Mitteln des situativen Sprechens verständigen können, wenn sie also auf der Etappe der Verbalisierung stehen bleiben, keine Gedanken entwickeln können? Da das Kind nach GALPERIN erst über die Etappe der Verbalisierung und die Etappe des verkürzten Sprechens zur inneren Sprache vorstößt, dürfte bei den Kindern mit situativem Sprachgebrauch inneres Sprechen und der Gedanke nicht vorhanden sein.

Nun kann man wohl schlecht annehmen, daß lernschwache Schüler überhaupt nicht über innere Sprache verfügen. Das würde den Prinzipien der Interiorisation total widersprechen. Wenn Handlungen und Bedeutungslaute interiorisiert werden, wird dann die Sprache nicht in gleichem Maße interiorisiert?

Natürlich wird die Sprache interiorisiert. Wie bereits bei der Beschreibung der Grundleistungen dargestellt, ist Erkennen oder Identifizieren nur möglich, wenn ein ,,Erinnerungsbild'' in uns gespeichert ist. Erkennen erfolgt stets im Zusammenwirken zwischen Wahrnehmungs- und Erinnerungsfeldern des ZNS. Wenn Sprache also verstanden wird, dann sind auch die inneren Speicherungen dazu vorhanden. Dies hat aber offensichtlich nicht zwangsläufig zur Folge, daß der Mensch auch in der Lage ist, mit diesen Kodierungen zu operieren, sie mit anderen zu verbinden und damit innere Handlungen durchzuführen. Das innere Sprechen stellt sich offensichtlich nicht mit dem Kodieren der Wort-

und Satzmerkmale ein. Es muß erworben werden. Nach PIAGET und WYGOTSKI erfolgt der Erwerb von innerer Sprechfähigkeit durch das egozentrische Sprechen. Vom dritten Lebensjahr an produziert das Kind ein handlungsbegleitendes Sprechen. Die Sprache erfüllt dabei keine soziale Funktion, d.h. das Kind gibt keine Mitteilung an einen Gesprächspartner, sondern spricht zu sich selbst. Dabei eilt die Sprache entweder der Handlung etwas voraus, oder sie begleitet das Handeln und interpretiert es. Im vierten bis fünften Lebensjahr erreicht dieses „egozentrische Sprechen" seinen Höhepunkt. Mit dem sechsten Lebensjahr läßt es nach, bis es etwa im siebenten Lebensjahr aufhört. Damit verschwindet jedoch das handlungsbegleitende egozentrische Sprechen nicht. Die Sprache ist zwar nicht mehr äußerlich wahrnehmbar, doch sie ist weiterhin existent. Aus dem äußeren Sprechen wurde das innere Sprechen. Das Kind spricht nicht mehr nur äußerlich zu sich selbst, es spricht auch innerlich mit sich selbst. „Auf der Basis der egozentrischen Sprache des Kindes, die sich von der sozialen gelöst hat, entsteht dann die innere Sprache des Kindes, die die Grundlage sowohl des autistischen als auch seines logischen Denkens bildet. Wir nehmen also an, daß die von PIAGET beschriebene Egozentrizität der Sprache des Kindes genetisch den Übergang von der äußeren zur inneren Sprache darstellt. Selbst PIAGET hat, ohne sich dessen bewußt zu sein, in anschaulicher Weise gezeigt, auf welche Art und Weise die äußere Sprache in die innere übergeht, indem er nachwies, daß die egozentrische Sprache ihrer psychologischen Funktion nach eine innere und ihrer physiologischen Natur nach eine äußere Sprache ist. Das erklärt, wie die innere Sprache verläuft. Sie vollzieht sich durch die Trennung der Sprachfunktionen, durch die Verselbständigung der egozentrischen Sprache, durch ihre allmähliche Verkürzung und schließlich durch ihre Verwandlung in die innere Sprache" (Wygotski 1974, S. 43—44).

Mit der Fähigkeit, innere Sprache zu produzieren, gewinnt der Mensch offensichtlich die Möglichkeit, stärker von der Realität abzuheben, Merkmale zusammenzufassen, zu generalisieren und zu abstrahieren. Diese Fähigkeit ist jedoch offensichtlich nicht bei allen Menschen in gleicher Weise entwickelt. Sie kann auch hier, wie bereits für andere Entwicklungen dargestellt, verschiedene Ausprägungen und Leistungsstufen erreichen. Ob dies mit der Entwicklung der egozentrischen Sprache in einer engen Verbindung steht oder andere Faktoren ausschlaggebend sind, ist noch nicht klar, wurde doch der abweichenden Entwicklung egozentrischen Sprechens bisher kaum Aufmerksamkeit gewidmet.

Betrachten wir die Fähigkeiten lernschwacher oder lernbehinderter Schüler, über die Mittel „inneren Sprechens" zu verfügen und damit geistige Operationen zu vollziehen, dann kommen wir zu dem Schluß, daß sich zwischen den abstrakten Leistungen und der inneren Sprache eine Beziehung ergibt. So ist es eine allgemein bekannte Tatsache, daß lernbehinderte Kinder nach dem Lesenlernen Schwierigkeiten haben, zur Kinderliteratur überzugehen. Sie benutzen die in der Schule zur Verfügung stehenden Kinderbücher nur, wenn der Lehrer sie anleitet und anregt. Läßt man sie einen Abschnitt still lesen, so sind die nachfolgenden Inhaltsangaben oft eingeschränkt und stark ergänzungsbedürftig. Läßt man sie hingegen laut vorlesen, sind die Ergebnisse der Sinnerfassung weit besser. Das stille Lesen scheint also nicht die gleichen Möglichkeiten der Sinnentnahme für das Kind zu bieten wie das laute Lesen. Die innere Sprache wird offensichtlich nicht so gut beherrscht wie die äußere Sprache.

Daß dies nicht nur für die Klassen der Unterstufe gilt, zeigte ein Versuch mit 20 Schülern einer sechsten Klasse der Schule für Lernbehinderte.

1. Phase
Die Schüler sollten eine Textaufgabe mit schriftlicher Subtraktion still lesen, dann rechnen, das Ergebnis im Satz formulieren und das Arbeitsblatt abgeben. Die Aufgabe lautete:

Herr Müller hat einen schlechten Fernsehempfang. Er vermutet, daß es an der Antenne liegt. Diese befindet sich zur Zeit 9,80 m über dem Erdboden. Herr Müller bestellt einen Fernsehtechniker. Dieser stellt mit einem Meßgerät fest, daß der Empfang wesentlich besser wird, wenn man die Antenne auf 12,75 m erhöht.

Die Schüler lasen diesen Text mehrmals still durch, begannen mit dem Rechnen, lösten die Aufgabe und formulierten das Ergebnis. Nur etwas weniger als die Hälfte der Ergebnisse war richtig.

2. Phase
Die Schüler erhielten nun zum Text ein Tonbandgerät mit Kopfhörer. Sie konnten damit den Text der Aufgabe in Lautsprache abhören und anschließend die Aufgabe noch einmal rechnen. Die Zahl der richtigen Lösungen verdoppelte sich nun. Es blieben jedoch noch zwei Schüler mit fehlerhaften Ergebnissen.

3. Phase
Die beiden Schüler mit den falschen Lösungen erhielten nun eine die Situation (Antenne, Haus, Erdoberfläche, erhöhte Antenne) darstellende Zeichnung und dazu einen erläuternden Text (Tonband). Daraufhin konnten auch sie die Aufgabe lösen.

Es muß dazu betont werden, daß alle Schüler lesen konnten, daß es also nicht an der Lesefähigkeit liegen konnte, wenn sie den Text nicht richtig in einen Sinngehalt umwandeln konnten. Die große Differenz zwischen den Ergebnissen bei rein schriftsprachlicher Information (inneres Sprechen) und bei lautsprachlicher Information (Simulation inneren Sprechens) über Kopfhörer weist jedoch darauf hin, daß das innere Sprechen nicht so entwickelt war, daß es seine Funktionen voll erfüllen konnte.

Die Reihe der Beispiele ließe sich fortsetzen. Daß es mit dem inneren Sprechen bei lernbehinderten Schülern Schwierigkeiten gibt, ist nicht verwunderlich. Betrachten wir die Schüler in einer Anfangsklasse der Schule für Lernbehinderte, dann kann keines der Kinder in altersgemäß richtigen grammatischen Formen sprechen. Alle Schüler sind Dysgrammatiker. Ihre Satzkonstruktionen bestehen entweder aus Zweiwortsätzen, unvollständigen Sätzen oder aus einfachen Hauptsätzen. Der Wortschatz liegt bei einigen hundert Wörtern. Er beträgt oft nur ein Zehntel dessen, was ein durchschnittlich entwickelter Lernanfänger bei der Einschulung mitbringt. Das handlungsbegleitende egozentrische Sprechen ist wenig entwickelt. Das soziale Sprechen ist stark situationsgebunden. Der Anteil von Gebärden, Mimik und Gestik ist noch sehr hoch. Die Sprechmelodie (das Emotionale) spielt eine hervorragende Rolle. Das Kind erinnert in seiner sprachlichen Entwicklung an ein dreijähriges, aber der Aufbau der Sprache ist dennoch nicht identisch mit der eines Kindes dieses Alters. Das dreijährige Kind und das sechsjährige lernbehinderte Kind sind nicht vergleichbar. Bei Schülern mit kognitiver Dysfunktion ist sehr oft festzustellen, daß die primären Operationen nur unzureichend entwickelt sind. Sie aber bilden Voraussetzungen für die höheren Leistungen und gehen in der gerade erreichten qualitativen Form in die höheren Operationen ein, begrenzen damit die Ausbildungs- und Anwendungsmöglichkeiten und bestimmen ihre Funktionsfähigkeit und Qualität.

Das Stadium des egozentrischen Sprechens haben diese Kinder höchstens in Ansätzen erreicht. Fragen wir Eltern oder Betreuer, so können sie kaum über Erscheinungen des egozentrischen Sprechens berichten. Es ist fast so, als würde die Entwicklung das Stadium des egozentrischen Sprechens unterschlagen und das Kind dazu verurteilen, Sprache nur äußerlich und in Zusammenhang mit den Gebärden und subjektiven Ausdrucksbeziehungen zu gebrauchen. Die in sozio-kulturell benachteiligten Familien gebrauchte situative Sprache hat außerdem einen hohen Anteil externer Kommunikation, so daß dadurch die innere Sprache nur wenig gefördert wird.

Wichtig erscheint in diesem Zusammenhang, daß auch die reduzierten sprachlichen Möglichkeiten innerlich präsent sind. Dies wurde durch die Untersuchungen sprachlicher Funktionen nachgewiesen, die mit der Emissions-Tomographie und der Positron-Emissions-Tomographie durchgeführt wurden (Lassen, Ingvar, Skinhoj 1980; Wallesch 1984; s. Kap. 1.3.). Die Präsenz allein genügt allerdings noch nicht, um innersprachliches Handeln zu entwickeln und Operationen des Denkens mit sprachlichem Material zu ermöglichen. Dazu scheint es tatsächlich unerläßlich zu sein, egozentrisches oder handlungsbegleitendes Sprechen zu entwickeln. Wenn man davon ausgeht, daß auch Schüler mit Lernbehinderungen oder starken Lernschwierigkeiten trotz der reduzierten Sprachentwicklung bereits innerlich sprachlich handelnd tätig sind, daß diese innerliche Sprache ihre Funktionsfähigkeit nur deshalb nicht entwickeln konnte, weil die äußere auf sich selbst gerichtete Sprache nicht produziert wurde, daß die Schüler in ihrer kognitiven Entwicklung an einer Stelle stehen, wo normalerweise die egozentrische Sprache bereits eingesetzt hat, daß sie ihrem Alter nach die egozentrische Sprache schon abgelegt und in inneres Sprechen umgewandelt haben müßten, dann läßt sich der Schwierigkeitsgrad der vor uns stehenden Aufgabe abschätzen.

Grundsätzlich kann man sagen, daß eine Rückführung in das Kleinkindalter mit seinen frühkindlichen Erfahrungsbereichen, in denen das Kind ja die egozentrische Sprache entwickelt, unsinnig ist. Wie die Erfahrung zeigt, sprechen Schüler auch nicht auf solche Konzeptionen an. Ebenso unsinnig ist es, das Kind zum handlungsbegleitenden Sprechen zu zwingen, denn auf diese Art kommt die innere Verbindung, welche Selbststeuerung und damit innersprachliches Handeln bewirkt, nicht zustande. Obwohl das handlungsbegleitende Sprechen förderlich ist (etwa das Beschreiben des Vorganges beim Zubereiten von Obstsalat), kann es das egozentrische Sprechen (das mit sich selbst Sprechen), nicht ersetzen. Es muß also nach neuen Wegen gesucht werden, wie die Sprache in ihre Steuerungsfunktion und damit auch in die Selbststeuerung eingebracht werden kann. Diese Wege müssen einerseits dem Alter des Kindes entsprechen, seine gewandelte Entwicklung und seine gewachsenen Fähigkeiten berücksichtigen, andererseits aber auch den Aufbau innerer sprachlicher Operationen unterstützen, anregen und fördern.

Eine Möglichkeit der kognitiven Entwicklungsförderung, der Berücksichtigung des spezifischen Entwicklungsstandes von Schülern mit kognitiver Dysfunktion, bietet sich durch die Entwicklung von Arbeitswegen und Materialien, die einen kontinuierlichen Aufbau der Informationsstufen zulassen, die vom Handlungskonzept getragen sind und eine hohe Variabilität aufweisen. Ein solches System steht für den Anfangsunterricht zur Verfügung (Radigk 1973). Es besteht allerdings nicht nur aus Fibel und Arbeitsbuch, sondern aus einer Reihe von Medien, die einen handelnden Erwerb der kognitiven Strukturen ermöglichen. Die Entwicklung dieses Systems dauerte zehn Jahre. Sie erfolgte in beständigem Wechsel von Entwurf, Erprobung, Revision und Ergebnissauswertung.

Die Konzeption des Mediensystems zielt auf das Lesenlernen. Dies ist eine altersgemäße Anforderung. Bei jedem einzelnen Thema wird jedoch die Entwicklung der psychischen Grundleistungen und der Aufbau der Informationsstufen ermöglicht, ehe die spezifischen Funktionen des funktionellen Systems erarbeitet werden. Das Material ist so aufgebaut, daß jeweils mit Themen gearbeitet wird, die einen Handlungscharakter haben, Vorgänge, Geschehen, Erlebnisse ermöglichen und denen sich die Kinder handelnd erproben können. Das Kind merkt in den ersten Stunden der Unterrichtseinheit nicht einmal, daß es um das Lesenlernen geht. Am Anfang steht der Erwerb der Grundkenntnisse mit allen Sinnen. Langsam führt der Arbeitsweg jedoch vom unmittelbaren Erleben zur Abstraktion. An die Stelle der Wirklichkeit treten Medien, und diese verlangen das erklärende und begleitende Sprechen, regen zum Sprachgebrauch an und ermöglichen die Erweiterung des Wortschatzes und die Vervollkommnung von Grammatik und Syntax. Erst dann geht es weiter zu den Lesetexten, die gewissermaßen eine kurze schriftsprachliche Fixierung der unmittelbaren und der abstrahierten Erfahrung darstellen. Auf diese Art gelingt es, die Wechselwirkung der Informationsstufen zu entfalten, d.h. mit den Sinngehalten die Voraussetzungen für die Lautsprache und mit der Lautsprache die Voraussetzungen für die Schriftsprache zu schaffen. Umgekehrt wirkt aber die Sprache zur gleichen Zeit in das gegenständliche Handeln hinein. Die Aufnahme von Erfahrungen wird gesteuert, korrigiert, ergänzt, bewußt gemacht und zum Schriftsprachlichen weitergeführt. Damit trägt auch das geschriebene Wort zur Präzisierung des gesprochenen Wortes, zur Darstellung der Grammatik und Syntax und zum Festhalten des Sinngehaltes bei. Eine Kumulation der Informationen findet statt, in der die einzelnen Informationsstufen einander ergänzen, aktivieren, fördern und im Extremfall ersetzen können. Auf diese Weise gelingt es auch bei ungünstigen Voraussetzungen, zu einer Weiterentwicklung der kognitiven Prozesse zu gelangen.

Trotzdem ist bei dieser Vorgehensweise zu fragen, wo denn nun das egozentrische Sprechen bleibt, wo sich der Ersatz für die ausgebliebene kindliche Entwicklung und das Eingehen auf den gegenwärtigen Entwicklungsstand findet?

Das beschriebene Vorgehen mit der wechselseitigen Entfaltung der Informationsstufen bietet bereits, insbesondere beim Einsatz der Medien, vielfältige Situationen handlungsbegleitenden Sprechens, die gewiß auch der Heranbildung des inneren Sprechens dienen. Was dem handlungsbegleitenden Sprechen allerdings fehlt, ist der Ichbezug, die Konzentration des Sprechers auf sich selbst, die psychische Konstellation, in der ein Kind zwar laut spricht, in der es jedoch nicht mehr bemerkt, daß es laut spricht, wo eben nur die Denkvorgänge sprachlich erfolgen und die Sprache das Festmachen der Prozesse und die äußere Kontrolle ermöglicht. Eine solche Situation läßt sich weder anregen noch verordnen. Trotzdem gibt es eine Möglichkeit, die dem egozentrischen Sprechen sehr nahe kommt. Es ist das Spiel mit den Handpuppen. Indem das Kind die Handpuppe benutzt, muß es in eine andere Person hineinschlüpfen. Es muß Uli oder Toni, Mama, Oma, Papa oder die Katze Mimi sein. Die situativen Möglichkeiten, durch Mimik, Gestik und Gebärde den Kommunikationsvorgang zu steuern, sind begrenzt. Das Kind ist auf die Sprache angewiesen. Es muß nun sprachlich formulieren und dabei so tun, als ob es eine andere Person sei. Wie die Sprachprotokolle der Puppenspiele zeigen, versuchen die Kinder zu erklären, was sie denken. Sie denken in Sprache und erreichen damit etwa jenen Zustand, der dem egozentrischen Sprechen adäquat ist. Das Puppenspiel entspricht dem Alter der Kinder. Es bietet aber auch gleichzeitig Möglichkeiten, egozentrisches Sprechen nachzuholen, ohne daß das Kind dieses Alters lächerlich wirkt und ihm kleinkindhafte Verhaltensweisen unterschoben werden.

Eine andere Möglichkeit, zum inneren Sprechen zu kommen, dieses zu festigen, zu verstehen und in inneren Operationen zu gebrauchen, liegt in der Anwendung von Tonbandprogrammen. In diesen Programmen wird versucht, den Sinngehalt, die Lautsprache und die Schriftsprache, also alle drei Informationsstufen operational miteinander zu verzahnen. Das Kind hat zwar ein Arbeitsblatt und es stellt selbst schriftsprachliche Produktionen her, bzw. strukturiert oder ordnet sie, den wesentlichen Anteil am Prozeß hat jedoch die gesprochene Sprache, die von der Tonbandkassette her dem Kind über Kopfhörer zugespielt wird. Gegenüber der Sprache des Lehrers hat diese Form den Vorteil, daß der Lernende einerseits die Sprache des Lehrers steuern kann — er kann sie so oft anhören und in Abschnitte aufgliedern, wie er möchte — sie hat aber auch andererseits den Vorteil, daß der Sprechende nicht real existiert, daß die Handlungsanweisung für das Kind zum handlungsbegleitenden Sprechen wird, daß sehr viele Kinder sich so auf den Prozeß konzentrieren, daß handlungsbegleitendes oder handlungssteuerndes Sprechen vom Tonband her mit der Handlung selbst verschmilzt, so daß das Kind nicht mehr bemerkt, daß es sich um eine zusammengesetzte Handlung handelt, in der fremde Sprache und fremde Schrift mitwirken. So wird einerseits das Verstehen von Sprache entwickelt und andererseits die Sprachform und die Steuerung des eigenen Handelns durch Sprache gefestigt. Ganz sicher kann ein solches Vorgehen die egozentrische Sprache nicht ersetzen. Es stellt aber eine Möglichkeit dar, im Zusammenwirken mit dem Aufbau der Informationsstufen und den Möglichkeiten des Puppenspiels ein Nachholen, Ausformen und Präzisieren der ausgebliebenen Entwicklung in die Wege zu leiten.

Das genannte Beispiel wurde benutzt, weil die Materialien des Mediensystems für den Anfangsunterricht sehr weit verbreitet sind und die Vorschläge für den Leser dadurch erfahrbar und nachprüfbar werden. Darüber hinaus gibt es eine Vielzahl von Möglichkeiten, egozentrisches Sprechen zu simulieren, ohne daß das Kind merkt, worauf die Übung eigentlich zielt. Sehr gut geeignet ist etwa das Vermitteln von Handlungsanweisungen per Telefon. In der Klasse stehen zwei Kindertelefone. In der einen Ecke des Raumes steht ein Tisch mit Baukästen und Figuren, in der anderen Ecke ein Tisch mit den gleichen Materialien. Der erste Teilnehmer baut nun eine Situation auf und erklärt sie dem Partner per Telefon. Der Partner baut mit und darf rückfragen, wenn er etwas nicht verstanden hat. Dann baut der zweite Teilnehmer weiter, und der erste muß die Sprache in Handeln umsetzen. Am Ende müßten sich die Bilder gleichen, wenn Sprache richtig produziert und rezipiert wurde. Das ist am Anfang meist nicht der Fall. Die Schüler wundern sich darüber und versuchen immer wieder, eine Übereinstimmung zu erzielen. So wird das Handlungsergebnis zum Korrektiv des Handelns. Sprache wird durch Handlung kontrolliert und tritt gleichzeitig in die Funktion egozentrischen Sprechens ein. Bei lernbehinderten und lernschwachen Schülern stellt sich die Funktion des inneren Sprechens nicht von selbst ein. Das Kind muß Gelegenheiten und Anregungen erhalten, inneres Sprechen in Situationen zu erwerben, die seinem veränderten Entwicklungsstand entsprechen. Nur wenn wir ihm diese Möglichkeit eröffnen, gelingt es uns, Sprache auch zum Mittel innerer geistiger Operationen zu machen und dadurch die weitergehende Verallgemeinerung und Abstraktion zu ermöglichen.

6.6. Das funktionelle System der Sprachverarbeitung

Im Prozeß der Evolution schuf sich die Lautsprache ihr System: den geordneten Zusammenschluß unterschiedlicher Funktionen zur Verarbeitung sprachlicher Signale. Das System entwickelte sich auf der Grundlage vorhandener Systeme der 1. Informationsstufe (vorstellendes Denken) und vorhandener Systeme der 2. Informationsstufe (Gebärdensprache). Es brauchte also nicht völlig neu aufgebaut zu werden. Es wurden nur vorhandene Systeme Zug um Zug erweitert, bis schließlich nach einigen Jahrmillionen die Erweiterungen so stark wurden, daß sie die Führung in der Kommunikation übernahmen und sich die bereits vorhandenen Systeme unterordneten. Ein Beispiel dafür ist das Gebärdensystem, das zwar auch heute noch vorhanden ist, das aber gegenüber der verbalen Information stark zurücktritt. Wir aktivieren es erst wieder unter dem Zwang der Notwendigkeit, wenn wir z.B. in ein Land kommen, dessen Sprache wir nicht sprechen. Wir benutzen die typischen Merkmale der Handlung, führen die zum Becher geformte Hand zum Munde, um auszudrücken, daß wir trinken möchten oder ahmen die Bewegung des Schreibens nach, um auszudrücken, daß wir Schreibzeug haben möchten. Im Rahmen der lautsprachlichen Verständigung ist die Gebärde zwar nicht ganz verschwunden, sie begleitet jedoch mehr oder weniger unsere Lautsprache. Der entscheidende Bedeutungsträger ist jedoch das gesprochene Wort.

Aus den vorangegangenen Abschnitten zur Darstellung der geistigen Operationen innerhalb der 2. Informationsstufe dürfte klar geworden sein, daß sprachlich gesteuerte Operationen mehr sind als Sprachproduktionsvorgänge. Während bei den funktionellen Zusammenhängen der Sprachproduktion lediglich die Kontrollkreise beschrieben werden, die kinästhetischen, auditiven und sozialen, die ganz gewiß auch von entscheidender Bedeutung sind, gehört zum funktionellen System der sprachlich gesteuerten Denkoperationen weit mehr als die Produktion von Sprache. Es wurde deshalb versucht, die Abhängigkeit der Sprache von den sinnlichen Erfahrungen, den Zusammenhang mit den sinnlich-gegenständlichen Operationen, die Abstraktion, die Generalisation und die Verinnerlichung darzustellen. Alle diese Operationen sind durch funktionelle Systeme gesteuert, die ihrerseits wieder in höher organisierte Systeme eingehen. Um diese darzustellen, müßten wir jede einzelne Funktion wieder in Anteile, die Anteile wieder in Grundleistungen zerlegen und so fort. Damit begeben wir uns jedoch in Gefahr, daß jede Übersicht und jeder Zusammenhang verlorengeht; denn jede Teilfunktion oder jedes untergeordnete funktionelle System steht in der Regel auch mit jeder Funktion und damit mit dem Gesamtsystem in Verbindung. Ein solches Modell könnte wenig zur Klärung von Lernvorgängen und kaum etwas zur Konzipierung oder zur Kontrolle didaktischer Planungen beitragen. Es erscheint deshalb als angebracht, die Komplexität zu reduzieren und wieder zum Modell zu greifen, das wesentliche Funktionen heraushebt und Zusammenhänge sichtbar macht. Ein solches Modell kann dazu beitragen, das funktionelle System der Lautsprache besser zu verstehen.

Ist es uns gelungen, in die Zusammenhänge einzudringen, dann wird es leichter, die Erscheinungsweisen der Lernschwierigkeiten einzuordnen und zu erkennen, wo beim einzelnen Schüler Funktionen nicht richtig entwickelt sind. Damit wird es aber auch möglich, die Lernprozesse des Schülers gezielt und im Zusammenhang anzuregen, d.h. diejenigen Maßnahmen zu entwickeln, die auf der jeweiligen Stufe einen Erfolg versprechen.

Betrachten wir den Signalkomplex Sprache, dann stellen wir fest, daß neben dem Leitsignal (der Lautklangfolge) eine Reihe von Bestimmungssignalen vorhanden sind. Es sind dies die kinästhetischen, melodischen, temporalen, rhythmischen, grammatischen und syntaktischen Anteile der Sprache. Ohne sie wäre es nahezu unmöglich, Sprache zu erfassen, in operationaler Weise zu verarbeiten und Bedeutung entstehen zu lassen. Allein der Ausfall der Sprechmelodie bewirkt bereits bei vielen Sätzen Unverständlichkeit. Es ist nicht mehr zu klären, ob der Satz fragend, bittend, befehlend, freundlich oder unfreundlich gemeint ist. Erst das Zusammenwirken aller Signale ergibt die volle Sinnentnahme. Dabei ist natürlich zu bedenken, daß Sprache einen gewissen Verlust an Informationen ertragen kann. In fast keiner Situation können wir die sprachlichen Signale vollständig übermitteln. Ein gewisser Verlust durch Störgrößen ist stets vorhanden. Wir bewältigen das Problem jedoch, indem wir die phonetischen, kinästhetischen, melodischen, temporalen, rhythmischen, grammatischen und syntaktischen Signale auf Übereinstimmung überprüfen und daraus die Entscheidung für ein Wort, einen Zusammenhang oder einen Sinn fällen. Wenn nachfolgend die einzelnen Funktionen als verbosensorische gekennzeichnet werden, dann meint diese Bezeichnung das Zusammenwirken aller sensorischen Signale innerhalb der betreffenden verbalen Funktion.

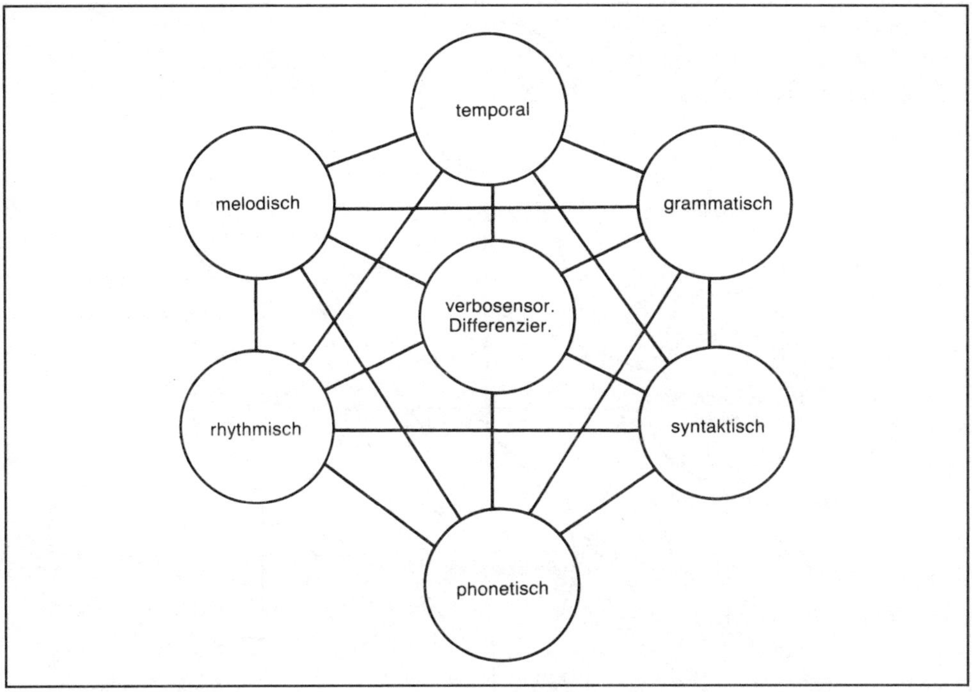

Abb. 22: *Das Zusammenwirken der sensorischen Informationen innerhalb der verbosensorischen Differenzierung. Die Verbindungen deuten an, daß alle Teilfunktionen beständig miteinander im Eingriff stehen, daß es also keinen linearen Ablauf geben kann.*

Die Darstellung der verbosensorischen Differenzierung steht hier stellvertretend für alle anderen Teilfunktionen des funktionellen Systems der Sprachproduktion und Sprachverarbeitung. Es ist selbstverständlich, daß die unterschiedlichen sensorischen Anteile sowohl bei der Differenzierung als auch bei der Analyse, der Strukturierung, der Raumlagefixierung und der Synthese mitwirken. Dies geschieht in beständiger Wechselwirkung mit den Speicherungen und den Inhalten der 1. Informationsstufe, die den „Sinngehalt" der lautsprachlichen Äußerungen begleiten, steuern und kontrollieren. In der nachfolgenden Darstellung wird deshalb zur besseren Übersicht darauf verzichtet, alle verbosensorischen Anteile der Teilfunktionen zeichnerisch darzustellen. Es wird vielmehr davon ausgegangen, daß der Leser sich vorstellen kann, wie die Funktionen zustande kommen. Die jeweilige Funktion resultiert aus dem Zusammenwirken der zugrundeliegenden sensorischen Anteile, und diese kommen wiederum nur zustande durch das Zusammenwirken der Grundleistungen. Von dort aus könnte man weitergehen zu den biologischen und den biochemischen Prozessen. Es würde sich also eine Kette ergeben, die mit jedem weiteren Anteil eine vielfache Verzweigung herbeiführt, die graphisch nicht mehr darstellbar ist. Jede hier zeichnerisch dargestellte Funktion enthält also die vorausgegangenen Prozesse. Die Eingrenzung auf diejenigen Funktionen, die bereits andere Funktionen zusammenfassen, soll die Darstellung des funktionellen Systems übersichtlicher werden lassen.

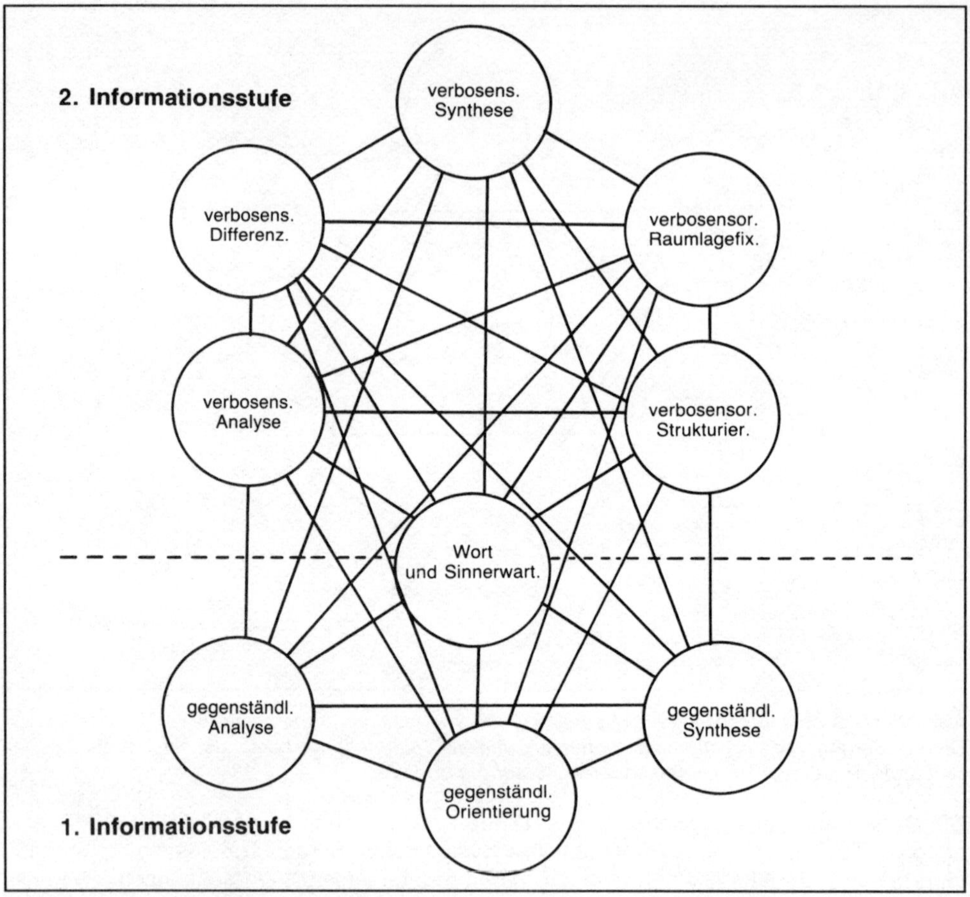

Abb. 23: *Das funktionelle System der Sprachverarbeitung*

Prinzipiell bauen die Informationsstufen aufeinander auf. Dieser Aufbau ist jedoch nicht additiv, sondern integrativ. Das System der unteren Kodierung geht in das höher kodierte ein, wird also zum Bestandteil desselben. Bei der sprachlichen Verarbeitung unterscheiden wir eine Reihe von Funktionen, die für die Sprachverarbeitung rezeptiver und produktiver Art wichtig sind.

Die Sprache entsteht aus dem Gedanken, aus der Vorstellung, aus dem Prozeß. Am Anfang stehen evtl. die sinntragenden Prozesse, das gegenständliche Zusammenwirken von Analyse, Synthese und Orientierung. Dieser Vorgang äußert sich in einer Sinnerwartung, die auf der sprachlichen Ebene bereits die Gestalt einer Worterwartung gewinnt. Sowohl Rezeption als auch Produktion der Sprache sind von der Zusammenarbeit von Analyse, Differenzierung, Raumlagefixierung, Strukturierung und Synthese abhängig.

In der Analyse des lautsprachlichen Materials stellen wir die lautlichen, kinästhetischen, rhythmischen, melodischen, temporalen, grammatischen und syntaktischen Anteile fest. In der Differenzierung versuchen wir, sie zu unterscheiden, abzugrenzen, zu identifizieren. In der Strukturierung erkennen wir die Abfolge, Einteilung, Segmentierung der Signale. In der Raumlagefixierung ermitteln wir den Standort des Lautes. Alle diese Funktionen stehen in engem Zusammenhang mit der Synthese. Beständig zerlegen wir die Signalkomplexe und fügen sie gleichzeitig wieder zusammen. Analyse und Synthese bilden eine Einheit. Gleichzeitig verarbeiten sie das Material mit wechselnder Schwerpunktsetzung und Akzentuierung und ermöglichen so die sprachliche geistige Operation.

Die Bedeutung der harmonischen Abstimmung der Teilfunktionen ist von ausschlaggebender Bedeutung für die Qualität der sprachlichen Prozesse. Ist die Abstimmung gestört, ist gleichzeitig das gesamte System gestört. Besonders deutlich wird dies beim Zusammenwirken zwischen den Anteilen der 1. und 2. Informationsstufe.

Eine Lernschwierigkeit, die dieses Zusammenwirken besonders deutlich macht, ist die impressive Dysphasie, die Wortverständnisschwäche. Schüler mit einer impressiven Dysphasie verstehen zwar das Wort auf der 2. Informationsstufe, können es jedoch nicht oder nur verzögert mit den Mitteln der 1. Informationsstufe in einen Bedeutungsgehalt verwandeln. Sie hören zwar das Wort, das Auffinden des Sinngehaltes bereitet ihnen jedoch Schwierigkeiten.

Beispiel: Bernd S. wird mit einem Wortschatztest geprüft. Der Versuchsleiter nennt ihm Wörter, Bernd soll die Bedeutung nennen.

VL.: ,,Kuh, — was ist eine Kuh?''

Bernd (schaut hilflos gegen die Wand, runzelt die Stirn, flüstert leise vor sich hin): ,,Kuh, Kuh, Kuh'' (dann erhellt sich sein Gesicht) ,,gibt Milch, ist auf dem Bauernhof.''

VL.: ,,Photo, — was ist ein Photo?''

Bernd (spricht leise): ,,Photo, Photo'' (malt mit seinem Zeigefinger auf der Tischplatte, spricht nochmals) ,,Photo — Photo'' (schaut dann den Versuchsleiter an und meint) ,,ein Bild, vom Apparat.''

In beiden Fällen benötigte Bernd, verglichen mit einem Schüler durchschnittlicher Reaktionsgeschwindigkeit, die etwa tausendfache Zeit, um sich den Sinngehalt zu erschließen.

Eine andere Störung der Zusammenarbeit zwischen Sinngehalt und Sprache ist die expressive Dysphasie, die Wortfindenot. Der Schüler hat zwar eine Vorstellung von der Sache, der Sinngehalt ist ihm geläufig, er findet jedoch nicht die sprachliche Formulierung dafür. Das Suchen dauert überdurchschnittlich lange. Damit ist die Kommunikation und damit auch der Lernprozeß schwer gestört.

Beispiel: Maria M. spielt mit anderen Kindern und einer Lehrerin im Schulhort. Sie möchte etwas haben.

Maria: ,,Gib mir mal das da'' (sie schaut zur Lehrerin und zeigt dabei in eine Richtung).

Lehrerin (möchte ihr helfen und fragt): ,,Was möchtest du haben?''

Maria (zeigt mit dem Finger in eine Richtung): ,,Das da.''

Lehrerin: ,,Sag mir doch bitte das Wort.''

Maria (winkt mit der Hand ab, macht ungezielte Bewegungen): ,,Na so wie rot, so hier, aufs Papier rauf.''

Was wollte Maria? Sie wollte die braune Wachsmalkreide haben, weil sie diese für ihr Bild brauchte.

Es gelang ihr zunächst nicht und später nur unter Anstrengungen, das richtige Wort zu finden.

Beide Beispiele zeigen, wie eine sehr stark verzögerte Funktionsweise den Lernprozeß beeinflussen kann. Die funktionellen Systeme sind auf das Zusammenwirken aller Faktoren angewiesen. Eine Reihe von Ausfällen läßt sich durch die Redundanz ausgleichen. Wird jedoch der Informationsverlust, innerlich oder äußerlich, zu stark, dann kommt es zur Dysfunktionalität wie in den genannten Beispielen. Der Prozeß wird gestoppt. Die zur Entscheidung vorhandene Information reicht nicht mehr aus, weil mehrere Funktionen nur unzureichend arbeiten.

6.7. Die Sprache als Mittel systematischer Ordnung

Die Ordnungsfunktion der Sprache ist weder von ihren Inhalten noch von den funktionellen Prozessen ablösbar. Sie ist ein integrativer Bestandteil derselben. Schon die Handlung weist eine Ordnung auf (vgl. 5.7.). Aus ihr heraus entstand auch die sprachliche Ordnung. Besäße die reale Welt kein Ordnungsprinzip, wäre es auch nicht möglich und nicht notwendig, ein sprachliches Ordnungsprinzip aufzubauen. Allerdings ist das sprachliche Ordnungsprinzip nicht bei allen Völkerschaften in gleicher Weise entwickelt. Frühe Kulturen kennen keine Oberbegriffe. Es ist schwer für sie, zu verallgemeinern. Deshalb ist ihre Sprache sehr auf Deutung angewiesen. Das Sinnbildliche spielt darin eine hervorragende Rolle.

Die Ordnungen, die uns die Sprache ermöglicht, sind gesellschaftlicher Natur. Sie existieren seit einigen Jahrtausenden. Allerdings ist dabei zu fragen, ob sie nicht vielleicht doch erst durch die Schriftsprache entstanden sind; denn erst sie bot die Möglichkeit, Ordnungen genau zu fixieren und Merkmale festzulegen.

Lautsprache ordnet bereits durch Grammatik und Syntax. Während das Kleinkind vielleicht noch den Satz „Mann Auto kaputt" spricht, wir also nicht feststellen können, ob nun der Mann oder das Auto kaputt ist, kann der Sechsjährige bereits sagen „Das Auto hat den Mann angefahren". Die sprachliche Ordnung, das der Sprache innewohnende System, Beziehungen darzustellen, gibt uns an, wer etwas wem angetan hat. Die Beziehung wird sprachlich formuliert. Sie kodiert die sinnliche Erfahrung und die sprachliche Erfahrung gleichzeitig in lautsprachlicher Form.

Die sprachliche Formulierung ist nicht allein die umgesetzte gegenständliche Erfahrung. In ihr ist auch das Ergebnis der sprachlichen Verarbeitung enthalten, die mit den von der Realität gelösten Inhalten operiert und dadurch ein Material zur Verarbeitung besitzt, das in der Realität nicht vorhanden ist (vgl. 6.2. und 6.3.). So zwingt die Übernahme der gesellschaftlichen Erfahrung in Form von Sprache den Sprechenden dazu, zu ordnen und zu systematisieren, wie es durch die Sprache vorgegeben ist. Diese Übernahme von Systemen sprachlicher Ordnung wird in den inneren sprachlichen Operationen zu einem Mittel des Denkens, das in der Lage ist, Beziehungen und Relationen zu klären. Zwischen der Fähigkeit zu ordnen und zu systematisieren und den sprachlichen Fähigkeiten besteht deshalb eine enge Beziehung. Die innere Systematisierung und Verallgemeinerung zu fördern, ohne die lautsprachlichen Fähigkeiten zu entwickeln, stößt auf Grenzen. Die Erfahrung im Umgang mit gehörlos geborenen Schülern bestätigt dies nur.

Sprache ist einer beständigen Entwicklung unterworfen. In dem Maße, wie unsere Lebensbedingungen sich ändern, muß sich auch die Sprache ändern oder weiterentwickeln. Je komplizierter jedoch die Beziehungen werden, um so komplizierter und abstrakter werden auch die Bezeichnungen für die unsichtbaren Verhältnisse. Genügen am Anfang noch Bezeichnungen wie „an, auf, hinter, neben, in" usw., so reichen sie im wissenschaftlichen Bereich längst nicht mehr aus. Wir sprechen von Frustrationstoleranz und meinen damit das Verhältnis eines Menschen zu enttäuschenden Lebenserfahrungen, oder wir sprechen von intervenierenden Variablen und meinen damit das Verhältnis einzelner Faktoren eines Prozesses zu Meßgrößen, die zwar zu den Variablen in Beziehung stehen, auch auf die Meßgrößen einwirken, aber doch so in den Versuch einbezogen sind, daß sie den Prozeß selbst nur bedingt beeinflussen. An dieser Stelle, bei der Beschäftigung mit sprachlichen ordnenden Faktoren wird deutlich, daß die Entwicklung von geistigen Operationen ganz wesentlich von den Systematisierungs- und Ordnungsfaktoren sprachlicher Art abhängt, die uns überhaupt erst das Operieren mit den Tatbeständen erlauben.

Mit der Lautsprache gelingt es auch, Normen, Regeln und Gesetze festzulegen. Zwar erreichen wir bei lautsprachlicher Formulierung nicht die Präzision der Schriftsprache, doch das ist in vielen Fällen auch nicht notwendig. Regeln existieren zu jeder Zeit. Auch die regellose Gesellschaft ist eine Regelgesellschaft. Aus der Norm „Man geht nicht ohne weißes Hemd und Krawatte zur Vorlesung" wurde „Man geht nicht ohne Jeans und Pullover zur Vorlesung". Normen beherrschen weitgehend unser Verhalten.

Während Normen noch relativ unverbindliche Ordnungsprinzipien darstellen, erfordern Regeln schon eher die Beachtung oder Einordnung. Das gilt für die Spielregeln eines Fußballspieles ebenso wie für die Verkehrsregeln beim Autofahren. Diese Regeln sind nur durch Sprache zu vermitteln. Sie bedürfen der Verallgemeinerung. Erst durch die verallgemeinernde Sprache gewinnt das Individuum die Einsicht in den Zusammenhang. Es gäbe niemals so viele Möglichkeiten des Kenntniserwerbs mit Hilfe sinnlicher Erfahrung, daß auch alle künftigen Situationen damit erfaßt oder beschrieben werden könnten. Dies leistet nur die Verallgemeinerung, die in Regeln ihren Ausdruck findet.

Die Regeln werden zum Prinzip des Lernens. Unsere Vorgehensweisen werden durch Regeln korrigiert oder gesteuert. So sind Rechnen und Mathematik ohne Regeln unverständlich. Schon das Zehnersystem verlangt die Kenntnis von Regeln. Auch die gegenständliche und die verbale Kommunikation basieren auf der Kenntnis von Regeln. Zwar werden sie hier nicht immer bewußt, ihr Erwerb beruht jedoch auf Abstraktion und Sprache. Zwar gibt es den Extremfall, in dem Regeln auch ohne Lautsprache erworben werden, etwa beim Gehörlosen, das hörende Kind übernimmt jedoch Regeln durch Erklärung und Beispiele. Auch diese Regeln sind zum größeren Teil ein gesellschaftliches Erbe.

Die höchste Form der systematischen Ordnung stellen Gesetze dar. Dabei handelt es sich um Naturgesetze oder soziale Gesetze. Sie können ohne Sprache weder erkannt noch formuliert werden. Sprache ist eine der wesentlichen Voraussetzungen. Allerdings wird hier der Zusammenhang mit den schriftsprachlichen Faktoren noch stärker spürbar als bei den Regeln und Normen. Die Gesetzmäßigkeit eines Geschehens, die sprachlich formuliert ist, gestattet es dem Menschen dann auch zu folgern und künftige Ereignisse mit hoher Sicherheit vorauszusagen.

Die Fähigkeit der Sprache, eine höhere Ordnung von gespeicherten Informationen und eine hierarchische Abstufung der geistigen Prozesse zu ermöglichen, führt zu immer höheren Qualitäten menschlichen Denkens. Es gelingt damit, gewaltige Informationsmengen in einen Prozeß einzubringen, innerlich handelnd damit umzugehen, ohne daß jede Information ins Bewußtsein tritt, und damit zu Ergebnissen zu gelangen, die ohne die systematisierende und ordnende Funktion der Sprache unmöglich wären.

7. Die 3. Informationsstufe — das schriftsprachliche Lernen

Erst in der letzten Phase der Evolution entwickelte der Mensch ein System, nach dem er in generalisierter Form die Lautfolge der Sprache in eine beständige Folge graphischer Zeichen umsetzen konnte. Damit entstand eine dritte Kodierung, die der Lautschrift. Aus dem Signalkomplex von Lautfolge, Sprechmelodie, Akzentuierungen, Rhythmik, Pausen, Grammatik und Syntax wurde ein Signalkomplex von Buchstabenfolgen, Abständen, Zwischenzeichen und Regeln, die es gestatten, eine Nachricht zeitlich zu erhalten, personunabhängig zu speichern, weiterzugeben und über den Tod hinaus zu bewahren. Aus der flüchtigen Nachricht des gesprochenen Wortes wurde die beständige Nachricht des geschriebenen Wortes.

Schrift hat es auch schon auf der 2. Informationsstufe gegeben. Die Bilderschriften der Indianer oder die alte chinesische Schrift sind solche Schriftsysteme der zweiten Stufe. Diese aber verblieben in sehr einfachen Strukturen, wie die indianischen Schriften, oder sie bedurften eines lebenslangen Studiums der Schriftgelehrten, wie bei der alten chinesischen Schrift. Eine hoch entwickelte Symbolschrift der 2. Informationsstufe eignete sich deshalb nur bedingt als Massenkommunikationsmittel. Erst mit der Entwicklung der Lautschrift gewann die 3. Informationsstufe an Bedeutung, und erst mit der Erfindung des Buchdrucks wurde sie zum Massenkommunikationsmittel. Damit aber setzte eine Entwicklung ein, die nicht nur unseren Wissenschaften einen zuvor unvorstellbaren Auftrieb gab, gleichzeitig veränderte die Lautschrift auch die Lautsprache, die geistigen Handlungsmöglichkeiten und unser Denken. Aus dem situativen Sprechen wurde das kontextbezogene Sprechen und schließlich das wissenschaftliche Sprechen. Die Schrift zwang uns dazu, die Situation aus der Kommunikation auszuklammern, und alle Informationen schriftsprachlich zu formulieren. Dies konnte seinen Einfluß auf die Lautsprache nicht verfehlen.

Die Schrift zwang uns aber auch dazu, zu präzisieren, der Nachricht eine genaue Form zu geben, zu formalisieren. Auch diese Wirkung ging in unsere geistigen Operationen ein. Die Formalisierung erreichte schließlich einen Stand, der es ermöglichte, Informationen in optimal verkürzter allgemeingültiger Form aufzubewahren. Es entstanden die Formeln, deren wir uns bedienen, wenn Handlungsverläufe abgedeckt werden sollen, die allein von unseren funktionellen Systemen her nicht mehr sicher zu steuern sind. Wir bedienen uns der in Schrift festgelegten Steuerbefehle, um damit unser äußeres oder inneres Handeln in die richtige Reihenfolge zu bringen. Der Gebrauch einer Bauanleitung oder einer komplizierten Rechenformel sind nur einige Beispiele für die neu gewonnenen Möglichkeiten.

Unsere heutige Kommunikationsweise ist durch die Schriftsprache bestimmt. Wir sprechen Schriftsprache und wir denken in Schriftsprache. Wir fixieren alle wichtigen Gedanken in Schriftsprache und legen Vereinbarungen und Verträge in Schriftsprache fest. Vom ersten Schuljahr an spielt die Schriftsprache eine hervorragende Rolle. Das erste Jahr ist fast ganz dem Erwerb der funktionellen Systeme der Schriftssprache gewidmet. Vom zweiten Schuljahr an bleiben alle Schüler fast zwangsläufig zurück, wenn sie nicht lesen und schreiben können. So wird die Beherrschung der 3. Informationsstufe zum Kriterium der ,,Versetzung'', Eingruppierung oder Einstufung. Lesen und Schreiben werden zum Maßstab des schulischen Erfolges. Es stimmt deshalb nicht ganz, wenn einige Pädagogen behaupten, die Rechtschreibung bilde in der deutschen Schule den Maßstab des Erfolges. Ganz sicher ist die Rechtschreibung nur ein Ausdruck für viel mehr, was dahintersteht, was aber von der Lerntheorie und der Pädagogik noch nicht recht begriffen wurde, nämlich der Tatsache, daß Verfügung über Schriftsprache und die damit eröffneten Möglichkeiten geistiger Tätigkeit der Schlüssel zu den abstrakt-formalen Leistungen ist. Nur derjenige Schüler vermag die Stufe des formalen Denkens zu erreichen, der über die Systeme der Schriftverarbeitung verfügt.

Dies mag wie ein Loblied auf den gegenwärtigen Zustand der hohen Bewertung schriftlicher Leistungen, insbesondere der Rechtschreibung klingen. Es ist jedoch kein Lobgesang, sondern einfach die Beschreibung einer Tatsache, deren wir uns bisher nicht recht bewußt geworden sind. Ohne Schriftbeherrschung bleibt der Schüler in unserem Schulsystem bereits nach einigen Monaten des Schulbesuches zurück. Er bleibt von den schriftsprachlichen Informationen weitgehend ausgeschlossen. Zwar werden viele Informationen während des Unterrichtes in Lautsprache umgesetzt, dies kann aber nicht darüber hinwegtäuschen, daß dem Lesekundigen weit mehr, weit länger und auch zu jeder Zeit Informationen zur Verfügung stehen, die dem Leseunkundigen fehlen.

Beim formalen Denken geht es jedoch nicht allein um die Informationen. Im Umgang mit der Schriftsprache bilden sich geistige Operationen heraus, die den Menschen befähigen, viel weiter zu abstrahieren, als dies allein mit Lautsprache möglich ist, und viel stärker zu formalisieren, als dies mit den Mitteln der 1. und 2. Informationsstufe möglich ist. Es bildet sich durch den Schriftgebrauch eine dritte Stufe von geistigen Handlungsmöglichkeiten heraus, die als 3. Informationsstufe zu bezeichnen ist.

Wie die 3. Informationsstufe die geistigen Operationen verändert, zeigen die Untersuchungen an Völkern mit einer traditionellen Kultur, wie sie von der ethnologischen Forschung durchgeführt wurden. Sehr interessante Untersuchungen legte SCRIBNER dazu vor. Sie versuchte, das verbal-schlußfolgernde Denken einfacher Kulturvölker zu erforschen, die nicht über eine Lautschrift verfügen. Die Untersuchungen wurden bei einem Stamm der Kpelle in Liberia durchgeführt. Am Versuch nahmen Dorfbewohner der Kpelle (Analphabeten), Kpelle-Schüler (Alphabeten) und US-Schüler (Alphabeten) teil. Den Versuchspersonen wurden Syllogismen vorgelesen, die sie wiederholen sollten. Der Versuch wurde bei jeder VP zweimal durchgeführt. Die Ergebnisse wurden aufgezeichnet und statistisch verarbeitet.

Problem: Alle Läden in Kpelle Land sind in einer Stadt.

Mr. Ukatus Laden ist in Kpelle-Land.

Ist Mr. Ukatus Laden in einer Stadt?

Ein Kpelle-Bauer versucht zu erinnern:

Du sagtest mir, Mr. Ukatu kam von zu Hause und baute seinen Laden in Kpelle Land. Dann fragtest du mich: Ist er in einer Stadt?

Das Problem wird noch einmal vorgelesen. Antwort:

Alle Läden sind in dem Land. Mr. Ukatus Laden ist derjenige in Kpelle-Land.

Ist er in der Stadt?

Bei der ersten Wiederholung grenzt er das Problem ein und bezieht es auf einen persönlich bekannten Mr. Ukatu, die Hauptprämisse wird jedoch nicht erkannt. Bei der zweiten Wiederholung kommt er dem Syllogismus näher, aber die wesentliche Aussage, daß alle Läden in Kpelle-Land in Städten sind, fehlt immer noch (Scribner 1984, S. 329).

Die Zahl der Beispiele ließe sich fortsetzen. Es gibt dazu umfangreiche Untersuchungen von LURIA, COLE, GAY, GLICK, SHARP und SCRIBNER.

Die Untersuchungen von SCRIBNER wurden mit insgesamt 270 Versuchspersonen durchgeführt. Die Ergebnisse sind in nachfolgender Tabelle zusammengefaßt:

	Beide Prämissen	eine Prämisse	keine Prämisse
Kpelle Dorfbewohner N = 87	24,1	39,1	36,8
Kpelle Schüler N = 93	48,4	31,2	20,4
US Schüler N = 90	69,5	26,3	4,2

Die Daten beziehen sich auf die zweite Wiederholung der Probleme unmittelbar nach erneutem Vorlesen. Es werden die Prozentsätze der präzise erinnerten Prämissen wiedergegeben.

Der wesentliche Unterschied zwischen den Gruppen besteht darin, daß die erste Gruppe der bäuerlichen Dorfbewohner des Lesens und Schreibens unkundig ist, während die zweite und dritte Gruppe der Schüler des Lesens kundig ist.

Die erste Gruppe besteht aus Analphabeten in einer lautsprachlich bestimmten Kultur, die zweite Gruppe aus Alphabeten in einer lautsprachlich bestimmten Kultur, die dritte Gruppe aus Alphabeten in einer schriftsprachlich bestimmten Kultur. Während die Analphabeten in Kpelle Land beide Prämissen nur zu etwa 25 Prozent wiedergeben können, verdoppelt sich bei den Alphabeten die Zahl der richtigen Lösungen und sie steigt bei Alphabeten in einer schriftsprachlich bestimmten Kultur weiter bis auf fast 70 Prozent an. Die Fähigkeit, formallogische Operationen zu vollziehen, hängt also weniger vom Alter und der Kultur ab als von der Verfügung über Inhalte und funktionelle Systeme der 3. Informationsstufe. „Innerhalb jeder Kultur besteht eine große Diskrepanz in der Performanz zwischen Personen mit und ohne Schulbildung. Der größte Sprung scheint schon im zweiten oder dritten Schuljahr zu geschehen (auch LURIA berichtet von ‚Bildungseffekten' bei minimalem Lese- und Schreibtraining), und es findet eine fortgesetzte Verbesserung in der Sekundarstufe und auf dem College statt" (Scribner 1984, S. 316).

Natürlich sind auch die Naturvölker des logischen Denkens fähig, doch sie denken anders als die Kulturvölker der Industrienationen. Ihr Denken ist eher realitätsbezogen und wird von den Erfahrungen der Wirklichkeit, von der 1.Informationsstufe gesteuert. Typisch für diese Art des realitätsgesteuerten Denkens sind Antworten, wie sie LURIA von den analphabetischen Usbekenfrauen im Norden der Sowjetunion erhielt:

Problem: Im hohen Norden sind alle Bären weiß.

Nowaja-Semlja liegt im hohen Norden.

Welche Farbe haben die Bären dort.

Antwort: Ihr solltet die Leute fragen, die dort gewesen sind, und sie gesehen haben. Wir sprechen immer nur über das, was wir sehen. Wir sprechen nicht über das, was wir nicht gesehen haben (Scribner 1984, S. 322).

Die Antworten der Usbekenfrauen sind eindeutig. Sie verlassen sich nur auf die Realität. Die Unsicherheit der Lautsprache ist Teil ihrer unmittelbaren Erfahrung. Sie können sich nur auf das stützen, was sie wirklich gesehen haben. Da sie nicht über die Mittel der Schriftsprache verfügen, Erfahrung zu fixieren und überprüfbar zu machen, können sie auch nicht mit einer solchen Erfahrung operieren und formallogische Operationen aufbauen. Allein auf der Basis der Lautsprache zu folgern, dürfte in vielen Fällen zu Mißerfolgen führen, ja mitunter lebensbedrohlich werden. Die formalen auf Schriftsprache basierenden Operationen können sich deshalb überhaupt nicht entwickeln.

Nach den Maßstäben unserer Kultur beherrschen die Usbekenfrauen die Gesetze der Logik nicht. Nach unserer Auffassung können sie nicht logisch denken. Umgekehrt muß jedoch unser Ansinnen, allein auf der Basis von Sätzen Entscheidungen zu treffen, den Usbekenfrauen als ein im wahrsten Sinne des Wortes unsinniges Vorhaben erscheinen.

Dieser Gegensatz zeigt, daß unsere Logik nicht absolut ist. Selbstverständlich denken die Naturvölker logisch, weil sie ja auch logisch handeln. Nur ihre Gesetze des Denkens sind anderer Art. Das Fehlen der Schriftsprachbeherrschung und die durch die Lebensumstände erzwungene Vorherrschaft der 1. Informationsstufe führen dazu, eine erfahrungsgebundene Logik zu entwickeln. Es ist für die Usbekenfrauen einfach logisch, daß man über Dinge, die man nicht erfahren hat, keine Aussagen machen kann.

Gewiß ist die Situation des Analphabeten in einer schriftsprachlich bestimmten Kultur eine andere; denn hier wird Schriftsprache gesprochen und formale Logik praktiziert. Trotzdem ist die Erschließung formallogischer Operationen für diese Analphabeten außerordentlich schwierig, fehlt ihnen doch die Stützung und Orientierung, der ständige Rückgriff auf Aussagen und Verhältnisse, wie sie die Schriftsprache zu bieten vermag. Bei einfachen logischen Folgerungen ist die Ableitung noch möglich; bei längeren logischen Konstruktionen, wie etwa bei einer umfangreichen Gliederung, in der die Kontinuität der Gedankenführung zum Ausdruck kommt, müssen Analphabeten aufgeben, da eine solche Konstruktion auf lautsprachlicher Basis allein nicht erlernt werden kann.

Wenn das Gesetz der Interiorisation Gültigkeit hat, dann übernehmen wir nicht nur Sinneserfahrungen und lautsprachliche Erfahrungen in unseren geistigen Bereich, sondern auch schriftsprachliche Erfahrungen. Da aber Schriftsprache auch außerhalb unseres ZNS existiert und beständig bleibt, bietet sie besondere Möglichkeiten geistiger Operationen, die über die lautsprachlichen Operationen hinausgehen.

Welche geistigen Operationen lassen sich mit Hilfe der Schriftsprache aufbauen?

1. Informationsspeicherung außerhalb unseres Bewußtseins. Schriftsprache macht Informationen unabhängig von Person, Raum und Zeit verfügbar. Wir sind in der Lage, Informationen zu bewahren, die wir nicht in unserem Bewußtsein speichern können. Es wäre z.B. unmöglich, die 100 000 Seiten Fachliteratur, die für eine wissenschaftliche Arbeit auszuwerten sind, in unserem ZNS exakt aufzubewahren.

2. Konzentration von Sinngehalten. Schrift ermöglicht es, die Inhalte zu präzisieren und auf den unbedingt notwendigen Informationsgehalt zu reduzieren. Damit wird einerseits eine hohe Zuverlässigkeit der Information erreicht, andererseits eine ökonomische Verarbeitung ermöglicht.

3. Erschließung personenunabhängiger Informationen. Das geschriebene oder gedruckte Wort steht uns zur Verfügung, obwohl der Produzent abwesend ist. Wir können frei (zeit- und wegadaptiv) darüber verfügen.

4. Entlastung des Arbeitsprozesses. Indem wir über die Technik der Speicherung außerhalb unseres ZNS verfügen, sind wir in der Lage, Daten und Fakten auszulagern, bei Bedarf zurückzuholen und in den Prozeß zu integrieren.

5. Entwicklung funktioneller Systeme des Schreibens und Lesens. Aufbauend auf den funktionellen Systemen der 1. und 2. Informationsstufe wird ein komplexeres System

der schriftsprachlichen Verarbeitung aufgebaut, das uns befähigt, Schriftsprache zu kodieren und zu dekodieren.

6. Die Arbeitstechnik der Bewußtseinsüberschreitung. Wir werden durch die äußere Speicherung in die Lage versetzt, mit Daten und Fakten zu operieren, von denen wir wissen, daß sie existieren, daß sie an einer bestimmten Stelle ausgelagert sind, ohne daß wir sie im Augenblick in unserem Bewußtsein haben (z.B. statistische Daten).

7. Techniken des Überblicks. Indem wir bestimmte Sachverhalte schriftlich fixieren, schaffen wir uns einen Überblick über Inhalte, Beziehungen, Verhältnisse oder Wertigkeiten.

8. Techniken der Ordnung. Durch Schrift lassen sich komplizierte Systeme modellhaft aufbauen, die wir allein in der Vorstellung nicht produzieren könnten.

9. Fixierung von Verhältnissen und Relationen. Durch Schrift sind wir in der Lage, Formeln und Lehrsätze aufzustellen, die einen hohen Grad der Abstraktion und Verallgemeinerung aufweisen.

10. Fixierung von Systemen. Schrift ermöglicht es uns, Pläne und Tabellen aufzustellen, die in sich eine Gliederung nach Klassen, Serien und Wertigkeiten darstellen. Dadurch gelingt uns sowohl die Zusammenfassung von Daten als auch die Ordnung und Systematisierung.

11. Fixierung komplexer Regelungen. Erlasse und Gesetze bedürfen wegen ihrer Komplexität der genauen Formulierung und Durchgliederung, damit ihre Anwendung in der Realität auch das bewirkt, was beabsichtigt wurde. Dies ist nur mit den Mitteln der Schrift möglich. Es handelt sich auch hier um die Orientierung, Ordnung und Systematisierung.

Der Weg zum abstrakten formallogischen Denken wird durch Sprache allein nicht erreicht. Der Weg dorthin führt nur über die Schriftsprache, wobei es auch hier eine unendliche Abstufung in der Beherrschung der verschiedenen Arbeitstechniken und damit auch der ihnen zugrunde liegenden geistigen Operationen und funktionellen Systeme gibt.

7.1 Der Zusammenhang von Sinneserfahrung, Laut- und Schriftsprache

Die im vorangegangenen Abschnitt gegebene Erklärung der Kodierung von schriftsprachlichen Informationen könnte zu dem Fehlschluß verleiten, daß es sich bei der 3. Informationsstufe lediglich um eine Umkodierung von Informationen aus dem lautsprachlichen in den schriftsprachlichen Bereich handelt. Dies ist nicht so. Die Umkodierung aus dem akustischen Bereich der Schallwellen in den optischen Bereich der Lichtwellen ist zwar Bestandteil des umfangreichen Prozesses. Ohne Zusammenwirken der Informationsstufen aber wäre die Umkodierung sprachlos und sinnlos.

Wie bereits bei der 2. Informationsstufe dargestellt, gehen die niederen Informationsstufen in die höheren ein, werden zum Bestandteil derselben und wirken im Prozeß der Verarbeitung von Informationen gleichzeitig und gleichberechtigt mit den Kodierungsformen der 3. Informationsstufe. Ohne dieses Zusammenwirken wäre die 3. Informationsstufe nicht funktionsfähig.

Mit der Integration der Informationsstufen und der immer höheren Kodierung steigt auch die Komplexität der funktionellen Systeme, die uns die geistigen Operationen der 3. Informationsstufe ermöglichen. Damit steigen auch die Fehlerquellen. Damit steigt aber auch die Kompensationsmöglichkeit, d.h. die Ausgleichsmöglichkeit von Fehlfunktionen innerhalb des funktionellen Systems.

Für die deutsche Schule ist die 3. Informationsstufe das „kranke Kind" der Didaktik und Methodik. Wenn wir in einzelnen Schulen bis zu 30 Prozent Schüler haben, die dringend der Förderung im Lesen und Schreiben bedürfen, kann dies kein Zufall sein. Es muß Ursachen dafür geben.

Ganz sicher ist die Komplexität der funktionellen Systeme eine der Ursachen, allerdings eine Ursache, die zwei Seiten hat.

1. Die Komplexität des funktionellen Systems erschwert dem Schüler den Aufbau desselben. Die Funktionen lassen sich nur zu einem System zusammenschließen, wenn die Grundleistungen und die funktionellen Systeme der 1. und 2. Informationsstufe eine ausreichende Funktionsfähigkeit aufweisen. Das bedeutet, daß nicht nur die Funktionen von Analyse und Synthese, von Differenzierung, Strukturierung und Kontrolle richtig zusammenspielen müssen, das bedeutet auch, daß innere Sprache vorhanden sein muß; denn die geistigen Operationen sind innerliche Operationen. Zwar verlaufen die Prozesse des Erlernens der funktionellen Systeme zunächst auch äußerlich, das Lesen etwa wird mit lautem Sprechen begleitet, dies setzt aber voraus, daß auch eine innerliche Operation stattfindet. Das Äußere, in diesem Falle die hörbare Sprache, dient nur dem Faßbarmachen des Prozesses, der Verstärkung durch den akustomotorischen Kontrollkreis.

Gerade bei lernschwierigen Kindern stellt die Erarbeitung eines so komplexen Systems oft eine Überforderung dar, wenn die didaktischen Konzeptionen und die methodischen Schritte nicht auf das Kind abgestimmt sind. So kommt es häufig vor, daß mit dem Buchstabenmaterial, mit den Kodierungen der 3. Informationsstufe gearbeitet wird. Dies hat zur Folge, daß der Leseprozeß zerfällt. Das Kind bleibt auf die mechanischen Vorgänge der 3. Stufe konzentriert, während die zu integrierenden Vorgänge der sprachlichen und der inhaltlichen Operationen abgekoppelt werden.

2. Die Komplexität des funktionellen Systems erschwert den Lehrern das Lehren. Ganz abgesehen davon, daß schon in der Grundschule eine Art Hackordnung zu beoachten ist, d.h. daß der Lehrer der vierten Klasse sich als der wissensmäßig höchste betrachtet, werden in den Erstleseklassen sehr oft unausgebildete Lehrkräfte eingesetzt. Nur wenige Lehrer der Erstleseklassen sind in der Lage, eine funktionelle oder physiologische Erklärung für den angezielten Funktionsaufbau zu geben. Kaum ein Lehrer ist in der Lage, die Teilfunktionen des funktionellen Systems und ihr Zusammenwirken im Prozeß zu beschreiben oder die Folgen von Ausfallserscheinungen einiger Funktionen bzw. Fehlhandlungen des Schülers zu erklären. Zwar sind fast alle Lehrer mit der Methodik der Fibel vertraut, sie wissen auch etwas über ganzheitliche, analytische und synthetische Verfahren, das Operationale indessen bleibt ihnen verschlossen. Der geistige Prozeß, den sie entwickeln sollen, ist ihnen im Aufbau unbekannt.

Dieses Verfahren mag in allen Fällen brauchbar sein, wo Schüler mit guten und hervorragenden Voraussetzungen zu unterrichten sind. Bei lernschwierigen und lernbehinderten Schülern hingegen führt die Unkenntnis des komplexen funktionellen Systems zu einem Unterricht, der einem „Rudern mit der Stange im Nebel" gleicht. Es werden Materialien und Verfahren eingesetzt, von deren Wirksamkeit man überzeugt ist oder zumindest gehört hat. Was diese Materialien funktionell bewirken, welche Funktionen sie schulen, aufbauen, präzisieren, aktivieren, ist meist unbekannt. So wird der Erwerb der 3. Informationsstufe für viele Schüler zu einer Art Glücksspiel, in dem sie gewinnen oder verlieren. Haben sie verloren, dann haben sie eben nicht nur im Ringen um die funktionellen Systeme des Lesens und Schreibens verloren, sondern darüber hinaus vermindern sich die geistigen Operationsmöglichkeiten der 3. Informationsstufe.

Der Aufbau des funktionellen Schreib-Lesesystems hängt ganz wesentlich von der Integration der Informationen aus den verschiedenen Stufen ab. Lesenlernen heißt in allen drei Informationsstufen gleichzeitig denken lernen. Der Prozeß des Lesens und Schreibens setzt die Einheit von Sinngehalt, Sprache und Schrift voraus. Ein Leseprozeß, in dem das ständige Vorauseilen der Sinnbildung, die Sinnerwartung und die Sinnkontrolle aussetzt, muß scheitern, weil der Sinn nicht nur steuernd und koordinierend, sondern auch kontrollierend wirkt. Ob etwas richtig geschrieben ist, kann ich nur durch die Sinnentnahme feststellen. Ein Leseprozeß, in dem die beständige vorauseilende Worterwartung und die begleitende Wort- und Satzproduktion aussetzt, ist nicht nur schwer gestört, er ist praktisch unmöglich, denn die Produktionsform des Lesens ist Sprache. Ein Leseprozeß, in dem die Gestalterfassung des geschriebenen Wortes, die Phonem-Graphem-Korrespondenz und die Differenzierung und Orientierung im graphisch-figuralen Bereich aussetzt, ist schlicht unmöglich. Er gerät zur freien sprachlichen Gestaltung, zum Rateprozeß. So setzt die Tätigkeit in der 3. Informationsstufe die Integration der Informationen, das Zusammenwirken der Funktionen, voraus.

In einem merkwürdigen Gegensatz zu dieser Erkenntnis steht der didaktische Aufbau des größeren Teils deutscher Erstlesewerke. Sinngehalt und Sprache spielen eine untergeordnete Rolle. Zentraler Bezugspunkt ist der Text. Von ihm sollen motivierende, gestalterische und aktivierende Wirkungen ausgehen. Er soll das hervorrufen, was eigentlich als Voraussetzung bei lernschwachen Schülern erst geschaffen werden muß. Dieser Ansatz bringt das lernschwache Kind in eine schier ausweglose Lage. Wenn es nicht über die sinnerwartungsbildenden Funktionen und über die sprachlichen Voraussetzungen verfügt, ist es praktisch von der Arbeit mit den geschriebenen Texten abgekoppelt. Da hilft auch der literarisch noch so wertvolle Text nichts. Ein Schriftsatz, der nicht gelesen werden kann, motiviert weder, noch daß er gestalterisch oder aktivierend wirkt. Die Wirkung besteht höchstens im Aufbau einer tiefgreifenden Aversion gegen alle schriftsprachlichen Produktionen.

Ein Erstleseunterricht, in dem die Einheit der Informationsstufen verwirklicht wird, muß von der Erarbeitung und Klärung der Sinngehalte ausgehen, in beständiger Wechselwirkung zwischen Sinn und Wort die Sprache aufbauen und die Schrift als Repräsentation von Sinn und Wort erschließen. Erst durch die Einheit der Informationsstufen und das integrative Zusammenwirken der Funktionen läßt sich der Prozeß der schriftsprachlichen Verarbeitung aufbauen. Eine didaktische Konzeption, die diese Einheit ermöglicht, wurde vor Jahren entwickelt und produziert. Sie wird vor allem in Schulen für Lernbehinderte und in Schulen mit hohem Anteil fremdsprachiger Schüler eingesetzt (Radigk 1978). Die experimentelle Überprüfung der Leistungsfähigkeit des Systems in einer vier Jahre währenden vergleichenden Untersuchung zeigte, daß sich der Anteil derjenigen Schüler, die den schriftsprachlichen Verarbeitungsprozeß nicht erlernen, mit einem solchen Vorgehen sehr stark senken läßt.

Es geht jedoch beim Zusammenwirken der Informationsstufen nicht allein um den Aufbau der funktionellen Systeme des Lesens und Schreibens. Selbst wenn diese geistigen Operationen beherrscht werden, bleibt die Einheit der Informationsstufen und die Wechselwirkung ihrer Anteile ein beständiges Prinzip. Dies ist in erster Linie für die Arbeit mit lernschwierigen Kindern von Bedeutung.

Mit Hilfe der 3. Informationsstufe können wir auf die 2. einwirken, indem wir etwa einem sprachschwachen Schüler durch das Angebot des geschriebenen Wortes zur richtigen Aussprache verhelfen. Daß der verarbeitete Baustoff „Zement" heißt und nicht „Ziewent", erkennt das lernbehinderte Kind oftmals nicht durch Vorsprechen und Anhören, sondern dadurch, daß es beim Erlesen des Wortes in seiner Sprechbewegung durch die Buchstabenfolge gesteuert wird. Welche Waren für einen Obstsalat einzukaufen sind, merkt sich das lernbehinderte Kind nicht, indem es die Liste auswendig lernt, sondern indem es die Waren aufschreibt und damit einen äußeren Speicher für die Sinngehalte benutzt. Umgekehrt trägt die 1. Informationsstufe dazu bei, ein unleserliches Wort zu identifizieren; denn durch die Sinn- und Worterwartung können Lücken ausgefüllt werden, oder das gesprochene Wort erlaubt es uns, unsere Handlung zu steuern. Durch die drei Informationsstufen ist der Informationsgehalt gewissermaßen dreifach kodiert. Auf der Sinnebene durch die Vorstellungen, auf der Sprachebene durch die Sätze, auf der Schriftebene durch den Text. Daß dies in der Tat so ist, bemerken wir beim Zusammenwirken der Informationsstufen oft nicht. Erst bei gestörter Funktion wird diese mehrfache Kodierung deutlich. Einem Patienten, dem wegen eines Unfalls ein Teil des Vorderhirnes entfernt werden mußte, gelang es nach der Operation nicht mehr, sich einzuprägen, wo er sein Buch abgelegt hatte. Ließ man ihn jedoch dazu sprechen, während er das Buch in den Schrank legte, konnte er sich zwar eine halbe Stunde später nicht mehr daran erinnern, wo er das Buch hingelegt hatte, er konnte jedoch den Satz reproduzieren: „Ich lege das Buch in den Schrank". Erst nach dem Aussprechen des Satzes gelang es ihm, die Vorstellung zu mobilisieren, wo das Buch abgelegt wurde. Dies ist ein Beispiel dafür, wie Sprache den Sinngehalt zu ersetzen vermag. In der mehrfachen Kodierung liegen außerordentliche Möglichkeiten, den Prozeß des Lesens und Schreibens zu stützen, zu präzisieren und zu kontrollieren. Wir sind in der Praxis der Lernförderung noch längst nicht so weit, systematisch alle diese Möglichkeiten auszuschöpfen.

7.2. Die Schrift — ein Speicher außerhalb des Bewußtseins

Für den Lesekundigen ist die Fähigkeit, Bewußtseinsinhalte in Form von Schrift zu speichern, eine Selbstverständlichkeit. Auch mit blühender Phantasie ist es ihm nicht möglich, sich jenen geistigen Entwicklungsstand vorzustellen, den er ohne die Schrift erreicht hätte. Er macht sich in der Regel weder Gedanken über die besonderen geistigen Möglichkeiten, die Schrift ihm bietet, noch stellt er Überlegungen zu den geistigen Operationsmöglichkeiten an. Und doch hat die Schrift das Leben der Menschen in hohem Maße verändert. Die Wissenschaften etwa würden ohne die Schrift noch heute auf der Stufe der Mythen und Sagen stehen, und wir selbst wären höchstens in der Lage, in konkreten Operationen zu denken. Das formale Denken wäre für uns Unsinn, wie es auch für die Naturvölker Unsinn ist.

Durch die Schrift erweitert sich die geistige Erfahrungswelt um ein Vielfaches. Buch, Zeitung, Magazin und Bildschirmtext bieten eine nahezu grenzenlose Informationsquelle. Die Möglichkeit, etwas zu notieren, mit der Maschine Texte zu produzieren oder mit dem Computer Texte zu erarbeiten und zu speichern, gestattet Arbeitsverfahren, die ohne Schrift nicht durchführbar wären.

Der entscheidende Schritt in den geistigen Operationen der 3. Informationsstufe besteht jedoch darin, daß wir es lernen, Informationen abzulegen und bei Bedarf wieder zu reproduzieren. Das Prinzip selbst ist uns bekannt. Wir benutzten es schon seit der Entwicklung der 1. Informationsstufe bei der Kodierung unserer Vorstellungen im ZNS. Mit der Schrift nun tragen wir das Prinzip nach außen. Wir legen mit dem System der Lautschrift einen äußeren Speicher an, den wir beschicken oder von dem wir etwas abrufen können. Es handelt sich dabei um eine sehr praktikable Entwicklung, und jeder, der einmal Beobachtungen oder Handlungsabläufe festzuhalten hatte, weiß, wie unentbehrlich dieses Verfahren ist und welche wunderbaren Möglichkeiten sich dabei ergeben.

Um so enttäuschender muß für den Lerntheoretiker die Beobachtung der Schulpraxis sein. Da werden ganze Fibelseiten abgeschrieben, anstatt mit dem bereits erarbeiteten Wortschatz selbst einen Text zu gestalten. Da werden Teile aus Sachkundebüchern Wort für Wort übertragen, anstatt selbst ein Experiment durchzuführen und die Beobachtungen zu protokollieren. Da werden literarische Abhandlungen von Druckschrift in Schreibschrift umgesetzt, anstatt selbst etwas zu entwerfen.

Der Umgang mit der Schrift muß auf diese Weise für viele Schüler zum Greuel werden oder zumindest zur Gleichgültigkeit führen. Sie spüren nichts von den wunderbaren Möglichkeiten, die darin liegen, etwas außerhalb des eigenen ZNS zu speichern und bei Bedarf wieder darüber zu verfügen. Sie erfahren nicht die hilfreichen Möglichkeiten der äußeren Informationskodierung. Das Lebensvolle dieses Vorganges fehlt, das persönliche Erfahren der Wirkungen im handelnden Zusammenhang, das eigene Betroffensein von der Sache. Aus einer geistigen Operationsweise, die uns neue Möglichkeiten der Tätigkeit erschließen sollte, ist auf diese Weise eine Belastung geworden.

Die externe Speicherung von Informationen erlaubt es uns, mit Daten zu arbeiten, die nicht unmittelbar in unserem Bewußtsein sind, von denen wir jedoch wissen, daß sie existieren und daß sie an einer Stelle verfügbar gespeichert sind. Zur Erläuterung benutze ich ein Beispiel aus der didaktischen Forschung. An diesem Beispiel wird, angesichts der Unmöglichkeit, die Daten im Kopf zu speichern, vielleicht am besten deutlich, welche Veränderung der Arbeitsweise die externe Speicherung bewirkt.

Beispiele

Der Doktorand A. hat zwei verschiedene Verfahren unterrichtlicher Instruktion entwickelt und mit einer großen Zahl von Schülern erprobt. In der ersten Stichprobe hat er 322 Schüler erfaßt, in der zweiten Stichprobe 368 Schüler. Von jedem Schüler werden 80 Daten erhoben. Es handelt sich um Alter, Schulstufe, Vorzensuren, Vortestergebnis, Nachtestergebnis usw. Dies sind insgesamt 55 200 Daten. Es bedarf keiner Erklärung, daß Doktorand A. diese Daten nicht alle im Kopf speichern kann. Er legt sie in einem externen Speicher ab, nämlich in schriftlicher Form auf Karteikarten. Obwohl er die Daten nicht im Kopfe hat, obwohl sie sich in einem externen Speicher befinden, kann er geistige Operationen damit durchführen. Durch die Systematisierung (auf die noch eingegangen wird) gelingt es ihm, die Daten unter bestimmten Gesichtspunkten zu ordnen. Er bildet die Kategorie der Arbeitszeit und die der Nachtestergebnisse usw. Er kann mit diesen Kategorien operieren. Er kann Überlegungen anstellen, ob es sinnvoll ist, Zeit und Leistung zueinander in Beziehung zu setzen, die Testwerte der ersten Gruppe mit denen der zweiten Gruppe zu vergleichen, Mittelwerte zu errechnen, parametrische oder nonparametrische Verfahren einzusetzen usw. Die geistige Handlung findet statt, ohne daß die Daten selbst vorhanden sind. Sie werden durch die kategorialen Bestimmungen vertreten.

Nichts anderes als der Doktorand A. tut der Lernanfänger B., wenn er seine ersten Sätze konstruiert. Er will einen ähnlichen Text schreiben wie den in der Fibel. Er weiß auch, was er schreiben will, nur nicht, wie es geschrieben werden muß. Trotz dieses Mangels denkt er sich Sätze aus. Er weiß nämlich, auf welcher Seite die Geschichte steht und wo er die Schreibweise der Wörter erkunden kann. Er weiß auch, wo seine Wortliste liegt, auf der alle bereits in Texten erlesenen Wörter enthalten sind. Er kennt das System der Auslagerung und weiß, wie er es sich dienstbar machen kann. Nach einiger Zeit des Überlegens greift er zu Heft und Schreibzeug, schlägt die Fibel auf, nimmt die Wortliste zur Hand und beginnt mit dem selbständigen Schreiben (Radigk 1973).

Die beiden Beispiele sollen zeigen, wie sowohl auf höherer Ebene als auch auf einfachster Basis mit der externen Speicherung gearbeitet werden kann. Es gibt keinen Bereich geistigen Handelns, in den man nicht die Technik der Auslagerung oder Informationsgewinnung einbringen könnte. In der Schule, insbesondere bei lernschwierigen Kindern, kommt es darauf an, diese Technik möglichst frühzeitig zu vermitteln. Gerade das lernbehinderte Kind ist auf Hilfen angewiesen, und das System der externen Speicherung vermag diese zu bieten. Obwohl am Anfang das funktionelle System der 3. Informationsstufe noch nicht voll ausgebildet ist, sind die Schüler gern bereit, die Hilfen anzuwenden und über die Informationen zu verfügen. Sobald sie die Überzeugung gewinnen, daß diese externen Hilfen sie weiterbringen, setzt eine natürliche Motivation ein, die nicht nur die planenden und kreativen Instanzen des Frontalhirns mobilisiert, sondern auch die emotionale Steuerung durch das Zwischenhirn. Das aber bedeutet höhere Wachheit, Konzentration und Aufmerksamkeit, zielgerichtetes Handeln und bewußtes Vorgehen. So ist eine geistige Operation in der Lage, andere Operationen auszulösen oder die Qualität der beteiligten Funktionen und Grundleistungen zu verändern.

7.3. Die Konzentration der Sinngehalte

Der Weg von der situativen Rede zur kontextgebundenen Rede führt über die Schriftsprache. Zwar erlernen auch Analphabeten in schriftsprachlich bestimmten Kulturen die einfache kontextgebundene Rede, dies gilt aber immer nur für leicht überschaubare Formen. Der Analphabet erlernt die kontextgebundene Rede durch die Umwelt, die ja diese Sprachform produziert. Das kontextgebundene Sprechen des Analphabeten findet jedoch dort seine Grenzen, wo die Zusammenhänge komplexer werden.

Die schriftsprachliche Produktion verlangt die Umsetzung von Sinngehalten in Sprache und die nachfolgende Kodierung in Form von graphisch-figuralen Zeichenfolgen. Dieser Prozeß ist nicht nur komplexer als der lautsprachliche, er ist auch zeitaufwendiger und verläuft langsamer. Der Schreibende versucht deshalb, den Arbeitsaufwand in Grenzen zu halten, beim Niederlegen einer Information also möglichst rationell zu arbeiten. Dies kann er nur, wenn er die Wiederholungen und die begleitenden Informationen, wie sie bei der Lautsprache auftreten, vermeidet. Er ist gezwungen, sich auf das Wesentliche zu konzentrieren. Dafür bietet jedoch auch der Schreibvorgang einige Voraussetzungen. Wegen seines wesentlich langsameren Verlaufes können die Informationen präzise ausgewählt und exakt formuliert werden. Gestützt wird dieser Vorgang noch durch die Beständigkeit der schriftsprachlichen Produktion, kann sich doch der Schreiber jederzeit vergewissern, was er bereits formuliert hat. Während es bei lautsprachlicher Produktion vielen Sprechern nicht auffällt, daß sie einen Gedanken einmal in dieser Form, einmal mit etwas anderer Akzentuierung ausdrücken, wird die Wiederholung in der schriftsprachlichen Form sichtbar. Von dieser Tatsache kann sich jeder Sprecher überzeugen, wenn er die Transskription eines auf Tonband mitgeschnittenen freien Vortrages nachliest.

Selbst bei geübten Sprechern ist es in der Regel möglich, den lautsprachlich gebotenen Gedankengang weiter zu konzentrieren, ohne daß ein Informationsverlust eintritt. Die Ursache liegt darin, daß es sich bei der schriftsprachlichen Produktion nicht einfach um ein Umsetzen der Lautsprache in Schriftsprache handelt, sondern um eine eigene, von der Lautsprache zu unterscheidende geistige Operation, in der die Möglichkeiten der Schriftsprache bestimmend werden. Schriftsprache benötigt wegen ihrer Beständigkeit keine so hohe Redundanz wie die Lautsprache. Die Informationen können vom Leser auch ohne einen hohen Informationsüberschuß entschlüsselt werden. Der Leser kann im Manuskript ohne Probleme zu den fixierten Gedankengängen zurückkehren.

Der Prozeß der schriftsprachlich konzentrierten und präzisierten Produktion ist allerdings nicht automatisch mit der Fähigkeit zum Schreiben gekoppelt. Er wird nur dann erworben, wenn der Lernende die Schriftsprache immer wieder zur Fixierung und Weitergabe von Gedankengängen anwendet. Erst im Prozeß des Umgehens mit schriftsprachlichem Material wird die Selektion der Bedeutungsgehalte und die Übertragung in den schriftsprachlichen Bereich erlernt. Das gilt sowohl für das Lesen als auch für das Schreiben. Durch die Informationsaufnahme aus schriftlichen Texten erfährt der Lernende bereits, wie Schriftsprache konstruiert sein muß, um die notwendige Rationalität, Konzentration und Präzision zu erreichen. In der eigenen Produktion schriftsprachlicher Materialien wendet er dann diese Formen an. Damit dies geschehen kann, muß er jedoch funktionelle Systeme aufbauen, die neben der eher mechanischen Umsetzung von Lautsprache nach den Gesetzen der inneren Sprachverarbeitung und den Regeln der Orthographie das denkende Verarbeiten der Informationen erlauben und jenen Konstruktionsprozeß in die Wege leiten, der die Qualität der schriftsprachlichen Aussage bestimmt.

Da der Informationsgeber bei schriftsprachlicher Verständigung in der Regel nicht direkt mit dem Informationsempfänger in Kontakt steht, entfällt die Möglichkeit, wie bei der situativen Rede Situation und Gebärde einzubeziehen. Der Schreiber ist von vornherein darauf angewiesen, alles das, was sich sonst aus der Situation ergibt, sprachlich zu formulieren. Geschieht dies nicht, wird der Text mißverständlich und in extremen Fällen sogar unverständlich. Da aber der Schreiber bei dieser Art der Information die Möglichkeit hat zu korrigieren, zu ändern und zu ergänzen, gelingt es ihm, durch Selbstkontrolle und Revision dem Text eine solche Form zu geben, daß sie für den Empfänger verständlich wird. Am Anfang sind diese Phasen der Selbstkontrolle und Revision oft mühevoll. Im Laufe der zunehmenden Formulierungsfertigkeit (innere Sprachverarbeitung und Sinnkonstruktion) optimiert sich jedoch das Zusammenspiel der einzelnen Funktionen und das funktionelle System arbeitet zuverlässiger. Der Lernende erreicht schließlich einen qualitativen Stand der Konzentration und Präzision von Gedankengängen. Daß dieser qualitative Stand trotzdem von Person zu Person noch sehr unterschiedlich ausgebildet ist, bedarf keiner besonderen Betonung. Im Prinzip haben jedoch alle Benutzer der Schriftsprache die Fähigkeit erreicht, die situativen Anteile eines Geschehens in Sprache auszudrücken. Damit haben sie das Stadium der kontextgebundenen Rede erreicht.

Mit dem Erreichen der kontextgebundenen Rede setzt nun allerdings auch eine Veränderung des Denkens ein. Während bei der situativen Rede der zugrundeliegende Prozeß noch weitgehend durch die 1. Informationsstufe bestimmt war, während also Wahrnehmungen, Empfindungen und Vorstellungen noch steuernde Funktion innerhalb des Prozesses hatten, treten diese bei der kontextgebundenen Rede zurück. Das Denken wird mehr und mehr sprachlich bestimmt. Die im Schriftsprachlichen notwendige sprachliche Ausformulierung zwingt zur Bereitstellung der linguistischen Formen und damit zum inneren Umgehen mit Sprache. Die gespeicherten Inhalte der 1. Informationsstufe binden sich deshalb mehr und mehr an Sprache und werden mit ihr präsent. Gleichzeitig aber erfahren sie eine besondere Ordnung, die durch die sprachliche Grammatik und Syntax gegeben ist. Da diese auf historischer Konvention beruht, geht das gesellschaftliche Erbe auch immer stärker in unsere inneren geistigen Prozesse ein. Dies dürfte auch erklären, warum ein Angehöriger eines Naturvolkes mit den von den Forschern vorgelegten logischen Sätzen nicht sehr viel anzufangen weiß, ja in vielen Fällen nur dazu assoziiert. Sein Denken ist anders konstruiert. In seinen geistigen Operationen hat die 1. Informationsstufe einen weit höheren steuernden Anteil, als dies bei den sprachlich bestimmten Prozessen kontextgebundenen Sprechens der Fall ist. Der Weg zu letzterem wurde der Menschheit jedoch erst über die Schriftsprache bereitet, und auch der Lernende in unserer

Kultur erwirbt diese Fähigkeit in der Regel über die Schriftsprache. Das logisch-formale Denken ist nicht von ihr zu trennen. Sie hat einen weit größeren Einfluß auf die Entwicklung unserer kognitiven Operationen als bisher angenommen wurde.

7.4. Die Formalisierung des Lernens durch Schrift

Die Beständigkeit der Information und die Möglichkeit der personunabhängigen Information führte zur Konzentration der Inhalte und zur Präzisierung der Sprache. Neue erweiterte funktionelle Systeme entwickelten sich, die zu veränderten geistigen Operationen führten.

Die Konzentrierung und Präzisierung der Information blieb also nicht ohne Auswirkungen auf die inneren geistigen Operationen. Die neuen äußeren Möglichkeiten und die inneren geistigen Operationen traten in eine Wechselwirkung. Schrittweise wurde die innere geistige Handlung immer eindeutiger und damit die Formulierung immer genauer. Die genauere Formulierung aber führte zu einer verbesserten Rückmeldung, die wiederum auf den Prozeß einwirkte, bis bestimmte Formen der geistigen Operation erreicht waren, die das Analysieren von komplizierteren Zusammenhängen erlaubten. Das Ergebnis dieser Entwicklung war die Arbeit mit Prinzipien und Gesetzmäßigkeiten, die Verarbeitung von Informationen auf hohem Abstraktionsniveau. Allgemeingültige Formen der schriftsprachlichen Darstellung bildeten sich heraus, die es erlaubten, die Erkenntnisse so zu formulieren, daß sie auf jeden gleichartigen Fall mit definierten Bedingungen anwendbar sind. Damit bemächtigte sich die Verallgemeinerung unseres Denkens. Nicht mehr jede Einzelheit mußte gespeichert werden, es genügte die allgemeingültige Formel, um im entsprechenden Fall Lösungen zu finden oder Entscheidungen zu treffen.

Beispiel 1:
Während Naturvölker aus Erfahrung und Überlieferung wissen, welche Gegenstände schwimmen, schweben oder untergehen, während sie also nur im Bereiche ihrer Erfahrung Folgerungen ziehen und Entscheidungen fällen können, bedient sich der formal denkende Mensch der Gesetzmäßigkeiten der Natur. Wir bezeichnen die Wissenschaften, die sich damit befassen, als Naturwissenschaften.

In den Naturwissenschaften gilt das ARCHIMEDISCHE Prinzip: Ein Körper verliert im Wasser soviel an Gewicht, wie die von ihm verdrängte Wassermenge beträgt. Verdrängt ein Kubikzentimeter eines Stoffes also weniger als 1 Kubikzentimeter Wasser, dann schwimmt er. Verdrängt er gleich viel oder mehr, dann schwebt er oder er geht unter. Mit Hilfe dieser Gesetzmäßigkeit gelingt es dem formal denkenden Menschen, auch Stoffe zum Schwimmen zu bringen, die normalerweise nicht schwimmen. So sind viele Schiffe aus Stahl. Stahl schwimmt an sich nicht. Durch die Formgebung gelingt es jedoch, einen Körper zu gestalten, der leichter ist als Wasser, der also schwimmt. Naturvölker sind deshalb oft sehr erstaunt, daß die von den Fremden benutzten Werkstoffe plötzlich andere Eigenschaften zeigen, als sie dies angenommen haben. Da sie nicht über die Kenntnis der konstruktiven Zusammenhänge verfügen, finden sie auch keine Erklärung für diese Veränderungen. Mit Hilfe des Lehrsatzes kann die den Erscheinungen zugrunde liegende Gesetzmäßigkeit dem Angehörigen des Naturvolkes jedoch nicht vermittelt werden, da er die geistigen Operationen des formalen Denkens nicht nachvollziehen kann.

Beispiel 2:
Herr B. möchte sein Dachgeschoß ausbauen. Dazu muß er die Länge der Dachsparren kennen. Da er allein ist, kann er ihre Länge nicht messen. Trotzdem weiß er nach etwa 10 Minuten genau, wie lang die Dachsparren sind. Wie ist das möglich?

Herr B. hat sich zur Lösung des PYTHAGORAS bedient: „Die Fläche des Hypotenusenquadrates entspricht der Summe der Kathetenquadrate." Da er die Höhe vom Fußboden bis zum Dachfirst und die Breite des Hauses kennt, genügt es, das Quadrat der Höhe und das Quadrat der halben Breite zusammenzuzählen und daraus die Wurzel zu ziehen. Herr B. weiß, daß dies die Länge der Diagonale sein muß. Es handelt sich um einen mathematischen Lehrsatz, um eine Formel ($a^2 + b^2 = c^2$), die durch die schriftsprachliche Darstellung ihre höchste Formalität erreicht hat. Wäre Herr B. nicht zu formalem Denken fähig, gelänge es ihm auch nicht, die Formel zu erwerben, zu verstehen und anzuwenden.

Die Entstehung des formalen Denkens mit Hilfe der Schriftsprache war entwicklungstheoretisch gesehen sicher kein Zufall. Sie vollzog sich schrittweise im Eingriff mit den Lebensanforderungen als unabdingbare Notwendigkeit. Um das Überleben hochtechnisierter Gesellschaften mit hoher Bevölkerungsdichte zu sichern, müssen soziale Beziehungen geordnet und ökonomisch-wirtschaftlich-technische Verhältnisse geregelt werden. Die Lebensverhältnisse sind in solchen Gesellschaften nicht mehr überschaubar. Es wäre nicht wie bei den Naturvölkern möglich, alle bedeutsamen Tatsachen im Gedächtnis zu behalten und mündlich weiterzugeben. Es muß vielmehr nach Prinzipien und Gesetzmäßigkeiten gesucht werden, die exemplarisch für ganze Kategorien sind, die also die Eigenschaften und Beziehungen gleicher Art zusammenfassen. Dies geschieht durch schriftsprachliche Operationen, die genau festlegen, welcher Art diese Bedingungen und Relationen sind. Die Schriftsprache erlaubt es, die Eigenschaften und Verhältnisse festzuhalten, sie zu überprüfen und in eine Form zu bringen, die allgemeingültig ist, so daß formal damit umgegangen werden kann.

Der Weg zum formalen Denken führt über die Formalisierung der Erscheinungen der realen Welt. Um dies zu ermöglichen, hat der Mensch eine Reihe von Schemata entwickelt, die es erlauben, Klassen, Serien und Systeme zu bilden. Die häufigste Form der schematisierten Datenerfassung ist die tabellarische Darstellung der Erscheinungen. Dazu ist es notwendig, die einzuordnenden Gegenstände und Erscheinungen nach Merkmalen zu ordnen und in Systemen zusammenzufassen. Voraussetzung dafür ist die Kenntnis des jeweiligen Systems. Es muß zuvor, möglicherweise in weit einfacherer Form, erarbeitet worden sein. Um formale Systeme der Sprache und des Denkens aufzubauen, sind wir nicht allein auf die Schriftsprache angewiesen. Es wurde bereits mehrfach betont, daß die Leistungen der 1. und 2. Informationsstufe in die 3. Informationsstufe eingehen. Das gilt auch für die Systeme. Die gegenständlichen und die lautsprachlichen Ordnungen bilden Voraussetzungen für die schriftsprachlichen Ordnungen. Das Einsteigen in die Formalisierung findet also nicht abrupt im Sinne eines qualitativen Umschlages statt, sondern ähnelt eher einem kontinuierlichen Hineinwachsen in die neue Arbeitsform.

Dieser Zusammenhang erklärt, warum z.B. lernbehinderte Kinder bei einem Unterrichtsgegenstand Verhaltensweisen zeigen, die in das präoperationale Lernen einzuordnen wären, während sie bei anderen Unterrichtsinhalten durchaus in konkreten Operationen vorgehen, ja in Ansätzen formales Lernen zeigen. Das Kind erreicht eine Lernstufe oder kognitive Entwicklungsstufe nicht durch Reifung und Alter, sondern durch Aneignung von äußeren Kommunikationsmöglichkeiten, womit es gleichzeitig die Voraussetzungen für eine Veränderung der inneren geistigen Handlungen erwirbt. Diese aber können z.B. nicht aufgebaut oder eingesetzt werden, wenn bestimmte Voraussetzungen fehlen, wie etwa die ausreichende Sicherheit in der automatischen Verarbeitung schriftsprachlicher Anteile, so daß wegen der dort existierenden Dysfunktionen Schwierigkeiten mit der Integration dieser Prozesse innerhalb größerer funktioneller Systeme, wie denen der formalen Logik, auftauchen. Diese Schwierigkeiten lassen sich jedoch überwinden, wenn der Aufbau des Systems bekannt ist, wenn die Abhängigkeiten und damit die Entwicklungsmöglichkeiten gezielt angegangen werden können. Die einzelnen Stufen kognitiver Entwicklung lassen sich durch geistige Tätigkeit aufbauen. Deshalb stehen uns auch bei Lernbehinderungen und Lernschwierigkeiten alle Möglichkeiten offen.

7.5. Das funktionelle System der schriftsprachlichen Verarbeitung

Das funktionelle System der schriftsprachlichen Verarbeitung entsteht in der Wechselwirkung zwischen den Anforderungen der Umwelt, den vorhandenen funktionellen Systemen und den dadurch entstehenden äußeren und inneren Erfahrungen. Schriftsprachliche Verarbeitung ist mehr als allein Schriftverarbeitung. Während letztere die Techniken des Lesens und Schreibens meint, fassen wir unter ersterer auch die Operationen zusammen, die mit der Schrift durchgeführt werden können.

In der gleichen Weise, wie bereits bei der Beschreibung der funktionellen Systeme der 1. und 2. Informationsstufe dargestellt, bildet sich durch Übung und Ausformung das System der Schriftverarbeitung heraus. Die Ausbildung des Systems der Schriftverarbeitung muß dem Aufbau von Operationen schriftsprachlichen Denkens vorangehen. Schriftverarbeitung muß zuerst geschaffen werden; denn die Systeme der schriftsprachlichen Verarbeitung, der Denkmodelle, bauen darauf auf. Sie benutzen die Schriftverarbeitung und die daraus resultierenden Möglichkeiten als Werkzeug.

Das funktionelle System der Schriftverarbeitung ist im Kern identisch mit dem funktionellen System des Lesens. Dieses System entwickelt sich aus der 1. und 2. Informationsstufe heraus zu einem Funktionsverbund. Die bereits beim funktionellen System der Lautsprache dargestellten Funktionen bleiben erhalten und werden durch die spezifischen Funktionen der Verarbeitung graphisch-figuraler Strukturen (Buchstaben) ergänzt. Allerdings würde die bisherige Funktionsweise der verbosensorischen Durchstrukturierung, der Differenzierung, Strukturierung und Synthese nicht ausreichen, um die geforderten Leistungen zu erbringen. Die Funktionen der 2. Informationsstufe müssen den neuen Bedingungen angepaßt, gewissermaßen erweitert werden. Es genügt z.B. nicht mehr, die Laute zu unterscheiden, sie müssen auch eine bestimmte Klassifikation erfahren und bestimmten Zeichen zugeordnet werden. Dabei ist die Klassifizierung noch nicht einmal eindeutig, hat doch jeder Buchstabe eine hohe Variationsbreite. Im Gegensatz zur phonetischen Schrift werden in der alphabetischen Schrift oft mehrere Laute oder Lautvariationen innerhalb eines Zeichens vereinigt.

Im Modell des funktionellen Systems existiert keine einzelne Funktion isoliert. Alle Funktionen stehen mit allen in ständiger Verbindung. Das Modell soll andeuten, daß alle drei Informationsstufen zusammenwirken, daß die einfacher kodierten Stufen Voraussetzungen der höher kodierten sind und in diese eingehen. Natürlich wirken beim Prozeß des Lesens alle Grundleistungen mit. Wenn sie hier nicht ausdrücklich dargestellt sind, geschieht dies einerseits aus Gründen der Vereinfachung, andererseits aus logischen Gründen; denn es bedarf wohl keines besonderen Hinweises, daß Zuwendung, Konzentration, Verbindung, Kodierung usw. Voraussetzungen für die einzelnen Funktionen sind. Die Linien deuten die Grenzen der Informationsstufen an. So liegt z.B. die Sinn- und Worterwartung in der 1. und 2. Informationsstufe, die Phonem-Graphem-Korrespondenz in der 2. und 3. Informationsstufe. Lesen ist ein Dekodierungsvorgang. Wir wandeln graphisch-figurale Gestalten in Lautsprache und diese wiederum in Sinngehalte um.

Schreiben ist ein Kodierungsvorgang. Wir wandeln Sinngehalte zunächst in Lautsprache und dann in Schriftzeichen um.

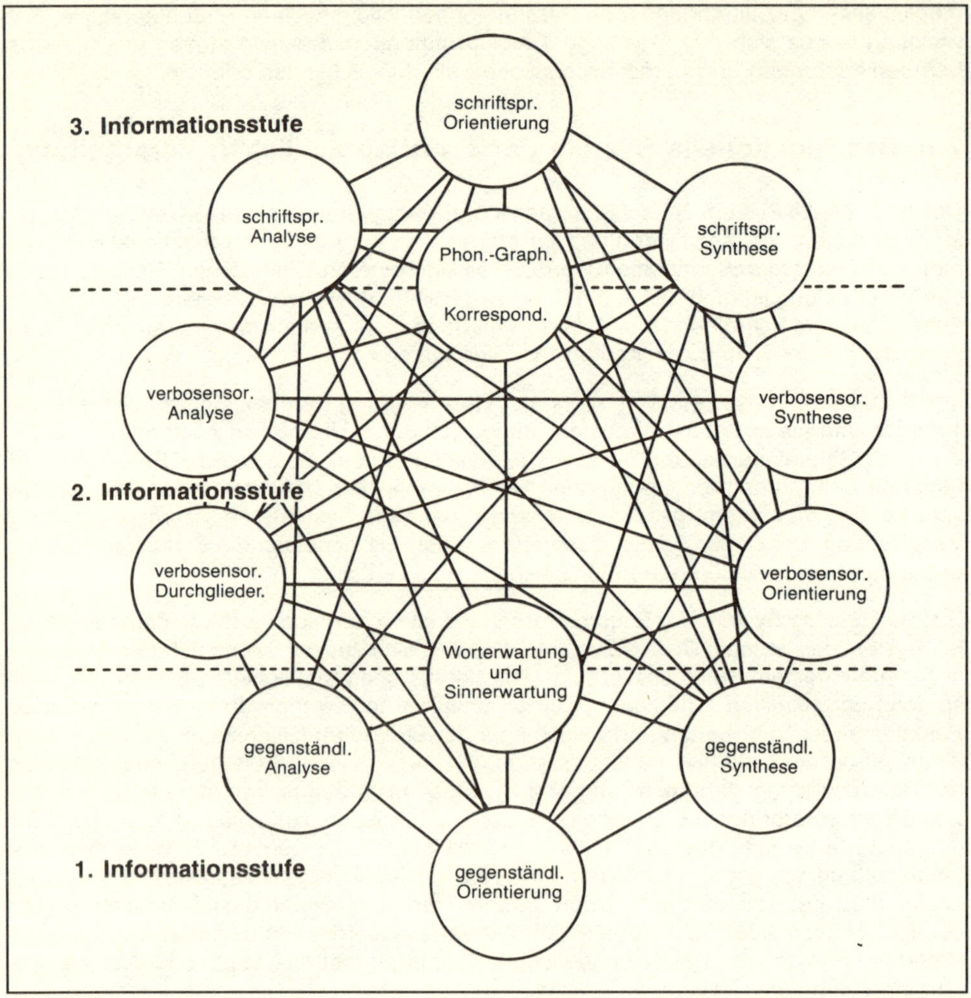

Abb. 24: *Das funktionelle System des Lesens. Analytische Funktionen sind auf Zerlegung, auf Feststellung der Elemente gerichtet, synthetische Funktionen beziehen sich auf das Zusammenfügen zu einem Sinngehalt, zu einem Wort oder Schriftbild. Orientierung meint das Feststellen der räumlichen oder zeitlichen Lage, der Beziehungen und Wertigkeiten.*

Der Vorgang des Lesens und des Schreibens verläuft nicht sukzessiv, sondern simultan. Es ist also nicht so, daß wir beim Lesen zuerst die Schrift sehen, dann Sprache daraus formen und diese dann in Sinngehalte übersetzen. Die Informationsstufen und die darin aktivierten Funktionen beeinflussen sich vielmehr gegenseitig, wirken aufeinander ein, kontrollieren einander, verifizieren oder falsifizieren das Ergebnis und führen Entscheidungen herbei. Gleichzeitig wirken auf allen Stufen Erwartungen mit, so daß es zu einem hypothesenbestätigenden Vorgang kommt.

Lesen wir z.B. in einer Zeitung einen Satz, in dem ein Wort unleserlich gedruckt wurde, erschließt sich uns der Sinn trotzdem. Wir können dies mit den Mitteln der 1. Informationsstufe, dem Kontext und der Sinnerwartung. Wir können dies auch mit den Mitteln der

2. Informationsstufe, der Worterwartung und der syntaktischen Konstruktion. Je höher das System kodiert ist, um so mehr Funktionsanteile sind vorhanden, um so mehr Störungsmöglichkeiten gibt es, um so höher ist jedoch auch die Redunanz und damit die Kompensationsmöglichkeit.

Das Zusammenwirken der Informationsstufen und der Funktionen wird auch in negativ verlaufenden Operationen deutlich. Ein Schüler versucht z.B. das Wort „Nest" zu lesen. Er lautiert leise vor sich hin. Dann spricht er: „Nn, Nee, Nees, Neeest."

Er schüttelt mit dem Kopf und sagt: „Das Wort gibt es nicht."

Analysieren wir diese Handlung nach dem Modell des funktionellen Systems, dann ist anzunehmen, daß der Schüler keine Sinn- und Worterwartung für das zu lesene Wort besaß. Er kannte zwar die Buchstaben, er konnte sie auch als Normallaute zusammenschleifen, er bildete jedoch keine Hypothese, keine Erwartung und konnte deshalb auch die verbosensorische Synthese, die Umwandlung einer Wortvorgestalt in eine Wortendgestalt, nicht vollziehen. Das Beispiel zeigt, wie die einzelne Funktion innerhalb des Systems stets auf die Zusammenarbeit mit anderen Funktionen angewiesen ist. Erst im Zusammenwirken entsteht der Prozeß, in dem die einzelnen Funktionen und Speicherungen Voraussetzungen, Ergänzungen oder Kontrollmöglichkeiten einbringen.

Betrachten wir die Aufgabenstellung der Funktionen, so läßt sich darin eine gewisse Systematik feststellen. Sie sind stets analysierender oder synthetisierender Natur. Analyse und Synthese bilden eine Einheit, die in ihrem Zusammenwirken Orientierung ermöglicht. So sind die analytischen Funktionen stets auf Feststellung der Elemente, auf Differenzierung oder Diskrimination ausgelegt, während die synthetischen Funktionen das Gestalthafte oder Ganzheitliche, das Sinnerschließende zum Ziel haben. Aus dieser Wechselwirkung von Analyse und Synthese entsteht die Orientierung im Raum und in der Zeit, die Fähigkeit, Gegenstände in ihren Verhältnissen und Beziehungen zu erkennen, Laute in ihrer Reihenfolge zu bestimmen oder die Raumlage der Buchstaben zu fixieren. Es spiegeln sich darin die von PAWLOW beschriebenen Grundprinzipien höherer Nerventätigkeit: Analyse, Synthese und Strukturierung.

Das funktionelle System wäre nicht arbeitsfähig, ständen ihm nicht die Speicherungen und die Wahrnehmungen, also die Inhalte, zur Verfügung. Jede Teilfunktion des Prozesses mobilisiert beständig mit den afferenten Reizen die gespeicherten Informationen, vergleicht sie mit den neu hinzukommenden und fällt Entscheidungen. Dabei spielt die Grundleistung Systematisierung eine bedeutsame Rolle; denn erst dadurch ist die Verfügbarkeit gewährleistet. Das funktionelle System ist deshalb nicht ausschließlich als dynamisches vielgestaltiges Schaltschema zu verstehen, sondern als Einheit von kombinierten Funktionen und systematisierten Speicherungen.

Die in den schriftsprachlichen funktionellen Systemen am deutlichsten hervortretenden Dysfunktionen betreffen die Lesefertigkeit. Um lesen und schreiben zu können, genügt es nicht, die gesprochene Sprache zu produzieren, es muß auch die gedankliche Sprache, d.h. inneres Sprechen, vorhanden sein. Erst auf der Basis der innersprachlichen Operationen gelingt es, die verbosensorische Durchstrukturierung, die verbosensorische Analyse und die verbosensorische Differenzierung zu vollziehen.

Da die schriftsprachlichen Produktionen Ergebnis des Zusammenwirkens verschiedener Funktionen sind, ist ein Rückschluß auf eine isolierte Funktion kaum möglich. Dennoch zeigt die Untersuchung von tausenden fehlerhaft geschriebener Wörter gewisse Übereinstimmungen, die zwar nicht einzelne Funktionen widerspiegeln, aber doch Tendenzen mit schwerpunktartigem Charakter aufweisen. Dabei ergeben sich folgende Kategorien:

1. Die verbosensorische Durchgliederung

Die rein visuelle Speicherung von Schriftsprache reicht zur Verarbeitung unseres Schriftsystems nicht aus. Je umfangreicher die Buchstabenfolge, um so schwieriger die visuelle Speicherung. Wir bedienen uns deshalb zur Aufteilung eines Wortes der verbosensorischen Kodierungen und der in ihnen enthaltenen Einteilungen. Wir bilden Untergliederungen, die den Sprechbewegungsabschnitten entsprechen (Silben) und wir segmentieren entsprechend unserer sprachlichen Erfahrung, indem wir wiederkehrende Einheiten als Konstruktionselemente erkennen (Scheerer-Neumann 1977). Läßt ein geschriebenes Wort die Silbenstruktur oder die Strukturelemente nicht mehr erkennen, liegt eine Tendenz zu fehlerhafter verbosensorischer Durchgliederung vor.

2. Verbosensorische Analyse

Durch Analyse der inneren Sprache versuchen wir mit Hilfe der verbosensorischen Operationen die Lautanteile im Vergleich mit den Speicherungen zu ermitteln. Wir benutzen dazu die phonematische Diskrimination, die kinästhetische Sensorik, den Lautklang und Akzentuierungen (Breuer/Weuffen 1975, Breuer 1974). Diese Operation führt zur Ermittlung der Lautanteile eines innerlich gesprochenen Wortes. Sowohl das Weglassen als auch das Hinzufügen von Lautanteilen in einem geschriebenen Wort weist auf eine Tendenz zu Störungen der verbosensorischen Analyse hin.

3. Verbosensorische Differenzierung

Die verbosensorische Differenzierung erfolgt auf der Basis der primären (kinästhetischen) und sekundären (auditiven) Kontrollkreise (Becker/Sovak 1979). Sie erlauben es, einen Laut gegen den anderen abzuheben und zu diskriminieren. Die kinästhetische Komponente gibt bei auditiv nicht diskriminierbaren Lauten den Ausschlag in der Differenzierung. Bei geistigen Operationen des inneren Sprechens dürfte das begleitende Potential der Sprechmuskulatur der entscheidende Diskriminator sein (Sokolow 1969). Verwechslungen nahe beieinander liegender Laute weisen deshalb auf eine Tendenz zur Störung der verbosensorischen Differenzierung hin.

4. Phonem-Graphem-Korrespondenz

Voraussetzung für Analyse und Differenzierung ist die Zuordnung eines Graphems zu einem Phonem. Laut und Zeichen gehen eine Verbindung ein und bilden eine Einheit. Diese ist nicht statisch, sondern dynamisch. Sie verändert sich unter dem Einfluß der steuernden Faktoren des funktionellen Systems auf der Phonemseite in einer bestimmten Variationsbreite. Auch die Graphemseite ist variabel. Bis zu einer gewissen Grenze lassen sich die Formen verändern, ehe sie unkenntlich werden oder einen anderen Lautwert annehmen. Fehlkodierungen lassen sich evtl. durch Vergleich einer Reihe von Wörtern erkennen. Treten die gleichen Fehlkodierungen oder Ersetzungen immer wieder auf, so können wir von einer Tendenz zur Störung der Phonem-Graphem-Korrespondenz sprechen.

5. Verbosensorische Orientierung (Raumlagefixierung)

In der verbosensorischen Analyse werden die Lautanteile ermittelt, die durch ihre zeitliche Reihenfolge die räumliche Folge der Grapheme bestimmen. Die Praxis zeigt, daß der Versuch mißlingt, bei der schriftsprachlichen Analyse der Raumlage zwischen visuellen und verbosensorischen Speicherungen zu unterscheiden. Deshalb werden alle Störungen in der Stellung und Reihenfolge der Buchstaben als Tendenzen zur Störung der verbosensorischen Orientierung gewertet.

Es sollen hier nur diese 5 Funktionsanteile des funktionellen Systems beschrieben werden, da sie nach vorliegenden Analysen den Hauptanteil der Dysfunktionalitäten bei rechtschreibschwachen Schülern in der Grundschule bilden. Das Problem scheint darin zu liegen, daß die genannten Funktionen zwar bei der Lautsprache schon in Ansätzen ausgebildet sind (siehe Abb. 22), daß sie jedoch für die schriftsprachliche Verarbeitung in weit höherem Maße aktiviert, präzisiert und den neuen Verbindungen und Verarbeitungsbedingungen angepaßt werden müssen. Sehr viele Schüler scheitern im Lesen und Schreiben schon an diesen fundamentalen Funktionen. Die Analyse von etwa 200 Rechtschreibtests am Ende der 2. Klasse Grundschule ergab, daß 61 Prozent aller Fehler den beschriebenen fünf Funktionen zugeordnet werden konnten (Gelück, H., Persie, J., Merget, A., Cronau, H., Miller, W., Lotz, P. und Grohe, L.).

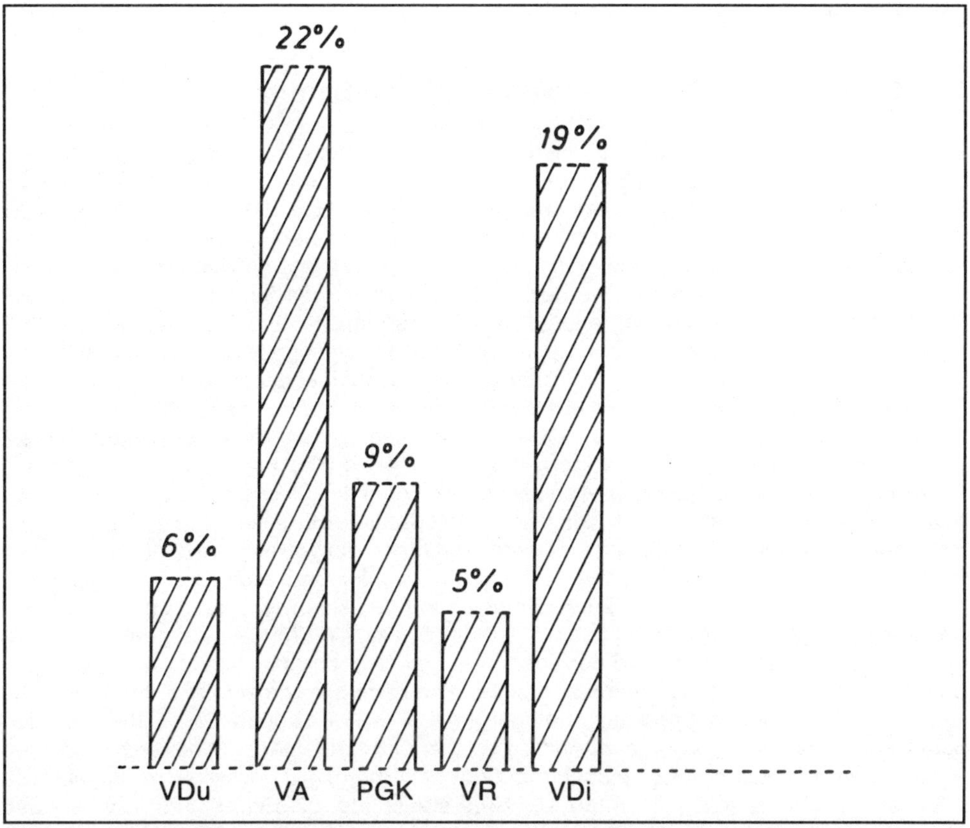

Abb. 25: *Dysfunktionen des funktionellen Systems des Schreibens bei Schülern der 2. Grundschulklasse, von links nach rechts: verbosensorische Durchstrukturierung, verbosensorische Analyse, Phonem-Graphem-Korrespondenz, verbosensorische Raumlagefixierung, verbosensorische Differenzierung.*

Ohne die Aufarbeitung der Schwierigkeiten des funktionellen Systems des Lesens und des Schreibens bleibt der Schüler von der weiteren kognitiven Entwicklung weitgehend ausgeschlossen. Er kann zwar durch das Hören und die verschiedenen nicht auf Schriftsprache beruhenden Signalsysteme seiner Umwelt manches übernehmen, er kann aber die schriftsprachlichen Techniken der Arbeit mit Schrift und des inneren gedanklichen Operierens mit schriftsprachlich bestimmten Anteilen nicht oder nur notdürftig vollziehen.

Den Schüler vom Erwerb der Schriftsprache auszuschließen, weil er es vielleicht später ,,nicht notwendig hat'' oder weil er es in dieser Technik ,,doch zu nichts bringt'', heißt nicht nur, ihn vom rezeptiven und produktiven Schriftgebrauch auszuschließen, es heißt gleichzeitig, ihn von der weiteren Entwicklung zum formalen logischen Denken abzukoppeln.

Das funktionelle System des Lesens und Schreibens ist nur eines der schriftsprachlich intendierten Systeme. Die Möglichkeiten der Schriftsprache, damit funktionelle Systeme der Informationsverarbeitung aufzubauen, sind vielgestaltig. Sie wurden in den vorangegangenen Abschnitten zum Teil bereits erwähnt. Sie gestatten es uns, innerlich handelnd über schriftsprachliche Formen, Inhalte und Eigenschaften zu verfügen und damit zu neuen höheren Leistungen geistiger Operationen zu gelangen.

7.6. Ordnung und Systematisierung durch Schrift

Es wurde bereits bei der Ordnungsfunktion der Lautsprache darauf hingewiesen, daß ein beträchtlicher Teil der lautsprachlichen Ordnungsbegriffe und Ordnungsfunktionen kein selbständiger Bestandteil der Lautsprache ist, sondern daß die komplizierteren lautsprachlichen Systematisierungen erst mit der Schriftsprache entstanden, daß sie also ihre Geburt den schriftsprachlichen Möglichkeiten verdanken und daß sie erst nachgehend in die Lautsprache übernommen wurden. In der Tat erlaubt die Schriftsprache in Zusammenhang mit den geistigen Operationen der 3. Informationsstufe den Aufbau von Ordnungen und Systemen, wie dies in keiner anderen Informationsstufe der Fall ist. Auch hier ist die stete Verfügbarkeit der Information von entscheidender Bedeutung. Zum Informationsgehalt des Wortes kommt allerdings noch der Informationsgehalt des Raumes hinzu. So besteht etwa die Abb. 24, „Das funktionelle System des Lesens und Schreibens", aus der Verteilung von Wörtern auf einer Fläche. Die Funktionsbezeichnungen sind von einem Kreis umgeben, stellen also einen Anteil des Modells dar. Durch die Position der Funktionen wird deutlich, zu welcher Informationsstufe sie gehören und welche Beziehung sie zueinander haben. Der Leser kann durch die Verteilung auf der Fläche das System eher verstehen, als dies mit einer schriftsprachlichen Beschreibung möglich wäre. Ähnliche Ordnungssysteme unter Einbeziehung des Raumes entstehen in Tabellen, bei denen sowohl auf der Zeile als auch auf der Spalte ein Wert, eine Eigenschaft oder ein Merkmal aufgetragen ist und der Leser aus dem Standort des Wortes auf Beziehungen schließen kann. Die Schriftsprache bietet also nicht nur von sich aus durch das gesellschaftliche Erbe Ordnungen an, die übernommen werden können, sie bietet auch äußere Handlungsmöglichkeiten zum Aufbau solcher Ordnungen an, mit denen sie tätig erworben werden können. Es ist jedoch nicht nur der Raum, der gewisse Ordnungsprinzipien verdeutlicht. Auch die Schriftart, die Unterstreichung, die Einrahmung usw. erlaubt uns, Informationen zu systematisieren, sie zu ordnen und Positionen, Beziehungen, Verhältnisse und Wertigkeiten darin deutlich werden zu lassen.

Mit der Schrift gelingt es dem Lernenden, Gedankengänge von einem Umfang und einer Komplexität festzuhalten, wie dies bei rein lautsprachlicher Technik nicht möglich ist. Allerdings besteht auch hier, wie bei der Lautsprache, die Gefahr der zufälligen Anordnung von Informationen, der Verwirrung des Gedankenganges und damit der Unverständlichkeit. Zahlreiche Texte legen Zeugnis dafür ab. Um dieser unsystematischen „Ordnung" zu entgehen, um gewissermaßen die eigenen Gedanken und die Sprache an den Zügel zu nehmen und zu führen, entwickelte der Mensch eine Reihe von Systemen zu kontinuierlichen Gedankenführung. Das bekannteste System dieser Art ist die Gliederung. Bereits aus den zur Ordnung der Rangfolge benutzten Buchstaben oder Zeichen einer

Gliederung ist zu entnehmen, welche Informationen untergeordnet oder nebengeordnet, gleichgestellt oder Teil eines größeren Ganzen sind. Die Überschriften der einzelnen Kapitel, Abschnitte und Unterteilungen geben an, was für diesen Bereich wesentlich ist und was dort angesprochen oder beschrieben wird. So bilden die Gliederungstexte selbst so etwas wie ein Ordnungssystem, das sich organisch aus dem Zusammenhang ergibt.

Für den Lernenden in einer mitteleuropäischen Kultur sind Gliederungen Selbstverständlichkeiten. Er gewinnt sie bereits aus Kinderbüchern und Zeitschriften, geht also selbstverständlich rezeptiv damit um. Erst beim produktiven Umgang mit einer Gliederung, wenn er sie also selbst zu schaffen hat, bemerkt er, daß diese Art der Arbeit ein besonderes Denken, nämlich die Ordnung der Inhalte voraussetzt. Da er bereits aus der rezeptiven Arbeit mit Gliederungen und aus dem lautsprachlichen Umgang über einige Techniken der Ordnung und Systematisierung verfügt, fällt es ihm meist nicht schwer, soweit er über Schriftsprache verfügt, auch produktiv mit diesen Techniken umzugehen. Die ersten Gliederungen sind dann allerdings relativ einfach. Sie stellen nur Übertragungen vorhandener Techniken dar. Erst mit der Erarbeitung komplizierterer Gliederungssysteme, wie sie nur die Schriftsprache erlaubt, erweitern sich auch seine funktionellen Systeme und bilden in Wechselwirkung mit der äußeren Tätigkeit jene Operationen heran, die später die Kontinuität der Gedankenführung sicherstellen. Um dies zu erreichen, bietet gerade die Schriftsprache hervorragende Möglichkeiten.

Das am häufigsten bei der Erarbeitung einer Gliederung angewandte Verfahren dürfte das approximatische Vorgehen sein. Es handelt sich um ein Annäherungsverfahren, das von einer bestimmten Position ausgeht, zu einer vorläufigen Aufstellung führt, diese mit den zuvor gesetzten Ansprüchen vergleicht, sie revidiert, wiederum vergleicht usw. So erreichen wir verschiedene Ebenen der Systematisierung, auf denen wir die Probleme immer stärker ausdifferenzieren und nach Kontinuität, Wertigkeit und Beziehung ordnen können.

Diese Verfahrensweise kann nicht ohne Einfluß auf die inneren geistigen Prozesse bleiben. Die äußere systematisierende Handlung wird zum inneren systematisierenden Prozeß. Mit der äußeren Systematisierung gelingt es uns, auch Klarheit in die inneren Systematisierungen zu bringen, ja wir übernehmen diese unmerklich in unser innersprachliches Handeln und damit in unsere Denkweise. Formalisierung und Systematisierung gehen miteinander eine Synthese ein. Eine neue Stufe kognitiver Entwicklung wird erreicht.

Die höchste Form der Formalisierung erhalten wir in wissenschaftlichen Texten oder in den komplexen Regelungen der Erlasse und Gesetze. Diese sind allerdings dem Normalbürger weitgehend verschlossen. Um sie richtig zu verstehen, bedarf es eines eigenen Studiums, da das, was in einem Absatz für gültig erklärt wurde, im nächsten Absatz unter anderen Bedingungen ungültig und wiederum im nächsten Absatz unter wieder anderen Bedingungen in Frage gestellt sein kann. Hinzu kommen komplizierte Regelungen der Hierarchisierung, wobei höheres Recht niederem vorangeht usw. Damit hat die Formalisierungsfunktion der Schriftsprache allerdings einen Grad erreicht, der ähnliche Unterschiede annimmt, wie zwischen dem Natur- und dem Kulturmenschen. Der nicht speziell auf diesem Gebiete geschulte Mensch vermag den Sinn dieses Handelns nicht mehr einzusehen. Wie die Usbekenfrauen den Kopf darüber schütteln, daß da jemand auf der Grundlage einiger gesprochener Worte darüber befinden kann, ob im Norden alle Bären weiß sind, schütteln wir den Kopf darüber, daß man Gesetze verabschiedet, die für den Durchschnittsbürger nicht mehr einsehbar und verstehbar sind. Jedes System hat offensichtlich seine Grenzen. Wenn es die Denkmöglichkeiten seiner Urheber überschreitet, verselbständigt es sich und zeitigt Wirkungen, die oft das Gegenteil dessen hervorbringen, was damit erreicht werden sollte. Die politischen Wissenschaften könnten eine ganze Reihe solcher Beispiele aus der Praxis vorlegen.

Die zerebrale Dysfunktion der Systematisierung durch Schriftsprache und damit die Verhinderung höherer Ordnung und Systematisierung liegt meist am Unwissen um die Bedeutung dieser Funktionen für die kognitive Entwicklung. Gibt es Schwierigkeiten in der schriftsprachlichen Verarbeitung, dann wird der Schüler oft automatisch von höheren schriftsprachlichen Aufgaben oder Anforderungen befreit. Im Sinne einer „inneren Differenzierung" erhält er eine Aufgabe, die seiner gegenwärtigen Leistungsfähigkeit entspricht. Er bearbeitet Lückentexte, Wortlisten und dgl. mehr. Dies erscheint im ersten Augenblick pädagogisch richtig, entpuppt sich jedoch bald als entwicklungshemmend; denn dieser Schüler wird von der Technik geistigen Arbeitens mit Schriftsprache ausgeschlossen.

Für diese Technik ist es von untergeordneter Bedeutung, daß die Wörter und Sätze orthographisch richtig sind. Viel bedeutungsvoller ist doch für den Schüler die Einübung in die geistige Operation, das Umgehen mit dem Material und damit der Aufbau funktioneller Systeme. Vielleicht ist dies gerade ein Weg, die Rechtschreibung zu verbessern; denn sie wird weitgehend von Systemen bestimmt, und ohne systematisches Denken läßt auch sie sich nicht erschließen.

8. Kommunikation und kognitive Entwicklung

Die Entwicklungspsychologie und die Lernpsychologie haben sich seit vielen Jahren bemüht, Ordnung, Übersicht, und Struktur in die vielfältigen Erscheinungsweisen des Lernens zu bringen. Das Ergebnis waren Beschreibungen von Begabungsrichtungen, Entwicklungsphasen oder Lerntypen. Die Theorie unterschiedlicher Begabungen beeinflußte maßgeblich den Aufbau des dreigliedrigen Schulsystems in Deutschland. Die Lehre von den Lernphasen führte dazu, daß Lehrpläne entstanden, die dem Leistungsvermögen der Schüler angemessen sein sollten. Die Lehre von den Lerntypen führte zu unterschiedlichen Maßnahmen der inneren Differenzierung. Die Psychologie hatte also insgesamt einen nicht unerheblichen Einfluß auf Bildung und Erziehung.

8.1. Begabungsrichtungen

Die Begabungstheorie ging davon aus, daß Intelligenz erblich ist. Die kognitive Entwicklung war nach ihrer Auffassung genetisch vorbestimmt. Zwar räumte sie ein, daß innerhalb der verschiedenen Begabungen noch eine Ausformung und Vervollkommnung möglich ist, die Basis der Entwicklung ist nach ihrer Auffassung jedoch durch die Gene gegeben. Diese Position wurde erschüttert, als nach dem zweiten Weltkrieg die Ergebnisse der Milieutheorie aufzeigten, daß der Mensch weitgehend das Produkt seiner Umwelt ist. Extreme Vertreter der Milieutheorie glaubten, daß die Vererbung für den Menschen keine Bedeutung habe, daß jeder Mensch mit einer genügend großen Grundausstattung geboren wird, und daß der kognitive Entwicklungsstand ausschließlich von den Umweltbedingungen abhängt.

Einen neuerlichen Umschwung erfuhr die Auffassung von den Begabungsrichtungen und der Wirkung der Gene durch die Gentechnologie und durch die Zwillingsforschungen in aller Welt, insbesondere jedoch durch das ,,Minneapolis-Project" von BOUCHARD und LYKKEN. Letztere wurden vor allem durch die Veröffentlichung von Lebensgeschichten eineiiger Zwillinge bekannt. So trugen sie die Lebensdaten von getrennt aufgewachsenen eineiigen Zwillingen (GEZ) zusammen und stellten fest, daß auffällige Übereinstimmungen vorhanden waren. Diese erstreckten sich so weit, daß Ehepartner gleiche Namen trugen, Kinder gleich benannt wurden, die gleiche Zahl Ringe an der linken oder der rechten Hand getragen wurde usw. Die im Projekt durchgeführten Untersuchungen und Tests ergaben dann trotz der schon meist bei der Geburt erfolgten Trennung der GEZ einen hohen Zusammenhang. Die Korrelation der Intelligenzquotienten getrennt aufgewachsener eineiiger Zwillinge wies mit R = 0,74 einen ungleich höheren Wert auf, als bei getrennt aufgewachsener zweieiigen Zwillingen, die nur R = 0,43 erreichten (Lykken, D. T., Bouchard, T. J. 1983/84). Ähnlich verhielt es sich mit der Untersuchung von Persönlichkeitsmerkmalen wie Aggressivität, Kontaktbereitschaft, Autorität, Mißtrauen usw. Es fand sich keiner unter den GEZ, der ,,ohne Umwelt" die Fähigkeiten der Intelligenz erworben hatte. Es fand sich auch keiner unter ihnen, der etwa ertaubt geboren wäre und trotzdem das Sprechen gelernt hätte. Die sensationellen Befunde über gleichartige Gewohnheiten erscheinen gegenüber den ,,harten Bedingungen der Entwicklung" etwas als Sensationshascherei. Sie leiten eher zu mystischem und okkultistischem Denken hin, als zu naturwissenschaftlicher Auswertung. Dennoch erscheinen die Ergebnisse als bedeutungsvoll, zeigen sie doch auf, daß wir eine umfangreiche genetische Ausstattung besitzen, die steuernd in unsere Entwicklung eingreift. Zwar sind es nur 46 Chromosomen, die unserer Individualität zugrunde liegen. Diese enthalten aber etwa 50 000 einzelne Erbanlagen, Struktur-Gene, die ihrerseits mindestens eine halbe Million Regulator-Gene aufweisen. Sie enthalten die Pläne für Beziehungsmuster, deren Komplexität und Informationsdichte unser Vorstellungsvermögen übersteigen. Daher ist jedes dieser Muster einzigartig. Es entsteht im Augenblick der Empfängnis als ein in wahrstem Sinne des Wortes historisches Ereignis: einmalig, unwiederholbar und endgültig.

Unsere Individualität ist weitgehend genetisch geprägt. Was wir jedoch aus dieser genetischen Ausstattung entwickeln, wie wir uns die verschiedenen Informationsstufen und damit auch die Inhalte, funktionellen Systeme und Strukturen geistigen Handelns erwerben, das ist weitgehend von der Umwelt und den Möglichkeiten des Einzelnen abhängig. Erst die Einheit von Organismus und Umwelt vermag die Entwicklung in Gang zu setzen, die uns zum Erwerb der Werkzeuge des Denkens führt und damit unsere kognitive Entwicklung bestimmt.

8.2. Entwicklungsphasen

Die Entwicklungsphasen des Lernens basieren darauf, daß in einem bestimmten Alter bestimmte Verhaltensweisen oder Lernstrategien gehäuft auftreten, die eine alterstypische Zusammenstellung von Merkmalen des Lernens erlauben. Von STERN über KROH bis hin zu PIAGET zieht sich das Bemühen um die Kennzeichnung dieser Phasen. Es wurden erhebliche Mittel investiert, das typische Lernverhalten der jeweiligen Altersstufen zu erfassen. Indessen beschäftigte man sich weniger damit, wie diese Verhaltensweisen entstehen, als vielmehr damit, wie sie sich zeigen. Wie selbstverständlich ging man davon aus, daß es für ein bestimmtes Alter auch bestimmte Lernstufen gibt. Die Phasenlehre der kognitiven Entwicklung war also eine Reifungslehre, die zwar bei PIAGET durch das Einbringen von Assimilation und Akkomodation modifiziert wurde, insgesamt blieb es jedoch bei der auf Reifung beruhenden Grundposition, die auch in der Bezeichnung „genetische Psychologie" ihren Ausdruck findet. „Die Reifung spielt während des gesamten geistigen Wachstums eine Rolle. Doch welche Rolle? Wir müssen gleich zugeben, daß wir über die Einzelheiten sehr wenig wissen und insbesondere die Reifungsbedingungen sozusagen gar nicht kennen, die die Ausbildung der großen operativen Strukturen ermöglichen. Dort, wo wir etwas wissen, sehen wir dann, daß die Reifung im wesentlichen darin besteht, neue Möglichkeiten zu schaffen, und folglich eine notwendige Bedingung für das Auftreten bestimmter Verhaltensweisen darstellt. Aber sie ist keine ausreichende Bedingung, denn die so geschaffenen Bedingungen müssen auch verwirklicht werden, und zu diesem Zweck muß die Reifung ergänzt werden durch ein funktionelles Einüben und ein Mindestmaß an Erfahrung" (Piaget/Inhelder 1983, S. 114).

Die Anerkennung der Phasenlehre bereitet keinerlei Schwierigkeiten, wenn wir es mit kognitiv gut entwickelten Schülern zu tun haben. In Frage gestellt wird sie erst, wenn wir mit den Ergebnissen abweichender Entwicklung konfrontiert sind.

Die Ursache dieser Diskrepanz liegt im spezifischen Zusammenwirken von Organismus und Umwelt. Die Chromosomen erhalten zwar durch die Struktur-Gene und die Regulator-Gene ihre Modifikation, es bleibt jedoch bei 46 Chromosomen. Sie steuern nun unsere Entwicklung und führen dazu, daß wir Gliedmaßen, Rumpf, Kopf, Gehirn, Nervensystem, Blutkreislauf, Atmung, Sinnesorgane und Sprachorgane haben, daß sich bei Anregung Verbindungen ergeben, Synapsen entstehen und Transmitter bereitstehen. Das ganze System ist in uns angelegt. Es wächst in eine Welt hinein, die in der Regel alles das bietet, was zur Entwicklung notwendig ist; denn die Gen-Ausstattung hat sich ja in der Evolution nach dieser Welt und ihren Anforderungen gebildet. Gewissermaßen sind in den Genen schon die Erwartungen an diese Welt enthalten; denn was sollte eine Prädisposition, wenn sie mangels der adäquaten Umwelt nicht zur Entfaltung käme? Allerdings ist diese Ausstattung nicht unbedingt auf die Verhältnisse einer modernen Industriegesellschaft zugeschnitten, obwohl sie in der Lage ist, wie die Erfahrung zeigt, auch diese zu verkraften. Sie ist vielmehr den Bedingungen angepaßt, die während der Entwicklung des Menschen vorhanden waren, und diese entsprachen nur in den Grundzügen unserer heutigen Existenz.

Vergleichen wir die kognitive Entwicklung von Naturvölkern mit der kognitiven Entwicklung in unserer Industriegesellschaft, dann kommen wir zu erstaunlichen Differenzen. Die Ausbildung der 1. Informationsstufe, der sinnlichen Wahrnehmungsfähigkeit, der gegenständlichen Operationen, des zweckmäßigen Verhaltens gegenüber der Umwelt hat bei den Naturmenschen einen Entwicklungsstand, den der Industriemensch nie im Leben erreicht. Der Wortschatz hingegen, die grammatische und syntaktische Struktur der Sprache, ist beim Naturmenschen relativ einfach. Die sprachliche Entwicklung entspricht quantitativ etwa dem Stand eines vierjährigen Kindes, ohne dabei die spezifisch kindliche Qualität aufzuweisen. Die Phase der konkreten Operationen wird nicht oder nur ansatzweise erreicht. Formale Operationen fehlen. Die kognitive Entwicklung bleibt im wesentlichen, um PIAGETs Terminologie zu benutzen, in der Phase des Präoperationalen. Die Naturvorgänge werden zwar erkannt, sie können aber nicht naturwissenschaftlich erklärt werden. Das nicht einsehbare Geschehen wird auf Geister, Mächte, Riten oder Regeln zurückgeführt. Es läßt sich eine Art magisch-anthropomorphistischen Denkens beobachten, das jedoch keinesfalls identisch ist mit dem magisch-anthropomorphistischen Denken des Kindes in der präoperationalen Phase; denn es beruht auf jahrtausendealter Erfahrung, die in das Handeln der Naturvölker einging. So wissen wir heute, daß das Handeln von Medizinmännern in den Naturgesellschaften durchaus nicht so sinnlos ist, wie es von unserer Schulmedizin noch vor einigen Jahrzehnten eingeschätzt wurde.

Aus diesem Vergleich wird erkennbar, daß die kognitive Entwicklung offensichtlich doch nicht so stark von den genetischen Potentialen und den Reifungsprozessen abhängt, wie es in den Darstellungen der Phasentheorie zum Ausdruck kommt. Die Naturvölker haben die gleiche genetische Ausstattung und demzufolge auch die gleichen psychophysischen Voraussetzungen, wie der Mensch in der Industriegesellschaft. Also müßten sich, ginge es nach dem Prinzip der Reifung, Naturvölker und Industrievölker auch in gleicher Weise entwickeln. Wenn dies nicht so ist, dann kann die Ursache für die Differenz nur in den Umweltbedingungen liegen, die dann auch verursachend für die andersartige kognitive Entwicklung sein müssen. Die bereits diskutierten Ergebnisse und Erkenntnisse geben Hinweise zur Klärung dieses Problems. Die Fortschritte der neurophysiologischen Forschung haben gezeigt, daß Entwicklung an Umwelt gebunden ist. Selbst bei den grundlegenden Funktionen, die wir noch mit der Tierwelt gemeinsam haben, wie etwa die Entwicklung des Sehanalysators, ist dieses Prinzip bereits erkennbar (Singer 1985). Je weiter jedoch ein System entwickelt ist, je mehr es auf Kodierung und Entwicklung funktioneller Systeme angewiesen ist, um so stärker wird auch der Umwelteinfluß auf die kognitiven Systeme und um so stärker sind die geistigen Operationen von den durch die Umwelteinflüsse gebildeten Operationsmöglichkeiten (den innerlich gebrauchten Signalsystemen) abhängig. Deutlich wird dies, wenn wir die kulturvergleichenden Untersuchungen von SCRIBNER oder LURIA den Erkenntnissen der Phasenlehre gegenüberstellen (vgl. Kap. 7.O). Wenn ein Kpelle-Bauer die Syllogismen nicht logisch beantworten kann, dann liegt dies sicher nicht an der unzureichenden „Reifung" seiner kognitiven Strukturen, und auch nicht daran, daß er noch im „egozentrischen Denken" verhaftet wäre, sondern daran, daß er nicht über das Signalsystem verfügt, das ihm Zugang zu den notwendigen geistigen Operationen verschafft und das ihm die Möglichkeiten der 3. Informationsstufe erschließen könnte. Damit wäre es ihm möglich, unabhängig von der Realität allein auf sprachlicher Basis die Fakten, Verhältnisse und Beziehungen zu verarbeiten und das

System der abstrakten logischen Folgerung anzuwenden. Den Beweis für diesen Zusammenhang liefern diejenigen Kpelle Bauern, die zur Schule gehen, und die bereits nach zwei Jahren Beschäftigung mit der Schriftsprache zum größeren Teil die formallogischen Probleme lösen können. Die Phasen der kognitiven Entwicklung entstehen nicht im Altersfortschritt durch Reifung, sondern durch Entwicklung der globalen Kommunikationssysteme, mit deren Hilfe sich spezielle funktionelle Systeme gedanklicher Operationen aufbauen lassen.

Wie ist es dann zu erklären, daß tatsächlich vor der Einschulung die präoperationalen, im Grundschulalter die konkret-operationalen und im späteren Lebensalter die formallogischen kognitiven Operationen gehäuft zu beobachten sind?

Die Lösung des Problems ist relativ einfach. Jeder Organismus benötigt zu seiner Entwicklung ein Minimum an Umwelteinflüssen, die ihm die Wechselwirkung, die Kommunikation, ermöglichen. Dieses Minimum ist bis auf extreme Ausnahmefälle immer gegeben. Darüber hinaus benötigt der Mensch die Vermittlung der gesellschaftlichen Systeme. Auch diese ist durch das Aufwachsen in der Familie und durch Ausbildungssysteme wie Kindergarten und Schule sichergestellt. Die Folge ist, daß alle Individuen gewissermaßen einen generalisierten Weg gehen, daß durch die gleichartigen Umwelteinwirkungen auch gleichartige kognitive Entwicklungsprozesse ausgelöst werden und sich damit auch spezifische Arbeits- und Verarbeitungsweisen des kognitiven Bereiches herausbilden. Diese werden für eine bestimmte Altersstufe zusammengefaßt, wobei in der Regel die neu auftretenden Arbeitsweisen als Merkmale gelten und eine ,,kognitive Entwicklungsphase'' kennzeichnen.

Von der Phasenlehre her wäre die Herausstellung dieses Unterschiedes ohne größere Bedeutung, wenn dahinter nicht unterschiedliche Auffassungen von kognitiver Entwicklung ständen; denn erst die kommunikationstheoretische Auffassung ermöglicht uns die Einsicht in das Zustandekommen der kognitiven Entwicklungsphasen. Dies aber muß Auswirkungen auf pädagogisches Handeln haben.

Wenn wir davon ausgehen, daß der Zugang zu geistigen Operationen erst durch die Informationsstufen, also die Signalsysteme mit ihren Kodierungen und funktionellen Systemen geschaffen wird, dann wird erklärbar, warum bei Schülern mit kognitiven Dysfunktionen innerhalb eines Lernprozesses sehr unterschiedliche Erscheinungsweisen des kognitiven Vorgehens auftreten. Der Lernprozeß ist sowohl von den Operationen als auch von den Speicherungen abhängig. Selbst ein formal denkender Schüler muß bis in die 1. Informationsstufe zurück, um bei unbekannten Lerngegenständen, die sich auch nicht aus bekannten ableiten lassen, den Realitätsbezug (Sinngehalt) zu erreichen.

Die kognitiven Dysfunktionen können im Bereiche der Speicherungen, der funktionellen Systeme, der Ordnungen, des Bewußtseinszustandes, der emotionalen Komponenten, der Konzentration usw. liegen. Was für den ,,Normalfall'' gilt, daß ein großer Teil der Lernprozesse unter Einsatz gleichartiger Verfahrensweisen bewältigt wird, gilt für Schüler mit kognitiven Dysfunktionen nicht oder nur sehr bedingt. Die Vielzahl der am Lernprozeß beteiligten Faktoren bildet bei jedem Lernenden eine spezifisches Muster der am Lernprozeß beteiligten Speicherungen und funktionellen Systeme, die als ,,funktionelles Mosaik'' bezeichnet werden könnten. Suchen wir darin nach übergeordneten Merkmalen, nach denen wir das Lernverhalten strukturieren könnten, dann eignen sich dafür meist nur noch die Informationsstufen, in die wir die kognitiven Verhaltensweisen eingruppieren können.

8.3. Lerntypen

In der Theorie des Lernens ist auch immer wieder davon die Rede, daß Schüler auf unterschiedliche Art und Weise Zugang zu einem Lerngegenstand finden, daß sie bestimmten Lerntypen angehören. Zu Beginn des 20. Jahrhunderts wurde von den Vertretern der Elementenpsychologie eine Typenlehre verbreitet, die zwischen dem visuellen Typ, dem akustischen und dem motorischen Typ unterschied. Auf die Rechtschreibung bezogen, sollte sich der Lerntyp so auswirken, daß der vorwiegend visuell veranlagte Schüler das geschriebene Wort über die gespeicherte Abbildung produzierte, der akustisch veranlagte Schüler über die gespeicherten Lautklangbilder und der motorische Typ über die gespeicherten Bewegungsabläufe. Die Ergebnisse der Entwicklungspsychologie ließen dann aber sehr bald erkennen, daß diese Typenlehre nicht haltbar ist, weil sich keine Anhaltspunkte für die Bestimmung der Typen finden ließen. Davon unbenommen bleibt, daß zu bestimmten Zeiten der Entwicklung schwerpunktmäßig einzelne Sinnesbereiche steuernd und koordinierend wirken können.

Die Lehre der Lerntypen erfuhr eine Neuauflage (1974), als VESTER versuchte, Ergebnisse der Neurophysiologie zur Erklärung von Lernvorgängen auszuwerten. Seine Theorie basiert auf der Bildung von Grundmustern, die sich unter dem Einfluß der Umwelt in den ersten Lebenswochen bilden. Dabei stützte er sich auf die Erkenntnisse von WIESEL, HUBEL, FREEMANN, MITCHELL und MILLODOT, die Langzeitwirkungen bei Tieren nach visueller Deprivation untersuchten. In der Tat setzt etwa bei Katzen oder bei Ratten kurz nach dem Öffnen der Augen (sie werden blind geboren) eine stürmische Entwicklung der neuralen Verbindungen des Sehanalysators ein. Diese Vernetzung findet nur dann statt, wenn die entsprechenden Sinnesreize vorhanden sind. Bei Deprivation kann sie sich nicht entfalten. Die Vernetzungen lassen sich bei länger anhaltendem Entzug der visuellen Reize auch nicht nachholen, da die kritische sensible Entwicklungsphase vorüber ist (vgl. 2.7.).

Aus diesen Ergebnissen der Entwicklung primärer Sinnesleistungen zieht VESTER nun den Schluß, daß sich während der ersten Lebenswochen Grundmuster bilden, die ,,Verdrahtungen des Gehirns'', die das ganze Leben des Menschen bestimmen. Danach hängt es von den Sinneseindrücken der ersten Lebensmonate ab, welches Grundgerüst ein Mensch erwirbt, welche Lern- und Entwicklungsmöglichkeiten für ihn daraus resultieren und welchem Lerntyp er zugerechnet werden muß. ,,Für die eigentliche Intelligenz — also für die innere Fähigkeit des Einzelnen zum Kombinieren, Erkennen von Zusammenhängen und auch zur Gedächtnisleistung an sich — ist daher die Art der verschiedenen Grundmuster von geringerer Bedeutung. Ausschlaggebend wird sie erst in der Kommunikation mit der Außenwelt, mit anderen Menschen, mit den Dingen, mit denen man sich beschäftigt, kurz: in der Wechselwirkung mit anderen Grundmustern. Das spielt nun bereits in die so bekannte Tatsache hinein, daß der eine gesehene Dinge besser behält, also ein visuelles Gedächtnis hat, der andere eher durch Zuhören lernt und der dritte vielleicht erst durch Tun, durch Anfassen'' (Vester 1975, S. 49).

Die Folgerungen erscheinen zunächst einleuchtend, stimmen sie doch in gewisser Weise mit unserer Lebenserfahrung überein. Versuchen wir sie genauer zu überprüfen, dann bemerken wir, daß wie bei der altbekannten Typenlehre die auffindbaren Merkmale nicht ausreichen. Es wäre auch eine fatale Fehlentwicklung, die sich die Evolution geleistet hätte, wären die Sinneseindrücke der ersten sechs Wochen so entscheidend, wie VESTER dies darstellt. Praktisch gäbe es dann keine Korrekturmöglichkeiten mehr. Das Netz der ,,Verdrahtungen'' wäre festgelegt. Die Hardware wäre vorhanden. Nur die Software ließe sich noch in den durch die Grenzen der Hardware gesetzten Möglichkeiten einbringen.

Daß diese Auffassung schon bezüglich der zeitlichen Festlegung falsch ist, zeigt der Vergleich des Lebensalters einer Ratte mit dem Lebensalter eines Menschen. Dementsprechend sind auch die Entwicklungszeiträume völlig anders abgesteckt. So können Kinder, die mit einem grauen Star geboren wurden, auch dann noch das Sehen erlernen, wenn sie ein oder zwei Jahre nach der Geburt operiert werden. Auch die Deprivationsforschung widerlegt mit ihren Ergebnissen diese These (Ernst und Angst 1983, Davis 1947). Es wäre dann in diesem Zusammenhang auch die Frage zu stellen, was sich denn wohl beim Zentralnervensystem nach der sechsten Lebenswoche noch entwickelt? Nach VESTER wäre die Bildung der Hardware abgeschlossen, aber die Gewichtszunahme beträgt im Zeitraum danach immerhin noch 1800 Gramm. Das Geburtsgewicht des Gehirns verdreifacht sich fast noch einmal in den nachfolgenden zwanzig Jahren. Gewiß sind die ersten Lebensmonate von unschätzbarer Bedeutung. Wir würden jedoch ihren Stellenwert total überinterpretieren, wollten wir daraus die Entwicklung von Lerntypen ableiten.

Wie steht es aber dann mit unserer Lebenserfahrung? Wir begegnen doch immer wieder Menschen, denen wir nur formal etwas vorlegen, und schon haben sie die Sache begriffen. Andere benötigen längere sprachliche Erklärungen, und wieder andere müssen mit den Dingen umgehen, um sie zu begreifen.

Die Erklärung ist relativ einfach. Besitzt der Mensch keinerlei Informationen über einen Sachverhalt, muß er den Lernprozeß bei der ersten Informationsstufe beginnen, also möglichst mit der Sache umgehen, um dann die darauf aufbauenden geistigen Operationen einzuleiten und den Lernprozeß so weit wie möglich weiterzuführen. Besitzt der Mensch die grundlegenden Erfahrungen, sind sie jedoch nicht geordnet, oder in die richtige Beziehung gesetzt, oder ist die Lautsprache nicht in der richtigen Weise mit den sinnlichen Inhalten verbunden, dann kann Lautsprache diese Ordnung und diese Beziehungen herbeiführen, und der Lernprozeß kann sich von dieser Position an weiterentwickeln. Besitzt der Mensch Begriffe, Ordnungen und die funktionellen Systeme formaler Operationen, kann er die Informationen auf abstrakt-verbaler Basis verarbeiten.

Beobachten wir uns selbst, dann stellen wir fest, daß wir, je nach dem Lerngegenstand, gleichfalls von verschiedenen Positionen her ausgehen. Bei denjenigen Schülern, wo wir Lerntypen zu erkennen glauben, handelt es sich in der Regel um solche, die eine dieser Vorgehensweisen als globale Lernstrategie benutzen, so daß es den Anschein hat, als seien sie auf eine bestimmte Vorgehensweise festgelegt. Die Erfahrungen mit lernschwierigen Schülern zeigen jedoch immer wieder, daß die Lernstrategien, die Arten des Vorgehens, sich verändern lassen bzw. von selbst in eine andere Qualität umschlagen, wenn die vorangehenden Verfahren zu umständlich oder zu zeitraubend werden und die verkürzten formalen Wege anwendbar erscheinen. Es ist also nicht so, daß der Mensch bereits einige Wochen nach der Geburt schicksalhaft für sein ganzes Leben vorgeprägt ist. Die Lerntypen, die uns in der Realität begegnen, entstehen nicht durch die Grundmuster, sondern durch die spezifische Kombination der am Lernen beteiligten Faktoren, durch das funktionelle Mosaik der inneren Möglichkeiten im Wechselspiel mit den äußeren Anforderungen. Daß dabei spezielle Interessen und Aversionen eine entscheidende Rolle spielen, bleibt unbestritten.

8.4. Lernbehinderung

Wenn von Lerntypen gesprochen wird, kann das Thema Lernbehinderung nicht ausgeklammert werden. Die Diskussion um die Besonderheiten des Lernverhaltens lernbehinderter Kinder erweckt mitunter den Eindruck, als handele es sich bei diesen Schülern mit kognitiven Dysfunktionen um einen ganz bestimmten Lerntyp.

Etwa einhundert Jahre haben sich Pädagogen bemüht, das Phänomen Lernbehinderung zu erforschen. In der ersten Hälfte dieses Jahrhunderts liefen diese Bemühungen als Schwachsinnsforschung, später wurden sie wegen der etwas weniger negativ belasteten Bezeichnung in Lernbehindertenforschung umbenannt. Inhaltlich ging es um das gleiche Problem: Entwicklung des Lernens. Obwohl die Zielgruppen dieser Forschungen etwas differieren — am Anfang waren es eher Schüler mit geistiger Behinderung, später ließ der Anteil dieser Schüler etwas nach — handelte es sich im Kern immer um die 2,5 Prozent Schüler im unteren Bereich der Intelligenz. Dies ist heute noch so, und zwar in beiden Teilen Deutschlands.

Die Sonderpädagogen gingen bei ihren Bemühungen davon aus, daß es möglich sein sollte, das Bild des lernbehinderten Kindes genau zu beschreiben. Von diesem Zustandsbild her könnte man dann zu didaktischen Maßnahmen gelangen, die ein optimales Eingehen auf diese Lerngruppe erlauben. Die Ergebnisse dieser Vorgehensweise führten dann zu dem Bild eines ,,Hilfsschulkindes'', das als normgebende Instanz maßgeblich die didaktischen Prinzipien der Hilfsschule und später der Lernbehindertenschule beeinflußte.

Nach diesen Ergebnissen ist das Hilfsschulkind durch folgende Merkmale gekennzeichnet:

— Verhaftetsein in der gegenwärtigen gegenständlichen Welt,
— Ungerichtetheit der Auffassung mit Beschränkung auf diffuse Ganzheiten,
— herabgesetzte Merkfähigkeit und schwaches Gedächtnis,
— geringe Abstraktionsfähigkeit,
— mangelhaft entwickelte Zeit- und Raumvorstellungen,
— fehlende Wertorientierung,
— Spracharmut, Sprachretardierung, Wortfindungsschwäche (Schade, W. 1971, S. 12—13).

Ähnliche Kennzeichnungen finden sich in der Sonderpädagogik der DDR, die das ,,schwachsinnige Kind'' wie folgt kennzeichnet:

— herabgesetzte Nutzung der Wahrnehmungen,
— Abweichen der Wahrnehmung vom Objekt,
— Vorstellungsarmut,
— Vorstellungsabbau, verwischen der Vorstellungen,
— Haften am Konkreten bei mangelhafter Abstraktionsfähigkeit,
— retardiertes Kombinationsvermögen,
— keine logische Ordnung und Speicherung (Baudisch, W., Bröse, B., Samski, S., 1982, S. 40—42).

Der Katalog der kognitiven Leistungsbehinderungen unterscheidet sich nicht allzu stark. In der Tat handelt es sich dabei auch nicht um Zuschreibungen, wie manche Pädagogen meinen, sondern um reale, beobachtbare, empirisch erfaßbare Störungen, Hemmungen, Mängel und Schwächen. Sie lassen sich in jeder Hilfsschulklasse und in jeder Lernbehindertenklasse im täglichen Unterricht beobachten.

Der Merkmalskatalog legt nahe, daß es also doch den ,,Typ des Lernbehinderten'' gibt, und daß man auf dieser Basis entsprechende didaktische Grundsätze festlegen könnte. Wer dies versucht, verkennt allerdings den komplizierten Aufbau des Lernens. Die hier genannten Leistungsdefizite des lernbehinderten Kindes werden natürlich auch durch Kritiker der normativen Hilfsschuldidaktik nicht übersehen. Indem die Kritiker die Normsetzung kritisieren, verleugnen sie nicht die Existenz der Merkmale, sondern sie kritisieren die Festschreibung dieser Merkmale. Die Schwächen und Ausfallerscheinungen sind zwar existent, sie resultieren jedoch bei fast jedem Schüler aus anderen Konstellationen. Die geistige Operation verläuft nicht statisch, sondern stets fließend und dynamisch. In diesem Prozeß wechseln die Bezugspunkte der Handlung beständig. Jeder Schüler bewältigt diese Handlung unter dem Einfluß seiner spezifischen Möglichkeiten und Schwierigkeiten. Jede Operation wird von verschiedenen funktionellen Systemen gesteuert, die in beständiger Wechselwirkung mit Ordnungen und Speicherungen, Störungen und Aktivierungen stehen. Die genannten Merkmale sind zwar beobachtbar, sie kommen aber bei jedem Schüler auf andere Art im Rahmen seines „funktionellen Mosaiks" zustande. Es kann deshalb nicht sehr sinnvoll sein, für alle Schüler gleiche Maßnahmen zu fordern, nur weil das Endergebnis gleich ist. Entscheidend für das Zustandekommen der Endergebnisse sind die kognitiven Dysfunktionen, die bei jedem Schüler auf einem anderen Teilgebiet liegen können. Die Verflochtenheit der geistigen Operationen kann gleiche Wirkungen aus völlig verschiedenen Ursachen heraus zeitigen. So gelingt bei einem Schüler die Abstraktion nicht, weil er bereits im gegenständlichen Denken auf Schwierigkeiten stößt. Bei einem anderen Schüler ist es die sprachliche Kodierung oder die syntaktische Dekodierung, die Schwierigkeiten bereitet, und bei wieder einem anderen Schüler die Konzentrationsfähigkeit. Alle drei Schüler auf gleiche Art zu behandeln, ihnen die gleichen Lernangebote zu machen und die gleichen Förderungsimpulse zu bieten, dürfte wahrscheinlich bei keinem der Schüler zur Verbesserung der schulischen Leistung führen.

Es gibt zwar Merkmale der Lernbehinderung, es gibt aber nicht „den Lernbehinderten". Beides ist voneinander zu trennen. Das Vorhandensein gleichartiger Merkmale darf nicht dazu führen, auch auf gleichartige Ursachen zu schließen. Dieses Verhältnis weist darauf hin, wie schwierig es ist, bei kognitiver Dysfunktion gezielte Hilfen oder Förderungsimpulse zu geben. Ein sicher unumgänglicher Weg besteht darin, den Lehrenden bessere Voraussetzungen für die Diagnose von Störungen zu bieten, indem ihnen der Aufbau der kognitiven Strukturen in ihrem Werden vermittelt wird. Erst durch die Einsicht in den Zusammenhang wird es gelingen, Lerndiagnostik und didaktisches Handeln in Übereinstimmung zu bringen.

9. Förderung der kognitiven Entwicklung

Wenn die Erkenntnisse über die kognitive Entwicklung bei zerebraler Dysfunktion richtig sind, dann haben wir es bei jedem einzelnen Kind mit einem speziellen funktionellen Mosaik zu tun, das sich im Laufe seiner Entwicklungsgeschichte herausgebildet hat. Das heißt, daß kein Kind dem anderen gleicht, daß die Dysfunktionen in verschiedenen Stadien der Entwicklung entstanden sein können und daß sie stärker emotional, motivational, funktionell oder kodierungsspezifisch sein können. Dabei wird es nicht möglich sein, die einzelnen Dysfunktionen genau zu analysieren, gehen sie doch im Prozeß selbst einen Verbund ein, in dem die verschiedenen funktionellen Systeme zusammenwirken, d.h. daß der Prozeß von verschiedenen Punkten her gestört werden kann. Es ist ein fundamentaler Irrtum, wenn angenommen wird, das Kind mit zerebraler Dysfunktion gleiche einem Kind jüngeren Alters. Man brauche nur festzustellen, auf welcher Entwicklungsstufe es sich befinde, und an dieser Stelle könne man es „abholen" bzw. von diesem Punkt ausgehend ließen sich die notwendigen Maßnahmen einleiten, die dann auf der Entwicklungsskala fortschreitend zu den nächsten Stufen der Entwicklung führen könnten. Jeder Mensch bildet vielmehr seine eigenen kognitiven Systeme, die aber doch den Gesetzen der allgemeinen Entwicklung gehorchen. Dies ist auch der Grund dafür, warum jeder Mensch eine Individualität und gleichzeitig die allgemeinen Merkmale eines Menschen besitzt.

Wenn nun die Entwicklung so unterschiedlich und komplex ist, könnte man annehmen, daß dann eine gezielte Förderung nicht möglich ist. Dies wäre ein Fehlschluß. Es wurde versucht, im gesamten vorangegangenen Teil Gesetzmäßigkeiten und Prinzipien der Entwicklung aufzuzeigen. Wenn diese in der vorgestellten Weise zusammenwirken, dann ist auch jede Dysfunktionalität auf diese Weise zustande gekommen. Es handelt sich also um einen Vorgang, den wir nicht mehr bis in alle Einzelheiten hinein aufdecken können, der aber doch nicht völlig uneinsichtig ist. Als Beispiel für die relative Einsehbarkeit dysfunktioneller Vorgänge kann die Lese-Rechtschreibschwäche dienen. Das funktionelle System des Lesens ist verhältnismäßig gut bekannt (vgl. 7.5.). Wir kennen die wichtigsten an diesem Prozeß beteiligten Funktionen. Wir können deshalb aus der Lese- oder Schreibproduktion auch erkennen, ob die Dysfunktionalität im rein funktionellen Bereich der inneren sprachlichen Verarbeitung liegt, oder ob sie eher bei der Anwendung von Rechtschreibprinzipien oder Regeln zu suchen ist. Liegt sie in der innersprachlichen Verarbeitung, läßt sich durch vergleichende Studien und Tests auch feststellen, welche der verbosensorischen Funktionen am häufigsten ausfallen, bzw. welche Funktionen grundlegend sind, außerordentliche Schwierigkeiten bereiten, in die folgenden eingehen und die Funktionsschwierigkeiten der anderen Funktionen mit verursachen (vgl. Radigk 1985). Es wird uns jedoch nicht gelingen, alle verursachenden Faktoren aufzudecken, wie etwa die emotionalen Begleitumstände, den Konzentrationsgrad, den Bewußtseinszustand, den Bereitschaftsgrad der Speicherungen usw. Obwohl wir eine bis in alle Einzelheiten gehende Analyse nicht erreichen, kennen wir doch die hauptsächlichen Schwierigkeiten, den Kern der Dysfunktionalität. Wir können uns darauf einstellen, welche Funktionen oder funktionellen Systeme gefördert werden müssen, um eine ausgeglichene kognitive Weiterentwicklung zu erreichen. Im wesentlichen gewinnen wir durch die Kenntnis des Aufbaus der kognitiven Entwicklung und das Wissen um die funktionellen Zusammenhänge zwei Möglichkeiten, unsere didaktischen, methodischen oder therapeutischen Maßnahmen stärker auf die Dysfunktionalität einzustellen:

1. Generalisierende Maßnahmen

Indem wir die Lernprozesse von vornherein, ohne daß wir jede einzelne Dysfunktion berücksichtigen, so anlegen, daß sie optimale Möglichkeiten bieten, das Zusammenwirken der Funktionen und die Ausbildung und Anwendung der geistigen Operationen zu fördern, bieten wir dem Kind bereits durch den Aufbau des Lernangebotes gangbare Lernwege ohne Stolpersteine und Fallgruben, mit sicheren Orientierungen, erfaßbaren Informationen und Kontrollmöglichkeiten.

2. Individualisierende Maßnahmen

Indem wir in den konzipierten Prozeß des Lernens Möglichkeiten integrieren, die dem Lernenden die Vervollständigung oder Aufarbeitung der Dysfunktionen ermöglichen, berücksichtigen wir die besonderen Lernbedürfnisse des einzelnen Schülers. Dazu müssen die Prozesse so angelegt sein, daß die vorhandenen kompensatorisch wirkenden oder kompatibel angelegten Funktionen dazu beitragen, den Aufbau funktioneller Systeme zu fördern, die unvollständigen Funktionen zu ergänzen, zu präzisiseren oder zu integrieren. Daß dies nicht in einer einzelnen Lerneinheit möglich sein wird, ist verständlich. Die Erfahrung zeigt jedoch, daß eine solche Verfahrensweise, über einen längeren Zeitraum angelegt, zum Erfolg führt.

Unterricht mit lernschwierigen oder dysfunktionalen Kindern muß deshalb einen sehr breiten Bereich der kommunikativen und funktionsbildenden Möglichkeiten erfassen. Nur in den wenigsten Fällen wird es möglich sein, auf die Erarbeitung der Grundlagen der ersten Informationsstufe zu verzichten, wie dies etwa im sprachlich bestimmten Unterricht der Regelschule der Fall ist. Im Unterricht mit dysfunktionalen Schülern geht es um mehr als nur um Kenntnisvermittlung oder um das Erlernen einer neuen Fähigkeit oder Fertigkeit. Die Aufarbeitung der Dysfunktionalität bleibt eine dauernde begleitende Aufgabenstellung. Da die Dysfunktion sich aber niemals auf eine einzelne Funktion bezieht, sondern immer ein ganzes Netz von Funktionsschwierigkeiten erzeugt oder kaskadenartig nach sich zieht, muß von verschiedenen Punkten her angesetzt werden, um die Dysfunktionalität zu beseitigen.

Das Problem der Erscheinungsweise von Lernschwierigkeiten und Lernbehinderungen ist entwicklungsgeschichtlicher Natur. An irgend einer Stelle der Entwicklung, evtl. schon vor der Geburt, gab es einen Punkt, wo sich abweichende Funktionen bildeten. Da aber das Gesetz der Entwicklung dazu führt, daß vorhandene Funktionen in neue eingebracht werden, gewissermaßen mit anderen zu neuen funktionellen Systemen zusammengeschlossen werden, beeinflussen sie auch die neu entstehenden Funktionen mehr oder weniger stark. Hinzu kommt, daß die vorhandene Dysfunktionalität an sich schon Bedingungen setzt, die die Aufnahme und Verarbeitung von Informationen in jedem Augenblick beeinflussen. Ein Lebewesen, das im Prozeß der Entwicklung des Sehanalysators das scharfe Sehen nicht erlernte, wird immer wieder Schwierigkeiten haben, weil alle visuellen Informationen ebenso beeinträchtigt sind, wie die Schärfe des Sehens. Das heißt, auch die Speicherungen gewinnen diejenige Qualität, die durch die Beeinträchtigungen gegeben sind. Werden nun in einer späteren geistigen Handlung diese visuellen Speicherungen mobilisiert, dann können sie im Prinzip nur jene Qualität haben, mit der sie aufgenommen wurden. Dieses Beispiel verdeutlicht, wie sich Zusammenhänge ergeben, die leicht übersehen werden könnten. Wenn gesagt wurde, daß die Speicherungen im Prinzip nur die Qualität haben, die sie zum Zeitpunkt der Aufnahme hatten, dann meint dies nicht, daß sie im Prinzip nicht veränderbar wären. Alle unsere Sinneseindrücke haben eine synästhetische Qualität. Sie werden ergänzt, korrigiert, kontrolliert und systematisiert durch die Gesamtheit der Sinnesaufnahme, durch die Wechselwirkung zwischen den Informationskanälen. Dies hat positive und negative Seiten. Die positive ist, daß die dysfunktionalen Anteile durch die funktional richtigen korrigiert werden können. Die negative ist, daß die dysfunktionalen Anteile in den synästhetischen Prozeß eingehen und dabei natürlich auch ihrerseits auf die anderen Anteile Einfluß haben, also falsche Informationen vermitteln können.

Von welcher Bedeutung das Gewordensein der Dysfunktionalität ist, mag ein anderes Beispiel verdeutlichen. Zwei Schüler haben im ersten Schuljahr Schwierigkeiten mit der Phonem-Graphem-Korrespondenz.

Der erste Schüler hat bereits im frühen Kindesalter wegen einer langwierigen Erkrankung keine rechte Gelegenheit gehabt, seine kinästhetischen Erfahrungen auszubilden und seine motorischen Fähigkeiten zu entwickeln. Sein Körperschema ist deshalb gestört. Dies führt dazu, daß er Schwierigkeiten hat, komplizierte graphisch-figurale Strukturen zu differenzieren, dies geht wiederum in die Phonem-Graphem-Korrespondenz ein.

Der zweite Schüler hat andere Schwierigkeiten. Er ist im Unterricht oft nicht bei der Sache. Als er vor der Klasse aufgefordert wurde, Buchstaben zu benennen, konnte er es nicht. Die besseren Schüler lachten über ihn. Der Lehrer wies ihn darauf hin, daß er noch tüchtig üben muß. Auch bei anderen Gelegenheiten gab es Mißerfolge. Schon der Gedanke an den Unterricht verursacht bei diesem Schüler ein Unbehagen. Er hat eine Aversion gegen alle schriftsprachlichen Anforderungen. Im Unterricht schweifen seine Gedanken deshalb sehr oft ab. In Gedanken beschäftigt er sich mit angenehmeren Dingen. Die Buchstaben interessieren ihn nicht, schon gar nicht, welche Formen und welche Lautwerte sie haben.

Beide Schüler haben Schwierigkeiten mit der Phonem-Graphem-Korrespondenz. Bei beiden wirken diese sich im Aufbau des funktionellen Lesesystems aus. Die Ursachen sind jedoch völlig anderer Natur. In einem Fall haben wir es mit Schwierigkeiten aus einer langen Vorgeschichte zu tun, im anderen Fall mit solchen aus der relativ kurzen schulischen Situation. Werden die Ursachen erkannt, wird auch die Behandlung darauf abgestimmt werden. Werden sie nicht erkannt, bestehen die methodischen Maßnahmen in der Regel lediglich darin, die Buchstaben zu üben.

Die Erfahrung zeigt nun, daß die Chancen für eine Behebung der Dysfunktion bei spät einsetzenden Lernstörungen erheblich höher sind, als bei solchen, die in der Ursache sehr lange zurückliegen. Schulisch verursachte Dysfunktionen haben eine andere Qualität als solche, die den Entwicklungsgang des Kindes bereits über eine lange Zeit begleiteten.

Trotz dieser unterschiedlichen Ausgangspositionen müssen die Schüler gemeinsam unterrichtet werden. Der Lernprozeß muß deshalb so gestaltet werden, daß beide Schüler eine Förderung erhalten. Dies kann nur geschehen, wenn die Prinzipien und Gesetzmäßigkeiten geistiger Entwicklung auch im Unterricht beachtet werden.

9.1. Bewußtsein und Lernen

Wenn wir aus den vorangegangenen Ausführungen Folgerungen für das Lernen ableiten wollen, dann müssen wir zunächst die Frage stellen, welche phylogenetischen Entwicklungen uns denn am stärksten aus der Tierreihe herausheben. Sie müßten schließlich das „typisch Menschliche" ermöglichen, und das Lernen des Menschen vom Lernen aller anderen Lebewesen unterscheiden. Erst wenn wir uns der spezifisch menschlichen Möglichkeiten bewußt sind, können wir über die besonderen daraus resultierenden Folgen für den Lernprozeß etwas aussagen.

Die besondere Voraussetzungen für das menschliche Lernen liegen in der Entwicklung des Stirnhirnes und der beiden Schläfenlappen. Durch sie unterscheidet sich die Hirnentwicklung des Menschen am stärksten von anderen Säugetieren. Mithin muß durch sie auch eine Besonderheit menschlichen Lernens gegeben sein, d.h. die dadurch ermöglichten emotionalen und kognitiven Arbeitsweisen sollten Merkmale menschlichen Lernens sein.

In der Tat unterscheidet sich das Lernen des Menschen etwa von dem einer Ratte beträchtlich. Während die Ratte im Zirkel einer Reiz-Reaktions-Beziehung lernt und lebt, ist der Mensch ein Wesen mit Entscheidungsfreiheit, die ihm das Bewußtsein ermöglicht. Während die Ratte ganz der Realität verhaftet ist, kann der Mensch sich aus der unmittelbaren Realitätsbindung lösen, planen, kombinieren, phantasieren, verwerfen, kontrollieren, Hypothesen aufstellen und zielgerichtet handeln. Das Lernen des Menschen läßt sich aus den Lernversuchen mit Ratten nicht erklären, aber das Lernen der Ratte ist im Lernen des Menschen enthalten, und zwar in den einfachsten Reiz-Reaktionsmechanismen, die zu den Grundformen des Lernens gehören. Insofern ist die experimentelle Erfahrung der Lernversuche mit Ratten nicht völlig dem menschlichen Lernen fern. Das menschliche Lernen ist eben nur nicht dadurch gekennzeichnet. Eine Welt von Erfahrungen trennt den Lernprozeß der Ratte von dem des Menschen. Der Mensch vermag seine Gefühle zu steuern, die Welt hypothetisch zu erfassen und kreativ zu handeln. Der Mensch ist aber auch eingebunden in seine Welt, nicht völlig frei von ihr, abhängig und auf sie angewiesen. Er besitzt zu ihr eine Bindung, steht mit ihr in einem beständigen materiellen und geistigen Austausch. Dieses Mensch-Welt-Verhältnis ist jedoch ein völlig anderes als das Reiz-Reaktionsschema der Ratte. Das menschliche Verwobensein mit der Welt läuft durch vielerlei hierarchische Stufen der Verarbeitung und erzeugt gemeinsam mit seinen besonderen Möglichkeiten ein Niveau des Lernens, das die spezifischen Kriterien menschlichen Lernens einschließt.

So sind es nicht allein die Fähigkeiten zu geistigen Operationen, die der Mensch in der Phylogenese erwarb, sondern auch die Stadien der Bewußtheit. Der hierarchische Aufbau unserer Hirnsysteme, insbesondere jedoch die Funktion des Stirnhirnes ermöglicht es uns, Bewußtsein und Selbstbewußtsein zu erzeugen. Lernen ist eben nicht nur von einem ungestörten Ablauf von Funktionen abhängig, sondern in gleichem Maße von der Bewußtseinshelligkeit und der Bedeutung des Lerngegenstandes für den Lernenden, d.h. wie (Intensität) diese Lerngegenstände rezipiert werden. Wir besitzen eine Fähigkeit, die in diesem Zusammenhang von besonderem Interesse ist. „Und zwar die Dimension des Sich-selbst-betrachten- und beobachten-Könnens, der Distanzhaltung zu sich selbst als unverrückbarer und eindeutiger Ausdruck des Da-Seins. Es gibt nämlich im Gehirn Neuronenschaltkreise, die die Selbstbetrachtung der Zustände innerhalb des Gehirns gestatten. Wir können sie als Eigendistanz-Schaltungen bezeichnen. Diese Schaltkreise sind im allgemeinen sogar zuverlässiger als die Sinne selbst, denn wir können ja bekanntlich Sinnestäuschungen unterliegen. Natürlich liefern uns auch die Sinnesorgane genügend Informationen über unser Da-Sein, so daß wir um unsere eigene Existenz zweifelsfrei wissen. Sie ist uns so selbstverständlich, daß wir es sonderbar finden würden, wäre es anders. Aber erst in Kombination mit den genannten Eigendistanzschaltungen wird diese Gewißheit vollständig" (Rexrodt 1981, S. 126).

Durch diese Fähigkeit ist es dem Menschen möglich, sein eigenes Handeln, also auch das Lernen als sinnvoll, sinnlos, bedeutungsvoll, wichtig, unwichtig, wünschenswert usw. einzustufen. Es bedarf keiner besonderen Betonung, daß die Bewertung der Inhalte, das Verhältnis des Lernenden zum Lerngegenstand, auf die Bewußtseinshelligkeit einwirkt und darüber entscheidet, mit welcher Intensität wir den Lernprozeß durchlaufen, wie stark wir innerlich beteiligt sind und in welchem Maße wir Speicherungen und funktionelle Systeme aktivieren.

Menschliches Lernen ist gekennzeichnet:

1. Durch die Bewußtheit der Prozesse und die Bewertung des Verhältnisses von Selbst und Lerngegenstand. Daraus resultieren Motivation, Zuwendung und Aktivität.

2. Durch die hierarchische Verarbeitung der Prozesse, die uns ein planendes Vorgehen ermöglichen. Daraus resultieren Zusammenhang des Ganzen, Phantasie, Denkmodelle und Handlungskonzepte.

3. Durch die hypothetischen Anteile des Prozesses. Daraus resultieren Erwartungshaltung und denkende Vorwegnahme von Handlungsergebnissen.

9.1.1. Didaktische Folgerungen für ein bewußtes Lernen

Wenn die Bewußtheit der Prozesse uns eine Bewertung des zu lernenden Inhaltes oder der zu erwerbenden Verfahren ermöglicht, wenn daraus ganzheitlich planendes hypothesengeleitetes Denken resultiert, dann müßte der bewußte Umgang mit den Unterrichtsinhalten eigentlich oberstes Prinzip didaktischen Vorgehens sein. Betrachten wir die didaktischen Konzeptionen des Unterrichtes, dann ist festzustellen, daß persönliches Engagement und Betroffensein, selbständige Planung, ganzheitliche Handlungskonzepte und hypothesengeleitetes Vorgehen durchaus nicht zu den kennzeichnenden Merkmalen schulischer Arbeitsweisen gehören. Gewiß sind sie der Schularbeit nicht völlig fremd. Sie kommen jedoch im gefächerten stundenplangebundenen Lernen sehr wenig zum Tragen. Eher schon sind sie in den Ausnahmesituationen zu finden, in den Projektwochen, den Bemühungen um situativen Unterricht und in den Ansätzen arbeitsschulgemäßen Vorgehens. Die Geschichte der Didaktik weist deshalb auch immer wieder Perioden auf, wo Bemühungen um eine „Einheit von Leben und Lernen", um „Einbeziehung der Mensch-Welt-Verhältnisse", um einen „ganzheitlichen Unterricht" im Vordergrund standen. Namen wie DEWEY, DECROLY, GANSBERG, GAUDIG, KERSCHENSTEINER, MAKARENKO, ÖSTERREICH, FREINET und FREIRE kennzeichnen diesen Weg. Daß die von ihnen entworfenen Konzepte in der schulischen Realität nur zum Teil zum Tragen kamen, liegt nicht an der von ihnen vertretenen pädagogischen Theorie, sondern an den organisatorischen und ökonomischen Bedingungen einer Gesellschaft, die mit möglichst geringem Aufwand ein Maximum an Voraussetzungen für den Produktionsprozeß und die Eingliederung in die gesellschaftlichen Verhältnisse schaffen möchte. Die Entscheidungen über Schule und Unterricht sind in erster Linie politische Entscheidungen und erst in zweiter Linie pädagogische. Die pädagogische Erkenntnis läßt sich nur umsetzen, wenn politische Entscheidungen dies zulassen. Es nimmt deshalb nicht Wunder, daß die pädagogischen Konzepte der Reformpädagogen in erster Linie in den mit größerer Freiheit ausgestatteten Privatschulen realisiert wurden, und nicht im staatlichen Schulsystem.

Obwohl die ganzheitlich orientierten Reformpädagogen sich nicht auf die Evolution des Menschen und die daraus resultierenden spezifisch menschlichen Möglichkeiten bezogen, kamen sie zu gleichen Schlüssen. Die Realität der schulischen Erfahrung und die psychologische und pädagogische Reflektion führte sie zu der Erkenntnis, daß der Mensch die ihm eigenen besonderen Fähigkeiten der Einsicht in den Zusammenhang der Planung, Kontrolle und Bewußtheit nutzen muß, um einen ihm gemäßen Lernprozeß zu organisieren. Diese Erkenntnis gewinnt an Bedeutung, wenn wir sie zu den neurophysiologischen Ergebnissen in Beziehung setzen. Da der Mensch nur unter dem Einfluß der Wechselbeziehung von Organismus und Umwelt zur Entwicklung der materialen Substrate seines ZNS kommt, und da gerade die Myelinisierung des Stirnhirnes bis in das Jugendalter hineinreicht, müßte der Lernende eigentlich in diesem Zeitraum Angebote erhalten, die ihm die Entwicklung von bewußter, gewollter Tätigkeit, Verantwortung, Planung und hypothesengeleitetem Denken ermöglichen. Die pädagogischen Konzeptionen der Reformpädagogen sind also mehr als nur eine pädagogische Herausforderung. Sie sind eine entwicklungsbedingte Notwendigkeit.

9.1.1.1. Der Projektunterricht

So unterschiedlich die einzelnen pädagogischen Konzeptionen in ihrer Begründung, ihren speziellen Ansätzen und Verfahrensweisen auch sein mögen, sie haben letztlich alle das Ziel, den Schüler bewußt in den Lernprozeß zu integrieren, ihn zu einem wichtigen, mit Aufgaben und Verantwortung, mit Sachkenntnis und Entscheidungsbefugnis ausgestatteten Teilhaber eines gemeinsamen Vorhabens werden zu lassen. Am deutlichsten wird diese andersartige Schülerrolle wohl am Beispiel des Projektunterrichtes, in dem die Phasen der Unterrichtsentwicklung das Stadium des jeweiligen erreichten Organisationsniveaus und Wissensstandes dokumentieren. Der Projektunterricht gliedert sich in aufeinanderfolgende Abschnitte, die sich aus der gemeinsamen Tätigkeit, aus den erreichten Arbeitsergebnissen und den in der Sache liegenden Notwendigkeit ergeben (Röseler 1978, 36—40).

In der Regel beginnt Projektunterricht mit einer Bedürfnismitteilung, die jedoch nicht so zu verstehen ist, daß der Unterricht ausschließlich auf vorhandene Bedürfnisse der Schüler orientiert ist. Es gilt vielmehr, in den Schülern Erwartungen, Planungsbereitschaft, Handlungsmöglichkeiten zu wecken. Nicht nur der Unterrichtsinhalt ist das Bedürfnis, obwohl er sehr entscheidend sein kann, sondern der Mut und die Bereitschaft, sich in ein gemeinsames Vorhaben einzulassen, die eigenen Fähigkeiten von Planung, Entscheidungsfähigkeit, Organisationsfähigkeit, Verantwortungsbereitschaft und Wissen zu erproben, zu schulen und zu entwickeln. Das ist nicht immer leicht, hat doch der traditionelle Fachunterricht oft nur wenig dazu beigetragen, diese Bedürfnisse zu wecken. Noch schwieriger wird das projektorientierte Vorgehen bei Schülern mit zerebralen Dysfunktionen. Bei ihnen fehlt nicht nur das Bedürfnis sich zu erproben, es haben sich bei ihnen auch noch Hemmschwellen gebildet, die durch die Funktionsschwierigkeiten hervorgerufen wurden. Hinzu kommt, daß bei Schülern aus sozialen Randgruppen das eingeengte Erfahrungsfeld auch zu einer Einschränkung des eigenen Anspruchsniveaus führt, daß sowohl das Wissen um die Inhalte, als auch die hypothetische Vorstellung der eigenen Handlungsmöglichkeiten begrenzt ist.

Der Phase der Bedürfnisermittlung folgt die Zielentscheidung. Sie hat am Anfang meist nur Richtungscharakter; denn während des Projektes ergeben sich neue Fakten und Bedingungen, die in die Entscheidungen einbezogen werden müssen und eine Revision oder Zielkorrektur notwendig machen. Die Phase der Zielentscheidung verlangt nicht nur, daß die Schüler Informationen zusammentragen, vergleichen, bewerten, abwägen und Konsequenzen diskutieren. Es kommt hinzu, daß ein sozialer Prozeß entsteht, in dem argumentiert werden muß, in dem der einzelne mitunter auch bereit sein muß eigene Interessen zurückzustellen, um damit dem gemeinsamen Vorhaben zu dienen. Die Fähigkeit zur Überzeugung und zum Kompromiß, zur Teilhabe und zur Einordnung wird stark herausgefordert.

Der Zielentscheidung folgt die Planung. Obwohl bereits vorausschauende Überlegungen in die Zielentscheidungen eingingen, reichen sie zur Durchführung des Projektes nicht aus. Planung bedeutet einerseits den Arbeitsweg festzulegen, andererseits aber auch die Verantwortlichkeiten abzustecken. Wer macht was? Wer arbeitet mit wem zusammen? Wie beschaffen wir die Informationen? Welche Hilfsmittel stehen uns zur Verfügung? Wen können oder müssen wir ansprechen? Welche Arbeitsformen sind notwendig? Wo können wir Rat und Hilfe bekommen? Wie dokumentieren wir die Arbeitsergebnisse? Wie werden die Ergebnisse der Gruppen in das Gesamtkonzept eingebracht? Ist die Aufgabenstellung rein zeitlich zu bewältigen? Zu welchem Zeitpunkt muß unser Arbeitsergebnis zur Verfügung stehen? Eine Fülle von Fragen ergibt sich, die diskutiert und zu einer gemeinsamen Planung verarbeitet werden müssen. Dabei bedarf es schon eines hohen Maßes an Einsicht, wenn die unterschiedlichen Standpunkte hart aufeinander prallen. In der Regel entscheidet jedoch die Durchführung darüber, ob eine Planung eingehalten werden kann, oder ob sie doch wieder revidiert werden muß.

Der Planungsphase folgt die Durchführung. Dabei ist zwischen Planung und Durchführung nicht immer so deutlich zu unterscheiden. Mitunter kann die Planungsphase einen höheren Anteil einnehmen, als die Durchführung — dann nämlich, wenn auf ein Ziel hingearbeitet wird, wie etwa auf eine Reise, bei der eine lange Zeit der Erkundung, der Sammlung von Informationen, der Vorbereitung vorausgeht. In der Durchführung wird es sich erweisen, ob unsere Planungen zweckmäßig und sinnvoll waren, oder ob Pannen auftreten, die das Projekt an den Rand des Scheiterns bringen. Es wird sich zeigen, ob unser hypothetisches Denken ausreichte, die Realität vorwegzunehmen und den folgenden Handlungszusammenhang ausreichend vorzubereiten. Die Durchführung des Projektes bringt nicht nur die Bestätigung oder Ablehnung unserer Hypothesen, sondern sie zeigt auch die Bewährung oder die Unzweckmäßigkeit unserer Vorbereitungen auf. Sie fordert die höheren geistigen Instanzen der Bewußtheit hart heraus, wenn das Gelingen oder Scheitern einer Sache von der Einhaltung von Abmachungen oder Plänen und der Verantwortlichkeit des einzelnen abhängt. Sie läßt die Bedeutung des eigenen Tuns für die Gemeinschaft hautnah erleben. Eine Realität des Lernens entsteht, die nicht nur Wissen und Können, sondern auch soziale Kompetenz von den Teilnehmern verlangt.

Die Phase der Reflektion stellt das Endglied der Projektentwicklung dar. Sie sollte keine Abrechnung sein, eher eine Auswertung, eine Sichtung der Erfahrungen. Dabei stehen die unmittelbaren, sichtbaren Ergebnisse viel stärker im Mittelpunkt, als die eigentlich wichtigeren, die oft unsichtbar bleiben. Der Zugewinn an Erfahrung, an Ausformung der eigenen Entscheidungsfähigkeit, Planungsfähigkeit, Verantwortlichkeit, Kreativität und sozialer Kompetenz läßt sich nicht messen. Wohl aber die Ausbeute des Projektes, das Erleben, das in Aufzeichnungen, Bildern, Filmen, Sammlungen und Produkten festgehalten ist. Die Reflektionsphase beendet das Lernen am Erfolg oder Mißerfolg. Sie führt zu einer Bewertung, meist einer positiven, die sich dann in einer Veränderung des Bewußtseins, des Selbst-Bewußtseins niederschlägt.

Diese Überlegungen zur Realisierung eines Lernens, bei dem die spezifisch menschlichen Möglichkeiten eingesetzt und entwickelt werden, klingen für den in der Klasse arbeitenden Lehrer möglicherweise etwas sehr theoretisch. Es soll deshalb hier der Versuch unternommen werden, sie durch ein Beispiel mit Inhalt zu füllen.

Beispiel: Projekt „Die deutsche Nordseeküste"

In der Klasse 8 einer Schule für Lernbehinderte wurde schon seit einiger Zeit das Bedürfnis artikuliert, einmal gemeinsam etwas zu unternehmen — ein Zeltlager zu veranstalten oder eine Reise durchzuführen. Die Schüler waren sich allerdings nie so recht darüber klar, was sie denn eigentlich wollten. Auch die Kosten einer längeren Reise waren für eine Reihe von Schülern nicht so leicht aufzubringen. So blieb das Bedürfnis latent, es wartete auf den Zufall.

Der Zufall kam, als kurz vor Beginn des neuen Schuljahres ein Brief von der Deutschen Bundesbahn eintraf. Bei einem Wettbewerb „Jugend und Eisenbahn" hatte die Klasse 8b die im Werkunterricht hergestellten Holzmodelle ausgestellt und den zweiten Preis gewonnen — 500 km Freifahrt mit der Deutschen Bundesbahn für die ganze Klasse. Der

Brief löste Jubel aus, und natürlich auch Probleme. Bernd war neu in der Klasse. Sollte er mitfahren dürfen, obwohl er nicht an der Ausstellung beteiligt war? Sollte man nach Berlin fahren oder an den Rhein, nach Holland oder nach Hamburg? Es wurde beschlossen, über das unverhoffte Glück zunächst einmal nachzudenken, die Möglichkeiten zu erkunden und zu diskutieren. 500 km Freifahrt, wie weit ist das eigentlich, fragte Maria.

Nach einigen Tagen hatte sich die Aufregung gelegt. Man wurde sich klar darüber, wie weit der Aktionsradius reichte. Die Bedürfnisse wurden diskutiert. Sie waren sehr unterschiedlich. Das betraf sowohl das Ziel, als auch die Dauer der Reise. Schließlich einigte man sich auf eine Klassenfahrt von etwa einer Woche. Das Ziel sollte die deutsche Nordseeküste sein. Da die Schule 5 Zelte besaß, wollten die Schüler auf Zeltplätzen übernachten und sich auch selbst versorgen. Damit war das Ziel, wenn auch recht ungenau, festgelegt. Zu diesem Zeitpunkt ahnte noch niemand, daß daraus ein Projekt werden würde.

Das Projekt entstand erst, als man sich darüber klar wurde, daß man eigentlich schon mitten darin steckte. Um eine solche Reise durchzuführen, waren Erkundungen notwendig, Informationen einzuholen, Pläne aufzustellen, Zeitfolgen festzulegen, Kosten zu ermitteln, Fahrpläne einzusehen, Preise zu berechnen, Fahrräder zu kontrollieren usw. Eine Fülle von Aufgaben stand plötzlich vor der Klasse, die sich nicht so nebenbei erledigen ließen. Plötzlich stand man vor der Tatsache, daß die Reise nur durchführbar war, wenn die Unterrichtsstunden in die Vorbereitung einbezogen wurden, und so entstand ein Projekt. Der Klassenlehrer beantragte es und bekam es auch nach kurzer Zeit genehmigt.

In der Tat steckten in dem Vorhaben alle Möglichkeiten eines Projektes. Es ließen sich praktisch alle Fächer und alle Lehrziele der Richtlinien darin unterbringen. Um die Reise durchzuführen, mußten geographische Kenntnisse vorhanden sein. Berechnungen waren anzustellen, Briefe mußten geschrieben und beantwortet, Prospekte ausgewertet, Zeltplatzangaben verglichen und Fahrpläne gelesen werden. Die kulturellen Aspekte mit ihrer plattdeutschen Sprache, den plattdeutschen Liedern und Gedichten, den Trachten der Friesen, der Kleidung der Fischer und Matrosen, boten einen besonderen Anreiz. Die Häfen boten die Möglichkeit zum Studium technischer, physikalischer und ökonomischer Probleme. Wie wird ein Schiff beladen und entladen? Warum schwimmt ein Schiff, obwohl es doch aus Stahl ist, was wird über die Häfen eingeführt und ausgeführt? Die Neugier kannte kein Ende. Schließlich einigte man sich darauf, die Aufgaben zu verteilen, und nach dem Sammeln der Informationen in eine neue Entscheidungsfindung einzutreten.

Die Klasse hatte 16 Schüler. Man einigte sich, vier Gruppen mit je vier Schülern zu bilden. Die Gruppen sollten an unterschiedlichen Problemen arbeiten. In einer Unterrichtsstunde sollten die organisatorischen Vorbereitungen getroffen werden, in einer anderen die Erkundungen über Land, Leute, Industrie und Technik besprochen werden. Nach der Beratung der Möglichkeiten entstand ein Themenplan, mit 9 Bereichen. Jede Gruppe übernahm 3 Bereiche, wobei einige doppelt bearbeitet wurden. Der Musiklehrer wurde für die Mitarbeit gewonnen, und die Hauswirtschaftslehrerin machte den Vorschlag, einige typisch norddeutsche Gerichte mit den Schülern zu kochen und bei der Verpflegungsplanung zu helfen.

Themen:

1. Häfen an der Nordseeküste. Die Städte Bremen und Hamburg, Warenumschlag in einem Hafen, wirtschaftliche Bedeutung eines Hafens, Technik des Warenumschlages, Schiffahrt (Personen, Stückgüter, Massengüter), Werften und Schiffbau, Hafenrundfahrt.

2. Küste und Inseln. Ebbe und Flut, das Watt, Küstenschutz, Deiche und Schleusen, Sturmflut, Seenotrettungsdienst, Fischfang, Inseln und Halligen, Sturmflut.

3. Ferien am Meer. Bekannte Ferienorte. Baden im Meer, Gesundheit und klimatische Bedingungen, Kureinrichtungen, Wirtschaftsfaktor Fremdenverkehr.

4. Der Nordostseekanal. Wirtschaftliche Bedeutung. Bauweise und Zweck eines Kanals, technische Einrichtungen (Schleusen, Brücken), Fahrt auf dem Kanal.

5. Umweltprobleme. Verschmutzung der Nordsee, das Sterben im Wattenmeer, Ölpest und Vogelsterben, Einengung des Lebensraumes der Vögel, Zersiedlung der Küste.

6. Land und Leute. Die plattdeutsche Sprache, Lesestücke, Gedichte, Lieder, Trachten, Sitten und Gebräuche.

7. Reiseplanung, Reiseweg, Stationen, Sehenswürdigkeiten, Abfahrten und Fahrtzeiten, Fahrpreise, Rundfahrten (Bus, Schiff), Fahrradtransport.

8. Unterbringung. Zeltplätze, Öffnungszeiten, sanitäre Einrichtungen, Einkaufsmöglichkeiten, Entfernung von der Bahnstation, Fahrtzeiten, Verpflegungsmöglichkeiten, Ausweichmöglichkeiten (evtl. Schulen).

9. Verpflegung. Kaltverpflegung, Rezepte für die Mahlzeiten am Abend, Warenkorb, Preise und Mengen, Verteilung der Dienste.

Es herrschte Erwartungsstimmung. Bis zum Reisetermin im Oktober waren es noch sieben Wochen. Die Schüler widmeten sich ihren Aufgaben wie nie zuvor. Adressen wurden herausgesucht, Kurverwaltungen, Verkehrsämter, Hafenbehörden, Stadtverwaltungen, Zeltplatzverwaltungen wurden angeschrieben. Musterbriefe wurden aufgesetzt, mit Wörterbüchern kontrolliert, vorgelesen, geändert, beraten und wieder neu gefaßt. Zeltplatzverzeichnisse wurden ausgewertet, Karten gezeichnet, Übernachtungsorte ausgesucht, wieder verworfen, neu geplant und in Zeitplänen fixiert. Preise wurden erkundet, Kosten berechnet, Verpflegungspläne erstellt und wieder geändert. Eine Arbeitsunruhe erfaßte die Klasse, die schließlich dazu führte, daß sich einige Schüler auch außerhalb der Schulzeit trafen und am Nachmittag weiterarbeiteten.

Kritisch wurde es, als von den Kurverwaltungen, Verkehrsämtern, Stadtverwaltungen, Zeltplätzen und Hafenbehörden die Informationsmaterialien eintrafen. Es kam zu einem heillosen Durcheinander. Der Zusammenbruch unter einer Informationsflut drohte. So wurde zunächst einmal die Arbeit nach Plan unterbrochen und ein Ordnungssystem entworfen, nach dem sich die Informationen systematisieren ließen. Erst als dies geleistet war, ging die Arbeit wieder voran. Zwischendurch fanden dann immer wieder die gemeinsamen Auswertungen statt. Die Gruppen berichteten über den Stand der Arbeit, über das Material und über die darin enthaltenen Informationen. Lexika und Fachbücher, Filme und Diaserien wurden beschafft. Das Bild von der Deutschen Nordseeküste rundete sich immer mehr ab. Doch der Reisetermin rückte immer näher. Es waren längst nicht alle Gebiete so bearbeitet, wie geplant. Es stellte sich heraus, daß kaum die Hälfte der wünschenswerten Erkundungen vorgenommen werden konnten. Die Zeit reichte einfach nicht, doch das tat der Freude keinen Abbruch.

Mußten die Schüler dazu angehalten werden, die Briefe zu schreiben, mußten sie ermahnt werden, die Berechnungen durchzuführen, mußten sie angewiesen werden, die Karten zu zeichnen oder die Zeit zu vergleichen? Nein!

Gewiß gab es hin und wieder eine Flaute. Es kam auch zu Differenzen, und einige Schüler fühlten sich nicht richtig eingesetzt, aber waren das nicht Gelegenheiten, soziale Kompetenz zu erwerben?

Der Bericht ließe sich noch lange fortsetzen. Die Beschreibung soll hier enden. Daß die Reise nicht so verlief, wie geplant, vermag sich der Leser vorzustellen, daß die Schwierigkeiten überwunden wurden und diese Reise für die Teilnehmer ein Erlebnis war, ist ebenfalls vorstellbar. Kein Vergleich mit einer Ferienreise mit den Eltern. Die Klassenfahrt hatte eine andere Qualität, die durch die Beteiligung, die gemeinsame Vorbereitung, Planung und Verantwortung gekennzeichnet war.

In der Reflektionsphase wurden die Materialien geordnet, gesichtet und ausgewertet. Eine Diaschau entstand, die schließlich vertont wurde. Sie war das Glanzstück auf dem nachfolgenden Elternabend. Eine Wandzeitung entstand, und jeder Schüler legte sich eine Mappe mit eigenen Aufzeichnungen, Karten, Bildern aus Prospekten und Photos an. Eine Dokumentation der eigenen Leistungsfähigkeit entstand, die von den Schülern mit Stolz herumgereicht wurde. Nach diesem Projekt war die Klasse nicht mehr die gleiche. Sowohl das Sozialverhalten, als auch das Selbstbewußtsein der einzelnen Schüler war anders. Die gemeinsame Arbeit hatte sie verändert. Sie hatten die Herausforderung ihres Bewußtseins angenommen und damit das Bewußtsein selbst verändert.

9.1.1.2. Der situative Ansatz

Die Herausforderung des Bewußtseins anzunehmen, ist nicht nur eine Aufgabe der Schule. Es ist ebenso eine Aufgabe aller an der Erziehung beteiligten Personen, wie Eltern, Großeltern, Geschwistern, Freunden, Bekannten und Personen des täglichen Umgangs. In der Regel erlernt der Schüler Kreativität, Planung und Verantwortung auch nicht in der Schule. Der Bau eines Baumhauses auf dem Apfelbaum im Garten fordert viel stärker seine Kreativität heraus, als die Mathematikaufgabe des Unterrichtes. Die Einteilung des Taschengeldes, die Überlegungen zum Kauf von Material und Werkzeugen, sprechen viel stärker die Planung an als das Lernen von Rechtschreibregeln. Das Beaufsichtigen der kleinen Geschwister erzeugt weit eher Verantwortungsgefühl, als der Tafeldienst in der Klasse. So findet die Ausbildung der höheren Hirnfunktionen bezüglich ihrer Lebensbewährung weitgehend außerhalb der Schule statt. Dabei darf jedoch nicht übersehen werden, daß die Schule für die Ausbildung von Kreativität, Planung und Verantwortung wesentliche Voraussetzungen heranbildet. Wie bereits dargestellt, bilden sich die ,,Werkzeuge unseres Denkens'' durch die von uns erworbenen Kommunikationssysteme. Der Grad der inneren geistigen Handlungsfähigkeit hängt von ihrer Interiorisation, ihrer Aktionsfähigkeit und der Übernahme der gesellschaftlich entstandenen Wissensgehalte und Systeme ab.

Die Herausforderung der hierarchisch am höchsten angesiedelten Hirnteile, ihre Reifung, Ausbildung, Ausprägung, Programmierung geschieht also im wesentlichen außerhalb der Schule. Das Übungsfeld der eigenen Verantwortung beginnt erst nach dem Verlassen des Schulgrundstückes. Dies ist in der Regel so, sollte aber nicht darüber hinwegtäuschen, daß die soziale Situation vielen Schülern oder Kindern im Vorschulalter nicht erlaubt, ihre höheren Bewußtseinsanteile zu entwickeln. Dies ist besonders in den ,,Randgruppen der Gesellschaft'' der Fall (Iben 1974), in denen andere Werte, Normen, Verhaltensweisen und Umgangsformen gelten. So stellte IBEN fest, daß im Durchschnitt der Gesamtbevölkerung 93 Prozent aller Kinder zum vorgesehenen Zeitpunkt schulreif werden, daß dies jedoch in den Randgruppensiedlungen nur zu 54 Prozent der Fall ist. Eine solche Massierung von Schulunreife kann nicht mit sozialen Bedingungen allein erklärt werden. Sie deutet vielmehr darauf hin, daß unsere sozialen Dienste, unser Schulsystem und die entsprechenden Vorschuleinrichtungen bei der Förderung dieser Kinder versagt haben.

Das Problem der Randgruppenkinder läßt sich nicht allein durch schulische Maßnahmen lösen. Deshalb suchte IBEN nach organisatorischen und didaktischen Möglichkeiten, außerhalb der Schule eine Förderung der Schüler in die Wege zu leiten. Das Ergebnis war der „situative Ansatz". Ähnlich wie der Projektunterricht, hat der situative Ansatz die Förderung der Gesamtpersönlichkeit, insbesondere jedoch die Entwicklung der höheren Fertigkeiten wie Planung, Kreativität, Verantwortung, hypothetisches Denken, zum Ziel. Die Aktionsform ist jedoch nicht der Unterricht, sondern die Freizeit der Schüler. Zwar lassen sich auch in der Freizeit Projekte durchführen, und der situative Ansatz versucht dies auch zu berücksichtigen, die Freizeitgestaltung in den Randgruppensiedlungen kann jedoch auf die Dauer nicht nur von Projekten leben. IBEN war deshalb darauf angewiesen, nach didaktischen Wegen zu suchen, die der familiären Umwelt mehr entsprachen, als der stark auf Schule zugeschnittene Ansatz des Projektunterrichtes. Er fand den Zugang zu gangbaren didaktischen Verfahrensweisen durch die Pädagogik der Unterdrückten nach FREIRE. „Methodisch mit dem Situationsansatz arbeiten heißt, von der realen Lebenssituation der Betroffenen ausgehend Lernprozesse in Gang zu setzen, die geeignet sind, neben Informationswissen auch Emotionen, Handeln und Ich-Identität zu fördern" (Iben 1980, S. 23). Der situative Ansatz ist dadurch gekennzeichnet, daß er noch stärker als die Projektmethode die unmittelbare Situation, den Lebensbereich und die Lebensbeziehungen der Betroffenen ins Blickfeld zieht. Es geht ihm zwar darum, die kognitive und die emotionale Entwicklung zu fördern, es geht ihm aber vorrangig darum, den Schüler oder das betreffende Kind zur Durchschaubarkeit und zur Meisterung seiner Lebenssituationen zu führen. Was wäre da angemessener als Ansatzpunkt, als das Handeln in diesem Raum.

Das Handlungskonzept ist deshalb auch einer der Grundsätze des situativen Ansatzes. Was zu lernen ist, wird nicht theoretisiert, sondern durchgeführt. Maßgebliche Impulse dazu wurden von DEWEY und FREINET übernommen. Auch die Erfahrungen der amerikanischen Free-School und der englischen Open-Plan-School gingen in das Handlungskonzept ein. Einen weiteren Grundsatz erfüllt die Situationsanalyse. Es geht darum, die typischen Lebenssituationen aufzuspüren, an denen sich ein Problem deutlichen machen läßt, an dem das Problem aber auch angefaßt oder beeinflußt werden kann. Die Situationsanalyse soll die typischen Lebenssituationen aufarbeiten, die Schlüsselsituationen aufgreifen und sie zum Ausgangspunkt neuer Lernprozesse werden lassen.

Den Vertretern des situativen Ansatzes ist jedoch klar, daß neue Lernprozesse sich nicht ohne Qualifikationen aufbauen lassen. Deshalb muß zunächst die Schlüsselsituation selbst und auch der angestrebte Lernprozeß daraufhin untersucht werden, welche Qualifikationen, Techniken, Fähigkeiten und Fertigkeiten denn notwendig sind, um das Problem zu lösen. Es wäre sinnlos, die ohnehin bereits verunsicherte Zielgruppe wiederum einer aussichtslosen Lernsituation auszusetzen. Aber die alten Konzepte einer Einübung von Qualifikationen scheiden in diesem Falle aus; denn sie haben sich bei der Zielgruppe schon vielfältig als untauglich erwiesen. Also muß nach Mitteln und Wegen gesucht werden, die Qualifikationen „im Prozeß" zu entwickeln — ein Unternehmen, das, wie die Praxis zeigte, nicht immer ohne Bruch zu vollziehen ist.

Der nächste Grundsatz liegt in der methodischen Bearbeitung. Soll der Lernprozeß in einem Projekt entwickelt werden, oder soll eine längerfristige Initiative, die gewissermaßen von Stufe zu Stufe führt, eingeleitet werden. So gibt es innerhalb des situativen Ansatzes Themen, die immer wiederkehren, die gewissermaßen auf unterschiedlichen Niveaus und mit unterschiedlichen Zielrichtungen bearbeitet werden können. Ein Beispiel dafür ist etwa das Schlüsselthema „Kochen und Essen", das in verschiedenen Abwandlungen zu verschiedenen Zeiten behandelt werden kann.

Der letzte Grundsatz zielt auf die Rolle des Lehrers oder Erziehers in der Lerngruppe ab. Er realisiert das dialogische Prinzip. Damit ist ein Zurücktreten des Betreuers aus der dominierenden Erzieherrolle gemeint. Er wird zum Mittler oder Katalysator in der Gruppe, aber nicht zum Be-Lehrer. Er wird zum Ratgeber, aber nicht zum Kumpel; denn auch mit noch so guter Verstellung würde er nicht zum Obdachlosen oder Ausländer. Der soziale Unterschied ist und bleibt bestehen. Was das dialogische Prinzip von anderen Vorgehensweisen unterscheidet ist, daß der Betreuer seine Meinung einbringt, auch auf die Folgen und Probleme des konzipierten Handelns aufmerksam macht, daß er sich aber letztendlich in seiner Machtposition nur als Gleicher unter Gleichen bewegt. Das heißt, daß er die Entscheidungen der Gruppe akzeptiert und als Gleichgestellter mit in die Erfahrungssituation hineingeht.

Auch der situative Ansatz bedarf, um verstanden zu werden, der Konkretisierung. Bei der konkreten Handlung wird es nicht immer möglich sein, die theoretischen Konzepte in allen Teilen gleichwertig auszuweisen. Es ist vielmehr so, daß sich auch hier wechselnde Schwerpunkte bilden.

Beispiel: Förderung von Schülern nach dem situativen Ansatz
„Ich habe Hunger".
aus: Iben, G. (Hrsg.), Spielen und Kochen — Soziales Lernen,
Eggert, A., Chasse, K. A., Ich habe Hunger, S.43—71.

Situationsanalyse.

Für sozial benachteiligte Kinder scheint alles, was mit Essen und Kochen zu tun hat, eine besondere Bedeutung zu haben:

- *Bei unseren Spaziergängen zum Park kommen wir immer an einer Pommes-Bude vorbei. Die Kinder drängeln sich um den Stand und futtern mit Heißhunger.*

- *Klaus ißt sehr gern Schlagsahne. Jetzt hat er im Fernsehen gesehen, daß man sie auch selber machen kann. Seine Mutter hat keine Zeit dazu, er fragt die Erzieherin, ob sie mit ihm Sahne herstellen will.*

- *Karin hat Geburtstag. Die Kinder sind mit Feuereifer dabei, die Feier vorzubereiten. Es wird aufgeräumt, eine Tischdecke aufgelegt und der Tisch gedeckt. Die Erzieherin hat einen Rührkuchen mitgebracht. Kein Krümel bleibt übrig.*

- *Polly (5 Jahre) erzählt aufgeregt, daß ihre große Schwester Inge (11 Jahre) heute zu Hause das Essen für die Familie gekocht habe. Polly ist sehr stolz auf ihre Schwester: „Wenn ich groß bin, koche ich auch für alle" (S. 43).*

- *Sehr oft, wenn wir kochen, beobachten wir bei den Kindern, daß sie sehr schnell essen, so als ob sie Angst hätten, nicht genug zu bekommen. Wir haben uns darauf eingerichtet und sehr viel mehr gekocht — so viel, daß mir und meiner Kollegin wegen der Berge von Essen auf dem Tisch ganz anders wurde. Wir fürchteten, eine ganze Woche Nudeln essen zu müssen; aber selbst die offensichtliche Verheißung satt zu werden, bewirkt bei den Kindern nicht, daß sie langsamer essen. Wie gewohnt stopfen sie geschwind Gabel auf Gabel in den Mund. Daß so viel zu Essen da ist, führt nur dazu, daß sie erheblich über ihren Hunger hinaus essen und am Ende — physisch völlig erschöpft — mehr in ihren Stühlen liegen als sitzen. Auch wenn wir sie auffordern, doch in aller Ruhe zu essen, denn die Gruppe hätte ja nichts vor, und es sei genug zu essen da, verlangsamen sie das Tempo nur für sehr kurze Zeit, und nach einer Weile scheinen sie unsere Aufforderung wieder vergessen zu haben und stopfen in altem Tempo. Wir hatten den Eindruck, als ob in den zeitweise ruhigeren Rhythmus ihrer Bewegungen Hast und Beschleunigung hineinkam, die von innen kam.*

Woran liegt es, daß schon Kinder solche festgefahrenen Verhaltensweisen entwickeln? Der Rahmen der Ernährung bei sozial Benachteiligten ist in der Lebenssituation vorgegeben: durch das niedrige Einkommen, den Kinderreichtum und die auch damit verbundene Arbeitsbelastung der Mütter (S. 44).

Handlungskonzept
Im Rahmen des Projektes wurden den Schülern immer wieder die verschiedensten Handlungsmöglichkeiten angeboten. Es wurde für ein Sommerfest ein großer Obstsalat produziert, in der Vorschulgruppe ein Pudding gekocht, in der Nachmittagsbetreuung ein ausländisches Mittagessen angerichtet, ein Kuchen gebacken usw. Die Art des Handlungskonzeptes ergibt sich aus nachfolgender Schilderung.

Wir teilen die Arbeit auf.
Die gleichzeitige Beschäftigung aller Kinder kann ein Problem sein, vor allem, wenn mehr als 3—4 Kinder zur Kochgruppe gehören.

Bei dem folgenden Projekt wird die Schwierigkeit, die Arbeiten „gerecht" an alle zu verteilen, durch eine ausgeloste Reihenfolge bewältigt. Nach einiger Zeit akzeptieren die Kinder dieses Verfahren, weil es den Streit vermeidet, wer etwas machen darf.

- *„Kuchenbacken": Es ist verabredet, einen Schokoladenkuchen zu backen. Die Zutaten und Geräte dazu werden von den Erziehern vorbereitet. Nun werden zunächst die Namen aller Kinder auf Zettel geschrieben und dann eine Reihenfolge ausgelost. Dieses Verfahren ist den Kindern geläufig und vermittelt ihnen eine Form von Sicherheit, die es erlaubt, sich dem Zuschauen zu widmen, anstatt alle Kräfte in den Kampf ums „Drankommen" investieren zu müssen. Zwar wird eifersüchtig gewacht, daß keiner den elektrischen Rührer zu lange oder zu heftig bewegt und daß das Probieren nicht in ungehemmtes Teigessen ausartet, aber es zeigt sich doch auch, daß die Sorge um das Gelingen des gemeinsamen Produkts dabei wichtiger ist als Konkurrenzangst und -neid. Als der Kuchen im Backofen ist, holen sich die Kinder verschiedene Spielsachen aus dem Schrank, meist solche, mit denen sie sich am Tisch sitzend einzeln oder zu zweit beschäftigen.*

- *Andere Lösungen können sein:*

— Speisen aussuchen, zu denen viele Arbeitsschritte nötig sind, so daß jedes Kind einen Arbeitsgang durchführen kann.

— Die Gruppe in 2—3 Grüppchen aufteilen, die parallel arbeiten (dies ist natürlich von den Gegebenheiten der Einrichtung abhängig).

— Eventuell kann auch das Einkaufen in die Aufteilung einbezogen werden. Als Beschäftigung der Kinder während der Pausenzeiten (Backzeit, Garzeit, Kochzeit) bietet sich noch an:

— Das Rezept aufschreiben (Projekt Kochbuch).
— Eine Collage der Mahlzeit anfertigen (Kochbuch aus Collagen).
— Das „Einkaufsspiel" spielen.
— Einkaufszettel malen (für kleinere Kinder).

- *„Vor einiger Zeit noch habe ich den Kindern viele Arbeiten abgenommen. Ich halte es für wichtig, daß sie mehr und mehr alleine zurechtkommen. Deshalb sage ich heute nur noch, wo sie sich die Sachen holen können und wie sie es machen können. Die Kinder sind zuerst ein wenig verblüfft, gehen dann aber darauf ein und machen das meiste ohne mein Zutun. Ich gebe auch nicht mehr die Kochzeiten vor, sondern stelle eine Uhr hin, so daß die Kinder die Zeiten selbst überprüfen können. Ich beteilige mich zwar an der Arbeit, halte mich aber zurück und belasse den Kindern die Verantwortung" (S. 54—55).*

Es mag manchmal so aussehen, als sei das Kochen nur das Zugpferd für Lesen Schreiben und Rechnen. Es ist uns aber wichtig, daß die Kinder auch auf diesem Gebiete Erfolgserlebnisse haben und erfahren, daß Lernen lustbetont und sinnvoll sein kann. Kinder wollen lernen, und es ist kein pädagogischer Trick, wenn es ihnen im Umfeld ihrer Bedürfnisbefriedigung ermöglicht wird. Im Gegenteil! Wir machen der Schule den Vorwurf, daß sie das Lernen weithin auf Flaschen gezogen und vom realen Leben der Kinder entfremdet hat. Deshalb wollen wir mit unseren didaktischen Einheiten auch Beispiele einer alternativen schulischen Lern- und Lebenswelt geben (Iben, S. 8).

9.1.1.3. Das Vorhaben

Die beschriebenen Verfahrensweisen der Projektmethode und des situativen Ansatzes erscheinen für den in Stundenplan und Fächerdenken eingebundenen Lehrer noch immer als etwas utopisch, obwohl gerade in den letzten Jahren fast in allen Bundesländern projektartige Unterrichtsweisen genehmigt wurden. Der überwiegende Teil des Unterrichtes verläuft in aufgefächerter Form nach Stundenplan, und nicht in Projektform. Wie aber kann man Bewußtsein, Kreativität, Planung, Verantwortung und soziale Kompetenz schulen, wenn nach 45 Minuten die eingeleiteten Prozesse eingestellt werden müssen? Ist der Lehrer darauf angewiesen, auf Projektphasen und Abschnitte freier Gestaltung zu warten?

Wer stets das Optimum erreichen will, wird warten müssen. Das systematische nach Fächern gegliederte Lernen läßt sich nicht ausschließlich in Projekten verwirklichen. Deshalb werden sie nur in Projektphasen in Erscheinung treten. Jedoch so ideal Projektmethode und situativer Ansatz auch sind, sie haben auch gewisse Nachteile.

Nicht jeder Inhalt läßt sich situativ vermitteln, und nicht jede Fähigkeit rationell und schnell im Projekt erarbeiten. Vor allem die Systematisierung könnte, wie die Erfahrung zeigt, leiden. Und gerade systematische Kenntnisse sind es, die wir auch im Projekt benötigen. Denken wir nur an die Beziehung zwischen Lesenlernen und formalem Denken (vgl. 3.0.). Lesenlernen aber setzt eine gewisse Systematik der Schritte voraus. Zwar lernen fast die Hälfte aller Kinder das Lesen ohne jegliche didaktische und methodische Aufbereitung, bei dem restlichen Teil, insbesondere bei Kindern mit zerebraler Dysfunktion, wird der systematische methodische Aufbau jedoch zum Kriterium des kognitiven Fortschrittes. Es muß deshalb nach einem Weg gesucht werden, der auch innerhalb der Stundenplanaufteilung die Bewußtseinsbildung beansprucht, fördert und entwickelt. Ein solcher Weg, der weder Projekt ist, noch den Anspruch eines situativen Ansatzes erhebt, soll hier vorgestellt werden. Er wird als „Vorhaben" bezeichnet.

Vorhaben bedeutet, etwas vor sich haben, auf etwas zusteuern, ein Ziel sehen, zu dem ein Weg gebahnt werden muß. Vorhaben bedeutet, gemeinsam etwas unternehmen, einen Plan verwirklichen, etwas schaffen, Aktivitäten entwickeln, kurz: überlegt und zielstrebig handeln. Der Gedanke, Unterricht in Vorhaben aufzugliedern, entstand mit den Aufgaben und Zwängen des Lesenlernens bei Schülern mit zerebraler Dysfunktion. Daß diese Kinder bereits zweimal oder dreimal in der Grundschule vergeblich einen Anlauf genommen hatten, lag sicher nicht allein an dem dort erteilten Unterricht, sondern an den Dysfunktionen, die sie bereits in die Grundschule mitbrachten. Wenn sie also erfolgreich lesen lernen sollten, dann durfte im Unterricht nicht nur das Lesen gelehrt werden, sondern gleichzeitig waren die zerebralen Dysfunktionen aufzuarbeiten, die im Rahmen der sinnlichen Verarbeitung und im sprachlichen Bereich vorhanden waren. Das aber ist ohne gegenständliche und sinnlich erfahrbare Unterrichtsinhalte nicht möglich.

Daraus folgt, daß der Unterricht themenzentriert sein muß. Er muß einen erfahrbaren, an das Erleben des Kindes gebundenen Inhalt haben. Gleichzeitig muß er die lautsprachliche Aufarbeitung der Inhalte und die Korrektur der Dysfunktionen erlauben, um von hier aus zu den Aufgaben der schriftsprachlichen Verarbeitung weiterzugehen. Es wäre sinnlos, etwa Phonem-Graphem-Korrespondenz anzustreben, wenn die verbosensorische Differenzierung völlig unterentwickelt ist. Die Aufgabe zwingt den Lehrer geradezu, ein Vorhaben zu entwickeln.

Organisatorisch lassen sich in einem Vorhaben eine Reihe gefächerter Inhalte zusammenfassen, die sonst als Sachkunde, Musik, Deutsch, Hauswirtschaft oder Werken auf dem Stundenplan erscheinen. Da der Lehrer in der Grundschule oder der Unterstufe der Schule für Lernbehinderte diese Fächer meist in seiner Hand vereinigt, dürfte es nicht allzu schwer sein, auch zwei oder drei Unterrichtsstunden hintereinander dem Vorhaben zu widmen. Viel mehr Zeit darin zu investieren, lohnt sich im Einschulungsalter ohnehin nicht; denn trotz aller Möglichkeiten Aktivitäten zu entfalten, ist die Arbeitskraft des Kindes begrenzt.

Auch das Vorhaben kann durch die Beschreibung von Grundsätzen gekennzeichnet werden. Dabei zeigt es sich, daß eine ganze Reihe davon identisch ist mit denen des Projektunterrichtes oder des situativen Ansatzes. Trotzdem ergeben sich beträchtliche Unterschiede.

1. Das Vorhaben ist themenzentriert. Maßgeblicher Gesichtspunkt für die Auswahl des Themas ist jedoch nicht die Situation des Kindes, obwohl diese mit einzubeziehen und von erheblicher Bedeutung ist, sondern die Systematik der Lerneinheit (in diesem Falle des Lesenlernens).

2. Das Vorhaben muß erfahrbar sein. Das eigene unmittelbare Erleben muß darin enthalten sein, um die 1. Informationsstufe mit ihren Sinneserfahrungen aufzubauen. Gleichzeitig muß es so gestaltet sein, daß es die Schüler veranlaßt, es zum eigenen Anliegen zu machen.

3. Das Vorhaben muß die sprachlichen Prädispositionen enthalten, die den Aufbau der 2. Informationsstufe und den Abbau der Dysfunktionen ermöglichen.

4. Das Vorhaben muß an einem bestimmten Punkt der Entwicklung die Grundlagen für den Übergang in den schriftsprachlichen Bereich erreichen, um den Erarbeitungsmöglichkeiten für den Aufbau der funktionellen Systeme der 3. Informationsstufe zu bieten.

5. Das Vorhaben muß die Tätigkeit der Schüler auf verschiedenen Niveaus ermöglichen, d.h. es müssen Materialien zur Verfügung stehen oder erarbeitet werden, die allmählich von der konkreten Situation ablösen und zur Abstraktion hinführen.

6. Das Vorhaben muß die Selbsttätigkeit der Kinder in einem Rahmen gewährleisten, der sie das Ergebnis der Arbeit als eignenes Schaffen erkennen läßt. Das Lernen erreicht dadurch von der Stufe der Rezeption her die Stufe der Produktion.

Auch diese Grundsätze erscheinen zunächst sehr theoretisch. Sie sind jedoch, eine entsprechende Vorarbeit oder das Vorhandensein entsprechender Materialien vorausgesetzt, durchaus zu verwirklichen.

Beispiel: Vorhaben „Wir bauen ein Auto"
Leselehrgang „System Radigk", Arbeitsfibel S. 47—48,
Medien: Hörszene, Bilderfolgentransparent, Handpuppen, Tonbandprogramme.

Aufgabenstellung: Das „Au" ist einzuführen und auf der Basis der bisher erworbenen Kenntnisse in das funktionelle System einzubringen. Das Endglied der Unterrichtseinheit ist der Fibeltext „Uli und Toni bauen ein Auto". Auf dem Wege von der Realität zum Text sind sinnliche Erfahrungen zu sammeln, zu ordnen und zur Sinnbildung und Sinnerwartungsbildung zu führen. Gleichzeitig setzt die Erarbeitung des Wortschatzes und das handlungsbegleitende Sprechen ein, das nicht nur die grammatische und syntaktische Förderung, sondern auch die Hinführung zum inneren Sprechen zum Ziel hat. Die sprachliche Förderung findet in der Bildbeschreibung und im Puppenspiel ihren Schwerpunkt und wird dann am Lesetext, mit Hilfe eines Texttransparentes und des Tonbandprogrammes sowie weiterer Arbeitsmittel wie Bild-Wortkarten, Buchstabenkarten und Lesegitter oder Buchstabensteckwürfeln weitergeführt.

Verlauf: Als der Lehrer am Morgen mit dem Auto die Schule erreicht, steht fast die ganze Klasse am Parkplatz bereit. Wie jeden Tag warten auch heute die Schüler hier, um dann gemeinsam in die Klasse zu gehen. Heute jedoch bleiben alle auf dem Parkplatz. Der Lehrer öffnet die Haube des Autos. Einige Schüler schauen hinein, fragen, zeigen den Motor, den Kühler, die Zündkerzen, und so entwickelt sich ein Gespräch. Das Auto wird erkundet. Pedro sagt: „Wir haben auch ein Auto, einen ‚Pöscho', aber drauf steht ‚Peuge-ot'." Alle wundern sich, wenden sich aber wieder dem Auto zu, bringen ihre Fachkenntnisse vor, streiten sich darüber, ob ein Auto den Motor auch hinten haben kann und gehen dann in die Klasse. Dort wird ein Auto an die Wandtafel gezeichnet. Es ist 3m lang und 1m hoch. Die Schüler erklären, was in die Zeichnung gehört, wo die Teile hin müssen und wie groß sie sein sollen. Sprachliche Beschreibung ist schwer. Das Zeigen wäre leichter. Die Präpositionen machen Schwierigkeiten. Der Versuch, von der situativen Sprache zur kontextgebundenen Sprache zu kommen (vgl. 6.4.), bereitet Mühe. Immerhin gelingt es einer ganzen Reihe von Schülern ihre Gedanken ohne zu zeigen in Sätze zu fassen. Schließlich greifen die Schüler zum Farbstift und malen auf großem Packpapier in Partnerarbeit ein ähnliches Auto. Neben den graphischen Darstellungen erscheinen aber auch schon Wörter. Rad und Motor kann man lesen.

Während die Schüler arbeiten, setzt ein Gespräch ein. Tina erzählt von einem Kinderauto zum Spielen. Uwe bringt den Gedanken auf, so ein Auto zu bauen. Er hätte noch einen alten Kinderwagen. Davon könne man die Räder nehmen.

Die Klasse greift den Gedanken auf. Es wird beraten, was man braucht, was im Werkraum vorhanden ist und was beschafft werden muß. Die Schüler machen den Vorschlag, Holz zu beschaffen. Sie wissen besser, wo man kostenlos Holz bekommt, als der Lehrer. Vorschläge über Vorschläge werden gebracht. Natürlich sind eine ganze Reihe unrealistisch. Das tut jedoch der Begeisterung keinen Abbruch. Die Aussicht, ein eigenes Auto zu bauen, reißt alle mit. Etwas zögernd stimmt auch der Lehrer zu.

Am nächsten Morgen warten die Schüler nicht auf dem Parkplatz, sondern vor dem Haupteingang. Sie umringen drei Stapel mit Paletten, Apfelsinenkisten und Tomatenkisten. Natürlich sind die Tomatenkisten nicht zu gebrauchen. Natürlich läßt sich das viele Holz überhaupt nicht zu einem Auto verarbeiten. Aber das tut der freudigen Erwartung keinen Abbruch. Uwe hat auch den alten Kinderwagen mitgebracht, und Tina schleppt einen Eimer mit Farbe, ein Restbestand von der Wohnungsrenovierung. Susanne gar hat eine Wäscheleine mitgebracht. Damit soll das Auto gezogen werden.

Natürlich gab es nun Probleme mit dem Einräumen, dem Zerlegen der Kisten, dem Abmontieren der Achsen, dem Beschleifen der Bretter, den krummen Nägeln und dem gespaltenen Holz. Aber das alles wurde mit Eifer bewältigt. Alle hatten (dank der vielen Kisten) ausreichend Arbeit. Am Ende der zweiten Stunde stand mitten im Werkraum ein Auto. Es war kein gewöhnliches Auto — es war „IHR" Auto. Es bestand aus einem Brett mit zwei Achsen. Darauf waren vorn und hinten Apfelsinenkisten genagelt, aus denen die Querbretter herausgenommen waren. Eine runde Scheibe bildete das Lenkrad. Die Farbe war für ein Auto etwas merkwürdig: rosa. Tina hatte darauf bestanden, das Auto zu streichen. Fachmännisch diskutierend, mit etwas Stolz in der Stimme, umstanden alle ihr gemeinsames Werk.

In der Klasse wurde das Thema wieder aufgegriffen. Ein Bilderfolgentransparent bot Anlaß zur Diskussion. Die eigene Erfahrung wurde auf die Bilderfolge übertragen.

Und wieder ging es darum, Sinngehalte in Sprache umzusetzen. Das Bild bot zwar einen Halt für den Gedanken und die Vorstellungen und Operationen der 1. Informationsstufe, die sprachliche Fassung indessen bereitete immer noch Schwierigkeiten. Einige Wörter, soweit sie schon erlesen werden konnten, wurden am Lesegitter aufgebaut. Das war eine Hilfe — nicht nur beim Finden der Wörter, sondern auch bei der Artikulation.

Der dritte Tag war dann natürlich von der Erwartung bestimmt, das Auto in den Verkehr zu bringen. Das bedeutete, daß jeder damit fahren wollte. Es war nicht einfach, eine Reihenfolge festzulegen. Am Ende einigte man sich doch. Die Fahrten fanden auf dem Schulhof statt. Dort waren auch Straßen aufgezeichnet. Gleich konnte man etwas Verkehrsübung betreiben. Das war aber im Grunde eine Nebensache. Hauptsache war und blieb das „selbstgebaute" Auto.

Im Klassenzimmer konzentrierte sich dann das Geschehen auf ein Puppenspiel. Eva und Bernd, die sehr gern die Handpuppen benutzten, hatten ein Spielzeugauto auf die Kante des Puppentheaters gehängt und ließen nun die Fibelkinder auftreten, die sich, wie zuvor die Schüler der Klasse, darum stritten, wer mit dem Auto fahren darf. Danach versuchten sich weitere Schüler am Puppentheater, begleitet von Bemerkungen, Vorschlägen und Kritik der ganzen Klasse. Nach etwa 15 Minuten war der Reiz des Puppenspiels verflogen. Das Texttransparent „Uli und Toni bauen ein Auto" wurde projiziert und bearbeitet. Sofort stürzten sich die Schüler auf den Text. Die bekannten Wörter wurden gelesen und die unbekannten markiert. Die Schüler, mit dem Sinngehalt des Textes durch die eigene Erfahrung und durch das Bilderfolgentransparent vertraut, hatten keinerlei Mühe, auch die unbekannten Wörter zu identifizieren. Nur erlesen konnten sie diese nicht. Das „Au" bildete das Problem. So wurden die neuen Wörter aus dem Text herausgelöst, am Lesegitter aufgebaut, und aus dem gesprochenen, gehörten und geschriebenen Wort wurde das „Au" analysiert. Nun bereitete es auch keine Mühe mehr, die Wörter in ihrer Buchstabenfolge zu erfassen, sie auf- und abzubauen und in Satzkonstruktionen zu verwenden. Trotzdem waren einige Schüler mit der neuen Regelung nicht ganz einverstanden. Was bisher ein „A" und ein „u" war, das sollte plötzlich ein „Au" sein? Es gab noch einiges zu besprechen. Dann erst erhielten die Schüler das zur Fibel gehörige Arbeitsblatt. Nun war es verhältnismäßig leicht für sie, die Wortrahmen zu markieren und die neuen Buchstaben zu kennzeichnen.

Während der ganzen Zeit wurde den Schülern wahrscheinlich nicht bewußt, daß sie Erstleseunterricht erhielten. Bestimmt war die Situation durch das Vorhaben, das gemeinsame Bauen eines Autos. Die Sprache war das Begleitwerkzeug. Die Schrift war die Fixierung des Geschehens. Im Mittelpunkt stand immer noch das eigene Erleben. Aber dieses eigene Erleben wurde mit den verschiedensten kommunikativen Werkzeugen des Denkens, mit sinnlichen Operationen, mit lautsprachlichen Operationen und mit schriftsprachlichen Operationen aufgearbeitet. Dabei wiesen die schriftsprachlichen Operationen den geringsten Ausbildungsgrad auf. Anderes war auch nicht zu erwarten; denn diese schriftsprachlichen Operationen sollten schließlich erarbeitet werden.

Die Arbeit am schriftsprachlichen Material setzte sich fort. Es wurde mit dem Fibeltext, den Texttransparenten, den Bildwortkarten, einer Kartei und den Tonbandprogrammen gearbeitet. Dabei hatten die Schüler, weil sie mit dieser Arbeitsweise vertraut waren, eine weitgehende Freiheit, über die Arbeitsmittel zu verfügen. Die im gegenständlichen Erleben angebotene Möglichkeit zum selbständigen planenden Handeln setzte sich auch im Umgang mit dem schriftsprachlichen Material fort.

9.2. Kommunikation und Lernen

Statt Kommunikation und Lernen könnte das Kapitel auch Informationsstufen und Lernen heißen. Letzteres wäre wohl richtiger; denn die Informationsstufen weisen stärker auf den lerntheoretischen Bezug hin. Sie heben das System der inneren Speicherungen und funktionellen Systeme stärker ins Bewußtsein. Kommunikation ist uns immer nur als Vorgang gegenwärtig. Trotzdem ist sie Voraussetzung und Ergebnis unserer geistigen Tätigkeit zugleich.

Eine Auseinandersetzung mit der Frage des Zusammenhanges von Kommunikation und Lernen sollte auch Aufschluß darüber geben, welche prinzipiellen Möglichkeiten vorhanden sind, Dysfunktionen abzubauen oder zu kompensieren. Von prinzipiellen Möglichkeiten wird deshalb gesprochen, weil jeder einzelne Mensch einen eigenen Entwicklungsgang durchlebt, der sein ,,funktionelles Mosaik'' prägt, obwohl dieser Entwicklungsgang allgemeinen Gesetzmäßigkeiten gehorcht. Entwicklung läßt sich nicht in allen Einzelheiten, sondern nur ,,im Prinzip'' nachvollziehen. Deshalb können hier auch keine Rezepte der didaktischen Förderung, sondern nur Handlungskonzepte vorgelegt werden, die dem Lehrer, Erzieher oder Therapeuten Hinweise auf den Zusammenhang von didaktischer Konzeption und Lernprozeß geben. Die einzelne Entscheidung im speziellen Fall muß der Lehrende selbst treffen. Die genauen Konzepte der Förderung lassen sich stets nur im Hinblick auf das einzelne uns bekannte Kind entwickeln (vgl. 9.0.).

Je früher sich eine Dysfunktion entwickelt, um so schwerer ist sie in ihren Auswirkungen. Da die höheren Systeme die niederen integrieren, werden die dysfunktionalen Anteile stets mit einbezogen. Sie tragen dort dazu bei, daß diese in ihrer Funktion eingeschränkt sind. So sind Dysfunktionen der Sinnesverarbeitung und der psychischen Grundleistungen meist schwerwiegender als Dysfunktionen der zusammengesetzten Leistungen, wie Sprechen, Lesen oder Schreiben. Dabei darf allerdings nicht übersehen werden, daß es dem Menschen möglich ist, durch Kompensation mit anderen Sinnen die rezeptiven Funktionsausfälle weitgehend auszugleichen. Die Pädagogik der Blinden, der Gehörlosen und der Taubblinden bietet uns hervorragende Beispiele dafür.

Zwischen der Kompensation von Sinnesminderungen und der zerebralen Dysfunktion bestehen jedoch fundamentale Unterschiede. Während bei der Sinnesminderung die Ursache der eingeschränkten Informationsaufnahme feststeht und nur die Rezeption betroffen ist, gibt es bei der kognitiven Dysfunktion keine so einwandfrei feststehenden Ursachen. Bei Dysfunktionalität sind auch weniger Rezeption und Produktion betroffen als die innere Verarbeitung. Dabei ist selbstverständlich, daß diese ihrerseits auf Rezeption und Produktion einwirkt; denn beide bedürfen der inneren Verarbeitung, sind also aktive, dynamisch fließende Prozesse.

Das Problem der Behandlung von Dysfunktionalität besteht darin, daß funktionelle Systeme komplex sind, daß sie eine Ganzheit bilden und die beteiligten Funktionen integrativ miteinander verbunden sind, d.h. daß die Leistungen der einzelnen Funktionen sich gegenseitig beeinflussen, so daß letztendlich nicht mehr einwandfrei festzustellen ist, welche Wirkung aus welcher Funktion resultiert. Das dynamische Zusammenwirken der einzelnen Funktionen und Regelkreise ist ja gerade das Kennzeichen der funktionellen

Systeme. Es ist deshalb ein Irrtum anzunehmen, wir könnten die Teilleistungsstörung genau analysieren, dann diese Funktion trainieren und damit die Dysfunktionalität beheben. Wie die vielfachen Erfahrungen mit solchen Trainingsprogrammen in der heilpädagogischen Praxis zeigen, sind sie durchaus wirkungsvoll, sie aktivieren das Kind insgesamt, sie beseitigen aber die funktionelle Störung nicht. Zwar ist der Ausfall einer Teilleistung die Ursache für die Dysfunktionalität, die Verbesserung der Teilleistung führt aber noch nicht automatisch zur Verbesserung des funktionellen Systems. Nicht nur die Teilleistung ist zu verbessern, sondern ebenso das funktionelle System. Da dieses erlernt ist, wurde es eben unter den Bedingungen einer unzureichenden Teilleistung erlernt. So bleibt es zunächst bestehen. Soll es sich ändern, müssen Maßnahmen ergriffen werden, das funktionelle System zu ändern und nicht allein die Teilleistung. Partikularistische Übungen, die losgelöst vom Funktionszusammenhang erfolgen, können dann auch immer nur funktionsspezifische Erfolge bringen. Sie wirken sich nur bedingt auf die funktionellen Systeme aus. Möchte man sie verändern, muß man sie in die Behandlung einbeziehen. Das didaktische oder therapeutische Vorgehen kann also immer nur ein auf Einordnung in die Gesamtfunktion zielendes sein.

Verdeutlichen läßt sich dieses Prinzip an den Erfahrungen mit analphabetischen Jugendlichen in der Berufsschule (Radigk, 1984). Die Analyse der Schreibproduktionen ergibt, daß bei ihnen die verbosensorische Durchgliederung, die verbosensorische Analyse und die verbosensorische Differenzierung nahezu ausfällt. Erteilt man diesen Jugendlichen nun einen sprachtherapeutischen Unterricht, in dem sie die Sprechbewegungsabschnitte erfassen, die Laute heraushören und die nahe beieinander liegenden Laute unterscheiden lernen, dann machen sie Fortschritte auf diesem Gebiete, jedoch ihre Schreibproduktionen verändern sich wenig. Erst wenn wir mit Tonbandprogrammen arbeiten, also das gesprochene Wort mit den heraushörbaren Sprechabschnitten gleichzeitig mit dem geschriebenen Wort bieten und dies noch mit der motorischen Leistung, dem Aufteilen des Wortes, verbinden — und dies immer wieder in den verschiedensten Übungsformen — dann stellen sich Erfolge ein und wir gelangen zum Abbau der Dysfunktion. Dabei leistet der Aufbau der lautsprachlichen Operationen gewiß eine große Hilfe.

Das tragende Prinzip eines therapeutischen Unterrichtes ist deshalb nicht das funktionsspezifische Vorgehen, sondern das systemspezifische Arbeiten. Es kommt darauf an, die einzelne Funktion zu fördern, es kommt aber noch mehr darauf an, sie in den funktionellen Systemen arbeitsfähig zu machen. Sehr oft ist nämlich nicht die Funktion oder Teilleistung an sich gestört, sondern das Zusammenwirken mit anderen Funktionen innerhalb eines funktionellen Systems. Dabei kann so etwas wie eine Inaktivierung oder eine Funktionsreduktion die Folge sein.

Ein Beispiel für solche Inaktivierung oder Reduktion finden wir bei den ,,Ratelesern''. Bei ihnen handelt es sich oft um Schüler, die mit weniger gut entwickelten Lernvoraussetzungen in die Grundschule kamen und dort mit einer Ganzwortmethode unterrichtet wurden. Sie prägten sich das Verfahren des voranalytischen Lesens so stark ein, daß sie daraus ein funktionelles System entwickelten, das sie später zwar modifizierten, aber nicht grundsätzlich ändern konnten. Sie lesen die Wörter unserer Lautschrift wie eine Begriffsschrift, kodieren sie also als 2. Kodierung, ohne funktionelle Verarbeitung der Lautsprache. So brauchen sie keine verbosensorische Analyse und Synthese, keine verbosensorische Durchstrukturierung und Differenzierung zu entwickeln und innerhalb des Systems funktionsspezifisch zu integrieren. Die durchaus vorhandenen Funktionen der Analyse und Synthese, der Strukturierung und Differenzierung, wurden im Prozeß des Lesenlernens nicht aufgabenspezifisch weiterentwickelt und in das neue funktionelle System eingebracht. Eine Funktionsreduktion fand statt, die zu einer Dysfunktion wurde.

Noch deutlicher werden diese Beziehungen zwischen Funktion, Kommunikation und Dysfunktionalität etwa bei Schülern, die in ihrer Entwicklung auf dem Niveau des situativen Sprechens verblieben sind, die also das kontextgebundene Sprechen nicht oder nur unzureichend entwickelt haben (vgl. 7.0.). Da sie die formalen Strukturen der Sprache nicht handelnd anwenden können, ist es ihnen auch nicht möglich, in inneren Operationen darüber zu verfügen, sie also als „Vehikel des Denkens" einzusetzen. Die Folge ist, daß sie formallogische Probleme, wie sie bei der Anwendung von Lehrsätzen auftreten, nicht lösen können.

Das Problem der Behandlung kognitiver Dysfunktionen ist also zugleich auch immer das Problem der Ausformung und Verbesserung der funktionellen Systeme und damit ein Problem der Kommunikation. Kognitive Entwicklung hängt von der Entwicklung der Informationsstufen ab, und diese bilden sich unter dem maßgeblichen Einfluß der Kommunikation.

9.2.1. Themenzentrierung und Informationsstufen

Wenn die Behandlung der Dysfunktionalität und damit die Verbesserung der funktionellen Systeme so stark von der Kommunikation und der Ausbildung der Informationsstufen abhängt, dann sollte es möglich sein, durch Verbesserung der Kommunikation auch die kognitive Entwicklung zu fördern.

Diese Erkenntnis ist nicht neu. Sie war schon in den kompensatorischen Programmen der vergangenen Jahrzehnte enthalten (Iben 1971). Sie wurde in diesen Programmen auch berücksichtigt. „Die auffälligsten Mängel zeigen kulturell benachteiligte Kinder im Bereich der Sprache. Ihr begrenztes Sprachvermögen hindert sie an sinnvollen Fragestellungen, Vergleichen und Erklärungen. Darum betont das Programm vor allem die Aspekte der Sprache, die in enger Beziehung mit dem logischen Denken stehen" (Bereiter/Engelmann/Osborn/Reidford 1970).

Die Betonung der sprachlichen Entwicklung ließ aber oft auch übersehen, daß eben diese sprachlichen Fähigkeiten noch keinen entscheidenden Fortschritt ergeben, wenn nicht die sinnlichen Inhalte und funktionellen Systeme der 1. Informationsstufe in ausreichender Weise entwickelt sind. Das Ergebnis der kompensatorischen Programme zeigte denn auch, daß vor allem diejenigen Kinder gefördert wurden, denen nur die Strukturen der Lautsprache fehlten. Schüler mit Dysfunktionen der psychischen Grundleistungen erreichten durch Vorschulprogramme zwar eine Verbesserung ihrer kognitiven Entwicklung, ein Angleichen an eine altersgemäße Entwicklung war indessen noch nicht damit verbunden. Die Theorie, daß man Kinder mit kognitiver Dysfunktion zunächst durch Vorschulprogramme auf das Niveau eines durchschnittlich entwickelten Schulanfängers anheben kann, erwies sich als falsch. Bei lernbehinderten Kindern mit Dysfunktionen im sinnlich-vorstellenden Bereich und einem Wortschatz von 300 Wörtern müßte man wahrscheinlich jahrelang arbeiten, um dieses Aufholen zu erreichen. Außerdem entsteht bei einem solchen Vorgehen die Frage, ob diese Konzeption überhaupt den Entwicklungsmöglichkeiten des Kindes entspricht. Das Kind hat zwar einen Wortschatz, der etwa einem dreijährigen Kinde entspricht, es ist aber in der Gesamtentwicklung, in seinen Auffassungen, Interessen und Lebensbeziehungen nicht mehr mit einem Dreijährigen vergleichbar. Der didaktische Weg zu einem kommunikationsfördernden Lernen muß dies berücksichtigen. Es gilt deshalb andere Wege zu gehen, die ein Nachholen, Ergänzen und Ausformen der kindlichen Entwicklung gewährleisten.

Eine gangbare Konzeption bietet das themenzentrierte Arbeiten. Ein Thema ist ein Ausschnitt aus unserer komplexen Welt, der alle Inhalte, Funktionen und Ordnungen, die zu diesem kleinen Bereich gehören, enthält. In ihm stecken nicht nur alle Erfahrungsmöglichkeiten der Sinne, sondern auch die Funktionen und das gesellschaftliche Erbe der Sprache und die Möglichkeiten der Schriftsprache. An diesen kleinen Ausschnitt oder Bereich werden die dysfunktionalen Kinder herangeführt. Sie erarbeiten sich das Thema mit allen ihren Sinnen, bleiben jedoch nicht dabei stehen, sondern entwickeln gleichzeitig die gegenständliche Analyse, Synthese, Abstraktion und Ordnung und gehen zur sprachlichen Gestaltung über.

Im sprachlichen Bereich werden die Funktionen der Sprachbildung gefördert, die abstrahierenden, systematisierenden und Beziehung stiftenden Operationen durchgeführt und auf die Schriftsprache bezogen. Im schriftsprachlichen Bereich werden dann die sprachlichen Elemente fixiert, wobei gleichzeitig in der Beschäftigung mit Sprache und Schrift die Funktionen des Leseprozesses geübt und zum funktionellen System zusammengeschlossen werden.

Im Rahmen dieser Thematik ergibt sich ein kleiner Ausschnitt aus unserer Welt, in dem die Entwicklung aller Kommunikationsmöglichkeiten und damit die Entwicklung der Informationsstufen optimal genutzt wird. So wird überhaupt nicht der Versuch unternommen, die kindlichen Entwicklungsstufen nachzuvollziehen und das Kind von einer Stufe zur anderen weiterzuführen, sondern es wird versucht, an den vorhandenen Entwicklungen anzuknüpfen, sie weiterzuführen, evtl. die über eine unzureichende Stufe hinausragenden Teilleistungen zur Weiterentwicklung der darunter liegenden Funktionen zu benutzen, oder die vorhandenen Teilleistungen durch die vorhandene Redundanz zu ergänzen, abzustützen und zu vervollkommnen. An einem kleinen überschaubaren Vorhaben wird gewissermaßen prototypisch all das aktiviert, was vorhanden ist und zu höheren und komplizierteren Leistungen weiterführt.

9.2.2. Kontinuität und Wechselwirkung der Informationsstufen

Ein Unterricht oder eine Förderung von Schülern mit kognitiver Dysfunktion wird sich stets an den Gesetzmäßigkeiten der Entwicklung orientieren. Das heißt, daß dem Lernenden Möglichkeiten offeriert werden, zunächst mit dem Schwerpunkt der sinnlichen Erfahrung Sinngehalte aufzubauen, im konkret gegenständlichen Bereich die vorhandenen funktionellen Systeme auszuformen, zu schulen und zu ergänzen, sie gleichzeitig mit den lautsprachlichen Funktionen zu entwickeln, damit eine neue Stufe geistiger Operatiosfähigkeit zu erreichen, diese auszubauen und zu vervollkommnen und schließlich zur schriftsprachlichen Funktion überzuleiten und die dadurch entstehenden besonderen Möglichkeiten zu nutzen.

Ein Beispiel für ein solches Vorgehen wurde bereits bei der Beschreibung eines Vorhabens (vgl. 9.1.1.3.) gegeben. Den Ausgangspunkt bildet die Begegnung mit der Realität und die eigene praktische Tätigkeit, so weit das im Rahmen der Möglichkeiten liegt. Durch die unmittelbare Erfahrung gelingt es dem Schüler, Sinngehalte aufzubauen oder vorhandene Sinngehalte zu präzisieren und zu ergänzen. Diese Tätigkeit ist von Lautsprache begleitet, die gleichzeitig auf die Sinneserfahrung einwirkt, sie evtl. ordnet, abstrahiert und steuert, die Erkenntnisse aber gleichzeitig in einem zweiten System mit anderen operativen Möglichkeiten speichert. Erst dann (es handelt sich ja um Erstleseunterricht) wird der Aufbau der funktionellen Systeme des Lesens und Schreibens angezielt. Dabei sind die Speicherungen und funktionellen Systeme der 1. und der 2. Informationsstufe Voraussetzungen, die in das System der 3. Informationsstufe eingehen.

Es könnte hier der Eindruck entstehen, daß mit dieser Abfolge so etwas wie die etappenweise Heranbildung geistiger Handlungen nach GALPERIN angeboten wird. Dies ist jedoch nicht der Fall. Die Reihenfolge der Informationsstufen ist im genannten Fall sicher richtig gewählt, sie muß aber nicht in dieser Folge verlaufen. Die Unterrichtspraxis zeigt nämlich, daß bei Vorhandensein einigermaßen funktionsfähiger funktioneller Systeme die Informationsstufen wechselseitig, gleichzeitig, parallel oder in aufgabenspezifischer Folge gebraucht werden. Der Fortschritt der Funktionsfähigkeit resultiert nicht allein aus der kontinuierlichen Abfolge, also aus dem Vorhandensein der aufeinander aufbauenden Inhalte und Funktionen, sondern auch aus der Wechselwirkung, der gegenseitigen Abstützung, Klärung, Ergänzung und Kontrolle.

Es ist nicht mehr als logisch, wenn wir eine didaktische Planung so entwerfen, daß der Lernende nicht mit Anforderungen konfrontiert wird, die er ohnehin nicht erfüllen kann, weil ihm die Voraussetzungen fehlen. Bei einer solchen Art des Vorgehens könnte der Schüler scheitern, und Dysfunktionen würden sich nicht abbauen, sondern verstärken. Deshalb sollte der Verlauf einer Unterrichtseinheit so aufgebaut sein, daß am Anfang der Arbeitsschwerpunkt in der 1. Informationsstufe liegt, wobei der Schwerpunkt sich dann ständig weiterbewegt in Richtung der 3. Informationsstufe. Innerlich präsent sind die Funktionen und Inhalte der 2. und 3. Informationsstufe ohnehin. Sie sind nur nicht oder nicht im gleichen Maße aktiviert. Die kognitiven Operationen zeichnen sich allerdings dadurch aus, daß sie kurzfristig von einer Informationsstufe zur anderen springen können oder daß sich die Operationen in verschiedenen Stufen gleichzeitig vollziehen.

Die durch mehrfache Kodierung und Operationen auf verschiedenen Stufen vorhandene Redundanz (Informationsüberschuß) ist eines der wesentlichsten Mittel, um Dysfunktionalität abzubauen. Gerade der Zusammenschluß der Informationen und Operationen in allen Informationsstufen bietet Ansatzpunkte für therapeutische Maßnahmen. In dem genannten Beispiel „Wir bauen ein Auto" bildet die Erfahrung des Schülers einerseits die Voraussetzung für die Sprache, indem sie die Sinngehalte bereitstellt, andererseits wird die Erfahrung gleichzeitig durch die Sprache gesteuert, korrigiert und zum Teil auch fixiert. Was zu tun ist, wie es zu tun ist, welche Ergebnisse vorliegen, das erfährt der Schüler nicht nur über seine Sinne, sondern auch über die Sprache. Beide Bereiche wirken wechselseitig aufeinander ein. Die Sprache wiederum bietet dann nicht nur die inhaltliche Basis für die Schriftsprache, sondern auch die Strukturen, die in Schriftsprache übersetzt werden können. Durch die funktionelle Verarbeitung dieser Strukturen lernt der Schüler, die innersprachlichen (verbosensorische) Funktionen aufzubauen und damit auf die Lautsprache korrigierend und formend einzuwirken. Gleichzeitig werden die handelnd erworbenen funktionellen Systeme zum inneren Besitz, und es ist nur noch ein kleiner Schritt, sie zu Mitteln der inneren geistigen Operationen werden zu lassen und damit die Denkmöglichkeiten zu erweitern. So ermöglicht die Wechselwirkung der Systeme eine immer weiter gehende kognitive Entwicklung, bei der sich die Systeme gegenseitig stützen, präzisieren, korrigieren und kontrollieren.

9.2.3. Die Beziehungen zwischen Dysfunktionalität, Informationsstufen und Lernergebnis

Um die Lernbarkeit von Unterrichtsinhalten in Abhängigkeit von der Informationsstufe zu erkunden, wurde mit 390 Schülern der Hauptschule und mit 278 Schülern der Schule für Lernbehinderte eine vergleichende Untersuchung durchgeführt, die Aussagen über das Verhältnis von Instruktionsweise und Lernerfolg erbringen sollte. Um die intervenierenden Variablen unter Kontrolle zu halten und um gleichzeitig Ergebnisse zu den didaktischen Möglichkeiten des medienunterstützten Unterrichtes zu erhalten, wurden die

Instruktionsweisen auf Medien übertragen. Die Schüler erarbeiteten sich damit die Inhalte selbständig. Dadurch war es möglich, die Variable Lehrerpersönlichkeit, die oft entscheidender ist als die Instruktionsweise, zu eliminieren und die Lehrwirkung der Kommunikationssysteme genauer zu messen. Obwohl sich die Untersuchung über drei Monate hinzog und in verschiedenen Schulen stattfand, erhielt jeder Teilnehmer exakt die gleiche Information in gleicher Weise. Die Teilnehmer hatten jedoch trotz des festgelegten Instruktionsweges die Möglichkeit, das Programm in ihrer Weise zu gebrauchen, etwa den Film mehrmals anzusehen, sich eine Erklärung mehrmals anzuhören oder mit dem Modell Versuche durchzuführen. Es gab keine Zeitbegrenzung für die Arbeit mit den Materialien.

Die Untersuchungen erfolgten mit Schülerinnen und Schülern der Klasse 9. Das Unterrichtsthema hieß „Der Viertaktmotor". Die Messung der Lernergebnisse erfolgte durch Vortest, Nachtest und Wiederholungstest (6-8 Wochen später). Die fünf Instruktionsformen waren bezüglich der zu vermittelnden Inhalte gleich. Sie unterschieden sich jedoch durch die Anteile der Informationsstufen und durch die Medien, die eine Differenzierung dieser Anteile ermöglichten.

Variation A. Buchprogramm

Der Schwerpunkt der Vermittlung liegt in der 3.Informationsstufe. Die Instruktionsweise ist durch die Schriftsprache gekennzeichnet. Die Schüler arbeiten mit dem Buchprogramm „Der Viertaktmotor" von WELTNER und KUNZE, einem bewährten und sehr gut ausgearbeiteten schriftsprachlichen Instruktionsmittel mit in den Text eingearbeiteten Zeichnungen (Klett-Eingreifprogramm).

Variation B. Tonbandprogramm

Der Schwerpunkt der Vermittlung liegt in der 2. Informationsstufe. Die Instruktionsweise ist durch die Lautsprache gekennzeichnet. Die Schüler arbeiten mit einem Arbeitsheft, das aus Merksätzen, Fragen und Zeichnungen besteht, die vom Tonband her erklärt werden. Die Schüler werden auch in ihrer Handlung durch das Tonband angeleitet.

Variation C. Modellvariation

Der Schwerpunkt der Vermittlung wird zur 1.Informationsstufe hin verschoben. Die Instruktionsweise ist durch die Handlung gekennzeichnet. Zur Klärung der Funktionsweise steht ein Modell zur Verfügung. Der Schüler wird im Gebrauch desselben über das Tonband angeleitet.

Variation D. Filmvariation

Der Schwerpunkt der Vermittlung wird zur 1.Informationsstufe hin verschoben, allerdings nicht durch ein Modell, sondern durch einen Trickfilm. Zusätzlich zu Arbeitsheft und Tonband erhalten die Schüler einen Zeichentrickfilm, der die Arbeitsweise des Viertaktmotors in verlangsamtem Bewegungsablauf zeigt.

Variation E. Unterrichtsvariation

Der Schwerpunkt der Vermittlung wird noch weiter zur 1. Informationsstufe hin verschoben. Die Instruktionsweise ist durch das Kennenlernen der Teile an einem realen Motor, der auseinandergenommen wurde, gekennzeichnet. Die Schüler erkunden gemeinsam mit einem Lehrer 45 Minuten den realen Motor. Es geht dabei nur um das Kennenlernen der Teile (Kolben, Pleuel, Kurbelwelle usw.), also nicht um die Funktion. Anschließend wird das Tonbandprogramm B (Lautsprachvariation) bearbeitet.

Die Ergebnisse gestatten einerseits Einblicke in den Entwicklungsstand der Lerntechniken bei Schülern mit unterschiedlich schweren Dysfunktionen und andererseits Folgerungen bezüglich des Ansatzes von Lernprozessen. Neben vielen Vergleichen von Lernergebnissen, Lernzeit, Itemwirkung usw. wurde auch eine Regressionsanalyse durchgeführt. Aus ihr gehen die Beziehungen zwischen Instruktion und Lernerfolg recht deutlich hervor (Radigk 1975).

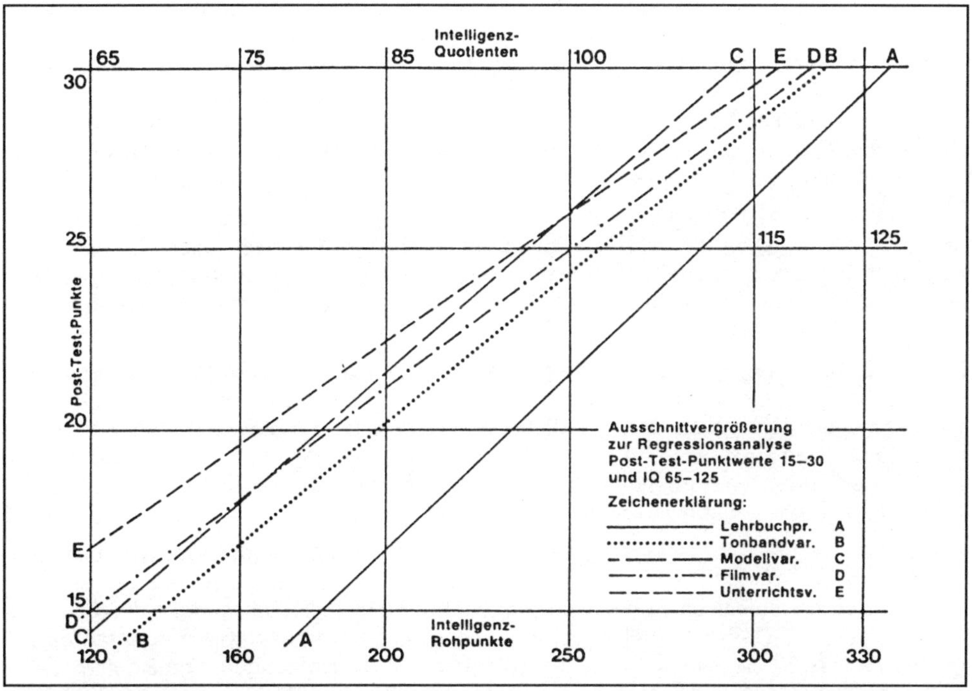

Abb. 26: *Regressionsanalyse zum Verhältnis Instruktion, Ergebnis der Intelligenzmessung und Lernerfolg, zur Verdeutlichung wurde ein Ausschnitt gewählt. Die Rohpunkte des Intelligenztests dienen lediglich als Bezugsgröße.*

Es wird davon ausgegangen, daß sich die Schüler mit kognitiver Dysfunktion vorwiegend im Bereich der unteren Intelligenztestwerte finden. Will man Erkenntnisse zum Verhältnis von Dysfunktion und Lernweise aus der Regressionsanalyse ableiten, dann werden sich die Ergebnisse vorwiegend auf der linken Seite der Regressionslinien ablesen lassen.

Die Regressionsanalyse zeigt, daß die linearen Funktionen im oberen Bereich der Intelligenz weit näher beieinander liegen als im unteren Bereich. Das bedeutet ganz einfach, daß die Art der unterrichtlichen Instruktion, der Anteil der einzelnen Informationsstufen, für Schüler mit kognitiver Dysfunktion von weit höherer Bedeutung ist als für Schüler ohne Funktionsstörungen. Im oberen Bereich liegen die Funktionen sogar so nahe beeinander, daß man daraus schließen kann, daß für einen Schüler mit hoher Intelligenz die Art der unterrichtlichen Instruktion nicht mehr von entscheidender Bedeutung ist. Tatsächlich zeigten sich im Mittelwertsvergleich der Lernergebnisse bei Hauptschülern nur signifikante Unterschiede gegenüber dem Buchprogramm. Zwischen den Medienvariationen (B bis D) waren keinerlei Signifikanzen mehr zu ermitteln.

Völlig anders als bei den Hauptschülern waren die Ergebnisse des Mittelwertvergleiches bei den Schülern der Schule für Lernbehinderte. Hier wurden lediglich die Lernzuwachsmessungen im Vergleich zwischen der lautsprachlichen Variation, der Filmvariation und der Modellvariation nicht signifikant. Dagegen zeigten sich hoch signifikante bzw. signifikante Unterschiede in allen Vergleichen mit dem Buchprogramm oder der Unterrichtsvariation.

Die schriftsprachliche Vermittlung mit dem Buchprogramm war sowohl für Schüler mit kognitiver Dysfunktion, als auch für Schüler ohne Funktionsschwierigkeiten die schwierigste Vermittlungsform. Die Schwelle von 15 Punkten wird erst bei einem IQ von etwa 78 erreicht. Der Computer errechnete durch Hochrechnung, daß bei dieser Instruktionsform etwa ein IQ von 126 notwendig ist, um die volle Punktzahl von 30 Punkten zu erreichen. Daraus läßt sich schließen, daß ein ausreichender oder besserer Lernerfolg bei diesen Schülern durchaus möglich ist, wenn nur eine schriftsprachliche Information erfolgt. Dies zeigt, wie hoch hier bereits das formale Denken entwickelt sein muß.

Die Ergebnisse bestätigen die schulische Erfahrung, daß besonders den Schülern mit kognitiver Dysfunktion die schriftsprachlichen Operationen schwer fallen. Es gelingt ihnen nicht immer, der schriftsprachlichen Formulierung den Sinngehalt zu entnehmen, und es gelingt ihnen auch nur unvollkommen, die formalen Denkoperationen zu vollziehen.

Einen großen Sprung gibt es über die gesamte Breite der Intelligenz bei der Verwendung von Lautsprache. Obwohl es sich hier um die kontextgebundene Sprache handelt, steigt die Verarbeitungsfähigkeit sprunghaft an. Bei vorwiegend lautsprachlicher Instruktion (Variation B) sind auch die Schüler mit einer durchschnittlichen Intelligenztestleistung von IQ 70 in der Lage, die Informationen richtig aufzunehmen und zu verarbeiten. Von diesem Punkt an sind die Ergebnisse mindestens ausreichend.

Betrachten wir die Regressionsanalyse, dann wird deutlich, daß der Weg von der Lautsprache zur Schriftsprache die größte Klippe darstellt, die bei schulischem Lernen überwunden werden muß. In diesem Bereich konzentrieren sich die Schwierigkeiten der Schüler im Unterricht. Das betrifft Rechtschreibung als Versetzungsproblem ebenso wie Legasthenie oder Sinnentnahme aus Textaufgaben und Umsetzung in eine Rechenoperation. Umgekehrt bietet der Wechsel von der schriftsprachlichen Information zur lautsprachlichen hin auch die größte Chance, dem Schüler ein Einsteigen in den Lernprozeß zu ermöglichen, die Informationen auf eine Informationsstufe zu transformieren, für die er funktionelle Systeme zur Verfügung hat, die ihm eine Verarbeitung ermöglichen.

Die Modellvariation (C) ist mit der lautsprachlichen Variation identisch. Es kommt nur noch ein Modell hinzu, mit dem der Schüler die Arbeitsphasen des Viertaktmotors nachvollziehen oder kontrollieren kann. Das Modell stimmt mit den Zeichnungen des Arbeitsmaterials überein. Der Schüler hat also keine Probleme mit der Übertragung. An vier Stellen des Programmverlaufes wird eine Übungssequenz mit dem Modell eingespielt und durch das Band erläuternd begleitet. Der Schüler kann aber auch, so oft er will, das Modell benutzen und Versuche durchführen. Einzelne Schüler machten davon häufiger Gebrauch.

Vergleichen wir die lautsprachliche Variation mit der Modellvariation, dann können die Differenzen im Lernergebnis und im Steilheitsgrad der Regressionslinie nur aus der Informationswirkung des Modells resultieren. Dabei handelt es sich um Handlungsergebnisse, die der 1. Informationsstufe zugerechnet werden können, aber trotzdem nicht um reale Erfahrung. Im Modell steckt bereits ein Teil Abstraktion. Es handelt sich um die Abstraktion des sinnlich-vorstellenden Bereiches der 1. Informationsstufe. Das Modell ist nicht ein bestimmter Motor, sondern ein ,,allgemeiner Motor'', der für jeden anderen Viertaktmotor steht. Das bedeutet, daß die Anknüpfung an die Realität nicht jedem Schüler gelingen wird. Das Modell wird für ihn erst verständlich, wenn er die Vorgänge am Modell einerseits mit der Realität und andererseits mit der zu bearbeitenden Zeichnung verbinden kann, wenn er also den Transfer von der einen Form in die andere vollziehen kann.

Die Regressionslinie C weist gegenüber den anderen einige Besonderheiten auf. Zunächst ist festzustellen, daß das Modell die Lernbarkeit des Inhaltes nochmals erhöht. Die ersten ausreichenden Leistungen treten rein rechnerisch schon bei einem IQ von 66 auf. Gleichzeitig weist die Regressionslinie auch den größten Steilheitsgrad auf. Bei einem IQ von etwa 100 schneidet sie sogar die Unterrichtsvariation. Rechnerisch wird sie von diesem Punkte an zur erfolgreichsten Variation innerhalb des Vergleichs.

Woraus resultiert dieser Erfolg? Offensichtlich haben Gegenständlichkeit und Handlung einen Einfluß auf den Lernprozeß. Auch der Schüler mit kognitiver Dysfunktion gewinnt daraus Informationen, die er in den Verarbeitungsprozeß einbringen kann. Ein höherer Prozentsatz an Schülern kann dadurch gefördert werden, als dies bei der lautsprachlichen Variation der Fall war. Trotzdem ist auffällig, daß die gegenständlichen Versuche mit dem Modell offensichtlich eher den Schülern um den Mittelwert der Intelligenz zugute kommen, als den Schülern mit niedriger oder hoher Intelligenz. Sie profitieren offensichtlich am stärksten von dieser abstrahierten Realität. Bei diesem Unterrichtsinhalt hat die ,,gegenständliche Abstraktion'', die Verallgemeinerung der Realität in der Vorstellung, eine Schlüsselfunktion im Lernprozeß (vgl. 5.6.).

Das Modell allein als gegenständliches Informationsmittel ergibt noch nicht die notwendigen Informationen zur Aufgabenlösung. Erst die Integration des Modells in den Lernprozeß, das Einspeisen der am Modell gewonnenen Erfahrungen in den Prozeßverlauf, die Identifikation dieser Erfahrungen mit den in der Zeichnung dargestellten Phasen, ermöglicht die volle Nutzung der realen (abstrahierten) Erfahrung.

Die Filmvariation (D) unterscheidet sich gegenüber der lautsprachlichen Variation (B) dadurch, daß zusätzlich ein Trickfilm zur Verfügung steht, der an vier Stellen in das Programm eingespeist und dabei über das Tonband erläutert wird. Die Schüler haben allerdings auch die Möglichkeit, den Film außerplanmäßig anzuschauen. Viele Schüler machten von dieser Möglichkeit Gebrauch.

Die Regressionslinie weist nochmals eine geringfügige Verschiebung nach links, und damit eine rechnerische Verschiebung erfolgreichen Lernens auf einen IQ von 65 auf. Sie läuft dann im oberen Bereich fast auf den Punkt zu, den auch die lautsprachliche Variation erreicht. Das bedeutet, daß die bildhafte Information des Films den Schülern mit höherer Intelligenz weniger zugute kommt, als den Schülern im unteren Bereich der Intelligenz. Bei Schülern mit einem IQ von 115 resultiert aus der zusätzlichen Information noch nicht einmal ein Leistungspunkt.

Die Unterrichtsvariation (E) ist diejenige, die den Schülern mit kognitiver Dysfunktion am stärksten entgegenkommt. Dabei stimmt der Name Unterrichtsvariation noch nicht einmal. Es ging eigentlich nur darum, den Schülern die Begegnung mit der Realität zu ermöglichen, ihnen die sinnliche Erfahrung zuteil werden zu lassen, die erst einen weiteren Aufbau des Lernprozesses erlaubt. Auf dieser Erfahrungsbildung konnte dann die lautsprachliche Variation (B) aufbauen. Der Lernprozeß von Schülern dieser Gruppe unterschied sich von dem der nur mit dem Tonband arbeitenden Gruppe dadurch, daß die zuvor erarbeitete gegenständliche Erfahrung mit einbezogen werden konnte.

Die Regressionsanalyse zeigt, daß hier noch einmal ein beträchtlicher Sprung einsetzt. Rein rechnerisch würde bereits bei einem IQ von 60 eine erfolgversprechende Leistung erreicht. Allerdings trügt der Steilheitsgrad der Regressionslinie. In der Gruppe E befanden sich nur Schüler der Schule für Lernbehinderte, also mit einem IQ unter dem Mittelwert, so daß das Lernverhalten oberhalb dieses Wertes nicht in die Berechnungen einging. Es handelte sich auch um eine zuvor nicht geplante zusätzliche Untersuchung. Sie wurde durchgeführt, weil die Ergebnisse der Variationen A bis D deutlich machten, daß es den Schülern mit kognitiver Dysfunktion meist an den grundlegenden Erfahrungen der 1.Informationsstufe mangelte. Es entstand deshalb die Frage, ob sich eine weitere Verbesserung erzielen läßt, wenn auch noch der unterhalb von Modell und Film liegende Teil der unmittelbaren Begegnung mit dem Gegenstand aufgearbeitet würde. Die Ergebnisse zeigen, daß dies bei dem vorliegenden Unterrichtsinhalt der Fall ist.

Die hier vorgelegten Ergebnisse sind durch einige Merkmale gekennzeichnet:

— Die Ergebnisse wurden ohne jeden Zeitdruck erzielt. Der Lernende konnte sich so lange mit dem Material beschäftigen, wie er wollte. Das führte dazu, daß sich der Schwierigkeitsgrad auch im Zeitbedarf ausdrückt. So benötigten die Schüler der Schule für Lernbehinderte bei der schriftsprachlichen Variation im Durchschnitt 81 Minuten mehr Zeit für die Bearbeitung als die Schüler der Hauptschule. Bei den Medienvariationen betrug diese Differenz nur etwas über 30 Minuten.

— Die Ergebnisse sind gekennzeichnet durch die Selbständigkeit der Erarbeitung und durch das individualisierende Verfahren. Sie wurden tatsächlich selbständig, ohne personale Hilfen erarbeitet. Es konnte weder der Beitrag eines Klassenkameraden, noch die Information des Lehrers mit einfließen.

Zusammenfassung:

1. Die Ergebnisse zeigen eine deutliche Beziehung zwischen Informationsstufe und Lernerfolg. Je höher die Informationsstufe, um so schwieriger wird es für Schüler mit geringer schulischer Leistungsfähigkeit, das Niveau erfolgreicher Arbeit zu erreichen.

2. Durch ein Zurückgehen in der Hierarchie der Informationsstufen auf das Niveau der Lautsprache werden besonders die Schüler mit Dysfunktionen der 3. Informationsstufe in die Lage versetzt, die angebotenen Informationen zu übernehmen und auf sprachlicher Ebene geistige Operationen zu vollziehen.

3. Durch ein Erhöhen der Informationsanteile gegenständlicher Erfahrung wird einer weiteren Gruppe von Schülern der Unterrichtsgegenstand erschlossen. Auch sie erhalten durch die realen Materialien Zugang zur Information und können die vorhandenen konkreten inneren geistigen (vorstellenden) Operationen in den Lernprozeß einbringen.

4. Die Veränderung des Informationsstufenanteils allein kann Dysfunktionen nicht beseitigen, da die komplexen Unterrichtsinhalte stets auch Anteile enthalten, die abstrakter Natur und nur sprachlich faßbar sind. Sie kann aber einen Bezugspunkt für das Lernen schaffen, auf dem der Schüler noch sicher operieren und bei der Entwicklung höherer Operationen ausgehen kann.

5. Die Nutzung der Informationen aus den verschiedenen Stufen ist von den funktionellen Systemen der Verarbeitung abhängig. Zwischen Information und Verarbeitungssystem muß eine relative Übereinstimmung bestehen. Es ist nicht sinnvoll, Informationen anzubieten, wenn diese nicht verarbeitet werden können. Gleichwohl sollte stets ein gewisses Überangebot als Herausforderung bestehen bleiben.

6. Im schulischen Bereich gibt es keine Lerngegenstände, die ausschließlich mit den Mitteln der 1. Informationsstufe bearbeitet werden könnten. Es sind stets auch Anteile abstrakt-verbaler Natur darin enthalten, die nicht unmittelbar aus realer Erfahrung, sondern nur durch sprachliche Vermittlung abgeleitet werden können. Ein sprachfreies Lernen ist deshalb nicht möglich.

7. Die geistigen Operationen lassen sich schrittweise aufbauen. Dabei haben die Informationen und Operationen der vorangehenden Informationsstufe stets ein Übergewicht gegenüber den darauf aufbauenden der folgenden Informationsstufe, da sie sowohl für die Informationen als auch für die Operationen eine tragende und grundlegende Funktion haben.

8. Die Kodierung eines Inhaltes in verschiedenen Informationsstufen ermöglicht eine „mehrdimensionale Denkweise", d.h. ein Objekt kann bildhaft vorstellend, lautsprachlich und schriftsprachlich gleichzeitig verarbeitet werden, wobei jede Informationsstufe spezifische Erkenntnisse in den Prozeß einzubringen vermag.

9. Zwischen den Informationsstufen und den in ihnen laufenden Operationen bildet sich eine Wechselwirkung, in der jede Stufe auf jede einwirkt und zu einer weiteren Präzisierung der Inhalte und Operationen und zur Kontrolle derselben beiträgt.

10. Die Untersuchungen zeigen, daß sich geistige Tätigkeit entwickeln läßt. Kennen wir den Aufbau unserer Kommunikations- und Operationssysteme und kennen wir auch den Aufbau des zu vermittelnden Unterrichtsinhaltes, dann lassen sich Lernprozesse konzipieren, die auch dem Schüler mit zerebraler Dysfunktion eine erfolgreiche Teilnahme am Lernprozeß ermöglichen, weil ihm durch diesen Aufbau die Gelegenheit geboten wird, von Stufe zu Stufe fortzuschreiten, die Hirntätigkeit zu entwickeln, vorhandene funktionelle Systeme auszuformen, zu ergänzen oder zu entwickeln, und so zu einer immer größeren kognitiven Kompetenz zu gelangen.

Literaturverzeichnis

Aebli, H., Denken, das Ordnen des Tuns, Bd. 1 und 2, Stuttgart 1980.
Agranoff, B. W., Memory and protein synthesis, Scientific American, 115—122, 6/67.
Akert, K., Probleme der Hirnreifung, in: Lempp, R. (Hrsg.), Teilleistungsstörungen im Kindesalter, Bern, Stuttgart, Wien 1979, S. 12—32.
Albrecht, E., Beiträge zur Erkenntnistheorie und das Verhältnis von Denken und Sprache, Halle 1959.
Aidarowa, L. J., Die Ausbildung einer linguistischen Einstellung zum Wort bei Schülern der Unterstufe, in: Galperin, P. J., Probleme der Lerntheorie, Berlin 1967.
Ananjew, B. G., Zur Theorie der inneren Sprache in der Psychologie 1946.
Anochin, P. K., Das funktionelle System als Grundlage der physiologischen Architektur des Verhaltensaktes, Jena 1967.
Antonow, N. P., Die Entwicklung des Denkens und der Sprache beim Vorschul- und Schulkind, in: ders., Beiträge zur Anwendung der Lehre Pawlows auf Fragen des Unterrichts, Berlin 1955.
Aries, P., Centuries of Childhood, New York 1962.
Ashby, W. R., Einführung in die Kybernetik, Frankfurt 1974.
Ayres, J. A., Bausteine der kindlichen Entwicklung, Berlin usw. 1984. Informationsschrift Deutsches Taubblindwerk.

Bach, Sheldon und Klein, George, S., Conscious effects of prolonged visual exposure of words. In: American Psychologist, 12/1957, S. 397.
Bach-y-Rita, P., Hirnplastizität und sensorische Substitution, in: Ditfurth, H. v., mannheimer forum 76/77, S. 89—146.
Baddeley, A. D., Die Psychologie des Gedächtnisses, Stuttgart 1979.
Bandura, A., Lernen am Modell. Ansätze zu einer kognitiven Lerntheorie, Stuttgart 1976.
Barth, N., Aufbruch zu neuen Ufern in der Sonder- und Heilpädagogik. Zum Lebenswerk von Werner Radigk. In: Zeitschr. f. internationale erziehungs- und sozialwissenschaftliche Forschung 6 (1989) 1, S. 219—231.
Bastian, R. D., Untersuchungen zur Analyse von Lernprozessen bei hochgradig Lernbehinderten, unveröff., Univ. Frankfurt/Main 1984.
Baudisch, W., Bröse, B., Samski, Ch. S., Einführung in die Hilfsschulpädagogik, Berlin 1982.
Baumgarten, R., Informationsspeicherung einzelner Nervenzellen, in: Keidel/Spreng (Hrsg.) Kybernetik und Bionik, München 1974.
Becker, K. P. und Sovák, M., Lehrbuch der Logopädie, Königstein 1983.
Benesch, H., Der Ursprung des Geistes, Stuttgart, 2. Aufl. 1980.
Bereiter, C., Engelmann, S., Teaching Disadvantaged Children in the Preschool, Englewood Cliffs/New York 1966.
Bert, E. und Guhlke, J., Nun differenziert mal schön, Frankfurt 1977.
Bertalanffy, Ludwig von: The Mind-Body Problem — A New View. In: Psychosomatic Medicine, 26 (1)/1964, S. 29—45.
Bindra, Dalbir, The Problem of Subjecitive Experience. In: Psycholocical Review, 77/1970, S. 581—584.
Birbaumer, N., Physiologische Psychologie, Berlin 1975.
Blonski, P. P., Gedächtnis und Denken, Berlin 1935.
Blumenbach, Johann Friedrich, Vom Homo sapiens ferus Linn, und namentlich vom Hammelschen wilden Peter. In: Johann Friedrich Blumenbach: Beiträge zur Naturgeschichte, 2. Teil, Dieterich, Göttingen 1811, S. 10—44.
Boettcher, W., Lehrer und Schüler machen Unterricht. Unterricht als Sprachlernsituation, München 1976.
Bogojawlenski, D. N./Mentschinskaja, N. A., Psychologische Probleme des Kenntniserwerbs in der Schule, Berlin 1962.
Brabyn, H., Die Muttersprache beeinflußt die Gehirntätigkeit, in: Unesco-Kurier 2/82, S. 10—13.
Brajnes, S. N./Svercinski, V. B., Neurokybernetik und Neurobionik, Stuttgart 1970.
Breuer, H., Die Bedeutung verbosensomotorischer Voraussetzungen für die intellektuelle Entwicklung, Die Sonderschule 19 (1974) 6, S. 342-354.
Breuer, H., Weuffen, M., Gut vorbereitet auf das Lesen- und Schreibenlernen, Berlin 1975.
Brim, Orville G./Jerome Kagan (Hrsg.): Constancy and Change in Human Development Harvard University Press, Cambridge MA 1980.

Brown, G., Desforges, C., Piagetian Psychology and Education: Time for Revision. Br. J. Educational Psychology, 47, 7—17.
Bruner, J. S., Der Prozeß der Erziehung, Düsseldorf 1970.
Bühler, K., Die geistige Entwicklung des Kindes, Jena 6. Auflage 1930.
Bülow, E., Kommunikative Ethik, Düsseldorf 1972.
Bunge, M., The Mind-Body Problem — A Psychobiological Aproach. Pergamon Press, Oxford 1980. (Deutsch: Mario Bunge: Das Leib-Seele-Problem, Tübingen 1984).
Busemann, A., Höhere Begabung, Ratingen 1955.
Byrne, D., The effects of a subliminal food stimulus on verbal responses. In: Journal of Applied Psychology, 43/1959, S. 249—252.
Byrne, D., The repression-sensitization scale: rationale, reliability, and validity. In: Journal of Personality, 29/1961, S. 334—349.

Carus, C. G., Psyche — Zur Entwicklungsgeschichte der Seele (1846). Leipzig 1931.
Chomsky, N., Sprache und Geist, Frankfurt 1970.
Clarke, A. M., Early experience, myth and evidence, Open Books, London 1976.
Clauß, G., Verbalisationseffekte beim Lernen, in: Lompscher, J. (Hrsg.), Zur Psychologie der Lerntätigkeit. Konferenzbericht, Berlin 1977, S. 143—153.
Clauß, G. u.a., Wörterbuch der Psychologie, Leipzig 1978, 2. Auflage.
Conel, J. L., Postnatal Development of the Human Cerebral Cortex, Vol. I—VIII, Harvard University Press, 1939—1959.
Cole, M., Eine ethnographische Psychologie der Kognition, in: Schöfthaler/Goldschmidt, Soziale Struktur und Vernunft, Frankfurt/Main 1984.
Cole, M., Scribner, S., Culture and Thought: A Psychological Introduction, New York Wiley 1971.
Cronau, H., Miller, W., Untersuchungen zum Zusammenhang von Motorik, Raumorientierung und schriftsprachlicher Kommunikation, Univ. Ffm. 1983, unveröffentlicht.
Curtiss, S., Genie — A Linguistic Study of a Modern-Day „Wild Child". Academic Press, New York 1977.
Curtiss, S., Fromkin, V., Krashen, St., Rigler, D., Rigler, M.: The Linguistic Development of Genie. In: Language, 50(3)/1974, S. 528—554.

Davis, K., Fröhlich, W. D., Wörterbuch zur Psychologie, München 1968.
Davis, K., Extreme Social Isolation of a Child. In: American Journal of Sociology, 45/1940, S. 554—565.
Davis, K., Final Note on a Case of Extreme Isolation. In: American Journal of Sociology, 52/1947, S. 432—437.
Dennett, D. C., Introduction. In: Hofstadter/Dennett (Hrsg.) 1981, S. 3—16.
Dennis, W., The Significance of Feral Man. In: American Journal of Psychology, 54/1941, S. 425—433.
Descartes, R., Principia Philosophiae. Elzevir, Amsterdam 1644. (Deutsch: Rene Descartes: Die Prinzipien der Philosophie, Hamburg 1955).
Descartes, R., Animals Are Machines. In: Regan, T./Singer, P. (Hrsg.): Animal Rights and Human Obligations. Prentice-Hall, Englewood Cliffs NJ 1976, S. 60—66.
Deutsches Taubblindenwerk, Mit drei Sinnen leben, Informationsschrift, Hannover, o.J.
Ditfurth, H. v., Am Anfang war der Wasserstoff, München 1972/Hamburg 1981.
Ditfurth, H. v., Der Geist fiel nicht vom Himmel, München 1980.
Dixon, N. F., Apparent changes in the visual threshold as a funcition of subliminal stimulation. In: Quarterly Journal of Experimental Psychology, 10/1958, S. 211—219.
Dixon, N. F., Subliminal Perception — The Nature of a Controversy. McGraw-Hill, London 1971.
Dixon, N. F., Preconscious Processing. Wiley, Chichester (Sussex) 1981.
Domagk, G. F., Zippel, H. P., Biochemie der Gedächtnisspeicherung, in: Zs. Naturwissenschaften 57, 1970, S. 152 ff.
Donaldson, M., Wie Kinder denken, Bern, Stuttgart, Wien 1982.
Drever, J., Fröhlich, W. D., Wörterbuch zur Psychologie, München 1968.
Driver, R., When is a stage not a stage? A critique of Piaget's theory of cognitive Development and its Application to Science Education. In: Educational Research, 21 (1978) 1, S. 54—60.
Dywan, J., Bowers, K., The Use of Hypnosis to Enhance Recall. In: Science, 222/14. 10. 1983, S. 184—185.

Eccles, J. C., Das Gehirn des Menschen, München 4. Aufl. 1979.
Edelstein, W., Lernen ohne Angst, in: Neue Sammlung 4/1980.
Eibl-Eibesfeld, I., Der vorprogrammierte Mensch, München 1973.
Eichler, W., Einführung in die theoretiche Linguistik auf fachdidaktischer Grundlage, Hannover, Darmstadt, Dortmund, Berlin 1972.
Eissler, K. R., The Fall of Man. In: Eissler, R. S., Freud, A., Kris, M., Solnit A. J. (Hrsg.): The Psychoanalytic Study of the Child, Band 30. Yale University Press, New Haven CT 1975.
Elkin, D. G., Der Anteil des zweiten Signalsystems an der Zeitwahrnehmung, in: Hiebsch, H. (Hrsg.), Ergebnisse der sowjetischen Psychologie, Berlin 1967.
Elkonin, D. B., Untersuchungen zur Verbesserung des Unterstufenunterrichts, Pädagogik, 12, 1964.
Ellenberger, H. F., The Discovery of the Unconscious — The History and Evolution of Dynamic Psychiatry. Basic Books, New York NY 1970. (Deutsch: Ellenberger, H. F., Die Entdeckung des Unbewußten, 2 Bände, Bern 1973).
Engelkamp, J., Semantische Struktur und die Verarbeitung von Sätzen, Bern 1973.
Erdelye, M. H., A New Look at the New York — Perceptual Defense and Vigilance. In: Psychological Review, 81/1974, S. 1—25.
Erdelye, M. H., Goldberg, B., Let's Not Sweep Repression under the Rug. In: Kihlstrom, J. F., Evans, F. J. (Hrsg.): Functional Disorders of Memory. Erlbaum, Hillsdale NJ 1979, S. 355—401.
Ernst C., Luckner, v. N., Stellt die Frühkindheit die Weichen? — Eine Kritik an der Lehre von der schicksalshaften Bedeutung erster Erlebnisse, Stuttgart 1985.
Ernst, C., Das Sprachvermögen frühdeprivierter Kinder, Sonderpädagogik 1/1983, S. 1—4.
Ernst, C. und Angst, J., Birth order, Berlin usw. 1983.
Eysenck, H. J., The Decline and Fall of the Freudian Empire. Viking Penguin, London 1985 (Deutsch: Eysenck: Sigmund Freud — Niedergang und Ende der Psychoanalyse, München 1985).

Feuerbach, P. J., Ritter, A. v., Kaspar Hauser — Verbrechen am Seelenleben des Menschen (1832). In: Hörisch (Hrsg.) 1979, S. 110—203.
Fisher, S., Greenberg, R. P., The Scientific Credibility of Freud's Theories and Therapy. Basic Books, New York NY 1977.
Flavell, J. H., Kognitive Entwicklung, Stuttgart 1979.
Flechtner, H. J., Grundbegriffe der Kybernetik, Stuttgart 5. Aufl. 1970.
Fodor, J. A., The mind-body problem. In: Scientific American, 244/1981, S. 114—123.
Frank, G. H., The Role of the Family in the Development of Psychopathology. In: Psychological Bulletin, 64 (3)/1965, S. 191—205.
Freud, S., Gesammelte Werke, Band 16, London 1950, S. 41—56.
Fromkin, V. A., Speech errors as linguistic evidence. den Haag 1973.
Furth, H. G., Denkprozesse ohne Sprache, Düsseldorf 1972.
Furth, H. G., Intelligenz und Erkennen. Die Grundlagen der genetischen Erkenntnistheorie Piagets, Frankfurt, 1972.
Furth, H. G., Piaget für Lehrer, Frankfurt, Berlin, Wien 1983.

Gagne, R. M., Die Bedingungen des menschlichen Lernens, Hannover 5. Aufl. 1980.
Galperin, P. J., Die geistige Handlung als Grundlage für die Bildung von Gedanken und Vorstellungen, in: Probleme der Lerntheorie, Berlin 1966.
Galperin, P. J., Die Entwicklung der Untersuchungen über die Bildung geistiger Operationen, in: Hiebsch, H., (Hrsg.), Ergebnisse der sowjetischen Psychologie, Berlin 1967.
Galperin, P. J., Die Psychologie des Denkens und die Lehre von der etappenweisen Ausbildung geistiger Handlungen, in: ders., Untersuchungen des Denkens in der sowjetischen Psychologie, Berlin 1967.
Galperin, P. J., Probleme der Lerntheorie, Berlin 5. Aufl. 1979.
Galperin, P. J., Talysina, N. F., Die Bildung erster geometrischer Begriffe auf der Grundlage organisierter Handlungen der Schule, in: ohne Autor, Probleme der Lerntheorie, Berlin 1966.
Geest, A. J. M. v. d., Entwicklung der Kommunikation. Verbale Interaktion im 1. Schuljahr, Bochum 1978.
Gelück, H., Persie, J., Fehleranalysen von Rechtschreibtests im Hinblick auf die verursachenden Faktoren, Univ. Ffm 1981, unveröffentlicht.
Geschwind, N., Die Großhirnrinde, in: Spektrum der Wissenschaft (Hrsg.), Gehirn und Nervensystem, Weinheim 1980, S. 113—122.
Gesell, A., Wolf Child and Human Child — The Life History of Kamala, the Wolf Girl, London 1941.
Gheorgov, J. A., Die ersten Anfänge des sprachlichen Ausdrucks für das Selbstbewußtsein bei Kindern, in: Archiv f. d. ges. Psychologie 5/1905, S. 329—404.

Ghiselin, B. (Hrsg.), The Creative Process, New York NY 1952.
Ginsburg, H., Opper, S., Piagets Theorie der geistigen Entwicklung, Stuttgart 1978.
Glees, P., Das menschliche Gehirn, Stuttgart 1971.
Glees, P., Mahdi, H., Alterserscheinungen am Gehirn, Umschau in Wissenschaft und Technik, S. 216—217, 7/74.
Goethals, G. R., Reckman, R. F., The perception of consistency in attitudes. In: Journal of Experimental Social Psychology, 1973, S. 491—501.
Goodman, C. S., Bastiani, M. J., Wie embryonale Nervenzellen einander erkennen, Spektrum der Wissenschaft, 1985, S. 48—61.
Gromovoj, E. A. (Hrsg.), Physiologische Mechanismen des Gedächtnisses, Puscino an der Oka 1973.
Grünbaum, A., Epistemological Liabilities of the Clinical Appraisal of Psychoanalytic Theory, in: Psychoanalysis and Contemporary Thought, 1979, S. 451—526.
Grünbaum, A., The Foundations of Psychoanalysis — A Philosophical Critique. University of California Press, Berkeley CA 1984.
Grüßer, O. J., Informationstheorie und die Signalverarbeitung in den Sinnesorganen und im Nervensystem, in: Naturwissenschaft 59/1972, S. 436—447.
Gürtler, R., Triebgemäßer Erlebnisunterricht, Halle 1924.
Gullasch, R. (Hrsg.), Psychologische Grundlagen der Persönlichkeitsentwicklung im pädagogischen Prozeß, Berlin 2. Aufl. 1980.
Guttmann, G., Einführung in die Neurophysiologie, Bern 1972.

Haberstroh, J., Can't ignore subliminal ad charges. In: Advertising Age, 1984, S. 3—44.
Haberstroh, J., Ad professors deliver subliminal education. In: Advertising Age, 1985, S. 52.
Harth, E., Windows on the Mind — Reflections on the Physical Basis of Consciousness. Harvester Press, London 1982.
Hartmann, E. v., Philosophie des Unbewußten, 3 Teile, Berlin 1968ff.
Hayakawa, S. I., Sprache in Denken und Handeln, Darmstadt 1964.
Heberer, Henke, Rothe, Der Ursprung des Menschen, Stuttgart 1975.
Hegel, G. W. F., Vorlesungen über die Philosophie der Geschichte (1822ff.). In: G. W. F. Hegel: Werke, Band 12, Frankfurt 1970.
Hemminger, H., Kindheit als Schicksal? — Die Frage nach den Langzeitfolgen frühkindlicher seelischer Verletzungen. Reinbek 1982.
Hiebsch, H. (Hrsg.), Ergebnisse der sowjetischen Psychologie, Berlin 1967.
Hildebrand-Nilshon, M., Die Entwicklung der Sprache, Frankfurt 1980.
Hilgard, Bower, Die Neurophysiologie des Lernens, in: dies., Theorien des Lernens, Band II, Stuttgart 2. Aufl. 1971, S. 521ff.
Hillebrand, M. J., Psychologie des Lernens und Lehrens, Bern/Stuttgart 1958.
Hörisch, J. (Hrsg.), Ich möchte ein solcher werden wie . . . — Materialien zur Sprachlosigkeit des Kaspar Hauser, Frankfurt 1979.
Hoffmann, J., Rushkowa, N., Lernprozesse und Strukturbildung im menschlichen Gedächtnis, in: Lompscher, J. (Hrsg.), Zur Psychologie der Lerntätigkeit, Konferenzbericht, Berlin 1977, S. 154—166.
Hofstädter, D. R., Dennett, D. C. (Hrsg.), The Mind's Eye — Fantasies and Reflections on Self and Soul. Basic Books, New York NY 1981.
Hughes, M., Egocentrism in pree-school children, Dissertation, Edinburgh 1975.
Hyden, H., Egyhafi, E., Chances in RNA content and base composition in cortical neurons of rats in a learning experiment involving transfer of handedness. Pro. nat. Acad. Sci., Washington, 52, S. 1030—1035, 1964.
Hyden, H., Lange, P. W., Protein Synthesis in the hyppocampal pyramidal cells of rats during a behavioral test. Science, S. 159, 1370—1373, 1968.

Iben, G., Kompensatorische Erziehung, München 1971.
Iben, G., Lernen in Situationen, päd extra Sozialarbeit 3/1980.
Iben, G. (Hrsg.), Zur Schule gehen, Ravensburg 1980.
Iben, G. (Hrsg.), Arm und reich sein, Ravensburg 1980.
Iben, G. (Hrsg.), Spielen und Kochen, Ravensburg 1980.
Iben, G. (Hrsg.), Erzieheralltag, Ravensburg 1980, Neuauflage Mainz 1990.
Ihlefeld, U., Rezension des Buches „Probleme der Lerntheorie“, Pädagogik, 21 (1967) 3, S. 266 - 267.

Inhelder, B., Chipman, H., Von der Kinderwelt zur Erkenntnis der Welt, Wiesbaden 1978.
Iversen, L. L., Die Chemie der Signalübertragung, Spektrum der Wissenschaft (Hrsg.), Gehirn und Nervensystem, Weinheim 1980.

Jakob, F., Die Logik des Lebenden, Frankfurt 1972.
Jones, E., The Life and Work of Sigmund Freud, Band 1. Basic Books, New York NY 1953. (Deutsch: Jones, E.: Das Leben und Werk von Sigmund Freud, Band 1, Stuttgart 1960.

Kagan, J., Klein, R. E., Cross-cultural perspectives on early development. In: American Psychologist, 28/1973, S. 947-961.
Kagan, J., Perspectives on Continuity. In: Brim/Kagan (Hrsg.) 1980, S. 26—74.
Kainz, F., Psychologie der Sprache, Band I und II, Stuttgart 2. Aufl. 1960.
Karlson, P., Kurzes Lehrbuch der Biochemie für Mediziner und Naturwissenschaftler, Stuttgart 1974.
Keidel, W. D., Neuere Ergebnisse der akustischen Informationsverarbeitung. In: Naturwissenschaftliche Rundschau, 24/1971, S. 461—471.
Keller, M., Kognitive Entwicklung und soziale Kompetenz, Stuttgart 1976.
Kent, E. W., The Brains of Men and Machines. McGraw Hill, Peterborough NH 1981.
Keseling, G., Sprachlernen in der Schule, Köln 2. Aufl. 1976.
Key, W. B., Media Sexploitation. New American Library, New York NY 1976.
Kiener, F., Empirische Kontrolle psychoanalytischer Thesen. In: Gottschaldt, Lersch, Sander, Thomae (Hrsg.): Handbuch der Psychologie, 8. Band: Klinische Psychologie, 2. Halbband. Hogrefe, Göttingen 1978, S. 1200—1241.
Kipling, R., The Jungle-Book. Macmillan, London 1894.
Klaus, G., Kybernetik und Erkenntnistheorie, Berlin 2. Aufl. 1967.
Klieme, E., Rüppel, H., Die Bedeutung und Förderung des bildlichen Denkens im Unterricht. In: Kötter, S., Mendl, H. (Hrsg.), Jahrbuch für Erziehungswissenschaft, Düsseldorf 1983.
Klix, F., Information und Verhalten, Berlin 1973.
Klix, F., (Hrsg.), Psychologische Analysen kognitiver Prozesse, Berlin 1976.
Klix, F., Zur Eröffnung: Das Gedächtnis als Gegenstand psychologischer und interdisziplinärer Forschung. In: Zs. Psychologie 184/1976, S. 296—307.
Koehler, O., „Wolfskinder", Affen im Haus und vergleichende Verhaltensforschung. In: Folia Phoniatrica, 4/1952, S. 29—53.
Kohlberg, L., Zur kognitiven Entwicklung des Kindes, Frankfurt 1974.
Kohlberg, L., Ricks, D., Snarey, J., Childhood Development as a Predictor of Adaptation in Adulthood. In: Genetic Psychology Monographs, 110/1984, S. 91—172.
Kornhuber, H. H., A Reconsideration of the Brain-Mind Problem. In: Buser, P. A., Rougeul-Buser, A. (Hrsg.), Cerebral Correlates of Conscious Experience. North-Holland, Amsterdam 1978, S. 319—334.
Kornhuber, H. H., Wahrnehmung und Informationsverarbeitung. In: Wendt, H., Loacker, N. (Hrsg.), Kindlers Enzyklopädie Der Mensch, Band 3, München 1983, S. 597—620.
Kraizmer, L. P., Die biophysikalische Modellierung des Gedächtnisses und ihre bionischen Aspekte. In: Zs. Psychologie, 184/1976, S. 450—496.
Krasnogorski, L., Zur Physiologie des Spracherwerbs bei Kindern, Moskau 1955.
Küpfmüller, K., Nachrichtenverarbeitung im Menschen. In: Steinbuch, K. (Hrsg.), Taschenbuch der Nachrichtenverarbeitung, Berlin 1962, S. 1481—1501.

Lane, H., The Wild Boy of Aveyron. Allen & Unwin, London 1977.
Laplanche, J., Pontalis, J. B., Das Vokabular der Psychoanalyse, 2 Bände, Frankfurt 1972.
Lassen, I.,Ingvar, D. H., Skinhoj, E., Hirnfunktion und Hirndurchblutung, in: Spektrum der Wissenschaft, Gehirn und Nervensystem, Weinheim 1980.
Latane, B., Darley, J. M., The Unresponsive Bystander — Why Doesn't he Help? Appleton, Century, Crofts, New York NY 1970.
Lebedinski, M. S., Aphasie, Agnosie und Apraxie, Kharkov 1941.
Lebovici, S., Soule, M., Die Persönlichkeit des Kindes. Der Beitrag der Psychoanalyse zum Verständnis des Kindes, München 1978.
Lehr, Werner, Menzel, Zur Biochemie des Gedächtnisses. In: Zs. Naturwissenschaften 61/1974, S. 399—401.
Lempp, R., Teilleistungsstörungen im Kindesalter. Stuttgart 1979.
Lenz, W., Merkwürdiges von A bis Z, Gütersloh o. J.

Leontjew, A. A., Sprache — Sprechen — Sprechtätigkeit, Stuttgart 1971.
Leontjew, A. A., Entwicklungsbesonderheiten der geistigen Operationen. In: Hiebsch, H., a.a.O.
Leontjew, A. A., Probleme der Entwicklung des Psychischen, Königstein, 3. Aufl. 1980.
Leontjew, A. A., Probleme der Entwicklung des Psychischen, Kronberg 1977.
Leontjew, A. A., Galperin, P. J., Die Theorie des Kenntniserwerbs und der programmierte Unterricht. In: Galperin, P. J., Probleme der Lerntheorie, Berlin 1967.
Leopold, W., Das Sprechenlernen des Kindes. In: Zs. Sprachforum 2/1956, S. 117—125.
Leopold, W., Kindersprache. In: Zs. Phonetica, 4/1959, S. 191—214.
Lesemann, G., Lebendige Krücken, Berlin 1962.
Lesinski, I., Untersuchungen zum Schülerverhalten im Unterricht mit Hilfe von Fernsehaufzeichnungen, Univ. Ffm. 1979, unveröffentlicht.
Levi-Montalcini, R., Calissano, P., Der Nerven-Wachstumsfaktor. In: Spectrum der Wissenschaft. Gehirn und Nervensystem, 1980, S. 54—63.
Lewis, M. M., Sprache, Denken und Persönlichkeit im Kindesalter, Düsseldorf 1970.
Libet, B., Subjective referral of timing for a conscious sensory experience. In: Brain, 102 (1)/1979, S. 193—224.
Libet, B., Wright, E. W. Jr., Gleason, C. A., Readiness potentials preceeding unrestricted „spontaneous" vs. pre-planned voluntary acts. In: Electroencephalography and Clinical Neurophysiology, 54/1982, S. 322—335.
Libet, B., Gleason, A., Wright, E. W., Pearl, D. K., Time of conscious intention to act in relation to onset of cerebral activity (readiness-potential). In: Brain, 106/1983, S. 623—642.
Locke, J., Essay Concerning Human Understanding (1690). Deutsch: Über den menschlichen Verstand, Leipzig 1898.
Löwenhard, P., Consciousness — a biological view. In: Göteborg Psychological Reports, 11 (10)/1981, S. 88ff.
Loftus, E., Memory, Addison-Wesley, Reading MA 1980.
Lompscher, J., Theoretische und experimentelle Untersuchungen zur Entwicklung geistiger Fähigkeiten, Berlin 1975.
Lompscher, J., Probleme der Ausbildung geistiger Handlungen, Berlin 1972.
Lompscher, J., Über die Entwicklung der Auffassung der Raumbeziehung rechts-von, links-von. In: Pädagogik 1 Beiheft 1958.
Lompscher, J., Verlaufsqualitäten der geistigen Tätigkeit, Berlin 1976.
Lompscher, J., Psychologie der Lerntätigkeit, Konferenzbericht, Berlin 1977.
Lotz, P. und Grohe, L., Fehleranalysen von Rechtschreibtests im Hinblick auf die verursachenden Faktoren, Examensarbeit des Fb 4 der Univ. Frankfurt a.M., 1983.
Lou, C. H., Henriksen, L., Bruhn, P., Focal Cerebral Hyperfusion in Children with Dysphasia and/or Attention Deficit Disorder, Archives of Neurology, 1984, S. 825—829.
Lurija, A. R., Die Entwicklung der Sprache und die Entstehung der psychischen Prozesse. In: Hiebsch, H. (Hrsg.), Ergebnisse der sowjetischen Psychologie, Berlin 1967.
Lurija A. R., Judowitsch, F. J., Die Funktion der Sprache in der geistigen Entwicklung des Kindes, Düsseldorf 1970.
Lykken, D. T., Bouchard, T. J., Genetische Aspekte menschlicher Individualität, in: mannheimer forum 83/84.

Macfarlane, J. W., Perspectives on Personality Consistency and Change from the Guidance Study. In: Vita humana, 7 (2)/1964, S. 115—126.
Macnamara, J., A Note on Piaget and Number, Child Development, 46/1975, S. 424—429.
Malson, L., Itard, J., Mannoni, O., Les Enfants sauvages — Mythe et realitee. Union Generale d'Editions, Paris 1964. (Deutsch: Malson, L., Itard, J., Mannoni, O., Die wilden Kinder, Frankfurt 1972.
Mandler, G., Consciousness — Respectable, Useful and Probably Necessary. In: Robert L. Solso (Hrsg.), Information Processing and Cognition — The Loyola Symposium, Hillsdale NJ 1975, S. 229—254.
Marcel, A. J., Conscious and unconscious perception. In: Cognitive Psychology, 15(2)/1983, S. 238—300.
Mason, M. K., Learning to speak after 6½ years of silence. Speech discovers 295304, 1942.
McGinnies, E., Emotionality and Perceptual Defense. In: Psychological Review, 56/1949, S. 244—251.
Mead, G. H., Mind, self and society, from the standpoint of a social Behaviorist, University of Chicago Press 1934.

Merget, J., Untersuchungen zum Zusammenhang von akustischen und visuellen Rechtschreibleistungen bei lernbehinderten Schülern, Univ. Ffm. 1983, unveröffentlicht.
Meier, G. F., Ein Beitrag zur Erforschung der Zusammenhänge von Sprache und Denken und der Entwicklungsgesetzmäßigkeiten der Sprache. In: Wissenschaftliche Zs. d. KMU, 53/1952.
Meringer, R., Mayer, K., Versprechen und Verlesen — Eine psychologisch-linguistische Studie (1895). Benjamins, Amsterdam 1978.
Montada, L., Die Lernpsychologie Jean Piagets, Stuttgart 1970.
Moss, H. A., Susman, E. J., Longitudinal Study of Personality Development. In: Brim, Kagan (Hrsg.) 1980, S. 530—595.
Motley, M. T., Slips of the Tongue. In: Scientific American, 253(3)/Sept. 1985, S. 114—119.

Neisser, U., The Multiplicity of Thought. In: British Journal of Psychology, 54/1963, S. 1—14.
Neisser, U., Kognitive Psychologie, Stuttgart 1974.
Nestle, W., Probleme und Aufgaben der Didaktik der Schule für Lernbehinderte, Zeitschr. f. Heilpäd. 9/1975, S. 506—522.
Neuhoff, V., Nervensystem und biologische Information. In: Zs. Umschau 74/1974, S. 380—385.
Neuland, E., Sprachbarrieren oder Klassensprache, Frankfurt 1975.
Neuland, E., Sprache und Schicht, Frankfurt 3. Aufl. 1978.
Nevo, B., Personality Difference Between Kibbutz Born and City Born Adults. In: Journal of Psychology, 96(2)/1977, S. 303—308.
Nickel, H., Entwicklungspsychologie des Kindes- und Jugendalters, Bern 1972.
Nisbett, R. E., Wilson, DeCamp T., Telling More Than We Can Know — Verbal Reports on Mental Processes. In: Psychological Review, 84(3)/1977, S. 231—259.
Nisbett, R. E., Ross, L., Human Inference — Strategies and Shortcomings of Social Judgment. Prentice-Hall, Englewood Cliffs NJ 1980.
Norman, Rumelhart, Strukturen des Wissens (dt), 1978, orig. Explorations in Cognition, San Francisco 1975.
Norman, D. A., Fehlleistungen — Schaltfehler im Gehirn. In: Psychologie heute, 7(8)/1980, S. 64—71.
Norman, D. A., Categorization oft actionsslips. In: Psychological Review, 88(1)/1981, S. 1—15.

Oerter, R., Moderne Entwicklungspsychologie, Donauwörth, 4. Aufl. 1969.
Oerter, R., Montada, L., Entwicklungspsychologie, München 1982.
Oksaar, E., Spracherwerb im Vorschulalter, Stuttgart 1977.
Oksaar, E., Sprache und Denken. Bericht. In: Zs. f. germanistische Linguistik, 1/1973, S. 317—330.

Packard, V., The Hidden Persuaders. McKay, New York NY 1957. Deutsch: Vance Packard: Die geheimen Verführer, Düsseldorf 1958.
Panow, J. N., Die Geburt der Sprache, Moskau 1980, deutsch: Urania Leipzig 1985.
Parke, R. D., Asher, St. R., Social and Personality Development. In: Annual Review of Psychology, 34/1983, S. 465—509.
Paulsen, S., Lernstörungen bei Kindern, Frankfurt 1977.
Pawlow, I. P., Die bedingten Reflexe, München 1972.
Pawlow, I. P., Sämtliche Werke, Bd. I—VI, Berlin 1953—1955.
Pechstein, J., Erkenntnisse aus der Psychohygiene der kindlichen Entwicklung und ihre Anwendung in der Frühförderung behinderter Kinder. Int. J. Rehab. Research, 1 (1978) 2, S. 149—166.
Peiper, A., Die Eigenart der kindlichen Hirntätigkeit, Leipzig 1949.
Piaget, J., Das Erwachen der Intelligenz beim Kinde, Stuttgart 1969.
Piaget, J., Die Äquilibration der kognitiven Strukturen, Stuttgart 1976.
Piaget, J., Einführung in die genetische Erkenntnistheorie, Frankfurt 1973.
Piaget, J., Psychologie der Intelligenz, Zürich 1948.
Piaget, J., Sprechen und Denken des Kindes, Düsseldorf 1972.
Piaget, J., Inhelder, B., Die Entwicklung der elementaren logischen Strukturen Teil I und II, Düsseldorf 1973.
Piaget, J., Inhelder, B., Die Psychologie des Kindes, Stuttgart 1980, Frankfurt 1983.
Pickenhain, L., Die höhere Nerventätigkeit. In: Gottschick, J., Die Leistungen des Nervensystems, Jena 1955.
Pickenhain, L., Grundriß der Physiologie der höheren Nerventätigkeit, Berlin 1959.
Pines, M., The Civilizing of Genie. In: Psychology Today, September 1981, S. 28—34.
Pines, M., Wie Kinder Ursache und Wirkung verstehen, Psychologie heute, 5/84, S. 42—48.

Poizner, H., Kaplan, E., Bellugi, U., Padden, C. A., Visual-spatial processing in deaf brain damaged signers, Brain and Cognition, 3/1984, S. 281—306.
Prager, U., Mandel, H., Verschiedene Forschungsansätze — Wesen des Lernens und ihre Bedeutung für eine spezielle Förderung von Lernbehinderten, unveröffentlicht, Univ. Frankfurt 1982.
Preuschoff, U., Schmidt, B., Untersuchungen zur Sprachentwicklung bei Schülern verschiedener Lernstufen in Grundschulen und Schulen für Lernbehinderte, unveröffentlicht, Univ. Frankfurt 85/86.
Pribram, K. H., Consciousness — a scientific approach. In: Journal of Indian Psychology, 1 (2)/1978, S. 95—118.
Pribram, K. H., Consciousness and neurophysiology. In: Federation Proceedings, 37(9)1978, S. 2271—2274.

Rabin, A. I., Beit-Hallahmi, B., Twenty Years Later — Kibbutz Children Grown Up. New York NY 1982.
Radigk, W., Lesenlernen, Leselernmethoden und Lernbehinderung, Berlin 1970.
Radigk, W., Arbeitsmittel und Arbeitshilfen im Unterricht der Sonderschule für Lernbehinderte, Berlin 1971.
Radigk, W., System Radigk, Leselehrsystem für den Anfangsunterricht, Düsseldorf 1973.
Radigk, W., et al., Lehrerhandbuch zum System Radigk, Düsseldorf 1973.
Radigk, W., Multimediale Unterrichtssysteme auf der Grundlage kommunikationstheoretischer Modelle. In: Zs. Sonderpädagogik 1/1973, S. 15—23.
Radigk, W., Die Unterrichtsmedien in der Lernbehindertenschule, Berlin 1975.
Radigk, W., Lernerfolg und Lernmotivation beim Einsatz verschiedenartiger Medienverbundsysteme. In: AV-forschung, Band 13, München 1975, S. 77—174.
Radigk, W., et al., Lesenlernen ohne Versagen? — ein Grundschulversuch zum Problem der Legasthenie, Hannover 1978.
Radigk, W., Lesenlernen unter besonderer Berücksichtigung der Arbeit mit lernbehinderten Schülern, Berlin 1979.
Radigk, W., Lernen als Kommunikationsprozeß, Frankfurt 1981.
Radigk, W., Lernen als Kommunikationsprozeß — zu einer Lerntheorie auf kommunikationstheoretischer Grundlage und ihrer Bedeutung für die Sonderpädagogik, Zeitschr. f. Heilpäd. 11/1982, 781—788.
Radigk, W., Andi entwickelt psychische Grundleistungen, Kronberg 1982.
Radigk, W., Zum Standort der Behindertenpädagogik unter kommunikationstheoretischen Aspekten, Frankfurt 1982.
Radigk, W., Wie Andi das Sprechen lernt, Kronberg 1982.
Radigk, W., Andi erlernt das Lernen, Kronberg 1982.
Radigk, W., Andi erlernt das Lesen, Kronberg 1982.
Radigk, W., Forschungsergebnisse zur Genese des Analphabetismus, in: Dummer, L., Legasthenie — Bericht über den Fachkongreß 1984, Hannover 1984, S. 160—174.
Radigk, W., Neuropsychologische Erkenntnisse zur Funktion des inneren Sprechens. In: Die Sprachheilarbeit 30 (1985), 6. S. 281—284.
Rahmann, H., Neurobiologie, Stuttgart 1976.
Rammel, G., Die Gebärdensprache, Berlin 1974.
Ramon, y C., Die Neuronenlehre. In: Buhmke, Förster (Hrsg.), Handbuch der Neurologie, Band XX, S. 887—994, Berlin 1935.
Rapaport, D., The Study of the Kibbutz Education and its Bearing on the Theory of Development. In: American Journal of Orthopsychiatry, 28/1958, S. 587—597. (Deutsch: Die Kibbuz-Erziehung und ihre Bedeutung für die Entwicklungspsychologie, In: Psyche, 12/1959, S. 353—366).
Rauber, A., Homo sapiens ferus oder die Zustände der Verwilderten und ihre Bedeutung für Wissenschaft, Politik und Schule, 1888.
Raeson, J. T., Actions Not As Planned. In: Underwood, G., Stevens, R. (Hrsg.), Aspects of Consciousness. Academic Press, London 1979, Band 1, S. 67—89.
Remschmidt, H., Schmidt, M., Neurophysiologie im Kindesalter, Stuttgart 1981.
Rexroth, F. W., Gehirn und Psyche, Stuttgart 1981.
Richman, N., Stevenson, J., Graham, P. J., Pre-school to School — a behavioral study, Academic Press, London 1982.
Riesmann, P., On the irrelvance of child rearing practices for the formation of personality. In: Culture, Medicine and Psychiatry, 7/1983, S. 103—129.

Roff, M., Childhood Antecedents of Adult Neurosis, Severe Bad Conduct, and Psychological Health. In: Ricks, D. F., Thomas, A., Roff, M. (Hrsg.), Life History Research in Psychopathology, Bd. 3, University of Minnesota Press, Minneapolis MN 1974, S. 131—162.
Rohr, B., Handelnder Unterricht als Versuch einer Bestimmung eines materialistisch orientierten Unterrichts bei lernbehinderten Schülern, Rheinstetten 1980.
Rohn, B., Handelder Unterricht als Praxis materialistischer Didaktik. In: Probst, H. (Hrsg.), Kritische Behindertenpädagogik in Theorie und Praxis. In: Behindertenpädagogik, Beiheft 7, Oberbiel 1979, S. 25—28.
Roth, H., Begabung und Lernen, Stuttgart 2. Aufl. 1969.
Röseler, R., Voraussetzungen und Vorbereitung projektorientierten Lernens, b:e 1/1975, S. 36 - 40.
Röseler, R., Die Planung des Nichtplanbaren, b:e 2/1975, S. 28—34.
Rubinstein, S. L., Sein und Bewußtsein, Moskau 1957, deutsch: Leipzig 1961 und Gravenhage 1974.
Rubinstein, S. L., Probleme der allgemeinen Psychologie, Berlin 1977.
Rubinstein, S. L., Grundlagen der allgemeinen Psychologie, Berlin 1984.
Rubinstein, S. L., Das Denken und die Wege seiner Erforschung, Berlin 1962, 1977.
Rüdiger, W., Probleme der Physiologie des Gehirns, Berlin 1965.
Russell, B., The Analysis of Mind. Allen & Unwin, London 1921.

Schade, J. P., Die Funktionen des Nervensystems, Stuttgart 1977.
Schade, W., Allgemeine Grundsätze der Arbeit in der Hilfsschule, Berlin 1967.
Scheerer-Neumann, G., Funktionsanalyse des Lesens. In: Psychologie in Erziehung und Unterricht 24 (1975) 3, S. 125-135.
Schlote, W., Struktur und Leistung am Beispiel der Nervenzellen, Naturwissenschaft und Medizin, 6/1969, S. 36—38.
Schmidt, R. F. (Hrsg.), Grundriß der Neurophysiologie, Berlin 1972.
Schmidt, H. D., Allgemeine Entwicklungspsychologie, Berlin 1977.
Schöfthaler, Goldschmidt, Soziale Struktur und Vernunft, Frankfurt 1984.
Scribner, S., Denkweisen und Sprechweisen. Neue Überlegungen zu Kultur und Logik. In: Schöfthaler, Goldschmidt, Soziale Struktur und Vernunft, Frankfurt 1984.
Searle, J. A., Minds, Brains, and Programs. In: Hofstadter, Dennett (Hrsg.) 1981, S. 353—373.
Seemann, M., Sprachstörungen bei Kindern, Halle 1959.
Shinkin, N. S., Die Entwicklung der Sprache beim Kind. In: ders., Beiträge zur Psychologie der Sprache und des Denkens, Berlin 1955.
Shinkin, N. S., Die Mechanismen der Sprache, Moskau 1958.
Singer, W., Neurophysiologische Anmerkungen zu den zentralnervösen Grundlagen des Sehvorganges. In: Fortschritte der Ophthalmologie 80, 1983, S. 355—359.
Singer, W., Learning to see: Mechanisms in Experience-dependent Development. In: Marler, P., Terrace, H. S., The Biology of learning, Berlin, Heidelberg, New York 1984.
Singer, W., Hirnentwicklung und Umwelt. In: Spektrum der Wissenschaft, 3/1985, S. 48—61.
Singh, J. A. L., The Wolf-Children of Midnapore. In: Zingg, R. M. (Hrsg.), Wolf Children and Feral Man, IV. Contributions of the University of Denver, New York London 1942. (Deutsch: Die „Wolfskinder" von Midnapore, Vorwort von Portman, A., Heidelberg 1964).
Sinz, R., Gehirn und Gedächtnis, Stuttgart, 2. Aufl. 1981.
Sinz, R., Neurobiologie und Gedächtnis, Stuttgart 1979.
Sinz, R. und Strebel, J., Periodische Schwankungen in der Reproduktion kurzgespeicherter Gedächtnisinhalte. In: Zs. Naturwissenschaft 57/1970, S. 501—502.
Sleeman, Sir W. H., (Wolf Children in the Kingdom of Qudh. 1848). In: The Zoologist, 3. Serie, 12 (135)/1888, S. 87—98.
Sokolow, A. N., Untersuchungen zum Problem der sprachlichen Mechanismen des Denkens. In: Hiebsch, H. (Hrsg.), a.a.O.
Sperry, R. W., Mental phenomena as causal determinants in brain function. In: Globus, G. G., Maxwell, G., Savodnik, I. (Hrsg.), Consciousness and the Brain. Plenum Press, New York NY 1976, S. 163—177.
Sperry, R. W., Laterally spezialization in the surgically separated hemispherus. In: The neurosciences: Third study program, Cambridge, MIT Press (1974) 5—19.
Sperry, R. W., Hemisphere deconnection and unity in Conscious awareness. In: American Psychologist. 23 (1968) 10, S. 723 - 733.
Spitz, R., Vom Säugling zum Kleinkind, Stuttgart 1967.
Stern, C., Stern, W., Kindersprache, Darmstadt 1965.
Stern, W., Psychologie der frühen Kindheit, Leipzig, 9. Aufl. 1967.

Strobel, H., Lern- und Leistungsstörungen, Genese, Therapie und Prophylaxe, Stuttgart 1975.
Strathmann, A., Lernbedingungen, Dortmund 1985.
Süllwold, F., Begabung und Leistung, Hamburg 1976.
Szagun, G., Sprachentwicklung beim Kind, München 1980.

Timpanaro, S., Il lapsus freudiano, La nuova Italia, Florenz 1974, Englisch: Timpanaro, S., The Freudian Slip, Humanities Press, Atlantic Highlands N.J. 1976.
Trincker, D., Aufnahme, Speicherung und Verarbeitung von Informationen durch den Menschen, Kiel 1966.
Tsunoda, T., Lateralization for emotion in the human brain and auditory cerebral dominance. In: Proceedings of the Japan Academy 52 (1976) 9, S. 528—531.
Turing, A. M., Computing Machinery and Intelligence. in: Brain, 59 (236) 1950, auch in Hofstätter/Sennet (Hrsg.) 1981, S. 53—68.

Ulbricht, W., Neurobiologie für Sonderpädagogen, Berlin 1977.
Ungar, G., Molecular Coding of Information in the Nervous System, Naturwissenschaften, 59/1972.

Veness, T., An experiment on slips of the tongue and word association falts, in: Language and Speech, 5 (3)/1962, S. 128—137.
Vester, F., Denken, Lernen, Vergessen, Stuttgart 1975, 1978 und 1979.
Vollmer, G., Evolutionäre Erkenntnistheorie, Stuttgart 1975.

Wallesch, C.-W., Zur Repräsentation höherer Hirnleistungen in den tieferen Kernen des Großhirns, Habilitation, Universität Freiburg i. Br., Juli 1984.
Wallesch, C.-W., Henriksen, L., Kornhuber, H. H. und Paulson, O. B., Regional Cerebral Blood Flow in Cortical and Subcortical Structures During Language Production in Normal Man, Brain and Language, 6/1985.
Watson, R. I., Psychology of the Child, New York/London/Sidney 1965.
Wazuro, E. G., Die Lehre Pawlows von der höheren Nerventätigkeit, Berlin 1962.
Werner, H., Einführung in die Entwicklungspsychologie, Berlin 1970.
Wilhelmer, B., Lernen als Handlung, Köln 1979.
Wygotski, L. S., Denken und Sprechen, Berlin 1964, Frankfurt 1974.
Wygotski, L. S., Die intellektuelle Entwicklung von Kindern im Erziehungsprozeß, Moskau 1935.

Zihlmann, A. L., Die Rekonstruktion der Evolution des Menschen, mannheimer forum 1985/86, Studienreihe Boehringer Mannheim, S. 141—202.
Zingg, R. M., Feral Man and Extreme Cases of Isolation, in: The American Journal of Psychology, 53 (4)/1940, S. 487—517.
Zeier, H., Pawlow und die Folgen, Zürich 1977.

Verzeichnis der Abbildungen

Sachregister